翻译认知与人机交互

理论、方法与实证

王湘玲　王律｜著

商务印书馆
创于1897
The Commercial Press

国家社科基金项目"人工智能时代基于认知过程的翻译创新人才培养理论与实证研究"（19BYY104）结题成果

序

欣闻王湘玲教授的大作《翻译认知与人机交互：理论、方法与实证》即将由商务印书馆出版，这无疑是翻译学界令人振奋的佳音，谨在此表示衷心祝贺。

在全球化进程持续加速的时代，翻译作为跨文化传播的重要手段，对促进中外文明交流互鉴具有愈来愈重要的意义。在人工智能迅猛发展的今天，湘玲教授敏锐地从翻译认知和人工智能的前沿交汇处去探索翻译问题，无疑为翻译及翻译学研究开辟了一条新的探索路径。

回顾湘玲教授在翻译认知和翻译教学研究领域默默耕耘20余载岁月，虽成绩斐然，但始终保持谦逊与进取之心。她是国内较早借鉴认知科学理论，从跨学科视角对译者认知加工模式、翻译策略和翻译认知心理因素等环节进行实证研究的著名学者；同时，她也是国内不多见的致力于将先进的应用语言学理论融入翻译教学实践，专注于项目式翻译能力发展研究领域的杰出代表，对翻译教学研究起到了重要推动作用，培养了一批又一批致力于翻译研究的青年才俊。

湘玲教授的这本新作精准洞察了人工智能时代翻译学研究领域的新动向。她以深厚的学术功底，扎实的理论基础，科学的研究方法，结合当前大语言模型和翻译技术研究热点，深入探讨翻译认知与人机交互的紧密关系。

从理论层面看，该书详细解读了人工智能赋能翻译过程中译者的认知运作，开创性地将人机交互理论引入翻译认知和翻译教学研究。例如，书中探讨了人工智能对译者认知加工的影响，大胆地将机器翻译纳入翻译教学，聚焦机器翻译译后编辑认知过程、机器翻译产出译文的可用性、译者主体性差异对人机交互翻译产出的影响，探究如何通过人机协作实现更高效、更精准的翻译。这一跨学科研究视角极大地拓宽了翻译研究的边界，为我们带来全新的理论思考和研究方向。

在方法上，该书更是独具匠心，展现出令人瞩目的创新性。巧妙融合实验研究、案例分析、对比研究等多种方法，全方位、深层次地拆解翻译认知与人机交互课题。实证研究的数据为理论分析提供了坚实支撑，案例分析将抽象理论具象化，让读者理解更加直观；对比研究凸显不同方法和模式的优劣，为进一步研究和实践提供了极具价值的参考坐标。

尤为值得称赞的是，该书充分汲取社会科学实证方法论精髓，秉持严谨务实之风，让"数据"成为有力论据。通过大量精心设计的实验和深入调查，收集了丰富而宝贵的数据，对人机交互在翻译中的应用效果进行客观、准确的评估和分析。这些实证研究成果既为翻译一线教学与实践输送了切实可行的操作指南，又为翻译学术研究夯筑了稳固根基。

对于翻译从业者来说，该书是一本不可多得的宝典，能助力大家洞悉翻译过程内在机理，掌握人机交互的技巧和方法，提高翻译质量和效率；对于翻译和外语研究者而言，该书从"人工智能＋翻译认知＋翻译能力"三者的交叉视角提供了富有创新的选题思路和研究方法，为语言智能视域下外语教育发展及其研究也带来了新的思考契机与探索方向。

在这个充满挑战与机遇的时代，我们需要像湘玲教授这样有情怀的学者砥砺奋进和勇于探索，以适应日新月异的社会发展和科技革新。《翻译认知与人机交互：理论、方法与实证》这部著作，凝聚着她多年来在翻译研究领域的心血与智慧，是闪耀学界的一颗明珠。衷心期望该书能成为大家掌握人机交互翻译技巧的得力助手，激发更多译界同仁开拓翻译认知与教学研究新视野，为深挖人机交互认知规律、探寻翻译本质添砖加瓦，携手共创翻译领域新辉煌。

　　是为序。

文　旭

2025 年 1 月 7 日

目　录

前　言

　　人类文明经历了农业文明、工业文明，继而跨入了信息时代。人工智能时代是 21 世纪信息时代的重要阶段，尤其是随着 ChatGPT、DeepSeek 等人机交互语言模型的出现，再次掀起了新的人工智能浪潮，给语言服务行业和高校外语教育带来了前所未有的挑战与机遇（文旭，2025；Xu et al., 2025）。本书涉及的人工智能既指用计算机技术来实现智能翻译的方法和手段，也指认知过程研究中使用的现代技术。人工智能促进了从传统人工翻译模式到多种技术辅助的人机交互翻译模式的转变，这一模式的改变重塑了翻译的认知过程和译者的认知加工机制（O'Brien，2020），也更新了译者对翻译活动的整体认知，给翻译认知和翻译教学研究带来了全新的视野。

　　翻译认知研究以翻译过程为研究视角、以译者认知为研究对象，探究译者在翻译过程中的思维活动。其研究焦点包括翻译过程中的语言认知加工、思维特点、翻译策略、心理活动、译者认知风格和元认知监控、智力水平和特征、翻译能力等（Krings，1986，2005；Lörscher，2005；Muñoz Martín，2010a，2010b，2021；卢植，2015；文旭等，2021）。进入 21 世纪以来，翻译认知研究与认知科学结合，借助最新的科技手段，产生了诸多便于收集实验数据的研究工具与方法，例如屏幕记录仪、眼动仪（Eye-tracker）、功能性核磁共振成像（fMRI）等，取得了瞩目的研究成果（冯佳、王克非，2016；黄立波，2018；Carl et al.，2011a；刘艳春、胡显耀，2017；文旭，2018；翁羽、郑冰寒，2023；贾艳芳，2024）。

　　以神经机器翻译（NMT）为代表的人工智能翻译技术迅猛发展，催生了人机交互翻译模式。相较于人工翻译，人机交互翻译更为复杂，不仅涉及传统的语言转换，还包括译前的机器翻译译文质量评估，译中的翻译记忆库信息筛选提取，译后的审阅、质量控制等认知活动（卢植、郑有耀，2022；Jia et al.，2019b；王湘玲等，2021）。鉴于人机交互翻译与人工翻译在生理、心理和认知维度大相径庭，有必要结合认知科学理论和方法的革新，揭秘人机交互翻译过程中译者大脑"黑匣子"的认知机制，最终服务于寻找验证人类翻译过程的翻译共性（Translation Universals）（Carl et al.，2011a；张威，2017）。此外，作为语言服务企业新的业务增长点，机器翻译译后编辑（MTPE，简称译后编辑）是人机交互翻译的重要表现，也可为机器翻译（MT）的改进提供反馈，代表着职业化翻译的发展方向，机器翻译译后编辑的效率、质量、态度、认知努力等选题都值得深入研究（卢植、孙娟，2018）。

翻译能力培养与翻译认知密不可分。通过对比分析不同水平译者在人工翻译和人机交互翻译过程中表现出的信息加工模式、策略选择、工具使用、翻译单位以及最后译文质量的显著差异性，可为培养职业化、专业化的翻译人才提供重要参考和指明目标方向。因此，翻译能力研究有必要实现"认知过程转向"，即改变仅从译文质量看翻译能力的研究路径，应兼从考察译者认知心理过程中大脑"黑匣子"发生的状况来测量评估翻译能力的习得（Kiraly，1995，2000；Kussmaul，1995；王律、王湘玲，2024）。

综合已有研究成果，我们发现，其一，国内学界已开始关注人机交互翻译模式，但是相关研究多以理论探讨和经验总结为主，缺乏对该认知加工研究的实证分析。其二，人工智能翻译技术能力、翻译认知过程研究和翻译能力培养三者之间缺乏交叉研究思路，现有文献多呈三者分离状态，虽然每个领域都有一些成果，但鲜有研究涉及三者交叉的深入探讨。其三，方法论问题。认知过程实证研究在西方经过近三十年的发展，已是国际翻译研究中最为活跃的领域之一。国内翻译认知过程实证研究方兴未艾，但人机交互翻译认知研究领域主流仍是思辨性理论，因此有必要结合国际化视野和中国语境，在多元方法论指导下开展跨学科、跨模态的认知过程导向的翻译能力理论培养与实证研究，从认识论和方法论层面对翻译教育加以抽象与归纳，建立思路清晰、理念先导、操作性强的人才培养模式。

鉴于此，本书将跨学科借鉴认知科学、人工智能等理论，探讨人工智能时代翻译认知过程研究，以期为翻译认知和翻译教学研究提供方法论指导。全书主要包括三大内容：翻译认知过程研究，机器翻译与人机交互，基于认知和翻译技术的人才培养，具体结构与内容如下：

第一部分关注翻译认知过程，包括第一章到第七章，聚焦国内外翻译认知过程研究整体概况、译者认知加工过程、翻译策略和翻译认知心理因素研究。第一章是对翻译认知过程研究的概要性梳理，主要呈现了翻译认知过程研究的发端、研究方法演进、国内核心话题及重要成果、国际动态前沿及未来发展趋势，有助于从整体上把握翻译认知过程研究现状。第二章梳理了翻译认知过程研究的发展脉络，并基于学界最新研究成果，分析了翻译认知过程实证研究中的重要研究方法及其研究工具，如有声思维法（Thinking-aloud Protocols，简称 TAPs）、键盘记录法（Keystroke Logging）、眼动追踪法（Eye-tracking）、神经测量法等，旨在为该领域提供思路和方法参考，丰富翻译认知过程实证研究框架，促进翻译认知过程研究的深入发展。第三章对翻译方向性实证研究进行了梳理，发现翻译方向性研究经历了从以翻译方向为主要研究变量到与译者因素和任务因素相结合的多变量研究历程，并基于此提出翻译方向性实证研究变量框架和未来研究可借鉴的理论基础。第四章关注口笔译过程中的心理因素——自我效能，总结了四个方面的内容：（1）自我效能的内涵；（2）自我效能的主要影响因素；（3）自我效能在口笔译过程中的应用研究；（4）自我效能与口笔译研究的研究现状与未来研究趋势。第五章是第三章的推进，拟以译入/译出的翻译阶段为变量，收集来自眼动追踪、键盘记录及回溯性报告（Cued Retrospection）的数据，测量在不同翻译方向的不同阶段中的认知负荷（Cognitive Load）变化，以揭示译者大脑在不同翻译方向的运作机制，为未来构建翻译行为模式奠定基础。第六章采用眼动追踪、屏幕记录、反思性访谈、问卷调查的定量与定性数据相结合的多元互证法，选取 16 名学生译者为实验受试者，分析其英汉互译过程。第七章基于口译过程模式和翻译能力理论，通过刺激回忆、问卷、笔记和访谈四种方法，针对交替传译过程中译员认知心理因素对其口译策略选择的影响进行翻译实证研究。

第二部分探讨机器翻译与人机交互，包括第八章到第十三章，聚焦机器翻译译后编辑认知过程、机器翻译产出译文的可用性、译者主体性差异对人机交互翻译产出的影响。第八章基于数据库数据全面剖析国内外机器翻译译后编辑的研究热点，分析其研究进展与研究方法，阐述其未来发展趋势及研究启示，为国内相关研究以及翻译人才培养和翻译学科建设提供新视角和新方法。第九章关注机器翻译译后编辑的认知过程。为了研究 NMT 是否有利于译后编辑，本章首先比较 NMT 和基于短语的统计机器翻译（PBSMT）的输出质量，再比较 NMT、PBSMT 以及人工翻译（HT）译后编辑所需的时间努力与输入行为。第十章考察机器翻译产出译文的可用性。本章对比机器翻译译后编辑与人工翻译任务，从译者主体出发解释影响机器翻译的各项因素，分析变量之间的关联，多角度讨论译文可用性，同时关注到技术接受模型在机器翻译中的应用，对模型理论本身进行扩展和强化。第十一章旨在探讨自我调节、批判性思维和动机对学生机器翻译译后编辑表现的影响。本章收集了 109 名学生译者在译前及译后测试两个阶段的自我评估量表数据，并采用偏最小二乘结构方程模型对数据进行分析，发现译者的自我调节对译后编辑产出有直接的正向影响。第十二章探讨译者认知和态度的个体差异对机器翻译使用意向的影响。研究基于技术接受问卷和翻译学习动机调查问卷，发现经验对感知有用性有重要预测作用，而感知易用性会影响学生的学习动机。第十三章关注机器翻译译后编辑模式与人工翻译模式在处理专用文本和通用文本时的差异。研究发现，英译汉译后编辑仅在处理专业文本方面显著快于人工翻译，但译后编辑认知努力在两种文本类型加工中均小于人工翻译认知努力。

第三部分讨论基于认知和翻译技术的人才培养，包括第十四章到第十八章，从理论和实证研究两方面探讨了翻译技术教学研究方法论，对翻译教学学科发展具有重要的推动作用。第十四章通过梳理国内外翻译技术教学研究现状，全景式地展示了该研究领域的发展动态及未来趋势。整体来看，翻译技术教学研究主要从教学实践现状分析与翻译技术能力培养角度切入，主要采用混合数据收集与分析方法，揭示了对翻译技术教学过程与结果的影响因素。未来研究仍需加强理论与实践的结合，并促进研究工具的跨学科融合。第十五章以 TPACK 理论框架为依据，尝试开发编制翻译教师教学能力量表。该量表包括信息技术应用能力、一般教学能力、翻译能力、翻译教学能力、翻译技术应用能力及整合技术的翻译教学能力六个因子。基于测试与正式调查样本数据，利用 SPSS 与 AMOS，进行项目分析、探索性因子分析和验证性因子分析。研究结果显示，该量表具有较高的信度和良好的效度，对国内高校翻译教师教学能力测量的工具开发具有较好启示和参考。第十六章从实证的角度探讨译后编辑培训的重要性和必要性。本章理论上提出了构建网络实践共同体（VCoP），鼓励学生积极参与网络共同体来学习译后编辑，并进一步开展了准实验研究。结果显示，使用 VCoP 方法的学生比面对面授课的学生在自我评估和自我反思上投入程度更高，其译后编辑质量也更高。此外，学生对该教学模式总体呈现出积极的态度，揭示了在译后编辑培训背景下应用 VCoP 方法的可行性。第十七章基于"共同体"理论，整合社交 APP 的功能，构建由学习者、教师、社会助学者组成的翻译移动学习共同体模式。本章首先在理论层面探讨了翻译移动学习共同体模式的内涵。再将该模式应用于教学实验，对实验组和控制组的学生进行跟踪调查。借助翻译日志、记录和访谈等工具收集学生的翻译行为数据，发现实验组的工具能力、心理生理要素、语言外能力和翻译质量提高明显。第十八章探讨机器翻译在课堂教学中的可用性。本章首先厘清可用性概念并梳理与机器翻译有关的可用性研究，然后构建了机器翻译可用性评估框架（即效率、有效性和满意度），希望以此为类似研究提供参考和借鉴。

总体而言，本书具有以下特点：

第一，注重翻译认知过程、人机交互和翻译技术人才培养的交叉研究，理论框架和实际应用密切结合。书中系统梳理机器翻译研究领域理论探索和实际应用的相关脉络，明确机器翻译领域发展动向，强调人工智能时代译后编辑能力培养的重要性。本书从跨学科视角展开机器翻译译后编辑相关研究，结合认知心理学、计算机科学、统计学、信息科学、教育心理学等学科成果，关注机器翻译译后编辑模式与人工翻译模式的对比研究、人机交互系统的可用性分析与评估，探究译者主体性差异对人机交互翻译产出的影响，致力于推动机器翻译与人工翻译的深度融合，提升翻译效率。

第二，强调社会科学实证方法论的多元互证，并进行创新性探索，有利于推进翻译认知研究的发展。本书率先结合眼动仪、键盘记录仪和回溯性访谈等数据收集工具，探究神经机器翻译译后编辑与人工翻译在翻译效率和翻译质量方面的差异，论证了人机交互翻译的适用性，为人机交互技术在翻译研究领域的广泛应用提供了多元数据支撑。此外，通过一系列眼动数据指标分析了人机交互翻译过程中译者大脑的认知工作机制，揭秘了人机交互翻译过程中译者大脑"黑匣子"的认知机制，是对已有的人机交互翻译认知过程研究结论的有益补充。

第三，紧跟时代发展与科技进步的步伐，突出翻译技术在人才培养中的重要地位。本书首先结合大数据和人工智能发展背景，探讨了神经机器翻译在翻译课堂的可用性、网络实践共同体等新型教学模式在翻译教育中的应用，为智能时代翻译教学改革提供了新思路。同时，创新性地构建以认知过程为导向的翻译人才培养模式，注重翻译人才培养与翻译认知心理过程的跨学科融合，以提高翻译教学质量。此外，通过整合键盘记录法、屏幕记录法、回溯报告和访谈等多元研究方法，本书系统采集了更为客观、全面的教学数据，从认知过程和结果的双重维度全面探究翻译能力的培养机制，以期为我国翻译人才培养提供具有理论深度和实践价值的宝贵借鉴。

本书是笔者对翻译能力、翻译认知和人机交互系列研究的第三本专著。第一本名为《建构主义的项目式翻译能力培养研究》，是国内翻译能力发展的奠基之作，第二本名为《面向人工智能的翻译能力研究：理论、方法与实证》(计划近期在上海外语教育出版社出版),本书成果是在前两本专著基础上的丰富和纵深发展。本书的撰写和出版离不开多方的支持和帮助。感谢领导和同事刘正光教授、莫再树教授、宋丹教授、谭晓梅主任的大力支持,感谢本书出版单位商务印书馆的薛亚娟老师对提升本书质量付出的辛勤劳动,最值一提的还有笔者心爱的研究生团队贾艳芳、杨艳霞、沙璐、陈广姣、胡珍铭、彭歆旸、李小叶、周祥艳、彭雪姣、王立阳、杨雯婷、康浩宇、王婷婷、张秀悦、聂晨啸、蒋婷、罗雨曦等对本书付梓出版付出的心血,在此一并表示感谢。

最后,由于时间匆促,加之本领域研究跨学科特征突出,本书肯定还有不少谬误和不足。请读者多提宝贵建议和意见,以便后期研究修改完善(邮箱号 xl_wang@hnu.edu.cn)。

第一章

翻译认知过程研究之沿革与方法述要

　　自 20 世纪 60 年代起，研究者在认知科学的影响下逐渐开始对译者大脑这个"黑匣子"以及翻译的认知过程产生兴趣。国际著名翻译学者House（2015：50）大力提倡翻译的语言认知研究范式，认为"翻译首先是一种涉及语言及其认知机制的活动"。得益于认知科学的蓬勃发展，许多研究者试图从认知角度来透视翻译理论和翻译现象，思考翻译研究的重新定位（如 Williams & Chesterman，2002；Göpferich et al.，2009；Muñoz，2010，2016；Halverson，2015）。翻译研究的认知取向逐步演变成为一个新的翻译研究分支（Xiao & Muñoz，2020），其发展态势总体呈现为 1975 年以前的萌芽期、1976—1995 年的奠基期以及 1996 年以后的发展期（Olalla-Soler et al.，2020）。学界给翻译认知过程研究赋予了多种不同称谓，如认知翻译研究（Cognitive Translation Studies，CTS）、认知翻译学（Cognitive Translatology，CT）、翻译过程研究（Translation Process Research，TPR）等。尽管在许多情况下这些术语的使用并无明显差异，但是 Jääskeläinen & Lacruz（2018）对相关术语一一定义并加以区分。本章中，我们对关键术语进行如下界定：认知翻译研究指的是口笔译研究的认知及心理语言学探索，包括认知翻译学（Muñoz Martín，2016：9）及翻译过程研究（Jakobsen，2014：65）。翻译过程研究也称翻译认知过程研究（苏雯超、李德凤，2018），为统一表达，我们采用翻译认知过程研究这一术语。本章主要分析了翻译认知过程研究的发端、研究方法演进、国内核心话题及重要成果、国际动态前沿以及未来发展趋势。

第一节　翻译认知过程研究发展历程

一、翻译认知过程研究的发端及兴起

随着实证主义和学科交叉融合在翻译研究中的兴起，翻译学者逐渐从心理语言学、认知神经科学等邻近学科中借鉴研究方法和科技手段来探讨翻译认知过程中的"黑匣子"，考察翻译的认知加工机制。翻译认知过程研究也随之兴起。1986 年，Hans Peter Krings 的专著 *Was in den Köpfen von Übersetzern vorgeht*（《译者头脑里发生了什么》）面世后，被公认为翻译认知过程的首次综合研究（文旭、孙三军，2006）。Krings（1986）采用有声思维法收集数据，推断八位受试者的翻译认知心理过程。在三十多年的发展进程中，翻译认知过程研究取得了迅猛发展，这得益于认知科学范畴下相邻学科的全面发展以及实证研究方法的日益创新（Xiao & Halverson，2021）。O'Brien（2013）认为翻译认知过程研究借鉴的主要学科来源包括语言学、心理学、神经科学、认知科学、阅读及写作研究、语言技术。Muñoz Martín（2015）也指出，翻译认知过程研究主要汲取了心理语言学、认知心理学和神经科学等学科的理论与方法。而这些学科一直依赖实验法（Hurtado Albir & Alves，2009；Alves & Hurtado Albir，2010；Yang et al.，2023）。所谓实验法，指的是在严格控制的实验条件下，让受试者完成特定的翻译任务，以通过获取相关实验数据来间接推测或模拟受试者的翻译认知过程。下一节中，我们将重点介绍翻译认知过程研究中数据收集方法的演进。

二、翻译认知过程研究的方法演进

测量工具及方法的创新和普及，使得研究者可以更便利准确地测量翻译任务中的特定认知要素（O'Brien，2013），提升了数据的可及性和可信性。这些方法包括行为测量法、生理测量法及心理测量法。本节将基于前人研究（如 Alves & Hurtado Albir，2017；Mellinger & Hanson，2020），对翻译认知过程研究中所采用的实验法进行总体描述（如图 1-1 所示）。第一阶段（20 世纪 80 年代中期至 90 年代中期）主要采用有声思维法对翻译认知过程进行描述性研究。第二阶段（20 世纪 90 年代后期至 21 世纪初）采用键盘记录、屏幕记录（Screen Recording）等数据收集方法重点开展以产品为导向的研究。此外，研究者结合使用问卷调查、访谈、心理生理测量工具（如心跳、血压测量仪器）等收集数据以形成多元互证（Alves，2003）。在第三阶段（2005—2010 年），多元互证法使用更为广泛；此外，翻译界开始采用眼动追踪技术来收集数据。第四阶段（2010 年至今）的主要特征是，翻译认知过程研究的跨学科驱动以及科技创新（如卢植、郑有耀，2022）。在当前阶段，翻译认知过程研究借鉴的跨学科数据收集方法包括脑电图（Electroencephalography，简称 EEG）、功能性核磁共振成像（functional Magnetic Resonance Imaging，简称 fMRI）、功能性近红外光监测（functional

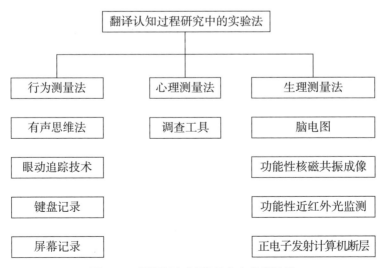

图 1-1　翻译认知过程研究中的实验法

Near-infrared Spectroscopy，简称 fNIRS）和正电子发射计算机断层（Positron Emission Tomography，简称 PET）。此外，为更好地了解译者的态度、行为、感知及价值观等潜在构念，Mellinger & Hanson（2020）强调心理测量法是对其他测量方法的有益补充，并指出有必要开发适用于翻译学科的调查工具。

多元互证法的盛行体现了翻译认知过程研究的复杂性，而且翻译认知过程研究越深入发展，多种研究方法的交叉组合应用便越显得重要（郎玥、侯林平，2022）。尽管科技发展推动了翻译认知过程研究领域的方法创新，但是研究者需要对这些方法予以批判性思考，充分考虑如何取长补短，以提高数据收集和分析的生态效应，使研究结论更为客观可靠。

第二节　翻译认知过程研究可视化概览

一、数据来源、发文量及趋势

为了更全面准确地了解近二十年翻译认知过程相关研究，本章先以 Web of Science 核心合集收录的 SSCI 和 A&HCI 期刊论文为数据来源，以"cognitive translat*""translation AND process*""empirical translat*"为关键词进行主题检索，检索范围为 2001 年 1 月至 2021 年 12 月。然后以 CSSCI 期刊论文为数据来源，以"翻译*认知*过程""翻译过程研究""翻译*实证"为关键词进行主题检索，检索范围为 2001 年 1 月至 2021 年 12 月。完成初步检索、查重筛查，排除口译研究后，进一步细读摘要和关键词，确保检索文献与研究主题高度相关。为展现对翻译认知过程的研究，我们保留了以翻译过程为研究对象的思辨性研究。最后，获取国际期刊文献 240 篇，国内期刊文献 137 篇，年度趋势如图 1-2 所示。

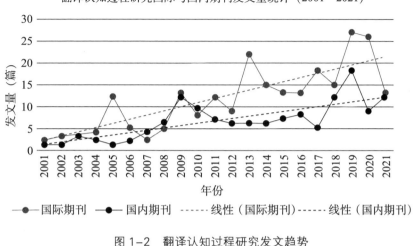

图1-2　翻译认知过程研究发文趋势

从图1-2中可看出，2001—2021年间，翻译认知过程研究整体呈波浪上升趋势，且国际期刊发文量整体上升趋势大于国内期刊。2019年，国际期刊论文数量达27篇，国内期刊论文数量达18篇，均达到近20年的峰值。由此可见，翻译认知过程研究受关注程度越来越高，呈稳步发展态势。

二、国内翻译认知过程研究核心话题

关键词是对文章主旨内容的高度概括和浓缩。通过关键词共现图谱可展现出一定时期内相关文献的集中情况，以帮助框定翻译认知过程研究的热点话题。本书借助CiteSpace可视化工具生成图1-3国内期刊论文关键词共现图谱。节点代表论文的关键词，节点的大小与关键词的出现频次成正比，节点间的连线代表其共现关系。关键词字体大小代表其中介中心性，字体越大，则中心性越强，表明其在连接其他节点上发挥的作用越大，在共现网络中的影响力也越大。眼动追踪、翻译教学、键盘记录、隐喻、翻译能力、译者、翻译策略、翻译单位等关键词在国内受关注较多。借助关键词共现图谱以及结合对相关文献的细读，我们将国内翻译认知过程研究的核心话题概括为五个方面。

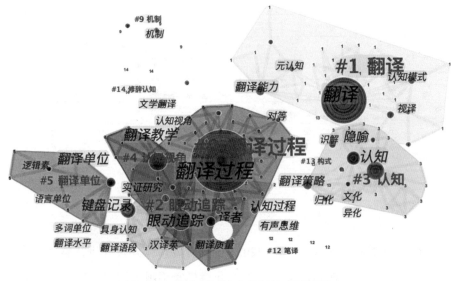

图 1-3   国内期刊论文关键词共现图谱

（1）翻译过程的理论思辨研究。翻译认知过程思辨性研究主要集中在对翻译过程本质的理论思辨。翻译过程的理论思辨研究指通过借鉴相邻学科（认知心理学、认知语言学、心理语言学等）的理论视角，通过经验或实例分析翻译现象以及翻译过程，或尝试构建翻译认知过程框架模式。此类研究中所涉及的理论主要是认知语言学中的隐转喻理论（王寅，2019）、概念整合理论（苗菊、王少爽，2014；金胜昔、林正军，2016；王寅，2020；吴淑琼、杨永霞，2021）、认知语用学中的关联理论（段奡卉，2010）、顺应论（雷晓峰、田建国，2014）、认知语境论（郑剑委、彭石玉，2018），以及认知诗学中的范畴理论、图式理论（戴桂玉、蔡祎，2018；袁圆、屠国元，2021）等。这类思辨研究中，学者还探讨了翻译过程为何的重要问题（刘绍龙，2007a；胡庚申，2008；黄国文，2009a，2009b；文旭、张铖奇，2023），以及对翻译过程中词汇的提取和转换、句式的翻译进行认知分析，构建翻译认知模式或翻译认知加工模式（刘进、许庆美，2017；龚锐，

2019）。

　　此外，翻译转换、翻译单位也是关注度较高的重要话题，一些学者还对翻译单位开展了实证研究（如郑冰寒、谭慧敏，2007；杨榕，2009；袁辉、徐剑，2021）。翻译单位是翻译认知研究、翻译能力研究的核心概念，对其进行研究有助于探讨译者认知加工切分和译者问题解决过程。

　　（2）译者认知加工机制研究。译者认知加工指译者在翻译过程中进行信息加工时对认知资源的分配和耗费。键盘记录和眼动追踪技术的广泛应用，使翻译过程的研究实现了两大突破，一是对翻译过程不同阶段的进一步研究，二是对不同阶段中的停顿和认知进行切分（冯佳、王克非，2016）。冯佳（2019）通过实验同步采集译者的眼动追踪和键盘记录数据，将这两种译者认知加工活动数据与翻译产品数据相结合，生成翻译进程图并探寻译者的注意资源分配模式。王一方、郑冰寒（2020）探讨了在英译汉过程中译者对源语理解、目的语产出和平行处理的认知资源分配情况，并将其与译者的反省数据进行对比分析。实验结果发现，这三种不同认知加工类型所获得的认知资源存在显著性差异；同时，眼动—键击指标统计结果与受试者主观反馈结果存在较大差异。译者认知加工机制研究常采用对比研究范式，如对比职业译者和学生译者的翻译阅读加工机制（王家义等，2018），对比不同译语方向中译者认知资源分配（王律、王湘玲，2021），或对比翻译教师和普通读者评阅译文质量时的认知负荷和注意力分配状况，以及对翻译质量的解读（马星城，2020）。

　　翻译过程中的认知负荷也是一大研究热点。认知负荷指译者在翻译过程中进行信息加工时的认知资源耗费总量。王一方（2019a）以眼动追踪法和键盘记录法证实了译者在汉译英笔译过程中存在平行加工，且相比源语理解和目的语产出，平行加工所耗费的认知负荷量是最少的。同时，学者还高度关注译者在认知加工时耗费认知负荷的影响因素，如源语文本的语言隐喻（王一方，2018，2019b；武光军、王瑞阳，2019）、源语文本逻辑连词（赵雪琴等，2019）、翻译模式（卢植、孙娟，2018；王湘玲等，2021）、译语方向性

（王一方，2018；冯佳、王克非，2021）、文本难度（冯佳、王克非，2021）等。此外，文本类型、译者语言和翻译水平也是该类研究考察的因素。

（3）翻译过程决策研究。译者认知决策指的是译者为解决源语到目标语转换过程中所遇到的问题而进行的认知活动。翻译决策认知研究常借助认知语言学、认知心理学、认知语用学、认知诗学等认知视角验证、探讨、分析、阐释翻译决策过程及其决策效果。邓志辉（2011）将 TAPs 与问卷调查相结合，探讨了 6 名受试者在以分句为单位的英译汉过程中对三个对象词进行目的译词选择，及受试者决策的各种影响因素和影响程度。王树槐、徐敏（2012）运用屏幕录像、译文分析、问卷调查和访谈调查了 32 名中国译者翻译过程中使用的策略类型和高、中、低分组的表现差异。王律等（2019）采取 TAPs、问卷、访谈等多种方法分析学生译者和职业译者控制加工过程中问题识别、策略选择及译文质量的差异。这些研究结合行为测量法和心理测量法，辅以访谈数据去探讨译者的决策过程，有助于揭示译者的翻译认知心理过程，能为翻译教学提供启示。此外，该类研究也常采用文本分析法或自建语料库法对多种类型的文体如英文小说（周晶、何元建，2010）、古籍（陈红、李加军，2009）、诗歌（王寅，2008）、小说书名（闫怡恂、成晓光，2018）、影视片名（谌莉文，2016）等开展研究，以探讨译者的翻译选择、方法或策略，并提出相应的翻译方法和策略。

（4）翻译教学认知研究。国内翻译教学认知研究主要采用认知心理学和认知语言学视角，基于理论构建相关教学模式，并提出教学建议或加以实证应用。梅明玉（2019）基于 VR/AR 技术构建了商务翻译教学的情景和具身环境境脉，并进行了相关的教学实验，发现该认知环境对学生的商务翻译学习认同度、学习方式、译水平和翻译策略都有一定的促进作用。俞敬松等（2020）借助眼动追踪技术，针对语块的记忆方法、教学资源的分配方式以及教学活动的组织形式和优化等问题进行了实验研究。研究发现，在较复杂语言环境下，基于语境的语块记忆方法优于直接学习记忆法，可以有效降低学生认知负荷，提高翻译效率。此外，还有一部分研究探讨了翻译认知过程研究工具对翻译教学效果的影响（如冯佳，2016；徐彬、李书仓，2018），对工具在教学中的有效性、实施原则和方法进行探讨，有助于创新翻译教学方法，提升学生的整体能力。

（5）翻译过程的元认知策略研究。译者的元认知是译者在翻译过程中以自己正在进行的翻译认知活动作为认知对象，不断地对翻译过程和认知进程进行监控和调节。元认知是研究翻译策略和翻译能力的重要主题（Angelone，2010），也受到一些国内学者的关注（况新华、孟乾，2009；王湘玲等，2016；胡珍铭、王湘玲，2018a），但缺乏实证性研究。其中，王湘玲等（2016）对比了学生译者和职业译者在元认知监控使用上的差异及其原因，进一步揭示翻译元认知监控因素与翻译能力的相关性。该研究发现，翻译元认知监控主要可分成翻译监控、自我评价、事先计划、意图评估和自我调节五个方面。因个体差异，职业译者翻译元认知监控水平整体高于学生译者的翻译元认知监控水平，二者在自我调节上差距最大，其他依次是意图评估、事先计划、自我评价和翻译监控；相关性研究表明，在翻译元认知监控中，学生译者的翻译监控、自我评价、事先计划三个因素与翻译能力呈正相关，职业译者的元认知监控五个因素均与翻译能力有不同程度的相关性。

三、国际翻译认知过程研究动态前沿

同样，我们对国际期刊 240 篇翻译认知过程研究相关文献进行可视化分析。国际学者对译者培养、眼动追踪、翻译能力、有声思维、键盘记录、认知努力、翻译经验和问题决策等关注度非常高，译后编辑、翻译质量评估的出现频次紧随其后。我们采用 CiteSpace 生成国际期刊论文共引文献主题聚类图谱，如图 1-4 所示。聚类序号越小，表示该聚类中信息量越丰富，包含的关键词越多。该图谱中信息量最大的聚类为"翻译技术"（#0），最小的聚类是"启动效应"（#9）。基于各聚类间的交互关联程度，我们将国际翻译认知过程研究的前沿动态主要概括为三个方面。

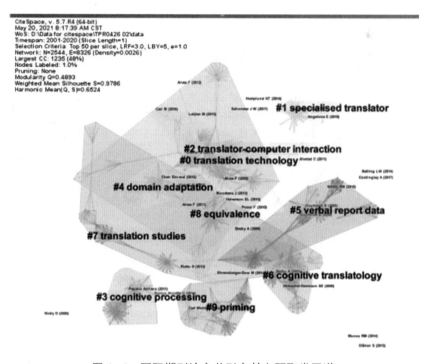

图 1-4　国际期刊论文共引文献主题聚类图谱

（1）翻译教育教学研究。以译者行为和译者认知机制为核心的过程研究为翻译人才培养提供了实证数据参考和支持。同时，译者培养相关研究对翻译教学实践的指导意义决定了其在翻译认知过程研究领域的重要地位。值得注意的是，翻译教育教学较多关注翻译能力的培养，这一点与前文研究热点部分的分析结果相吻合，翻译能力和翻译经验是该领域当前的热点话题。西班牙巴塞罗那自治大学翻译能力习得过程与评估研究小组（PACTE）提出翻译能力"六成分说"：双语能力、语言外能力、翻译知识能力、工具能力、心理生理要素和策略能力（PACTE，2005）。PACTE 的翻译能力模型"概括较为全面，是众多学者认可的能力模型"（杨艳霞、王湘玲，2019：38），为翻译能力研究及翻译教育研究指明了方向。

（2）人机交互翻译认知过程研究。大数据时代，Web 3.0 技术、云计算以及人工智能等信息元素的兴起助推了翻译技术的进步，革新了语言服务行业的工作模式。有学者指出，"机器翻译＋译后编辑"模式已经成为当前和未来职业译者的主流工作模式（王华树，2017：86）。人机交互翻译可以在短时间内完成海量翻译任务，大幅度提升了翻译实践效率。人机交互的翻译认知过程研究在推动语言服务行业的发展以及优化机器翻译系统等方面起到了非常重要的作用。

（3）理论和方法论跨学科交融发展。图 1-4 下方的"认知加工"（#3）、"口头报告数据"（#5）、"认知翻译学"（#6）、"翻译研究"（#7）、"对等"（#8）和"启动效应"（#9）6 个聚类相互交织，是当前翻译认知过程研究理论和方法论跨学科交叉融合的真实写照。除了与认知相关的两个聚类（#3 和 #6）外，通过深入阅读文献了解到聚类 7 主要涉及行为者网络理论、翻译与译者身份认同、读者接受和民族志等理论和方法论探讨；聚类 8 主要涉及译文质量、译文质量评估、认知资源分配以及监控模型。聚类 9 主要包括注意分配、停顿模式、翻译单位、翻译难度、注视单位以及键盘记录等研究内容。如王克非（2021：71）所述："新技术、新方法的加持彰显了翻译与生俱来的跨学科属性，翻译过程交叉研究初露燎原之势。"

第三节　翻译认知过程研究趋势与启示

综上所述，国际国内翻译认知过程研究获得了较快的发展，也产出了一系列研究成果。结合国际研究动态前沿，反观国内该领域研究现状，未来研究可从以下几个方面进行更多的探索。

一、构建翻译认知理论体系

国内翻译认知过程研究理论思辨性居多，实证研究不足。实证研究集中在对译者认知加工机制和翻译过程决策的探讨。要对翻译认知过程进行更为全面的研究和阐释，不仅需要考察每个翻译环节的认知加工过程，还要将各阶段认知过程与整体的翻译活动相结合。整体上，翻译认知过程研究还未形成一个能被普遍认可的理论模型或理论假设，以便更合理地解释翻译过程认知机制。未来翻译认知过程研究还要进一步界定好研究领域、研究话题，以及在翻译学科中的定位和目标，加强对翻译认知过程研究话题的细化；同时，批判性吸收其他相邻学科的理论观点，推动形成系统的翻译认知理论体系。

二、完善方法论体系

近年国内翻译认知过程研究积极学习国际实验实证方法，但已有研究还相对单一，设计严谨的实证研究明显不足，国内学者们也鲜采用脑电图、功能性核磁共振成像等生理测量法。实验条件下的翻译与真实语境下的翻译存在差异，提高数据收集和分析的生态效度，一直是学界关注的重要议题。多元互证法从不同角度考察研究问题并交叉验证实验数据及结论，弥补单一方法的不足，可提高实验研究的可信度。无论是国内还是国际，运用定性与定量结合的混合性研究或多元互证法进行翻译认知研究依旧是一大趋势。翻译认知过程研究还应综合"过程"与"产品"数据，将对翻译产品的评估分析或语料库与过程分析结合起来，提升研究的完整度和信效度。

三、深化技术赋能的跨学科研究

翻译认知过程研究跨学科借鉴吸取认知科学、认知语言学、认知心理学等学科理论和方法论，近年来在国内和国际期刊上发文量激增，已形成该领域的一大特色。未来该领域会继续朝着跨学科方向发展，从相邻学科吸收营养，进一步凸显翻译学的跨学科特征。Alves & Jakobsen（2021）全面考察了人类学、接触语言学、语料库语言学、心理语言学和神经科学等学科与翻译认知研究的交融发展，较为详细地记载了近年来翻译认知过程研究的跨学科发展成果，强调翻译认知过程研究将进一步从认知科学、人工智能、认知功效学和人机交互领域吸收养分。未来翻译认知过程研究会继续结合人工智能等创新技术，凸显跨学科属性，开展跨界合作研究，共同推动翻译认知研究领域发展和翻译学科进步。

本章通过梳理近二十年来翻译认知过程研究的相关文献，对当前翻译认知过程研究的发文趋势、主题分布、研究热点与发展趋势等进行分析和总结，旨在较为全面完整地描绘翻译认知过程研究图景，为学者们未来研究提供一定的参考和借鉴。通过文献整理和分析发现，国内翻译认知过程研究主要集中在对翻译过程的理论思辨研究、译者认知加工机制研究、翻译过程决策研究、翻译教学认知研究、翻译过程中的元认知策略研究，以及翻译单位研究；国际研究重视翻译人才培养、人机交互翻译认知过程研究以及理论和方法的跨学科交融，国内研究有必要靠拢国际前沿，带动国内翻译学科的进一步发展。虽然近十年关于翻译认知的实证研究大幅增加，但还要鼓励学者多采用混合法或多元互证法开展研究。目前关于翻译认知过程的研究所跨学科大多为认知科学、语言学、心理学学科，与社会学、人体功效学、传播学等领域的融合并不多见。由此可见，未来研究有必要继续深化跨学科研究，拓展新的话题领域，丰富翻译认知方法体系，加强翻译过程理论构建及其验证，促进整个翻译学科的进一步发展。

第二章

翻译认知过程实证研究方法

  翻译认知研究作为多学科交叉融合的新领域，近年来依托相邻学科理论与研究范式取得了丰硕成果，成为国内外翻译学界的新热点。目前，相关研究主要关注翻译认知思维过程及其影响因素等问题，对该领域的重要特征与特色——实证研究方法论关注不足。为此，本章首先梳理了翻译认知研究的发展脉络，其次基于学界最新研究成果，分析了翻译认知实证研究中的重要研究方法及其研究工具，主要包含有声思维法、键盘记录法、眼动追踪法、神经测量法等。通过分析评价前人研究，肯定其贡献，指出其不足，旨在为该领域提供思路和方法参考，丰富翻译认知过程实证研究框架，促进翻译认知研究的深入发展。

  翻译认知过程研究，又称翻译过程研究，是指从心理认知的角度，借用一系列认知研究工具，重点探究口笔译过程中译者大脑的运作机制，以及影响大脑运作的内部和外部因素（李德凤，2017）。作为多学科交叉发展的新兴研究领域，翻译认知过程研究通过借鉴认知科学、神经科学、心理语言学等邻近学科的研究范式，将翻译研究视角转向译者本体，不仅有助于客观把握译者的大脑工作机制，为译者培训和翻译工具开发提供重要指导（Massey et al.，2019），而且对于完善翻译研究的框架体系，进一步拓宽翻译研究的内涵与外延具有重要作用（黄立波，2018）。随着研究方法和工具的不断革新，特别是眼动追踪技术和神经成像技术的引入，翻译认知过程研究不断取得丰硕的研究成果，已成为译界关注的研究热点。

  任何科学研究的发展与进步都离不开研究范式的支撑，翻译认知过程研究也不例外。实证研究是翻译认知过程研究的基本范式之一，是指通过开展调查、实验、测验或观察，对收集的相关数据或信息进行分析，以事实为依据来推论结果的研究方法（黄立波，2018）。目前，实证研究方法由于其客观性、严谨性和可操作性等特点不断应用于翻译认知过程研究。分析翻译认知过程研究的实证研究方法，不仅能够帮助研究者根据研究问题和研究条件寻求最佳的研究方法，科学探索译者的认知心理过程，而且对于提高翻译认知过程研究的理据性和可行性、推进研究方法的多元化发展具有重要意义。鉴于此，本章基于翻译认知过程实证研究的最新研究成果，梳理实证研究方法在翻译认知研究过程中的具体应用，反思翻译认知过程实证研究方法的不足，以期为翻译认知过程研究提供有益启示。

第一节　翻译认知过程实证研究方法梳析

翻译认知过程研究融合了翻译研究和认知科学等邻近学科的研究成果，具有较强的跨学科性。在方法论上，翻译认知过程研究可划分为两种研究路径，分别是社会学研究路径（或称社会文化路径）和实证－实验研究路径（李德凤，2017）。在此，本章主要关注翻译认知过程研究的实证－实验研究路径。本节将从实证研究方法出发，系统阐述当前翻译认知过程实证研究中的研究方法，主要包括有声思维法、键盘记录法、眼动追踪法、神经测量法及其他辅助方法。

一、有声思维法

有声思维法（TAPs）源于认知心理学，是指受试者在完成实验任务的过程中，随时随地尽可能地说出大脑中思考的内容（Ericsson & Simon，1984：16—17）。研究者利用录像机或录音机记录受试者在实验过程中说的每一句话，数据收集完成后，将口述数据转录为可用于进一步分析的书面文本。根据受试者的口述报告与执行实验任务的时间，Ericsson 和 Simon（1984：218）将有声思维进一步划分为即时口述（Concurrent Verbal Report）和回溯性口述（Retrospective Verbal Report）。从 20 世纪 80 年代初期开始，TAPs 开始应用于翻译认知过程研究之中。目前，TAPs 主要应用于两方面，一是关注译者的翻译问题解决过程，包括翻译策略、翻译单位及翻译经验等变量对译者决策行为的影响（Nitzke et al., 2019）；二是聚焦个体因素和环境因素对译者思维过程的影响，从具身认知的角度探讨译者的认知运作机制（刘艳梅、陶李春，2021）。

尽管 TAPs 被广泛应用于翻译认知过程研究中，但仍有部分学者对其信度和效度持怀疑态度。TAPs 的局限性主要体现在操作层面和方法论层面（李德超，2004）。在操作层面上，TAPs 在实际操作上缺乏统一的实验标准，操作流程不够规范，研究者往往忽视了对无关变量的控制，如实验环境和其他干扰因素等（Hu & Gao，2017）。此外，实验受试者过少是目前 TAPs 研究的主要问题之一。在方法论层面上，TAPs 主要受到以下两方面的质疑：一是其是否真实全面地反映了受试者的思维过程；二是口述过程是否会对受试者的思维过程造成影响。首先，回应第一个质疑的关键在于如何定义思维过程。若将思维过程定义为神经系统内部的一系列活动，那么包括 TAPs 在内的内省法均较难直接反映出受试者的思维过程（李德超，2004）；若从信息加工模型出发，个体的思维过程即为信息加工过程，而储存在工作记忆中的信息能够通过口头表述进行表达（Ericsson & Simon，1984：216），那么 TAPs 则能反映译者的思维过程。其次，针对第二个质疑，即 TAPs 是否会对大脑内部的思维过程造成干扰？是否会打断受试者的翻译思路、拖慢翻译速度，从而影响实验结果的可信度？ Ericsson 和 Simon（1984：235）认为，TAPs 虽然会在一定程度上延长任务时间，但不会影响受试者的认知过程顺序和结构。尽管此类研究结果在一定程度上消减了人们对 TAPs 运用于翻译实证研究的疑虑，但 TAPs 自身的局限性仍不容忽视。

为尽量克服因 TAPs 自身的局限性而导致的研究信度和效度问题，研究者在设计实验时应精心考量，思虑周全。具体来说，应做到以下几点：一是注重实验操作的规范化和严谨化，全面思考可能会对研究结果造成影响的种种变量（包括实验环境、条件、时间、地点等），并对其进行合理有效的控制；二是在实验前对受试者进行培训，包括技术培训和心理培训，以帮助受试者适应正式的实验程序（Ericsson & Simon，1984：376）；三是研究者在对录音或录像进行转写时不仅要详细记录受试者的口头陈述，而且应当将副语言特征（如叹息、笑声）及语言外特征（如目光方向、手势、停顿）进行标注和转写，以确保研究数据的完整性、忠实性和可靠性（Sun，2011）。

二、键盘记录法

自 20 世纪 80 年代研究者们将 TAPs 引入翻译认知过程研究中以来，翻译认知过程实证研究取得了丰硕的成果。但由于 TAPs 的研究结果主要基于受试者的主观陈述，缺乏更加有力的客观数据支撑，因此学者们开始利用键盘记录法来获取翻译过程的客观数据，从而弥补 TAPs 研究的不足。

键盘记录法是指通过键盘记录软件对受试者的键入、删除、停顿、修改等一系列键盘活动进行记录，研究者通过分析受试者的键盘活动来推测其认知过程（Saldanha & O'Brien，2014：132）。键盘记录软件收集的行为数据可以划分为宏观和微观两个层面，前者包括总任务时间及翻译各阶段所耗时间，后者包括停顿时长、停顿频次、停顿位置、译文产出单位数量和长度、修订次数和时长等（同上，133）。在翻译认知过程研究中，应用最为广泛的键盘记录软件是由丹麦哥本哈根商学院的 Jakobsen 和 Schou 两位学者于 1995 年所开发的 Translog-II。目前，其他键盘记录软件如 Inputlog 也逐渐应用于翻译认知过程研究中（如 Daems et al.，2016：111），它不仅克服了 Translog 难以记录外部资源检索行为的不足，而且研究者可以通过导入键盘记录日志文件，分析受试者的键盘及系统操作等活动（如停顿、修订、鼠标移动和信息资源检索等）。此外，Inputlog 还支持将键盘记录日志文件与其他观察工具（如眼动追踪数据）的输出数据进行合并，以便开展深入分析（Vandermeulen et al.，2020）。键盘记录法从定量研究的角度分析了受试者在翻译过程中的客观数据，在一定程度上实现了对 TAPs 的补充，使得翻译认知过程的研究结果更加科学和可靠。

需要指出的是，尽管键盘记录法能够客观记录受试者的翻译过程，但其自身仍存在一定的局限性，主要表现在以下几点：其一，由于键盘记录软件仅能收集受试者在翻译过程中的行为数据，而无法直观展现其认知思维过程，因此研究者通常需要利用其他研究工具，如口述报告或眼动追踪，来弥补单方面数据的偏差和不足，从而更加全面客观地解释翻译认知过程。其二，键盘记录软件所收集的停顿数据存在误差，受试者在译文产出过程中的停顿未必与其认知有关，而是受到疲劳、走神或其他外部干扰因素的影响（Alves，2015：30）。因此，在进行数据分析的过程中，研究者应尽量控制其他可能对研究结果造成影响的外部因素，并且通过控制文本长度和难度、开展实验培训等方式提高实验的信度和效度。

三、眼动追踪法

眼动追踪法是指依托眼动仪的角膜和瞳孔反射法原理，以毫秒（ms）为单位记录眼球注视屏幕的精确位置和眼球运动轨迹，从而反映译者在翻译任务完成过程中的认知加工机制（Saldanha & O'Brien，2014：136）。作为认知研究的重要工具，眼动追踪法在交通、医学、旅游等领域已有广泛应用，但在翻译研究中起步较晚。2006 年的欧盟项目 Eye-to-IT 是将眼动追踪法应用于翻译认知过程研究的较早尝试，该项目所产出的丰硕成果也进一步肯定了眼动追踪法在翻译认知过程研究中的有效性。目前，眼动追踪法已成为探析译者认知的重要研究方法，被广泛应用到翻译认知过程研究中，至今取得了不少研究成果。

与眼动追踪法相关的主要理论基石是"即时加工假说"（Immediacy

Assumption）和"眼-脑假说"（Eye-mind Assumption）。其中，"即时加工假说"认为"对实词的理解和加工是从受试者看到这个词就即时开始"（Just & Carpenter，1980）。"眼-脑假说"则认为，在处理阅读等复杂任务时，受试者对词汇的注视和心理加工同时进行，受试者所加工的词正是其所注视的词。简言之，当受试者的眼睛正在注视某一词汇或句子时，这代表了大脑正在对该词汇或句子进行认知加工（闫国利、白学军，2012：94—95）。因此，研究者通过收集受试者在翻译过程中的眼球注视位置和眼球运动轨迹，能够获悉其在任意时刻的视觉注意力焦点，从而更系统地反映译者大脑中"黑匣子"的运作情况。

通过眼动追踪法，研究者们能够选取相关的眼动指标，进一步分析译者的认知加工过程。根据闫国利等（2013），眼动指标可分为时间维度、空间维度和其他维度三类。具体而言，在空间维度上，眼动指标包括眼跳距离、注视位置、注视次数、跳读率、再注视比率和回视次数等；在时间维度上，眼动指标包括总任务时长、凝视时间、首次注视时间、平均注视时长和回视时间等；其他维度的眼动指标主要包括眨眼频率和瞳孔直径变化等。在翻译认知过程研究中，常用于分析译者认知加工的眼动指标有兴趣区内的首次注视时长、注视总时长、注视次数、凝视时间、平均注视时长和瞳孔直径（王一方，2017）。眼动仪所收集的数据较为丰富，数据分析过程繁复耗时，因此研究者应紧扣研究目的和研究问题，选取适当的眼动指标进行分析。

相较于其他传统的行为数据收集方法，眼动追踪法具有生态效度高、数据丰富精确等优点，但也存在一定的缺陷，主要表现在以下几点：第一，眼动仪设备购置费用较高，且研究者需要接受特定软硬件培训，这将耗费较多的人力和物力；第二，由于人的瞳孔极其敏感，实验环境和受试者生理心理状况都将对其产生较大影响，故而研究者应特别注意对无关变量（如实验环境等）的控制（Doherty，2018：80）；第三，眼动实验的信效度受实验对象的影响较大，如受试者的盲打能力、眼睑下垂及睫毛膏等均会影响最终眼动数据的有效性，并且眼动实验经常会面临缺失数据的情况。因此，研究者在正式实验前应当认真筛选实验对象，提前做好实验培训，尽量扩大实验样本量，同时认真控制实验过程中的无关变量，提高眼动数据的可靠性和准确性（王均松等，2022：98）。

四、神经测量法

尽管 TAPs、键盘记录法和眼动追踪法具有较多优势，但是 Saldanha & O'Brien（2014：148）认为，以神经成像技术为基础的神经测量法能够更为直观地展现译者大脑的认知加工及其结构变化，深化对翻译认知研究的理解。目前应用于翻译认知过程研究的神经测量法包含脑电图、功能性核磁共振成像、功能性近红外光监测和正电子发射计算机断层等。这些神经科学技术在探究译者认知加工方面具有两方面优势，一是测量完成翻译任务过程中大脑被激活的部位和时间，从而推断翻译认知加工时的大脑区域位置；二是帮助深入探究影响人脑翻译认知加工的不同因素（García et al.，2016：40）。

事实上，将神经测量法运用于翻译认知过程研究的想法早已在 20 世纪80 年代就已萌生，欧盟的 Eye-to-IT 项目是真正将脑电技术运用于翻译过程研究的首次尝试（Saldanha & O'Brien，2014：148）。目前，该类跨学科研究较多应用于口译研究中，主要研究内容包括：（1）口译方向性（译入和译出）对大脑神经加工的影响；（2）口译经验与口译训练对脑结构定位的影响；（3）不同口译策略对译者脑区定位的影响；（4）口译任务类型对大脑激活区域的影响等。与口译研究相比，神经测量法在笔译研究中的应用仍处于起步阶段，相关研究成果较少。因此，未来研究可借助神经测量法，结合译语方向性、翻译经验及文本难度等其他变量，通过收集译者在笔译任务完成过程中的各项生理和神经数据，综合考察译者的认知思维过程。

五、其他辅助方法

除以上介绍的研究工具及方法外，翻译认知过程实证研究还运用了多种辅助方法，包括屏幕记录法、问卷调查法和访谈法等。目前翻译认知过程实证研究基本采用多元数据分析模式，弥补单一数据的不足，从而提升翻译认知过程实证研究的科学性和可靠性。介于篇幅考虑，本章将对以上辅助方法做简要介绍。

（一）屏幕记录法

屏幕记录法是指利用屏幕录制软件记录受试者在完成翻译任务过程中的计算机活动，并生成可回放的录屏文件，以备后续分析使用（Angelone，2021）。在翻译认知过程研究中，屏幕记录法常作为辅助性方法，与其他方法相结合，共同分析译者的翻译认知过程。一方面，研究者可通过回放屏幕记录视频文件，帮助受试者进行回溯性有声思维报告（Gough，2019）；另一方面，研究者可通过对录屏文件进行分类和编码，探究受试者在翻译过程中所遇到的翻译问题及其解决问题的翻译策略（Angelone，2020）。通过屏幕记录软件，研究者可实现多种数据相互补充和相互验证，从而更加全面地探析译者的翻译认知过程。

（二）问卷调查法

问卷调查法作为社会科学常见的调查统计方法，以其简便性、快速性、有效性和可行性深受社会科学研究者青睐。在翻译认知过程研究中，问卷调查法常作为辅助性方法，协助深入探究译者的认知心理活动（Saldanha & O'Brien，2014：151）。问卷调查法的优点在于，研究者能够即时快速地收集大量信息，且受试者在填写问卷的过程中不受干扰。但该方法的缺点在于问卷设计及数据收集时易出现取样范围不合理、问卷数据质量差等问题，从而影响最终的研究结果。因此，研究者在进行问卷调查时，应当注意以下几点：（1）在进行问卷设计过程中，研究者应当紧扣研究问题，充分借鉴前人研究结果设计题项。问卷题项的表达需符合应答者的理解能力和认识能力，避免使用专业术语，避免主观性和暗示性话语，使问卷具有合理性和可答性，以免数据失真（Saldanha & O'Brien，2014：155—156）。（2）在正式调查之前，研究者应当对问卷进行前测（Pilot Study），通过前测数据对问卷的信度和效度进行检验，从而确保正式调查时的问卷质量。（3）在数据收集及处理阶段，研究者应特别注意取样范围的代表性，筛除问答时间过短、重复回答且漏项未答等无效问卷后，有效问卷数量应当符合统计学要求（Qureshi & Compeau，2009）。

（三）访谈法

访谈法是获取翻译认知过程解释性数据的一种重要研究方法。研究者在翻译任务结束后，依据已收集的翻译过程行为数据，针对具体研究问题对受试者进行提问，收集的数据属于翻译认知心理数据，可用于解释说明受试者在翻译过程中的翻译行为。访谈的优点在于深入挖掘受试者在翻译过程中的所思所想，而其缺点则在于时间成本高，受试者数量小，个体化差异大，因而研究结论不具备普适性。根据 Saldanha 和 O'Brien（2014：172），访谈可划分为结构化访谈（Structured Interviews）、非结构化访谈（Unstructured Interviews）和半结构化访谈（Semi-structured Interviews）。其中，结构化访谈是采用标准的程序进行高控制性访谈，主要关注事实类信息。而非结构化访谈倾向于自由式对话，以共同探讨研究问题，适合探索性研究。半结构化访谈则兼顾了结构化访谈的程序性及半结构访谈的高参与性，是指在研究者的控制之下，受访者根据访问提纲进行自由回答。在进行访谈之前，研究者需根据研究目的及问题，制订访谈提纲。在正式访谈时，研究者需提前征得受访者同意，才能对访谈全程进行录音或摄像。研究者可以根据访谈进程对提纲问题进行灵活调整。

第二节　翻译认知过程实证研究趋势与启示

通过梳理以上翻译认知研究方法及工具，可以进一步得出以下几点研究启示。

（1）开拓跨学科研究思路，提倡研究范式多元化。翻译认知过程研究的发展离不开多学科之间的交叉融合，传统的基于单一学科的研究方法已无法满足翻译认知过程的研究需求，只有跨学科借鉴邻近学科研究范式，吸收多学科的优秀研究成果才能进一步提高研究质量。因此，研究者应当关注不同学科的前沿研究，从多学科融合的角度积极探索翻译认知研究的创新路径，为翻译认知过程研究的发展提供新思路。此外，研究者还应当根据研究问题的性质与特点选择合适的研究方法，加强不同研究方法的交叉应用，深入挖掘译者认知心理机制，使翻译认知过程研究更加具有创新力。

（2）探索混合研究法，加强数据多元互证。在翻译认知过程研究中，实证研究方法主要包括定量研究、定性研究以及混合研究法（Halverson，2017：199）。其中，定量研究遵循演绎推理的范式，通过获得并分析量化数据来揭示事物之间的相互关系，强调研究过程的可重复性、可操作性和研究结果的准确性（Mellinger & Hanson，2020）；定性研究主要遵循归纳的研究范式，借助访谈法或案例研究法等方法，深入细致地挖掘文本和社会信息（Saldanha & O'Brien，2014：22—23）。而混合研究法则主张研究者应当以解决研究问题为根本出发点，在研究过程中有机结合定量研究、定性研究两种研究方法，充分发挥两种研究方法的优势（Halverson，2017：196—197）。当前翻译认知过程研究中主要以定量研究为主，定性研究及混合研究法仍处于初步应用阶段。因此，未来翻译认知过程研究应当重点探索混合研究法的应用，提倡不同研究范式的相辅相成，加强数据之间的多元互证，以全面加强翻译认知过程研究的准确性和深入性。

（3）重视研究者的综合素质培养，强化实证研究训练。翻译认知过程研究的实证取向决定了研究者不仅需要夯实理论基础，而且需要较强的逻辑分析能力、研究工具应用能力和统计研究方法基础。因此，研究者应当培养跨学科意识，加强翻译认知过程实证研究方法训练。一方面，研究者应当建立跨学科的知识和视野，积极参加研究方法及工具使用的相关培训，努力强化自身对研究工具的掌握，培养甄别及选择合适研究工具的能力；另一方面，研究者还应当注重加强逻辑思辨能力，不断反思和及时归纳总结研究过程中的不足和缺陷，积极寻求解决问题的办法，锻炼自己的研究能力，以提高自身的综合素质，持续为翻译认知过程研究赋能。

本章从实证研究方法的角度论述了翻译认知过程实证研究中常用的四种主流方法和三种辅助方法。研究者应根据自身的研究目的和研究问题，考虑研究的信度和效度，依据现实条件，选用合适的研究方法和工具，利用不同类型数据进行交叉验证，减少单方面数据的偏误和不足，为翻译认知过程研究的发展不断注入新的活力。未来研究可进一步借鉴多学科的研究范式与方法，从翻译认知过程研究需要出发，深入探索与挖掘译者认知心理过程，提倡研究范式之间互为补充，从而促进翻译认知过程研究方法体系的完善。

第三章

基于认知的翻译方向性理论与方法

　　探究不同翻译方向的翻译规律对翻译课程设置、教材建设、教学内容安排、教学方法选择、翻译质量评估和文化传播均具有重要作用。本章对翻译方向性实证研究进行了梳理，发现翻译方向性实证研究经历了从以翻译方向为主要研究变量到与译者因素和任务因素相结合的多变量研究历程，并基于此提出翻译方向性实证研究变量框架，剖析未来研究可借鉴的理论基础。

　　经济全球化背景下，各国经济、政治、文化往来日益频繁，因而产生大量翻译需求。对于翻译市场而言，译入和译出都已经成为常态。传统观念认为职业译者只能译入母语，但对于低扩散性语言（Language of Low Diffusion）的国家而言，译出则更加频繁。不同翻译方向的翻译实践活动突显了研究的重大意义。

　　"翻译方向"这一学术概念最早是由 Pym（1992）提出，随后以术语的形式被收录在《翻译研究词典》（*Dictionary of Translation Studies*）和《卢德里奇翻译研究百科全书》（*Routledge Encyclopedia of Translation Studies*）第 1、2 和 3 版中。关于"方向性"的词条从"翻译的方向（或方向性）"（Direction of Translation［or Directionality］）（Shuttleworth，1997：42；Beeby Lonsdale，1998：63）演变到"方向性"（Directionality）一词（Beeby Lonsdale，2009：84）。从词条的表述可以看出，翻译方向性研究的术语表达呈现出更加规范化、学术化的特征。此外，其定义从一开始的"翻译的方向（或方向性）指将外语译为母语，反之亦然"演变为"翻译方向性指笔 / 口译到译者 / 译员的非母语，通常暗含着与笔 / 口译到译者 / 译员的母语之对比"（Apfelthaler，2020：152）。不难看出，其中有两点变化：（1）研究重心从"译入"逐步转移到了"译出"，这与大量学者为译出正名有关。（2）研究对象从原来笼统的"翻译"明晰为"笔译或口译"及"译者或译员"，这与口译在翻译研究和实践中的地位密不可分。本章重点关注翻译方向性在笔译中的研究，口译方向性研究暂不包含在文章论述范围内。

虽然"翻译方向性"这一术语得到进一步规范，但是不同翻译方向的表述却不尽相同。一些学者（Pokorn et al.，2020）将从母语译为外语称为"逆向翻译（Inverse Translation）"，而从外语译为母语则称为"正向翻译（Direct Translation）"。但正如 Kelly et al.（2003：35—40）在口笔译方向性论坛（Forum on Directionality in Translating and Interpreting）中指出，"母语"、"外语"和"第二语言"这些词本身具有意识形态色彩，因而提倡更为中立的表达，如采用国际会议口译员协会（International Association of Conference Interpreters，AIIC）（2006）使用 A 语和 B 语来分别表示母语和非母语的表达。其中 B 语表示母语之外的其他语言，译员应完全掌握该语言，并使用该语言进行工作。然而，考虑到翻译方向性研究对象包括翻译初学者，其第二语言水平并未达到完全掌握的程度，Pavlović（2007）倾向于借鉴二语习得领域的"第一语言（L1）"和"第二语言（L2）"来分别代指翻译的两种语言，而用 L1 翻译（L1 Translation）和 L2 翻译（L2 Translation）来分别代指译入和译出。此外，心理语言学和神经语言学中采用"正向翻译（Forward Translation）"和"反向翻译（Backward Translation）"代指译出和译入。由此可见，翻译方向性研究中对不同翻译方向的表述也发生了转变，且存在学科差异。目前学界使用较多的为 L1 翻译和 L2 翻译，但鉴于国内多使用"译入"和"译出"分别表示从外语译为母语和从母语译为外语，本章也采用"译入"和"译出"表示两个不同的翻译方向。

西方早期盛行"母语原则"，认为译者只能译入母语，而忽视翻译市场中译入、译出比例相当的实际情况，因此早期翻译方向性研究多基于思辨为译出正名（Campbell，1998；McAlester，1992）。近二十年来交叉领域的研究方法和工具在翻译学研究领域的跨学科运用，极大地推动了翻译方向性尤其是翻译方向性实证研究的发展，翻译方向性受到越来越多的关注。鉴于此，基于对翻译方向性研究文献的调研，本章旨在回答以下研究问题：（1）翻译方向性研究主题有哪些？（2）翻译方向性研究主要使用哪些研究方法？（3）翻译方向性研究有哪些发现、争议和局限？（4）翻译方向性未来有哪些研究路径？

第一节　翻译方向性思辨研究

翻译方向性的争论源于早期西方对"母语原则"的推崇，即认为职业译者只能"从外语译为母语才能获得自然、准确以及最大限度有效沟通的译文"（Newmark，1988），这一观点虽散见于文献中，但却深刻地反映在一些国际组织和翻译行业机构对译者的要求和客户指南中，影响深远。如国际翻译家联盟 1963 年通过的《翻译工作者章程》、联合国教科文组织 1976年通过的《内罗毕建议书》和中国译协 2013 年出版的《如何购买翻译服务——翻译采购指南》中文版宣传册中都有提及：专业译者应译入母语。以Newmark 为代表的反对译出的观点考虑到了译者的外语能力和目标语文化知识对翻译质量和读者接受的影响，将译入母语视为译者理想的翻译方向，且将译者的母语身份等同于翻译质量（Beeby Lonsdale，2009：85）。这一观点在学界引起大量讨论，主要出于以下两方面的原因。一方面，这一观点忽视了真实翻译活动的历史和现状。历史上译出活动延绵不绝，如《圣经》和佛经的翻译等；随着全球化的发展，国际政治、经济、文化交流日益深入，对于非英语国家或低扩散性语言国家而言，译出更是翻译实践中的常态（Pavlović，2007；Whyatt，2018）。另一方面，该观点夸大了母语身份对翻译质量的决定性影响。"母语原则"因而受到质疑。

21 世纪初期前后，针对"翻译方向性"这一议题的研究从译出的市场需求和译出质量出发，论证译出的必要性和可行性。1997 年和 2002 年分别在卢布尔雅那（Ljubljana）和格拉纳达（Granada）召开学术会议讨论翻译方向性问题，产出两本论文集（Grosman et al., 2000; Kelly et al., 2003）。Campbell 在其著述《译入第二语言》（*Translating into the Second Language*）中，从现实情况出发论述了对于世界上很多国家而言，译出到第二语言是不可避免且十分必要的（Campbell, 1998: 24—28）。McAlester（1992）从译出的可行性和必要性论证有必要将译出纳入翻译教学。从荷兰的具体情况出发，Thelen（2005）论证了母语原则不再可靠，质疑"母语人士"这一概念，并指出随着翻译工具和翻译要求的变化，母语译者不再是唯一的职业翻译选择。就译出质量而言，研究结果虽总体印证了"母语原则"，但也对母语在翻译中的作用提出了质疑和挑战。Pokorn 的《挑战传统公理——译入非母语》（*Challenging the Traditional Axioms: Translation into a Non-Mother Tongue*）一书通过语料库和问卷的实证方式，探讨母语译者和非母语译者的译文质量和读者接受度。研究发现，母语身份并不能保证译文质量，"译文质量的准确度、可接受度和流利度取决于个人能力、翻译策略和源语、目标语文化知识，而非母语身份（2005: 120—121）"。Nataša Pavlović（2007）考察翻译方向以及不同协作方式对学生译者翻译行为及质量的影响。研究发现，译入的整体质量及译文流利度都高于译出，且两个方向中对源语文本的理解都很重要，学生译者在两个翻译方向中遇到的翻译问题数量和类型相似，且不论何种翻译方向，学生的翻译风格都相似。学生译者译入时更依赖内部资源、译入产出时的自我监控更强。同样采用协作式翻译报告法（Collaborative Translation Protocol），Tanja Pavlović（2013）发现两个翻译方向上的难度无差别，但学生在不同翻译方向上成功解决问题的程度不一样。词汇和语义问题在译入和译出中最为常见，整体而言，译出的质量更差，但译入也仍需要修改才能达到可出版的水平。

　　这一时期翻译方向性研究具有以下特点：第一，相关研究以思辨研究为主，逐渐开始涉及实证研究方法，如问卷、语料库等。第二，研究焦点多从现实出发论证译出的必要性和可行性（Campbell, 1998: 57），但并未深入探究两种不同翻译方向的具体差异。第三，就影响与规模而言，这一时期的研究打破传统固有观念，为译出正名，具有开创性意义，为后期翻译方向性实证研究奠定了基础。

进入 21 世纪，翻译方向性研究受到来自认知心理学、心理语言学和翻译学界学者的关注，研究内容进一步深入，研究工具的发展也推动着翻译方向性实证研究成果不断涌现。

第二节　翻译方向性实证研究

相对于译入，译出是否真的更难？是否需要译者投入更多的认知努力？不同翻译方向中译者的认知加工机制是否相同？这些是学者们继而关注的问题。有必要借助有声思维法、键盘记录和眼动仪等工具对不同翻译方向中译者翻译过程的异同开展实证研究。通过对现有文献进行梳理，我们发现，翻译方向性实证研究主要关注两个层面：一是方向性对翻译认知过程的影响；二是其他因素与方向性交互作用对翻译认知过程及产品的影响。总体而言，方向性研究经历了从单一研究变量到多元变量的转变，同时研究内容和视角进一步扩大。

一、翻译方向对过程的影响

受翻译研究认知转向的影响，译者在不同翻译方向中的认知心理过程备受关注。该类研究聚焦翻译方向性效应对翻译认知过程的影响，进一步探究不同翻译方向中译者认知行为的异同。考察话题包括方向性对翻译问题类型和数量、问题解决策略、翻译单位、认知负荷以及注意力资源分配的影响（Ferreira & Schwieter，2016；Pavlović & Jensen，2009；Chang，2009；王律 & 王湘玲，2021）。

　　前期研究使用有声思维法考察方向性对问题类型、数量和问题解决策略的影响（Pavlović，2007，2010；Ferreira & Schwieter，2021）。Malkiel（2004）使用键盘记录考察译者停顿等活动，发现译入耗时更短，但击键次数更多，因而推断译出更难。De Lima Fonseca（2015）发现，翻译方向对译者宏观翻译单位影响不大，但不同类型翻译风格（Profile）的译者在不同翻译方向中的翻译表现不同，通过译出活动更能看出译者的不同风格。

　　近来的研究主要借助眼动追踪技术考察译者在不同翻译方向中的眼动行为，进而推断译者大脑中的认知加工机制。采用不同的眼动指标如注视时长、注视次数、瞳孔直径等推断译者认知负荷及注意力资源分配情况。研究内容更趋细致化，可分为以下三类：译入和译出整体所需的认知负荷、原文阅读和译文产出所需认知负荷和不同翻译阶段（熟悉、草拟和修订）所需的认知负荷。大部分研究都证实了翻译方向对译者认知负荷有显著影响，译出比译入需要更多认知负荷，支持译出比译入更难这一观点。如 Chang（2009）利用眼动仪发现译者译出时认知负荷更大。冯佳（2017）重复 Chang 的实验，发现译出的总体认知负荷比译入更高，支持 Chang 的结论。王律 & 王湘玲（2021）的研究也发现，学生译者译入时的平均注视时长和注视次数明显小于译出，表明译入比译出所占的资源比例小。但也有研究发现，对于没有职业经验的学生译者而言，译入和译出两个翻译方向的认知负荷都非常大（Pavlović & Jensen，2009；Temizöz，2014）。翻译方向性对源文本阅读和译语文本产出也有显著影响。就源文本阅读而言，传统经验认为，译入时源语文本的理解认知负荷更高，而译出时，译文产出的认知负荷会更高。冯佳（2017）的研究结果中的部分眼动数据证实了这一假设，但 Temizöz（2014）重复 Pavlović & Jensen（2009）的实验发现，两个实验中都只有部分指标支持该假设。按不同翻译阶段来考察译者不同翻译方向认知资源分配情况，王律 & 王湘玲（2021）和王湘玲等（2022）的研究发现，译入时学生译者的自动化加工能力更强，因而将更多认知资源分配在阅读和修改上，多呈现出"整体导向型"模式，而译出是控制加工更强，认知资源主要用于译语转换，多呈"局部导向型"模式。

　　上述研究以翻译方向性为自变量，利用眼动追踪方法考察译者在不同翻译方向中认知行为的异同。研究内容从译入、译出整体翻译过程，细化到对源文本的阅读和译文的产出，并对不同方向中的不同翻译阶段进行精细化考察，打破了传统观念基于经验的朦胧状态，为进一步认识翻译方向性对翻译认知过程的影响提供了实证证据。但不同研究结论一致性不高，究其根本，可能有以下几个原因：首先，涉及的语言对不同，不同语言对之间的亲疏关系可能会影响翻译难度。其次，所用的认知负荷考察指标有区别，部分指标未能完全验证假设。再有，部分研究未对其他诸多变量如文本难度、文本类型、译者经验等进行严格的控制，译者在翻译过程中的认知负荷受较多变量影响，如果没有进行有效控制，结果很难一致。

　　以翻译方向性作为唯一变量的研究注重考察不同翻译方向对译者认知过程的影响，有助于我们更深刻地了解翻译方向性效应，但仍存在一些问题。一方面，关于翻译认知过程的考察未能与翻译质量相结合，未能全面地反映方向性对翻译的影响。另一方面，方向性作为单一自变量的作用不可能不受到诸多译者因素、文本因素或任务因素等的影响。越来越多的学者（Gile，2005：17；Pokorn et al.，2020）意识到，方向性只是影响翻译过程及其结果的诸多因素之一，其他因素可能会与方向性交互，对翻译过程及产品产生影响。

二、其他因素与方向性的交互影响

　　翻译方向性效应会受到其他因素的影响，这些因素与翻译方向性交互作用会对翻译产生影响。通过对文献的梳理，大致可将这些因素分为任务因素与译者因素两大类（Chen，2020）。其中任务因素主要包括文本类型、任务模式和翻译难度等，而译者因素包括译者翻译能力、翻译经验、年龄、性别、优势语言、语言经历、翻译培训和态度等。

（一）任务因素

任务因素包含文本类型和翻译任务模式等。本章发现，与翻译方向性交互作用影响翻译的任务因素中，文本类型备受关注。主要体现为翻译方向和文本类型交互作用对翻译过程和翻译质量的影响。

以隐喻文本为变量，Wang（2021）通过眼动仪、键盘记录及回溯性访谈考察学生译者译入译出无隐喻、有固定表达的隐喻（Fixed Metaphor）和无固定表达的隐喻（Non-fixed Metaphor）文本时的认知模式是否受方向性影响。研究表明，翻译方向性显著影响加工类型（原文加工、译文加工及平行加工）、隐喻相关文本类型和注意力分配模式。Ferreira & Schwieter（2018）通过让 8 名职业译者译入译出 2 篇相同主题的文章和 2 篇不同主题的文章，利用键盘记录软件和回溯性报告考察译者在不同翻译方向中问题识别、问题解决和在线修订过程的影响。研究发现，翻译相同主题文本时，译者译入时的在线修订更多，但同一译者翻译不同主题文本时，在线修订的情况有差异。Ferreira & Schwieter 因而认为在线修订和回溯性报告可以作为翻译难度的指标，且译出所需的认知努力更大。回溯性报告显示，在相同题材文本译入时，翻译问题的解决方案更多，且翻译行为及翻译表现与源文本相关。此外，也有学者（Whyatt，2021）关注到不同翻译方向与文本类型对译者网络信息检索的影响，使用 R-lme4 对数据进行分析发现，译出需要更多网络检索，翻译方向和文本类型的交互作用对译者信息需求和使用有显著影响，且较为复杂和动态。Whyatt 同样对不同翻译阶段的网络检索情况进行了考察，发现译者在熟悉阶段需要更多网络检索，且网络检索与修订的时间呈负相关。对方向性与其他因素交互作用的考察同样关注翻译质量。Whyatt（2019）考察了 30 名职业译者在不同翻译方向和不同文本类型中的翻译质量，结果表明，不论何种翻译方向，译文都还需要母语人士进一步润色。Whyatt 还发现，译出并不比译入需要更多认知努力，且通过进一步考察高质量翻译发现，文本类型对翻译质量的影响大于翻译方向的影响。

除文本类型外，也有学者（冯佳 & 王克非，2021）考察翻译难度与翻译方向交互对译者注意力资源分配的影响，以及不同任务模式与翻译方向交互作用对翻译过程及产品的影响。Sánchez-Gijón & Torres-Hostench（2014）通过让两组母语不同的受试者译后编辑同一篇文章，对比母语者和非母语者在不同翻译方向上的质量是否有差别。Haji Sismat（2016）对比 MTPE 及 MTPE+TM 两种不同任务模式和翻译方向的交互作用对翻译质量和效率的影响，Da Silva et al.（2017）注意到了人工翻译与机器翻译译后编辑这两种不同任务模式与翻译方向的交互作用对译者认知负荷的影响。Toledo Báez（2018）发现翻译方向性对译后编辑质量没有太大影响。

（二）译者因素

除翻译任务因素以外，翻译方向性和诸多译者因素一起对翻译过程及结果产生交互效应，主要包括译者经验、译者自我概念、语言能力、性别、年龄、主导语言、语言经历和态度及翻译方向性培训。Pavlović（2007）通过问卷调查了解到，克罗地亚参与调查的职业译者中，有近三分之一的职业译者更偏好译出，且译出是一种常态。Ferreira et al.（2021）使用线性效应模型综合考察方向性、优势语言及经历对翻译认知过程的影响，发现方向性、性别和年龄都与注视指标有相关性。PACTE 小组（Hurtado Albir，2017）对比了翻译教师和职业译者在不同翻译方向上的翻译质量，发现译入时，职业译者的翻译质量明显优于翻译教师，但译出时两组的表现却相当，因而认为翻译能力在译入和译出时的作用方式不同。对比职业译者和学生译者在不同翻译方向和文本类型上的翻译质量，Obdržálková（2018）发现译入的质量高于译出，翻译经验只在译入时起作用，学生译者和职业译者在两个方向中的翻译风格错误都很多。徐歌（2020）考察了中国英语学习者词汇能力、语言理解能力和语言产出能力与翻译方向性对翻译质量的影响，发现这三个子能力对译入的预测能力要高于译出，且词汇能力对翻译成绩的影响最为显著。Pokorn et al.（2020）考察学生译者语言能力、语言外能力和信息检索能力对不同翻译方向翻译质量的影响，研究结果发现，二语水平和语言外背景知识对翻译质量的影响比翻译方向大。可见，除翻译方向外，上述研究中所涉及的诸多因素如译者的性别、年龄、偏好、翻译经验和二语水平等译者因素都会对翻译过程和产品产生影响。

上述研究从任务因素或译者因素出发，将翻译方向性作为影响翻译过程和质量的变量之一进行考察，研究范围进一步扩大，研究的生态效度进一步提高，让我们进一步认识到了翻译方向对翻译过程及产品的影响。但大部分研究割裂了产品与过程之间的关联、任务与译者之间的关联，即翻译过程中译者的认知负荷或注意力资源与翻译质量之间的关系，以及在进行不同方向的翻译时，翻译任务与译者因素对翻译过程和质量的影响。

第三节　翻译方向性实证研究变量关系框架构建

从为翻译方向性正名，到探究不同翻译方向中译者认知过程的异同，翻译方向性研究经历了从研究单变量到多变量的转变。研究视野的扩大，研究工具的更新，为进一步认识翻译的本质提供了支持。但目前研究仍有值得改进之处，主要体现在以下三个方面。首先，研究主题侧重于对不同翻译方向翻译认知过程的研究，对产品的关注略显不足，少有研究将认知过程与翻译产品相结合；同时，对于文本类型以外的其他任务因素关注不足。其次，研究结论一致性不高。这可能与文本的翻译难度、文本类型、文本熟悉度等因素相关（王均松等，2022）。最后，理论层面，大部分研究的结论都只是为译者两种语言的不对称性提供了实证证据，验证了双语表征非对称模型，止步于对现象的描述，多属于描述性研究，而未对双语不对称情况下译者的认知心理机制进行解释。

针对上述研究的不足，本章提出翻译方向性实证研究变量研究框架（见图 3-1），并认为工作记忆理论可以为解释不同翻译方向中译者的认知心理机制提供理论支撑。

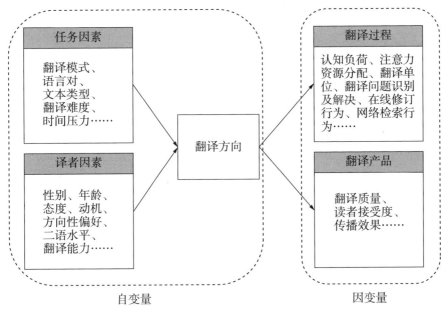

图 3-1 翻译方向性实证研究变量框架

　　研究变量方面，任务因素和译者因素都可以作为变量，与翻译方向共同作用对翻译过程及翻译产品产生影响。具体而言，任务因素包括翻译模式（如人工翻译、机器翻译译后编辑）、语言对、文本类型（通用文本、专业领域文本等）、翻译难度（高、低）、时间压力等。译者因素包括译者的性别、年龄、态度、动机、对不同翻译方向的偏好、二语水平、翻译能力等。而对于不同翻译方向中翻译过程的考察包括译者的认知负荷、注意力资源分配、翻译单位、翻译问题识别及解决、在线修订行为、网络检索行为等。对于翻译产品的研究不仅可以包括翻译质量，还有不同方向的翻译产品在读者中的接受度以及传播效果等。目前翻译方向性研究呈现出过程与质量分离，任务因素与译者因素分离的现状，因此未来研究可以将自变量中任务因素与译者因素结合起来，考察对翻译过程及产品的影响，从而呈现不同变量对翻译过程及产品影响的全景图。

　　理论基础方面，本章认为，心理语言学中的工作记忆理论可以为解释不同翻译方向中的语言转换的认知机制提供理论基础。翻译方向性研究必然涉及两种不同语言，心理语言学研究表明，人对母语和外语信息的理解、储存、提取等认知加工环节存在较大差异（Carroll，2000：129—186）。两种语言之间的转换可能存在并行和串行加工的情况，而这种并行和串行受到工作记忆容量的影响。"工作记忆"最早由 Miller et al.（1960）提出，是一个容量有限的系统，在执行复杂认知任务中负责临时储存和处理信息（Baddeley，2003）。该术语与短时记忆存在混用的情况。两者的区别在于，短时记忆只负责信息的暂时储存，而工作记忆除储存信息外，还负责长时记忆与短时记忆中信息流的控制（Baddeley，1986）。工作记忆在笔译中同样发挥着重要作用。工作记忆和长时记忆对高效地计划、决策和解决问题起着至关重要的作用（Hvelplund，2016：150—151），工作记忆作为认知系统的一部分，负责从长时记忆中筛选、实施和操控知识，而译者在信息加工过程中选择、实施和操控信息的能力与翻译效率息息相关（同上，151）。笔译过程中，译者需要对源文本进行理解，同时将理解后的信息储存在工作记忆中，作为转换和产出的基础（刘文仪，2015）。因此，本章认为，工作记忆理论可以为解释不同翻译方向译者认知行为异同提供理论基础。

　　本章以翻译方向性为视角，探讨了翻译方向性相关实证研究，梳理了翻译方向性实证研究的研究内容、研究方法及理论基础。以翻译方向性为单一变量的研究多注重翻译认知过程，而以翻译方向性为变量之一的研究多考虑方向性与任务因素和译者因素的交互作用对翻译过程和质量的影响，研究变量更加丰富，研究内容更加多样。本章在文献梳理的基础上提出翻译方向性研究变量框架，并提出工作记忆理论或可为解释不同翻译方向译者认知行为异同提供理论基础。

第四章

口笔译认知心理因素中的自我效能研究

自我效能属于近年来兴起的关注学习者个体发展的研究领域。作为美国心理学家阿尔伯特·班杜拉（Albert Bandura，1925—）社会认知理论（Social Cognitive Theory）体系中的一个核心内容，自我效能主要指个人对其自身能够在多大程度上完成特定行为的活动所具有的信念、判断或主体自我把握与感受。其形成和变化主要受"动作性掌握经验、替代经验、言语说服、生理和情感状态"四种信息源的影响来传递一定效能信息，影响学习者的效能水平。本章基于近二十年来国际期刊的文献分析，发现口笔译研究领域近年来开始关注自我效能。现有研究主要围绕译者自我效能及其测量工具，自我效能对口笔译表现的影响以及自我效能在翻译能力培养与应用方面的作用三方面开展。未来研究将进一步结合翻译认知过程探讨自我效能对译者翻译行为的影响，尤其需加强研究工具和数据分析的多元互证。

在人类活动的任何领域中，个体对自身适合执行某些任务的能力的假设对这些任务的最终结果起着重要作用（Bandura，1992；Schwarzer，1992），口笔译行为也不例外。自我效能的研究反映了近年来人们对个人能动性（动机和行为）的日益关注（Bandura，1992）。这一概念被广泛应用于能力习得、职业规划、心理治疗等多个领域（Salanova Soria & Martínez Martínez，2008；Schwarzer，1992）。这一研究重点，作为翻译能力模式中的心理生理要素之一，也在一定程度上引起翻译学界的关注。自我效能在翻译认知过程研究领域日益彰显其重要性，其原因是，翻译是一项复杂的活动，不仅涉及各种技巧，而且还涉及情感和态度因素（Laukkanen，1996；Tirkkonen-Condit & Laukkanen，1996），认知和情感经验（Hansen，2005；Durieux，2009）。

此外，在迅速发展的翻译过程研究这一领域中，对于自我效能研究力度的加大彰显了对受试者主观特征研究的必要性（Jääskeläinen，2000；Bolaños-Medina，2014；Lee，2018；Haro-Soler，2019）。各种相关的话题已经得到了一定程度的讨论，包括译者的自信（Laukkanen，1996；Froeliger，2004；Hjort-Pedersen & Faber，2009；Van Egdom et al.，2020）与自我概念（Kiraly，1997）等。事实上，值得注意的是，一名译者再优秀也不能总翻译出好的文章。这一现象可以用译者的主观能动性解释，即译者在翻译过程中会融入自己对文本的理解（Bandura，1995）。Bandura（1977）引入了自我效能的概念，并将其定义为"个体在执行某一行为操作之前对自己能够在什么水平上完成该行为活动所具有的信念、判断或主体自我感受"（刘新荣、闫文军，2011）。它也被描述为一种"能做"的认知，反映了一个人对环境的控制感（Schwarzer，1992：ix）。此外，研究还发现，自我效能感高的人在采取行动后，会投入更多的时间和精力，更能积极应对挫折（同上）。

现有研究显示，国外学者已探讨了自我效能理论在口笔译研究中的应用，但目前国内对这方面的研究尚未开启。自我效能理论是班杜拉社会认知理论的核心之一，它为动机理论提供了研究方向，丰富了心理学的研究方法，为"个人变化与社会进步提供有效的手段"（Bandura，1989），因此笔者希望本领域引起国内学者对翻译学跨学科研究态势的重视。有鉴于此，笔者通过检索1990年至2021年中外知名学术数据库CNKI、万方、ScienceDirect、Springer、SSCI等有关自我效能与口笔译的论文，经过去重、筛选，共获取期刊学术论文14篇。本章旨在从社会认知的角度介绍自我效能的概念，并探讨其在翻译学中的应用及对翻译学的意义。为了进一步把握译者自我效能在口笔译研究中的应用概貌，厘清研究脉络，追踪前沿动态，本章旨在回答以下四个研究问题：（1）自我效能的内涵。（2）自我效能的主要影响因素。（3）自我效能与口笔译相关联的研究主题，或者是自我效能在口笔译过程中的应用研究。（4）自我效能与口笔译研究的研究现状与未来研究趋势。

第一节 自我效能的概念界定

美国心理学家阿尔伯特·班杜拉的社会认知理论的一个核心概念是人的能动性，指人们在复杂的社会结构中"对生活的性质和质量进行控制的能力"（Bandura，2001：1）。人既是社会制度的生产者，也是社会制度的产物。自我效能理论的运用，能提高人的能动性。在班杜拉的社会认知理论的大框架下，"自我效能"这一概念引起了各学科研究者的注意，如心理和教育领域的学者曾尝试总结自我效能的特征以及功能（Lovelace，1990；Tate et al.，2008；Multon，1991）。自我效能理论为个人效能信念（Individuals' Self-efficacy）的起源、结构、功能等相关研究搭建了一个系统科学的框架。此外，它还提供了关于如何开发和提高自我效能的具体指南。

一、概念定义

自我效能是人的动机和行为的一个重要方面，同时也是影响人的生活的行为。关于自我效能，班杜拉解释为"对一个人组织和执行管理预期情况所需行动方案的能力的信念"（Bandura，1995：2）。换句话说，它指的是个人对完成任务的能力的信心（Bandura，1993，1995）。更简单地说，自我效能是一个人认为他在某些情况下使用自己的技能可以达到的目标（Snyder & Lopez，2007）。自我效能被认为是自尊的属于特定任务的一个版本（Lunenburg，2011）。自我效能理论讲的是：与自我效能较低的活动相比，个体更倾向于从事自我效能高的活动（Van der Bijl & Shortridge-Baggett，2002；Zhou et al.，2022）。

根据班杜拉的社会认知理论（Bandura，1997），自我效能受到四方面的影响：动作性掌握经验（Enactive Mastery Experience）、替代经验（Vicarious

Experience）、言语说服（Verbal Persuasion）和生理和情感状态（Physiological and Affective States）。具体表现为：（1）动作性掌握经验，即以往的经验或培训所产生的表现成就，是最重要的来源之一。重复的成功经验对培养更积极的期望和为自我效能信念提供可靠的指导很有价值（Lee，2014）。教育领域的研究发现，个体的表现成就都是与其学习和表现密切相关的预测因素（Britner & Pajares，2006；Eldakar & Kenawy，2020）。（2）就替代经验而言，班杜拉（Bandura，1997）认为人们不仅通过自己的经验，也基于观察他人的行为和结果来发展自我效能。正是在观察的过程中，个体可以学习如何组织新的行为模式。他人成功的表现可以促进个体自我效能的提高，失败的例子则会产生负面影响（Stajkovic et al.，2018）。因此，具有强烈自我效能的人倾向于认为他们和其他人一样有能力完成任务。（3）言语说服则通常指从说服者那里获得积极的反馈来提高自我效能。具体而言，有效的说服可以使个体相信自己有能力完成任务，从而提高他们执行任务的自我效能（Chen & Usher，2013）。然而，由于言语说服与动作性掌握经验的重叠，单独的言语说服并不能提高自我效能（Bronstein & Tzivian，2013；Lent et al.，2017），因此需要通过动作性掌握经验与言语说服共同提高自我效能。（4）生理和情感状态可以直接影响人们面对压力、焦虑、疲劳和觉醒的行为。具有较高自我效能的个体擅长将压力或焦虑视为激励行动的驱动力，从而产生良好的表现和学习结果（Wang & Sun，2020）。综上，对自我效能这些来源的研究可以揭示如何提高和发展个体的自我效能，从而对自己的职业更有信心。

二、翻译自我效能

翻译自我效能（Translation Self-efficacy）是指个体对自己是否有能力成功地执行为某一特定的翻译纲要提供可接受的翻译所需的行动过程的信念，这可能需要调节他们的动机、思维过程、表现水平或情绪状态（Bandura，

2006）。这个定义之所以存在，是因为自我效能具有任务特定性。从这个意义上说，翻译自我效能作为一种特定的自我效能，可以提供比一般自我效能更可靠的研究结果。例如，Macnamara（2012：12）在他所提出的译者认知能力模型中，指出译者自我效能是指导操作适宜性的社会认知能力之一，因为"自我效能较高的个体通常组织能力更强，思维更灵活，不容易焦虑"。

第二节 自我效能与口笔译研究交叉的核心话题

研究者发现，自我效能对口笔译过程有一定影响。相对笔译过程而言，口译活动的及时性、译者个体差异与口译现场表现的成败高度相关。具体来说，口译任务相当复杂，即使是一些专业能力较强的学生译员，消极的态度和期望也会在很大程度上影响他们的临场表现（Jiménez Ivars et al.，2014：71）。因此，考虑学生对自己达到口译目标的能力的信念是非常重要的。较多学者已经关注了自我效能对口译表现的影响。对笔译研究而言，学界较早关注的是与自我效能密切相关的概念，如自我意识和自信等（Hönig，1991；Kussmaul，1995；Tirkkonen-Condit & Laukkanen，1996；Wilss，1996）。班杜拉认为，人在成长过程中逐步提高语言理解能力和符号思维能力，我们由此获得一种主观能动性，并成为其他自我概念的中心，如自我效能（Bandura，1997）和自信。Kussmaul（1995：32）认为，"正是通过自我效能，译者才能获得自信"。值得注意的是，由于国内暂未见自我效能与口笔译研究的学术成果，本章将基于不同主题来评介国外相关学术成果，旨在对国内相关研究提供参考。

一、测量

自我效能（分为一般自我效能与特定自我效能）如何测量亦是研究者关

注的重心之一。自我效能研究者已经开发出各种各样的工具来测量整体的自我效能。他们认为自我效能并不构成一个人格因素，而是一个关于个体完成特定任务的认知信念。由于它是基于个人以前的学习经验，它可能会在一个人的一生中发生变化（Bandura，1997）。随着时间的推移，自我效能概念和测量方法的发展为探究一般自我效能（General Self-efficacy，简称GSE）铺平了道路（Baessler & Schwarzer，1996）。一般自我效能被概念化为一种稳定的人格结构，表现为一个人对在任何情况下取得成功的能力的一般信念。Schwarzer（1999）将一般自我效能定义为对自己满足任何新需求的能力的总体信心。这种非特定类型的自我效能可以被同化为倾向性特征，而倾向性特征更多地与一个人对充分应对日常生活压力的能力的永久性个人信念有关（Baessler & Schwarzer，1996）。因此，它被认为是特定人格特质的一个指标，它定义了一个人对自己应付、执行和成功的基本能力的看法，而不管任务的特殊性如何（Judge et al.，1998）。为了测量一般自我效能，Sherer et al.（1982：664）开发了第一个一般自我效能量表（General Self-efficacy Scale）来评估"个人在新环境中的一系列期望"。根据 Chen et al.（2001：65）的说法，这个量表是使用最广泛和被引次数最多的一般自我效能测量工具之一。然而，他们（同上，67—68）质疑 Sherer et al.（1982）工作的有效性（例如低内容有效性和多维度），并构建了一个新的 GSE 量表，他们认为该量表将"减少不确定性，从而影响前者量表的有效性"。在进行这项研究的韩国，Kim & Cha（1996）以及 Kim（1997）根据约 7000 名韩国人的问卷调查结果编制了 GSE 量表，初步证明了此量表信效度可行。

　　特定自我效能是一个不同于一般自我效能的结构（Stajkovic & Luthans，1998）。它不被视为一种人格特质，而是一种源自社会学习的认知反应（Bandura，1977，1992）。此外，与一般自我效能相比，特定自我效能测量更精确，提供了更可靠的研究结果（Bandura，1997）。然而，心理学研究表明，特定自我效能与人格特质的关系更为显著，特别是与神经质呈负相关，与外向性、开放性和责任感呈正相关（Judge et al.，2002）。人们普遍认识到，自我效能感时刻都在变化，而且可以在不同的任务中发生改变（Bandura，1997；Pajares & Urdan，2005）。从这个意义上说，自我效能体现在每一个专业的活动中；因此，制定和应用专业的量表是非常重要的，因为特定自我效能指标比一般自我效能指标更能有效地预测自我效能（Bolaños Medina，2014）。近年来，学者在翻译自我效能量表的编制方面做出了一些努力，但这方面的研究并不多见。其中，Bolaños-Medina & Núñez 的本科学生译者翻译自我效能量表（2018）无疑成为迄今为止最严格的方法。根据社会认知理论，他们通过对翻译作为一个过程、一种能力和一项复杂任务的相关文献进行细致的回顾，以自我报告问卷的形式设计了一个包含 52 个项目的初始库；后来，出于内部一致性，他们将这些项目减少到 20 个，利用笔译专业四年级本科生样本的信度和探索性因素进行分析。最后提取了五个因素，建立了可接受的同时效度。

二、译者自我效能及其测量工具

利用开发工具来测量自我效能有利于促进自我效能在口笔译研究中的应用。自我效能近年来逐渐引起翻译学界的兴趣，而早期的翻译研究还是使用一般自我效能量表以测量译者自我效能。在口笔译研究中，广泛应用的一般自我效能量表包括 Baessler & Schwarzer（1996）的 10 项一般自我效能量表（10-item GSE Scale）（Mashhady et al.，2015；Bolaños-Medina，2014；Jiménez Ivars et al.，2014；Yang et al.，2021）；Kim & Park（2001）的 28 项学业自我效能量表，评估个人对自己能够在特定学科领域成功达到一定水平的信念（Lee，2014）；Chen et al.（2001）的 8 项一般自我效能量表（8-item New GSE Scale），以及 Schyns & von Collani（2002）的 20 项职业自我效能量表（20-item Occupational Self-efficacy Scale）（Atkinson & Crezee，2014）。虽然这些量表都具有相对稳定的特性，但它们都缺乏任务特定性。

因此，研究者为译者专门开发了一系列特定自我效能量表。其中，Lee

的本科生学生译者口译自我效能（ISE）量表（2014），以 Kim & Park（2001）的学业自我效能量表为基础，通过对自我效能工具和口译能力相关文献的回顾，设计了一个自我报告问卷，该问卷起初由 63 个项目组成，之后缩减为 21 个，以进行内部一致性、信度和探索性因子分析（EFA）。Araghian, Ghonsooly & Ghanizadeh（2018）以 76 名学生译者为样本，基于班杜拉的自我效能理论，编制了翻译自我效能量表（Translation Self-efficacy Scale）。最新的量表为 Bolaños-Medina & Núñez（2018）的本科学生译者翻译自我效能量表。他们根据推荐的标准指南（Bandura, 2006）和严格的统计测试，最终开发出此量表。

综上，学者们根据研究需求来确定受试者自我效能量表的因素结构和心理测量学特性，基于实证研究，针对性地开展从一般到特定的心理测量工具的设计研发，促进了翻译学科在这方面的研究进程。

三、自我效能及其对口笔译表现的影响

自我效能与个体的口笔译表现密切相关。口笔译表现，即口笔译行为（Liu et al., 2019）与质量（Naranjo Sánchez, 2018）。学者发现自我效能对口笔译表现产生了一定影响，具体如下：

第一方面，对口笔译行为而言，Bolaños-Medina & Isern González（2012）在一项关于西班牙某大学翻译专业学生对计算机辅助翻译（CAT）态度的认知、情感和行为因素的调查中发现，在翻译专业学生使用此类工具时，他们的不安全感相对较高；此外，当他们在老师的监督下工作时，他们的表现往往较差。这两个因素使得这些作者关注特定自我效能的研究，并将其作为一个变量，潜在地调节翻译专业学生的 CAT 表现（Isern González & Bolaños-Medina, 2014）。Albin（2013）发现"高自我效能的译者会以报酬和威望为标准来评价自己，而低自我效能的译者大多进行自我参照"。这说明在翻译行业当中，某些社会因素发挥着重要的引导作用。Ablin（2013）还发现，

高自我效能、良好的归因风格与高水平的管理、计算机辅助翻译技能操作行为相关。Mashhady et al.（2015）通过 53 名大三和大四翻译专业本科生作为受试者的实验发现，自我效能与笔记倾向（口译能力的一个重要方面）之间存在显著的正相关关系。Araghian et al.（2018）采用有声思维法和键盘记录法，探讨了自我效能对四名学生译者如何选择和应用翻译问题解决策略的影响。对有声思维法分析后表明，在他们选择使用的认知和元认知策略方面，自我效能不同的受试者有相当大的差异。研究结果表明，自我效能低导致受试者在翻译上花费了过多的时间，即自我效能影响受试者的翻译修订行为。

第二方面，对口笔译质量而言，早在 1995 年，Kussmaul 认为自信是创造性翻译的先决条件之一，而信心和翻译质量呈正相关（Tirkkonen-Condit & Laukkanen，1996），换言之，自我效能（Haro-Soler 于 2017 年曾用"自信"替换"自我效能"）一定程度上是决定翻译质量的条件之一。Zareai（2010）设计了包含 26 个项目的量表来研究自我效能和翻译质量之间的相关性。Bontempo & Napier（2011）在一项关于译者对成为合格手语译者的自信心的研究中探讨了自我效能，并对自我效能与自我感知口译能力（perceived interpreter competence）呈正相关进行了验证。Atkinson（2012）探究了自由译者的心理技能，在探讨能力与动机、工作约束以及翻译绩效之间的关系时，自我效能发挥了主导作用。他在博士论文中进一步指出，自我效能是一系列与心理技能相关的变量中最重要的一个（Atkinson，2012：271）。一项基于自我报告测量的探索性相关研究（n=108）结果（Bolaños-Medina，2014）显示，自我效能是翻译过程导向研究的一个相关概念，它与受试者的阅读理解能力、歧义容忍度以及受试者对职业译者的认知呈显著正相关。Jiménez Ivars et al.（2014）就提出自我效能可以调节学生焦虑对口译成绩的影响。Lee（2018）首先对 33 名参加交替传译高级课程的本科生进行了口译自我效能量表的测试，以测量他们的 ISE 水平。对学生的口译成绩在多元互证的基础上进行评估，包括教师评估、同伴评估和外界评估。最终基于统计分析，Lee 验证了学生的 ISE 与口译成绩之间呈正相关。最后，研究者还发现自我效能和专业知识之间存在密切关系（Ho，2010），后者被定义为在完成专业任务时表现优异（Shreve，2006）。Martín（2014）还特别提出，自我效能是自我概念的最小组成部分，也是翻译专业知识的五个情境维度之一，以提醒学界关注自我效能与翻译专业知识之间的联系。

基于上述对前人文献的分析，可见自我效能对口笔译表现（即口笔译行为与质量）产生了一定影响，主要表现在：一方面，个人自我效能的高低会使其口笔译行为产生差异；另一方面，个人自我效能的高低也会与其口笔译质量水平的高低呈相关性。

四、自我效能在翻译教学中的培养与应用

由于自我效能对译者口笔译表现有一定影响，不少学者注意到了其对翻译教学的启示并进行了研究探讨。Atkinson（2012）认为，如果能够帮助学生译者提升自我效能，那么将会为他们在激烈的市场竞争中带来就业优势，使他们能够快速适应市场需求，持续不断地提升自我。此外，学生能够从导师和同伴那里获得解决问题的建议，这可以刺激他们的自我效能。有这类学习经历的学生在心理技能方面也会准备得更好。

Mashhady et al.（2015）通过 53 名大三和大四翻译专业本科生作为受试者的实验发现，自我效能与笔记倾向之间存在显著的正相关关系，并得出结论："在学士学位的口译培训课程中，应更多地考虑学习者的自我效能。"Haro-Soler（2017）的研究旨在揭示译者培训中自我效能的可能途径，通过焦点小组对翻译教师教学实践的看法进行了定性研究。结果表明，翻译教师的教学实践有助于学生自我效能的发展。根据参与者的观点，有助于学生译者自我效能发展的教学实践包括积极、建设性的反馈，以学生为中心的学习策略，支架式教学（Scaffolding），持续性评估体系，促进学生在课堂上的参与或提高对所取得成绩的认识。Haro-Soler（2019）利用访谈、调查、课堂观察和焦点小组验证了替代学习的确发生在翻译课堂上。更具体地

说，合作学习环境和实践，如学生介绍翻译项目、角色扮演或前辈毕业生的职业生涯，有利于学生的替代学习，从而积极影响受试者的自我效能。这一研究结果有助于揭示在翻译教学实践中融入提高学生自我效能的方法。此外，Haro-Soler & Kiraly（2019）还进一步将自我效能运用于一个参与式行动研究项目，其中教师研究者、学生研究者和学生受试者以工作坊的形式合作研究项目，调查与译者心理"自我"相关的结构。焦点小组分析的结果显示，基于社会建构主义原则和将知识发展视为一个协作的过程的观点，管理工作组所采用的教学方法促进了学生将自己视为研究者的自我效能。此外，通过工作组师生之间的共同合作，在项目过程中初步验证了一份包含两部分内容的问卷，用于测量学生作为译者的"自我"认知，从而增强了这一研究工具对学习者自我效能研究的价值。他们的重点是倡导从"译者培训"（Translator Training）和"培训译者培训师"（Training the Translator Trainer）转向"译者教育"（Translator Education）和"教育译者教育者"（Educating the Translator Educator），以此促进翻译教学的深化发展。

世界各国高校的翻译课程大多侧重于培养职业译者或翻译研究者，而对翻译教师的关注较少。Wu et al.（2019）则是从自我效能的角度研究如何培训翻译教师。尽管业界对训练有素的翻译教师有很高的需求，但在翻译研究学科中却很少有教师培训研究。他们进行一项探索性研究，考察了教师培训课程对翻译教师在翻译、教学和研究中的自我效能的影响。六位参与者的访谈和焦点小组数据显示，该课程对受试者自我效能的发展总体上有积极影响，这表明翻译教师的培训如果以正式和系统的方式进行，是可以取得成效的。

综上，关注自我效能的翻译界学者们不仅从学生的角度，而且从教师与研究者的互动角度出发，对自我效能在翻译教学中的培养与运用进行了一些有益的探索，对未来研究自我效能在翻译教学中的影响有一定的启示。

第三节　自我效能在口笔译研究中的应用趋势

　　纵观自我效能与口笔译研究及其实践运用，我们可以发现近 20 年来国外已经涌现出较为丰富的研究成果，而国内相关研究目前主要集中在心理学和教育学领域。具体而言，自我效能与口笔译研究密切相关的主题主要包括：译者自我效能及其测量工具、自我效能及其对口笔译表现的影响、自我效能在翻译教学中的培养与应用。未来相关研究可从以下几个方面拓展及延伸。

　　（1）加强编制与检验针对不同语言对的翻译自我效能量表。将自我效能应用到口笔译研究的第一步必须深入研究译者自我效能的各个组成部分，以便开发一个自我效能测量量表，该量表需考虑到所有翻译相关任务的特定性，并证明具有足够的心理测量特性，可以保证适当的预测值（Bolaños-Medina，2014）。目前已有的翻译自我效能量表都仅为初步检验，与此同时，语言对的不同也可能会影响量表编制的有效性。因此，未来研究可以深入编制与检验针对不同语言对的翻译自我效能量表，为将来翻译中考量自我效能等个体因素的研究提供借鉴。

　　（2）注重研究自我效能对口笔译表现的影响。Bandura（1997）认为，人们的行为更多地取决于他们对自己能力的信念，而不是他们真正能做什么。自我效能影响与任务相关的思想和感觉。一方面，如果译者不相信自己能很好地完成翻译任务，他们可能会高估潜在的困难，从而产生消极的想法。消极的想法会造成压力，使个人产生缺乏成功完成特定任务的能力的心理暗示。另一方面，自我效能可以缓解压力（Bandura，2001）。需要继续关注自我效能（既作为口笔译行为的自变量，又作为因变量），深入探讨其对译者口笔译认知过程的影响。

　　（3）加强自我效能在翻译教学中的培养与应用。自我效能有四种来源，包括动作性掌握经验、替代经验、言语说服以及生理和情感状态，教师与学生在执行翻译教学任务时，与这四种来源进行互动（Bandura，1997；Martins et al.，2015；Wyatt & Dikilitaş，2016）；相应地，他们的自我效能是否能得到提高，以及何种教学实践才能基于这四种来源使教师 / 学生的自我效能得到更好的提高，都应得到研究上"质"与"量"的有效验证与整合。更具体地说，需要有更多的研究分析社会认知理论（Bandura，1986，1997）提出的自我效能信念的来源是如何在翻译课堂上实现的，以确定其有助于提升翻译教师 / 学生对自己作为教学者 / 学习者的真实能力与实践的自信。

　　本章探讨了自我效能的概念，自我效能是一种影响个体表现和应对能力、增强动机、促进目标设定、决策和面对困难时的坚持等各方面的因素；一般自我效能以及可能的领域特定性变体在个体的一生中都会发生变化，并且可以培养。在翻译过程研究中，自我意识、自信、自我概念等相关概念已经被提出，然而对自我效能与口笔译之间的关系的专门研究还很少。

　　总体而言，自我效能与口笔译研究尚处于一个起步阶段，甚至在国内还尚未起步。在研究内容上，国外对自我效能与口笔译的研究可分为三大主题，一是开发工具来测量自我效能，旨在深入研究译者自我效能的各个组成部分，以便在实证研究中确定译者的特定自我效能在多大程度上影响他们的表现；二是探究自我效能对口笔译表现的影响，即其在翻译过程中对译者口笔译行为与口笔译质量的作用，以便发现其对口笔译行为差异与口笔译质量高低的影响；三是针对译者自我效能在翻译教学中的培养与应用，从自我效能四个来源出发，研究如何在教育情境中适当地激发自我效能，以提高在翻译等复杂任务中的表现水平，凸显自我效能对于译者能力培养的重要性。现有研究已为自我效能与口笔译研究奠定了一定的理论和实践基础，但未来研究仍有巨大的空间，如研究内容的深入挖掘，加强编制与检验针对不同语言对的翻译自我效能量表，注重研究自我效能对口笔译表现的影响，同时还需要跨学科借鉴，进一步结合翻译认知过程探索自我效能对译者翻译行为的影响，尤其需加强研究工具和数据分析的多元互证。相信后续的研究，可以为译者在翻译教学过程中提升自我效能和翻译能力提供启示。

第五章

译入 / 译出阶段性认知负荷的眼动对比研究

本章拟以译入 / 译出的翻译阶段为变量，收集来自眼动追踪、键盘记录及回溯性报告的数据，来推进不同翻译方向中认知负荷的探讨。具体从翻译阶段性角度拓展了不同翻译方向中的认知负荷研究，并结合源语篇兴趣区（ST AOI）和目标语篇兴趣区（TT AOI）数据分析源语文本理解和目标语文本产出的协同过程，以揭示译者大脑在不同翻译方向的运作机制，为未来构建翻译行为模式奠定基础。

译入即所谓的"母语原则"，即只有从外语译入母语或优势语言，才能确保译文自然、准确、质量高，因此从外语译入母语的翻译实践长久以来得到翻译界的认可和推崇（Thelen，2005：242）。译出是人类翻译活动中客观存在、不可或缺的一部分。从全球化背景看，译出对非英语国家与英语国家的政治、经济、文化、艺术的双向交流，发挥着至关重要的作用。调查显示，2016 年北京国际书展，我国译出版权 3075 种，译入版权 1943 种，首次实现了译出超过译入（黄友义，2017）。在德国，译出占全部翻译活动的65%（Pokorn，2005：34）。21 世纪初，认知翻译研究的发展促进了翻译学者对译入、译出差异的探索，涌现出一批利用口述报告、屏幕记录仪、键盘记录仪、眼动仪等认知工具探究译语方向性的实证研究（Pavlović，2007；Pavlović & Jensen，2009；Chang，2009，2011；冯佳，2017）。眼动仪可记录任一时间人眼在电脑显示屏上的聚焦位置，与口述报告等认知工具结合，能更完整地反映人脑"黑匣子"的运作状况，为译语方向性研究的量化和深入提供技术支持。本章基于前人眼动研究成果，从翻译阶段性角度拓展了不同翻译方向中的认知负荷研究，并结合源语篇和目标语篇兴趣区数据分析源语文本理解和目标语文本产出的协同过程，以揭示译者大脑在不同翻译方向的运作机制，为未来构建翻译行为模式奠定基础。

第一节　译入／译出的眼动研究回顾

本节对研究涉及的核心概念和理论基础进行文献梳理，为后续实证研究提供基本的概念框架和理论框架。

一、眼动指标与认知负荷

眼动法与翻译过程的结合是基于 Just & Carpenter 提出的"眼脑一致性假说"，该假说认为：受试者对某词的注视与对该词的心理加工同时进行（1980：330）。换言之，受试者所加工的词正是其所注视的词（闫国利、白学军，2012）。因此，眼动法可通过记录受试者的眼球注视位置和眼球运动轨迹，提取凝视时间、注视时间、注视次数、注视频率、瞳孔直径等数据，以揭示受试者的认知加工机制。

认知负荷指人在信息加工过程中所需要的心理资源的总量（Sweller，1988）。反映认知负荷的常用眼动指标包括注视时间、注视次数和瞳孔直径（Carl et al.，2016）。注视时间指注视点持续的时间，能反映受试者对材料加工的程度。通常来说，就单个受试者而言，注视时间越长，加工越深（Holmqvist et al.，2011：382）。注视次数指"落在兴趣区内注视点的数量"（同上），该指标"能反映受试者认知加工负荷的大小"（Kruger et al.，2018）。一般而言，注视次数越多，处理加工该词的认知负荷越大。此外，瞳孔直径的变化与信息加工时的认知努力密切相关，是衡量认知负荷的有效依据（Hess & Polt，1964）。多项研究证实，瞳孔直径与认知负荷呈正相关（Just & Carpenter，1993；O'Brien，2006）。

二、翻译方向的实证研究

近年来，少数学者尝试运用眼动追踪的新方法来进一步探索翻译方向对认知负荷的影响。Pavlović & Jensen（2009）率先利用眼动仪考察丹麦语和英语语对的认知负荷差异。为建立眼球运动和认知负荷间的联系，Pavlović & Jensen 首先假设受试者关注源文本时，即进行源文本加工（阅读和理解）；关注目标文本时，是进行目标文本加工（翻译产出和修改）。其逻辑基础是受试者注视屏幕的某个区域，即正在加工该区域的内容，且注视时间越长，认知负荷越大。他们通过分析平均注视时间、总注视时间、总任务时间和瞳孔直径四个眼动指标，尝试验证译出比译入认知负荷高等五个假设。这一实验为翻译方向性研究带来颇多启示。Chang（2009）考察了英译汉过程，通过分析瞳孔直径、注视次数、任务时间和眨眼频率四个眼动指标，考察 16 名学生译者不同翻译方向中的认知负荷差异。与 Pavlović & Jensen（2009）研究发现不同的是，Chang（2009）研究中所有变量的数据均完全支持译出比译入更难的假说。冯佳（2017）复制并扩展了 Chang（2009）的实验，考察翻译全过程的认知负荷并进一步比较源语篇和目标语篇加工的认知负荷。其研究假设"译出的总体认知负荷比译入更高"基本得到了验证。

总体来说，不同翻译方向的眼动研究仍处于探索阶段，主要基于认知科学和 TPR 的跨学科研究，研究数量不多，研究结果缺乏一致性。笔者拟以译入／译出的翻译阶段为变量，收集来自眼动追踪、键盘记录及回溯性报告的数据，来推进不同翻译方向中对认知负荷的探讨。研究的核心问题是：翻译方向对认知负荷的分配有何影响？研究假设如下。

（1）译出的总体认知负荷比译入更高。

（2）译入中加工源语篇的总认知负荷比译出中加工源语篇的总认知负荷更高。

（3）译出中加工目标语篇的总认知负荷比译入中加工目标语篇的总认知负荷更高。

第二节　译入／译出的眼动研究方法论

一、实验设计

本实验的自变量为翻译方向，即译入（英译汉）和译出（汉译英）。因变量为四个眼动指标：总注视时间、注视次数、瞳孔直径和注视点转换次数。总注视时间指所有注视点时间的总和。注视次数指受试者对兴趣区的注视次数总和。瞳孔直径指受试者注视相关兴趣区的瞳孔直径的均值。注视点转换次数是指注视点在兴趣区内或兴趣区之间的跳动次数（Dragsted，2010：48）。本实验以翻译阶段性作为考察维度。翻译阶段的定义和划分参考 Jakobsen（2002）的研究，即根据键盘活动的分布特征，翻译过程可分为准备、初稿形成和修订三个阶段。准备阶段是指译者开始编辑译文前的准备时间；初稿形成阶段始于目标文本的第一次击键，止于译文初稿最后一个标点符号的键入；修订阶段始于目标文本初稿的最后一个句号键入，止于终稿形成之时。

二、受试者

本实验从某重点高校笔译方向一年级研究生中遵循自愿、匿名保证等原则招募了 16 名受试者（其中 15 女生，1 名男生），给予一定报酬。所有受试者均通过英语专业八级考试[①]，为英汉双语熟练使用者。

[①]　英语专业八级考试，即 TEM-8，是面向中国英语专业学生的最高标准考试。在第八个学期进行。TEM-8 评估学生在听力、阅读、写作和翻译方面的英语能力。

三、测试文本

研究参考 Chang（2009：74）的多步骤文本选择方法——专家对文本的理解难度（Comprehensibility）、易读性（Readability）、翻译难度（Translatability）进行评分，同时测量阅读文本所需的受教育水平确定中英文文本难度的可比性。

四、研究工具

本研究使用的是 ASL-D6 型桌面式眼动仪采集眼动数据。ASL-D6 眼动仪约每 8 毫秒采集一次眼动数据，采样率为 120Hz。实验室隔音效果良好、房间光线亮度恒定，以减少声音和光线亮度对眼动及回溯报告录音数据的可能影响。同时，ASL-D6 眼动追踪系统自带的屏幕记录软件能实时记录受试者在翻译过程中的屏幕行为活动。此外，使用电脑录音软件对受试者回溯报告进行记录。

五、实验流程

实验正式开始前，首先进行眼动仪基本知识培训，并让受试者填写知情同意书。实验开始后，受试者首先完成前测任务，以熟悉眼动仪和录音软件操作流程（包括定标、录制、结束保存、回放等）。然后进入正式测试，完成英译汉和汉译英两篇文本的翻译任务。翻译过程中无时间限制，受试者可自由控制任务时间和翻译节奏，不允许使用线上或线下资源辅助翻译。每一项翻译任务完成后，受试者回放屏幕记录，并使用录音软件记录口头报告。然后休息十分钟，再继续下一个任务。

第三节　译入／译出的认知负荷比较

一、译入／译出不同阶段的眼动数据分析

本部分讨论研究假设（1）"译出中的总体认知负荷比译入中的总体认知负荷更高"。首先分析兴趣区 Translation AOI 的眼动数据，译入／译出中总注视时间、注视次数和瞳孔直径的均值统计结果见表 5-1。

如表 5-1 所示，从翻译全过程来看，译出中总注视时间更长、注视次数更多、瞳孔直径更大，分别比译入时高 21.89%、16.29%、0.23%，验证了假设（1）"译出中的总体认知负荷比译入中的总体认知负荷更高"。此发现与 Chang（2009）和冯佳（2017）的研究结果基本相符。此外，本实验中译出和译入的瞳孔直径值均大于 Chang（2009）和冯佳（2017）的研究结果，原因可能在于实验材料的文本难度有较大差异。诸多研究表明，文本难度对阅读和翻译过程中的认知负荷会产生一定影响（Shreve & Diamond，1997）。

表 5-1　译入／译出的不同阶段中的眼动指标分析

翻译过程	译入			译出		
	总注视时间（秒）	注视次数（次）	瞳孔直径（毫米）	总注视时间（秒）	注视次数（次）	瞳孔直径（毫米）
准备阶段	73.22	311	4.31	56.04	223	4.30
初稿形成阶段	387.55	1562	4.34	584.07	2236	4.33
修订阶段	153.08	638	4.35	108.09	461	4.39
翻译全过程	613.85	2511	4.33	748.20	2920	4.34

　　从准备阶段的统计数据可见，译入时，译者在准备阶段的总注视时间更长，注视次数更多，瞳孔直径均值更大，分别比译出高 30.66%、39.46% 和 0.23%。该结果表明译入的准备阶段中认知负荷比译出更高。究其原因，在准备阶段，译者的认知活动以文本阅读和理解为主。译入时，源文本是译者的第二语言，译者需要将母语理解能力迁移到第二语言中，在此迁移过程中会消耗更多的认知资源。

　　在初稿形成阶段，无论是译入还是译出，总注视时间和注视次数均大于其他两个阶段，说明译者在该阶段耗费的认知资源最大。该发现基本验证了 Jakobsen（2002）的研究结果——翻译过程中耗时最长的是初稿阶段，其次是修订阶段，准备阶段最末。译出时译者停留在兴趣区的总注视时间更长，比译入高 50.71%；注视次数比译入多 43.15%。瞳孔直径变量数据结果不一致的原因可能为：瞳孔直径的平均值或许不能准确反映认知负荷的大小，未来实验可通过比较瞳孔直径的变化幅度，更准确地反映认知负荷的变化（Saldanha & O'Brien，2014：144；冯佳，2017）。

　　在修订阶段，译者在译入时停留在兴趣区的总注视时间更长，比译出高 41.62%；注视次数比译出多 38.39%。然而，译出的瞳孔直径值比译入高 0.92%。虽然本研究的变量数据结果并不一致，但是部分结果印证了 Kroll & Steward（1994）翻译转换的不对称性（Translation Asymmetry）的观点，即 L1（母语／一语）和 L2（二语）心理词库之间及其各自与概念之间的联结强度存在差异，L1 至 L2 词汇的联结相对较弱，而 L2 至 L1 词汇的联结较强；L1 联结概念的强度大于 L2 联结的强度。因而，L1 翻译通常无须经过语义层面加工就可直接实现词汇转换，而 L2 翻译则需要经过语义层面的转换加工。这种不对称性导致了译出的认知负荷高于译入。

　　鉴于总注视时间和注视次数的结果一致性较高，本研究进一步统计了二者在不同翻译方向中的"变异系数"（Coefficient of Variation，简称为 CV），以考察数据样本内部差异性。"变异系数"的计算公式为：变异系数 CV =（标准差 SD／平均值 Mean）× 100%。当变异系数接近或超过 1 时，受试者间存在较大个体差异。由表 5-2 可知，无论是译入或译出，准备阶段和修订阶段的总注视时间和注视次数的变异系数均接近或超过 1，说明译者在这两个阶段中的认知负荷受个体因素影响大，变异性强，离散程度大。这一现象可能与译者的翻译风格相关（Dragsted & Carl，2013）。具体来看，在准备阶段，译出过程的总注视时间和注视次数的变异系数均大于译入过程，说明在译出时译者认知负荷波动较大，而在译入过程相对更稳定。这表明译者在用二语翻译时，阅读源文本所消耗的认知资源差异性较大。然而，修订阶段的结果正好相反——译入过程的总注视时间和注视次数的变异系数均大于译出过程，表明译者使用母语对目标语篇进行修改时，具有更多的个体差异性、体验性和创造性。

表 5-2　译入 / 译出的不同阶段中总注视时间和注视次数的变异系数

翻译过程	译入						译出					
	总注视时间			注视次数			总注视时间			注视次数		
	均值（M）	标准差（SD）	变异系数（CV）	均值（M）	标准差（SD）	变异系数（CV）	均值（M）	标准差（SD）	变异系数（CV）	均值（M）	标准差（SD）	变异系数（CV）
准备阶段	73.22	75.42	1.03	311	315	1.01	56.04	91.90	1.64	223	334	1.50
初稿形成阶段	387.55	220.90	0.57	1562	1015	0.65	584.07	198.58	0.34	2236	1006	0.45
修订阶段	153.08	163.80	1.07	638	650	1.02	108.09	101.60	0.94	461	450	0.98

由此可见，译入和译出的准备阶段和修订阶段的认知负荷受个体因素影响大，变异性强。值得注意的是，在初稿形成阶段和修订阶段中瞳孔直径值与假设相反。而这一眼动指标在前人关于译入 / 译出中认知负荷的研究中，或呈现无统计显著性差异，或呈现与假设相反的结果（Pavlović & Jensen，

2009；冯佳，2017），因此有待更多的实证研究讨论和验证。

二、译入 / 译出不同阶段中源语篇加工的认知负荷比较

本部分考察研究假设（2）"译入中加工源语篇的总认知负荷比译出中加工源语篇的总认知负荷更高"。源语篇兴趣区内的眼动数据可以反映对该兴趣区内文本的加工活动。描述统计数据见表 5-3。

表 5-3 译入 / 译出的不同阶段中源语篇兴趣区内眼动指标

翻译过程	译入			译出		
	总注视时间（秒）	注视次数（次）	瞳孔直径（毫米）	总注视时间（秒）	注视次数（次）	瞳孔直径（毫米）
准备阶段	53.34	225	4.30	31.25	123	4.25
初稿形成阶段	198.21	800	4.11	203.62	918	4.07
修订阶段	48.56	200	4.15	35.97	149	4.20
翻译全过程	300.11	1225	4.18	270.84	1190	4.17

首先，译入时译者对源语篇兴趣区的总注视时长、注视次数和瞳孔直径均高于译出，分别高 10.81%、2.94% 和 0.24%，该结果与假设（2）"译入中加工源语篇的总认知负荷比译出中加工源语篇的总认知负荷更高"相匹配。其次，在翻译准备阶段，源语篇兴趣区内译入过程中的总注视时间、注视次数和瞳孔直径的平均值均高于译出过程，分别高出 70.69%、82.93%、1.18%，即准备阶段中源语篇兴趣区内译入的认知负荷比译出更高。再次，在初稿形成阶段，译出时译者停留在源语篇兴趣区的总注视时间略长，比译入高 2.73%；且注视次数更多，比译入高 14.75%。最后，在修订阶段，译者停留在源语篇兴趣区的总注视时间更长，比译出过程高 35.00%；停留在源语篇兴趣区的注视次数也更多，比译出高 34.23%。

本研究进一步统计注视点在源语篇兴趣区内或与目标语篇兴趣区之间的转换，用于分析译者在翻译的不同阶段视觉注意力的变化过程（见表 5-4）。转换是指从屏幕上一个注视点到另一个注视点的眼球运动（Dragsted，2010：48）。当注视点在源语篇兴趣区或目标语篇兴趣区内跳动 1 次，表示发生了 1 次兴趣区内的转换；当注视点从源语篇兴趣区到目标语篇兴趣区跳动 1 次或从目标语篇兴趣区到源语篇兴趣区跳动 1 次，则表示进行了 1 次兴趣区之间的转换。

表 5-4　译入 / 译出的不同阶段中源语篇兴趣区注视点转换次数

翻译过程	兴趣区转换	译入	译出
准备阶段	ST/ST AOI	182	112
	ST/TT AOI	14	6
初稿形成阶段	ST/ST AOI	418	441
	ST/TT AOI	356	411
修订阶段	ST/ST AOI	132	98
	ST/TT AOT	78	45

首先，从表 5-4 可知，无论是译入还是译出，注视点转换次数在初稿形成阶段的源语篇兴趣区范围内最多，这说明大量眼球运动发生在源语篇阅读过程中。该结果与 Dragsted（2010：49）的研究发现一致。其次，译出的初稿形成阶段中，注视点在源语篇兴趣区内和兴趣区之间的转换次数均大于译入，说明在该过程中，译者在源语篇理解以及从源语篇理解模式到目标语篇产出模式的切换中比译入需要更多的时间和更大的认知努力。根据回溯报告发现，在译入的初稿形成阶段译者多表现出"回溯型"阅读风格，即在翻译过程中总是重新阅读翻译过的源语篇片段（Ferreira，2014）；在译出的初稿阶段译者阅读源语篇时普遍"往前看 / 提前规划"（Looking/Planning Ahead），即阅读比当下翻译内容更多的源语篇。

在准备和修订阶段，译入过程的注视点转换次数在兴趣区内和兴趣区间的转换次数均大于译出，说明在该过程中，译入中源语篇阅读及阅读-产出的协同过程比译出更复杂。究其原因，译入时源语为非母语，译者需耗费更多的认知努力进行源语篇阅读。通过回溯报告了解到，在译出的准备阶段，多数受试者表示他们在进行源语篇阅读时，同时进行目标语篇的构思拟定；而在译入的准备阶段，受试者多倾向在阅读源语篇的同时，将源语篇的理解转化为目标语篇的产出，这一协同过程需耗费更大的认知努力。由此可见，翻译中的阅读活动不同于普通的单语阅读活动。当视觉注意力在源语篇兴趣区时，译者在同时进行目标语篇的并行加工（Dragsted，2010；Hvelplund，2011）。此外，译入中源语篇阅读及阅读-产出的协同过程比译出的认知负荷更大。

三、译入/译出不同阶段中目标语篇加工的认知负荷比较

本部分考察研究假设（3）"译出中加工目标语篇的总认知负荷比译入中加工目标语篇的总认知负荷更高"。首先，研究统计了译入/译出的不同阶段中目标语篇兴趣区的眼动指标（见表5-5）。

表5-5　译入/译出的不同阶段中目标语篇兴趣区内眼动指标

翻译过程	译入			译出		
	总注视时间（秒）	注视次数（次）	瞳孔直径（毫米）	总注视时间（秒）	注视次数（次）	瞳孔直径（毫米）
准备阶段	24.79	46	4.23	19.88	40	4.35
初稿形成阶段	179.34	762	4.57	302.45	1318	4.59
修订阶段	104.52	438	4.55	72.12	312	4.58
翻译全过程	308.65	1246	4.45	394.45	1670	4.51

首先，整体而言，译者在译出中对目标语篇兴趣区的总注视时长、注视次数和瞳孔直径的平均值均高于译入，分别高27.80%、34.03%和1.35%，

该结果验证了假设（3）"译出中加工目标语篇的总认知负荷比译入中加工目标语篇的总认知负荷更高"。其次，在翻译准备阶段，目标语篇兴趣区内译入过程中的总注视时间、注视次数的平均值均高于译出过程，分别高24.70%、15.00%。再次，在初稿形成阶段，译出时译者停留在目标语篇兴趣区的总注视时间更长，注视次数更多、瞳孔直径更大，分别比译入高68.65%、72.97% 和 0.44%，说明译出的初稿形成阶段中加工目标语篇的认知负荷比译入更高。最后，在译入的修订阶段，译者停留在目标语篇兴趣区的总注视时间更长，比译出高44.93%；停留在目标语篇兴趣区的注视次数也更多，比译出高40.38%；但其在目标语篇兴趣区的瞳孔直径均值比译出小。本研究的结果支持常识性假设，即译者在译入时普遍会花更长的时间对目标语篇进行修订和调整。究其原因，译入时目标语为译者的母语，译者对L1 的认知体验远比 L2 丰富，积累和存储的 L1 心理词汇量远大于 L2。译者更倾向在母语体验的基础上对译文进行润色修改，以期在译语中达到与源语最大相似的体验效果。因此，要培养学生译者的自信心、责任感及职业能力，从而提高学生的译出实践能力。

本研究进一步统计注视点在目标语篇兴趣区内或与源语篇兴趣区之间的转换，以分析目标语文本产出过程中译者视觉注意力的变化（见表 5-6）。

表 5-6　译入 / 译出的不同阶段中目标语篇兴趣区注视点转换次数

翻译过程	兴趣区转换	译入	译出
准备阶段	TT/TT AOI	10	11
	TT/ST AOI	36	29
初稿形成阶段	TT/TT AOI	450	785
	TT/ST AOI	312	533
修订阶段	TT/TT AOI	251	112
	TT/ST AOT	187	200

首先，无论是译入还是译出，注视点转换次数在初稿形成阶段的目标语

篇兴趣区范围内最多，这说明眼球在目标语文本形成过程中运动最频繁。在初稿形成阶段，译出过程的注视点在目标语篇兴趣区内和兴趣区之间的转换次数均大于译入，表明译者在目标语文本加工以及与源语文本理解的协同过程比译入需要更大的认知努力。根据 Hvelplund（2011：55）的研究，目标语文本加工分为三类：目标语文本阅读，目标语文本形成（计划、解码、验证），目标语文本打字输出。第一，目标语篇阅读是从已翻译的文本中提取信息的过程，该过程是译者对正在输入或已输出目标语的验证。通过回溯报告了解到，多数受试者表示在译出的初稿阶段，他们会比在译入过程中更频繁地阅读正在输入或已输出的目标语。译出过程的注视点在兴趣区之间的转换次数大于译入，表明在目标语文本的计划、解码、验证过程中，译者更多地对源语文本进行回溯阅读，以弥合两种语言在构词、语序、句子结构、话语组织等方面的差异。此外，在修订阶段，译入过程中注视点在目标语篇兴趣区内的转换次数大于译出，说明译者在译入的修订阶段，对目标语文本监控需要更大的认知努力；而译出过程中注视点在兴趣区之间的转换次数大于译入，说明译者耗费更多的时间和更大的认知努力进行目标文本产出到源文本理解模式的切换。

　　总之，实验数据显示：在翻译准备阶段，译入时加工目标语篇的认知负荷高于译出；在初稿形成阶段，译出时加工目标语篇的认知负荷高于译入；在翻译修订阶段，译入时加工目标语篇的认知负荷高于译出。

　　本章基于眼动追踪法，从翻译阶段的维度考察了译入／译出过程的认知负荷。通过比较总注视时间、注视次数、瞳孔直径等眼动数据，探讨翻译方向对翻译过程不同阶段中认知负荷的影响。研究发现，虽瞳孔直径这一变量与其他变量的结果不一致性较高，但总注视时间和注视次数基本相符。综合译入／译出不同阶段的认知加工数据，可得出以下结论：（1）在翻译准备阶段，译入的认知负荷高于译出，且加工源语篇和目标语篇的认知负荷均高于译出。（2）在初稿形成阶段，译出的总体负荷高于译入，且译出时加工源语篇和目标语篇的认知负荷均高于译入。（3）在翻译修订阶段，译入的总体认知负荷高于译出，且译入在加工源语篇和目标语篇的认知负荷均高于译出。

　　此外，本章的研究尚存以下局限：样本容量较小和文本难度控制不足（O'Brien，2009），同时眼动指标的选择和计算方法有待更深入的讨论（Hvelplund，2014）。未来研究还可尝试考察更多的眼动指标，如增加反映加工问题的眼动指标，如回视次数、眼动－击键时间差（Eye-key Span，EKS）等。还可进一步利用统计学方法，如因子分析法（Factor Analysis）或相关性分析法（Correlation Analysis），来厘清各变量间的关系，从而获取精确度更高的眼动指标，构建不同方向中翻译过程的认知加工模型。

第六章

英汉互译过程中译者信息加工方式的眼动研究

　　本章旨在研究译者在英汉互译过程中信息加工模式,即自动化加工和认知加工的差异。研究时采用将眼动追踪、屏幕记录、反思性访谈、问卷调查的定量与定性数据相结合的多元互证法,选取16名学生译者为实验受试者,分析其英汉互译过程。

　　近年来,众多翻译过程研究表明,翻译过程实际上是一个信息加工过程。为了揭示翻译过程中译者大脑中"黑匣子"的秘密,翻译过程研究借用了认知心理学的理论和方法。近年来,部分学者(O'Brien,2006;Jakobsen & Jensen,2008;Pavlović & Jensen,2009;Chang,2009;O'Brien,2009;Alves et al.,2011;Hvelplund,2011;Sjørup,2013;Dragsted & Carl,2013;Balling et al.,2014;Hvelplund,2014)尝试将眼动仪应用于翻译过程研究,来探究翻译认知过程。然而,学者们较多关注的是翻译过程中自上而下加工与自下而上加工、平行加工与序列加工这两组信息加工方式(如Balling et al.,2014)。基于此背景,本实证研究采用眼动法,辅以屏幕记录、反思性访谈和问卷调查,选取16名母语为汉语的学生译者为实验受试者,收集并分析相关定性、定量数据,以揭示译者在不同翻译方向中信息加工模式的差异。通过本章的研究,拟回答以下三个问题:(1)译者在不同翻译方向中自动化加工与控制加工有哪些差异?(2)这些差异对翻译质量有何影响?(3)造成这些差异的因素有哪些?本章不仅对揭示译者翻译过程中认知心理活动及认知资源配置具有重要意义,对翻译教学及翻译人才培养也颇具启示意义。

第一节　译者信息加工方式的眼动研究综述

一、翻译过程中的自动化加工与控制加工

自动化加工与控制加工这组概念最早由 Broadbent（1958）在认知心理学领域提出，随后 Kiraly（1990）将其引入翻译认知研究中。目前，对于翻译过程中的自动化加工和控制加工，国内外学者已提出多种不同的定义（Kiraly，1990；Lörscher，1991；Jääskeläinen，1993；Bernardini，2001；Friederike，2010；王湘玲、陈罗霞，2013）。尽管目前对两者缺乏清晰明确的定义，但区分两者的主要依据均在于信息加工过程是否以问题为导向、是否涉及翻译策略。结合翻译认知过程研究的成果，本书将翻译过程中的自动化加工和控制加工定义如下：自动化加工即译者能够快速地在长时记忆中提取与原语相匹配的目的语信息、完成原文的理解及目的语表达的翻译过程，该过程中译者无须消耗或只需消耗少量认知资源，是直觉式的加工；控制加工即译者在长时记忆中搜索不到与原文相匹配的目的语信息时，通过各种翻译策略解决翻译问题的过程，该过程需要译者消耗大量的认知资源。

对于翻译实证研究中自动化加工和控制加工的操作性定义，前人研究大多依据的是有声思维法，通过分析受试者的口述报告，区分翻译过程中的自动化加工和控制加工。由于有声思维法自身的局限性，此方法的信度和效度都备受质疑。此外，从以过程为导向的认知视角来看，Jääskeläinen & Tirkkonen-Condit（1991）通过翻译速度来区分自动化加工和控制加工这一方法也有待商榷。因此，本章通过眼动数据区分自动化加工和控制加工，即自动化加工是指不存在停顿、注视点轨迹图呈线性、注视点热区图呈现浅色的翻译单位。

二、翻译方向性

翻译过程研究已有三十多年的历史。然而，鲜有研究涉及翻译方向性的问题，究其原因主要在于逆向翻译，即从母语到外语的翻译历来不为世人所接受。传统观念认为，理想状态下，所有翻译均应由母语为目的语的译者完成（Grosman，2000）。直至 20 世纪 90 年代，随着全球化的到来，部分学者才开始改变对翻译方向性问题的传统观念，逐渐接受逆向翻译。一些学者试图辨清正向翻译和逆向翻译的差异，以期找到逆向翻译的翻译人才培养目标（如 Pavlović，2007）。一些学者着力研究正向翻译和逆向翻译的翻译过程（如 Tirkkonen-Condit，2000；Hansen，2005；Pavlović，2007，2013）。

近年来，少数学者开始使用眼动仪探索翻译方向性问题。Jensen（2009）运用眼动法探索学生译者和职业译者在正向翻译过程和逆向翻译过程中的认知行为差异，是将眼动仪运用于翻译方向性研究的第一人。此外，Chang（2011）同样运用眼动法探索汉译英和英译汉两个不同译语方向中译者的认知负荷差异，以期检验修正层级模型（the Revised Hierarchical Model）是否具有文本层面的解释力。

通过广泛的文献梳理，笔者发现，自动化加工和控制加工在不同翻译方向中认知资源分配变化分别引起了部分学者的关注，但目前还没有将两者结合起来的研究。此外，前人研究已在一定程度上证明眼动法是运用于翻译实证研究的一种可行方法。因此，本章将以眼动法为主要研究方法，研究译者在汉译英和英译汉两种翻译方向中自动化加工和控制加工的差异。同时借用认知心理学的理论与方法，揭示译者在翻译过程中的认知心理活动，从而深化对翻译过程的了解，这对今后的研究具有一定的借鉴意义。

三、眼动法的理论基础

眼动法与翻译过程研究结合的主要理论基础是"即时加工假说"和"眼-脑假说"。"即时加工假说"认为"对文章中实词的加工和理解从受试者看到这个词就即时开始"（Just & Carpenter，1980：330）。"眼-脑假说"认为，"受试者对一个词的注视即心理加工"（同上）。换言之，受试者对某词的注视与对该词的心理加工同时进行，受试者所加工的词正是其所注视的词（闫国利 & 白学军，2012）。

眼动法利用角膜和瞳孔反光法原理，以毫秒为单位记录眼球注视屏幕的精确位置和眼球运动轨迹。眼动法记录译者在翻译过程中每时每刻的信息加工情况，获得一系列的眼动指标，包括凝视时间、平均注视时长、注视次数、注视频率、眨眼频率、瞳孔直径变化等，这些数据能反映译者相应的认知心理活动，揭示译者在翻译过程中的信息加工过程。O'Brien（2006）首次运用眼动法考察译者使用翻译记忆库工作时的认知负荷，是将眼动法运用于翻译过程研究的一次成功的探索性尝试。目前来看，前人研究已经在一定程度上证明了眼动法是运用于翻译过程研究的一种可行方法，但值得注意的是，眼动法虽然具有客观精确、干扰较少、便于实时记录等优势，但自身仍存在不可避免的客观局限，因此研究者在进行实验设计时务必小心谨慎，考虑周全，最大限度地保证研究的信度和效度。

第二节 译者信息加工的眼动研究设计

本研究选取 16 名翻译专业硕士（MTI）为实验受试者，所有受试者均翻译两篇难度相当的短文，一篇汉译英，一篇英译汉。研究采用眼动法，辅以屏幕记录、反思性访谈和问卷调查，收集并分析译者翻译过程中的定量和定性数据，旨在探索译者在汉译英和英译汉两种不同翻译方向的翻译过程中信息加工方式的差异。

一、受试者

本实验 16 名受试者均为自愿参与本实验的湖南某高校 MTI 研一或研二学生（其中 15 名女生，1 名男生），所有受试者母语均为汉语，第一外语均为英语。所有受试者均翻译两篇难度相当的短文，一篇汉译英，一篇英译汉。实验结束后，每名受试者获得 30 元人民币作为酬劳。由于 5 名受试者的眼动数据质量不达标，实验最终获得 11 份（其中 10 名女生，1 名男生）有效数据。此 11 名受试者的年龄为 22—25 岁，其中 5 名为研二学生，6 名为研一学生。

二、实验文本

本实验文本共有三个，一个为用于帮助受试者适应实验环境和设备的热身前测，另外两个用于正式试验，包括一篇汉译英，一篇英译汉。为了确保所有受试者的翻译过程中均含有自动化加工和控制加工，实验文本难度以适中为宜。另外，为了排除如专业知识这类无关变量对实验的干扰，本研究采用非科技类文本作为实验文本。关于实验文本选择，最大的难点在于如何将中文原文和英文原文的难度控制在同一水平。本研究拟从文本长度、文本类型、可读性和可译性四个方面来考量文本难度。因此，研究者对实验文本做了一些细微调整，以更好地确保两者难度的可比性。另外，受眼动仪屏幕的限制，实验文本的长度需控制在 80 字左右。综上所述，实验文本选择标准如下：（1）实验文本属于同一领域中的同一类型；（2）实验文本包含多种不同类型的翻译问题；（3）实验文本为短篇文本（80—100 字）。依据上述三条标准，研究者分别从以油画为主题的 *What Painting Is*（James Elkins）一书中选取三篇英文短文，从以中国古代人物画为主题的一本中文课本中选取三篇中文短文。随后，研究者又面向八名职业译者和九名学生译者对这六个文本的翻译难度进行问卷调查，计算每个文本的平均得分，最终选取平均分最为接近的一个中文文本和一个英文文本作为实验文本（其中中文文本长度112字、50词，英文文本长度70字）。实验文本在词汇和主题知识方面难度适中，但在文本功能层面的修辞分析和语篇连贯上存在一定的翻译问题。

三、研究方法和工具

本实证研究采取以眼动法为主，以屏幕记录、反思性访谈、问卷调查为辅的多元互证研究方法，该研究方法运用多种数据交互验证，能有效减少单方面数据的不足和偏误，从而更加真实地反映翻译认知过程。

本研究采用美国应用科学实验室（Applied Science Laboratories）生产的D6型桌面式眼动仪记录受试者在翻译过程中的眼动数据，实验所采用的眼动指标包括注视时长、注视次数和瞳孔直径。

D6眼动追踪系统自带的屏幕记录软件能实时记录受试者在翻译过程中的行为活动，反思性访谈也可补充眼动仪、屏幕记录和问卷调查无法收集到的数据，以便更好地了解受试者的认知心理活动。此外，本研究还运用了两份问卷进行调查，一份测前问卷，用于收集受试者的背景信息，一份测后问卷，用于调查受试者对该实验的态度。

四、实验步骤与评分方法

实验过程包含以下步骤：

（1）研究者与受试者沟通，告知其整个实验流程，受试者填写同意书及测前问卷。

（2）受试者熟悉眼动仪和录音软件操作流程，使用热身文本进行前测

（包括定标、录制、结束保存、回放等功能），直到熟悉实验操作步骤。

（3）受试者从中英两个文本中随机选取一篇进行翻译。研究者在眼动仪定标完成进入记录状态后方可打开测试文本。受试者翻译时可使用任何网络资源和网上电子辞典等工具辅助翻译，翻译时间不限，初译完成后，受试者可自由修改校对，直至满意后点保存并关闭页面。

（4）受试者完成一个翻译文本后，根据屏幕记录回放，观察自身所有屏幕动作，用录音软件记录有关下列问题的口述报告：在刚才的翻译过程中你遇到了哪些翻译问题？你是如何解决这些问题的？你对自己的解决方法是否满意？在译文中你做了什么修改？为什么要这样修改？

（5）休息片刻后，受试者开始翻译余下的那篇文本，翻译结束后进行口述报告，此过程中的要求与第一篇文本要求相同。

（6）受试者填写测后问卷。

本研究采取以产品为导向的译文质量评估方法，三位评分者独立匿名评审 11 名受试者的汉译英和英译汉译文。三名评分者均是母语为汉语，第二语言为英语的翻译教师，且均具有五年及以上翻译教学实践经验。研究者借鉴 PACTE（2009）的翻译质量评估问卷及 N. Pavlović 的 "red card" or "yellow card" 评分系统，设计了本实验的译文质量评估方式：首先，译文质量按翻译单位（词汇、词组、句子等）进行评估，共分为三个等级：可接受（Acceptable）——绿色，半可接受（Semi-acceptable）——黄色，不可接受（Non-acceptable）——红色；其次，对译文质量按照评估参数进行五分制（从完全不符合 1 分到完全符合 5 分）单项打分，译文最终得分为三位评分者给分的平均值。

五、数据收集与转写

本研究在翻译过程中收集的数据包括以下三类：（1）眼动数据；（2）屏幕记录的受试者屏幕行为数据；（3）受试者译后反思性访谈数据（见表 6-1）。

表 6-1　数据源示例

——**眼动数据** 如注视点热区图 如元数据 / 系统记录文件 ——**音频反思性访谈**（RI） 如："我的翻译过程大致分为四个阶段，呃，就是先通读一下这个段落。" 如："中文的话，它的短句比较多，但是英文的话，它的句子是比较偏长复杂一点的结构， 　　那么我在翻译的时候就进行了一个糅合吧。" ——**屏幕记录**（SR） 如查询有道词典 如上网搜索相关信息

　　本研究共 16 名受试者参与实验，为保证本实证研究的信度，研究者对实验中收集的眼动数据质量进行了严格把控，采用的数据质量参数为追踪率（the Percent of Samples Tracked）和平均注视时长（Mean Fixation Duration），其中追踪率要求大于 65%，平均注视时长要求大于 200 毫秒。根据以上两个参数标准，5 名受试者的眼动数据被视为无效数据，因而从实验中剔除，最终得到 11 份有效数据。实验数据由眼动仪自动记录和保存后，采用 ASL-D6 眼动仪自带的数据分析软件 ASL Results Data Analysis Software（1.20.08）进行数据分析，此款软件允许研究者自定义 AOI（即兴趣区），基于本研究的研究目的，研究者主要依据屏幕记录中译者的屏幕行为将兴趣区划定为 AP 和 CP 两类，前者代表自动化加工区，后者代表控制加工区，并将各眼动指标输出为 EXCEl 文件。为了对眼动数据进行补充和说明，本研究还收集并分析了受试者屏幕录制的屏幕行为和译后反思性口述报告，并将其进行转写（见表 6-2）。

表 6-2　屏幕记录数据与反思性访谈数据转写示例

	转写示例	转写结果
屏幕 记录 （SR）	S1：开始浏览原文，读完两句之后， 遇到一个生词，随即打开电脑上的电子词典。	自动化加工 控制加工

续表

	转写示例	转写结果
音频 反思性 访谈 （RI）	S7：中文的话，它的短句比较多，但是英文的话，它的句子是比较偏长复杂一点的结构，那么我在翻译的时候就进行了一个糅合吧。	控制加工
	"中国古代画家们"比较好翻，直接译成"Chinese ancient painters"，"封建教化"，呃，这个"教化"翻译起来比较困难，我先查了一下字典吧。	自动化加工 控制加工

第三节　不同翻译方向中译者信息加工的眼动数据比较

本章通过分析眼动追踪、屏幕记录、反思性访谈和问卷调查的定量与定性数据，对比了译者在不同翻译方向中自动化加工和控制加工的差异，并尝试探索英汉互译过程中译者信息加工方式对翻译质量的影响及影响英汉互译过程中信息加工方式差异的因素。数据分析结果如下。

一、英汉互译过程中译者信息加工方式对比

本研究涉及三大眼动指标，分别为注视时长、注视次数和瞳孔直径。

注视时长反映受试者对翻译材料的加工程度，注视时长越长，加工越深（Rayner，1998）。本研究发现，从整个翻译过程来看，汉译英过程中译者自动化加工和控制加工的注视时长均明显长于英译汉。为进一步对比汉译英和英译汉过程信息加工方式的差异，基于 Jakobsen（2002）提出的翻译过程三阶段划分标准，本研究将翻译过程划分为阅读阶段（Reading Stage)、翻译转换阶段（Drafting Stage）和修改阶段（Revision Stage）（关于各阶段的目标和可操作性定义详见表 6-3）。

表 6-3　翻译过程三阶段

翻译过程	阶段目标	操作性定义
阅读阶段	熟悉原文，意义提取	开始于译者原文阅读开始之时，结束于译文初稿撰写的第一次击键开始之时
翻译转换阶段	将原文翻译为译文	开始于阅读阶段结束之时，结束于最后一句原文翻译结束之时，以译文初稿的最后一个句号键入为标志
修改阶段	修正译文初稿，形成终稿	开始于译文初稿的最后一个句号键入完成之时，结束于终稿形成之时

　　对比整个翻译过程，汉译英翻译过程中控制加工的平均注视时长（M=403.12，SD=159.99）明显长于英译汉翻译过程（M=322.58，SD=143.62）；同样，汉译英翻译过程中自动化加工的平均注视时长（M=345.07，SD=138.06）也明显长于英译汉翻译过程（M=291.24，SD=104.11）（见图 6-1）。该结果表明，汉译英翻译过程中的控制加工和自动化加工均多于英译汉翻译过程，即汉译英翻译的认知难度高于英译汉翻译。对比翻译过程的三个阶段，在阅读和修改阶段，英译汉翻译过程控制加工的平均注视时长（M=37，66）明显长于汉译英翻译过程（M=20，45）；然而，在翻译转换阶段，汉译英翻译过程自动化加工和控制加工的平均注视时长（M=338，246）均明显长于英译汉翻译过程（M=220，167）（见图 6-1）。因此，在

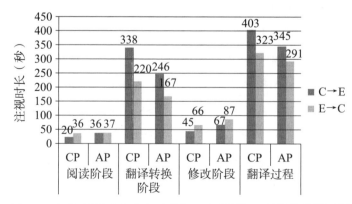

图 6-1　两个翻译方向中自动化加工和控制加工的平均注视时长

英译汉翻译中，译者阅读阶段和修改阶段的控制加工多于汉译英翻译；而在汉译英翻译中，译者翻译转换阶段的自动化加工和控制加工均多于英译汉翻译。

对比两个翻译方向的不同翻译阶段中自动化加工和控制加工所占百分比发现，在翻译转换阶段，英译汉翻译中，控制加工所占比重（68%）明显低于汉译英翻译（84%），自动化加工所占比重（57%）低于英译汉翻译（71%）。在阅读阶段和修改阶段，英译汉翻译中，控制加工所占比重（11%，21%）明显高于汉译英翻译（5%，11%），自动化加工所占比重（30%，13%）也高于汉译英翻译（19%，10%）（见图6-2）。

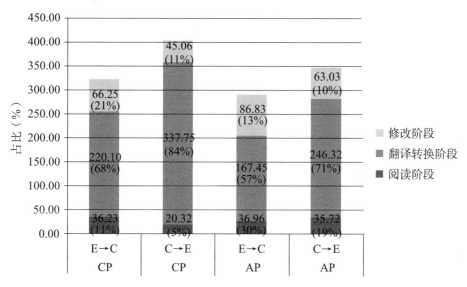

图6-2　两个翻译方向不同翻译阶段中自动化加工和控制加工所占百分比

数据表明，译者在汉译英翻译转换阶段中的自动化加工和控制加工均较英译汉多，但在阅读阶段和修改阶段中均较英译汉少。换言之，译者在英译汉过程中需要将更多的认知努力分配到阅读和修订两个阶段，而在汉译英中需要将更多的认知努力分配到翻译转换阶段。造成此种差异的原因可能在于译者的汉英语言水平差异，即英译汉的难点多在于原文理解，而汉译英的难点则多在于译文产出。实验中收集的受试者反思性访谈数据也证明了这一点。

　　作为本研究的第二个眼动参数，注视次数可以有效反映翻译过程中译者的认知资源分配和认知负荷强度。实验数据显示，汉译英过程中自动化加工和控制加工的注视次数（1802，1119）均多于英译汉翻译过程（1491，1021）。对于各翻译阶段，在阅读和修改阶段，英译汉的自动化加工和控制加工的注视次数均多于汉译英（阅读阶段中，英译汉和汉译英自动化加工的注视次数较为接近）；在翻译转换阶段，汉译英自动化加工和控制加工的注视次数均多于英译汉（见图6-3）。因此，两种不同翻译方向的翻译过程中，注视次数差异与注视时长差异呈现相似趋势。

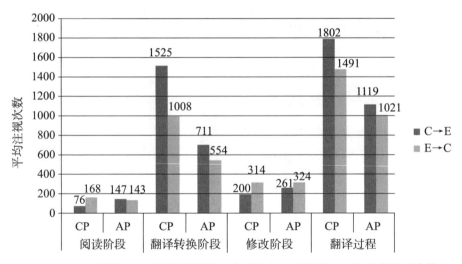

图6-3　两个翻译方向不同翻译阶段中自动化加工和控制加工的平均注视次数

　　分析注视时长和注视次数这两个眼动指标可以发现：（1）译者在汉译英过程中的自动化加工和控制加工均多于英译汉，这表明译者在汉译英中的认知负荷大于英译汉。（2）在汉译英中，译者在阅读和修改阶段的自动化加工和控制加工均少于英译汉，在翻译转换阶段的自动化加工和控制加工均多于英译汉，这表明译者在英译汉过程中，阅读和修改阶段的认知负荷较大，而在汉译英过程中，翻译转换阶段的认知负荷较大。

瞳孔直径这一参数能有效反映认知过程中的信息加工强度（Hess & Polt，1964；Beatty，1982），瞳孔直径越大，认知负荷越大。通过分析数据发现，瞳孔直径这一参数呈现的两种翻译方向信息加工方式差异与预期相反，即英译汉中译者的瞳孔直径大于汉译英，表明其在英译汉中的认知负荷大于汉译英。对于此研究结果的一个可能解释是：对于受试者而言，实验文本中英文原文的难度要大于中文原文。测后问卷调查结果显示，英文原文和中文原文的难度平均得分分别为 4.75 和 4.33。从各翻译阶段来看，英译汉和汉译英中自动化加工和控制加工的最小瞳孔直径均出现在阅读阶段，而最大瞳孔直径均出现在修改阶段（见图 6-4）。这表明，译者的瞳孔直径随着翻译的进行而增大，即译者的认知负荷随着翻译的进行而逐渐增大。

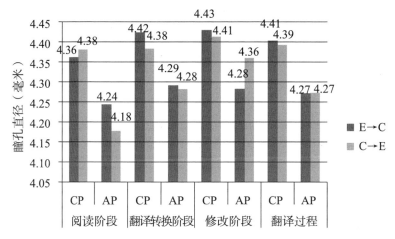

图 6-4　两种翻译方向中自动化加工和控制加工的瞳孔直径

为了清楚地反映各名受试者的个体差异，本研究对比了 11 名受试者在两种不同翻译方向中自动化加工和控制加工的注视时长（见图 6-5），数据表明，两种翻译方向中自动化加工和控制加工均存在较大的个体差异。

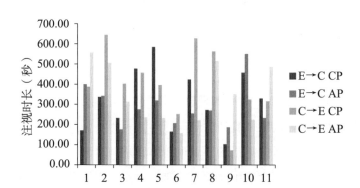

图 6-5　11 名受试者在两种不同翻译方向中自动化加工和控制加工的个体数据

　　为进一步分析两种翻译方向中自动化加工和控制加工的个体差异，研究者对比了两种翻译方向各翻译阶段自动化加工和控制加工注视时长的变异系数（见图 6-6）。当变异系数接近或超过 1 时，表示受试者存在较大个体差异。在汉译英过程中，阅读阶段的自动化加工和控制加工个体差异较大（CV=2.35，0.93），修改阶段的控制加工个体差异较大（CV=0.94）。在英译汉过程中，阅读阶段的控制加工个体差异较大（CV=1.03），修改阶段的自动化加工和控制加工个体差异较大（CV=1.07，0.99）。因此，汉译英和英

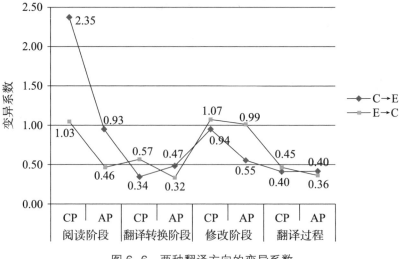

图 6-6　两种翻译方向的变异系数

译汉中的个体差异均主要存在于阅读和修改阶段，这可能与受试者的译者风格及打字技术相关，这两点可分别通过屏幕记录数据和问卷调查结果得到印证。

二、英汉互译过程中译者信息加工方式对翻译质量的影响

本研究根据译文质量评估结果，对比英译汉和汉译英的翻译质量，将11名受试者根据译文平均得分划分为高质量组和低质量组，并分析组间差异对翻译质量的影响。

对比11名受试者汉译英和英译汉的译文质量发现，大部分受试者英译汉译文得分均不高于3分，然而，除2名受试者以外，所有受试者的汉译英译文得分均不低于3分（见图6-7）。此外，英译汉译文平均得分为2.6，而汉译英译文平均得分为3.4。因此，汉译英译文质量明显高于英译汉。然而，Chang（2011）研究结果却表明，英译汉译文质量（94.93）要明显高于汉译英（91.4）。造成此差异的原因可能在于两项研究中实验文本难度的差异。此外，尽管文本难度问卷调查结果表明两篇实验文本难度相当，测后问卷调查结果却显示，受试者普遍认为英文原文难度高于中文原文。

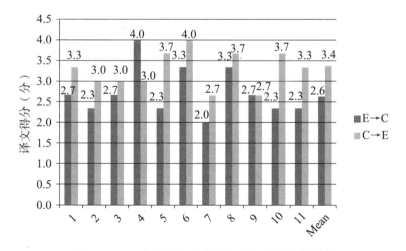

图6-7　11名受试者的英译汉和汉译英译文得分

　　为对比信息加工方式即自动化加工和控制加工对翻译质量的影响，本研究将 11 名受试者分为高质量组和低质量组。其中，英译汉以 2.7 分为切分线，汉译英以 3.3 分为切分线（各名受试者译文的得分见表 6-4）。两种翻译方向中高分组均为 6 人，低分组均为 5 人。

表 6-4　11 名受试者的英译汉与汉译英译文得分

	S1	S2	S3	S4	S5	S6	S7	S8	S9	S10	S11
E → C	2.7	2.3	2.7	4.0	2.3	3.3	2.0	3.3	2.7	2.3	2.3
C → E	3.3	3.0	3.0	3.0	3.7	4.0	2.7	3.7	2.7	3.7	3.3

　　观察高质量组和低质量组在英译汉中的平均注视时长发现，从整个翻译过程来看，低质量组自动化加工和控制加工的平均注视时长（338.76，425.16）均明显大于高质量组（251.65，237.09）（见图 6-8）。从各翻译阶段来看，高质量组在阅读阶段自动化加工和控制加工的平均注视时长（47.52，43.45）均明显大于低质量组（22.68，29.17）。在翻译转换阶段，低质量组控制加工的平均注视时长（281.31）明显大于高质量组（169.10），而自动化加工的平均注视时长（167.64）却与高质量组（167.30）接近。然

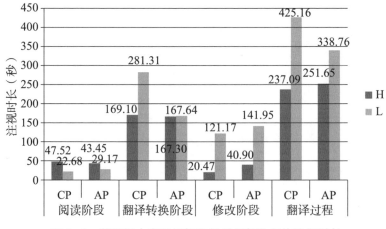

图 6-8　英译汉中高质量组和低质量组的平均注视时长

而，在修改阶段，低质量组自动化加工和控制加工的平均注视时长（141.95，121.17）却明显大于高质量组（40.90，20.47）。因此，在翻译转换阶段和修改阶段，高质量组的自动化加工和控制加工均少于低质量组；而在阅读阶段，高质量组的自动化加工和控制加工均多于低质量组。

　　观察高质量组和低质量组在汉译英中的平均注视时长发现，从整个翻译过程来看，高质量组控制加工的平均注视时长（371.90）明显少于低质量组（440.59），而自动化加工的平均注视时长（361.98）则多于低质量组（324.79）（见图6-9），这表明在汉译英中，高质量组的控制加工少于低质量组，而自动化加工则多于低质量组。从各翻译阶段来看，在阅读和修改阶段，高质量组平均注视时长均小于低质量组，而在翻译转换阶段，呈现相反的趋势。因此，在汉译英中，高质量组在阅读和修改阶段的自动化加工和控制加工均少于低质量组，而在翻译转换阶段的自动化加工和控制加工则均多于低质量组。

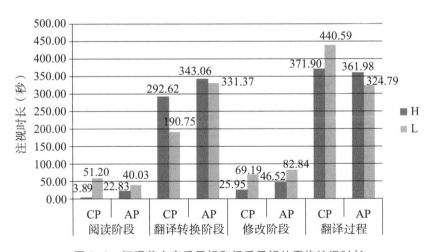

图6-9　汉译英中高质量组和低质量组的平均注视时长

　　以上分析结果说明，翻译质量并不与自动化加工和控制加工的多少成正比，即自动化加工和控制加工越多，翻译质量不一定越高。另外，英译汉中，高质量组在阅读阶段的自动化加工和控制加工均多于低质量组，而在汉译英中，高质量组在翻译转换阶段的自动化加工和控制加工均多于低质量组。因此，译者分配更多的认知资源用于英译汉原文理解和汉译英文本生成。

三、译者信息加工方式的影响因素

通过文献研究和实验数据分析，本研究发现英汉互译过程中影响译者信息加工方式的因素包括译者双语水平差异、翻译实践及态度和翻译转换不对称。

受试者背景信息问卷调查显示，除两名受试者（本科就读非英语专业）只通过 CET-4 和 CET-8 考试之外，其余受试者均已通过 TEM-4 和 TEM-8 考试，这两名受试者的译文质量相对较低。11 名受试者中仅 4 人获得了 CATTI-2 和 CATTI-3 证书，这 4 名受试者的汉译英译文质量相对较高。另外，英汉语言能力自我评定等级较高的受试者在英汉互译中自动化加工和控制加工数量均相对较少。双语水平较高的译者能快速地在长时记忆中提取与原语相匹配的目的语信息，双语水平较低的译者则需要将更多的认知资源分配在一些低层次的简单翻译问题上。因此，双语水平较高的译者整体自动化加工和控制加工少于双语水平较弱的译者。

根据受试者背景信息问卷调查中关于翻译经验的数据，在 11 名受试者中，1 人完成 10—15 万字翻译实践，5 人完成 5—10 万字，3 人完成 1—5 万字，2 人完成不到 1 万字。译文质量评估结果显示，翻译实践经验越丰富的受试者译文质量越高，且控制加工较少。另外，译者对于两种翻译方向的不同态度也会直接或间接影响译者的信息加工方式。例如，对英译汉较为满意的译者会将较多的认知资源分配到英译汉翻译的修改阶段，因而译者在英译汉中修改阶段的控制加工较汉译英多。

此外，翻译转换不对称（Kroll & Steward，1994）也是影响译者在英汉互译过程中信息加工方式差异的一个重要因素。Kroll 和 Steward（1994）提出层级修正模型，该模型认为，L1 和 L2 心理词库之间及其各自与概念之间的联结强度存在差异。L1 词汇至 L2 词汇的联结相对较弱而 L2 词汇至 L1 词汇的联结较强。其次，概念与 L1 和 L2 词库都形成联结，但是 L1 连接概念的强度大于 L2 连接概念的强度。因此，L1 翻译通常无须经过语义层面加工就可直接实现词汇转换，而 L2 翻译则需要经过语义层面的转换加工。根据王湘玲、陈罗霞（2013），L1 和 L2 心理词库储存量的差异也会导致 L1 和 L2 生成过程中控制加工和自动化加工存在差异。由于译者的 L1 心理词库大于 L2，译者在 L2 生成过程中会遇到诸如在记忆中搜索不到恰当的词来表达某些概念等困难，此时译者会采用释义、借用上下文语境等策略，控制加工因而增多。同样，L1 和 L2 语法知识的差异也会影响译者的信息加工方式。总的来说，翻译转换不对称会导致 L2 翻译中译者的自动化加工和控制加工均多于 L1 翻译，即 L2 翻译的认知负荷高于 L1 翻译。

　　本章借用认知心理学理论与方法，通过分析定量与定性数据，探索译者自动化加工和控制加工在不同翻译方向中的差异，主要研究结果如下：（1）从翻译全过程来看，学生译者在汉译英过程中自动化加工与控制加工均比英译汉过程多；在翻译转换阶段，学生译者在汉译英时自动化加工与控制加工均比英译汉多，但在阅读与修改阶段则相反。而就个体差异而言，无论是汉译英还是英译汉，学生译者的差异均集中在阅读与修改阶段；但具体而言，学生译者的个体差异在汉译英中主要集中在阅读阶段的控制加工与自动化加工以及修改阶段的控制加工，而在英译汉中的个体差异主要集中在修改阶段的控制加工与自动化加工以及阅读阶段的控制加工。（2）从翻译质量来看，学生译者汉译英的质量比英译汉高。（3）双语水平、翻译实践及态度、翻译转换不对称是译者在不同翻译方向中自动化加工与控制加工差异的重要影响因素。具体表现为，双语水平较高的译者整体自动化加工与控制加工少于双语水平较弱的译者；具有更多翻译实践的译者控制加工相对较少，自动化加工相对较多；译者在汉译英翻译过程中自动化加工与控制加工均较英译汉多。

　　本章的研究对于揭示译者翻译任务过程中的认知心理活动及认知资源分配具有重要意义。首先，通过对比译者信息加工方式的差异，对翻译教学、翻译人才培养有以下启示，即重视翻译知识积累、提高改善加工层面、注重不同译语方向各翻译阶段认知资源分配；其次，确定了自动化加工与控制加工在眼动数据中的具体体现，结合翻译阶段的研究提供了研究此类问题的新的角度，以及基于前人研究翻译评估体系的构建，进一步证明眼动仪用于翻译研究的可行性及有效性，对于翻译过程研究是一次有益的尝试。

第七章

认知心理因素对口译策略的影响 *

    本章基于口译过程模式和翻译能力理论，通过刺激回忆、问卷、笔记和访谈四种方法，针对交替传译过程中译员认知心理因素对其口译策略选择的影响进行实证研究。结果显示，口译过程中，学生译员和职业译员共采用了20种口译策略，可归类为记忆和概念形成策略、表达策略和协调策略。职业译员在策略选择和使用的质与量上，和学生译员相比优势明显。影响译员的认知心理因素中，学生译员主要在注意力、记忆力、毅力、自信心、严谨度、逻辑能力和综合能力因素上和职业译员存在显著差距。认知心理因素中记忆和注意力的有效分配影响记忆和概念形成策略；逻辑能力、综合能力影响表达和协调策略；自信心、严谨度和毅力影响口译全过程，直接决定译员的口译策略。

    认知心理学研究个体的认知过程，其中针对各种认知心理因素的研究，有助于探究人类认知行为基础的心理机制。近年来，口译过程中认知心理因素的研究受到学术界越来越多的关注，各种理论纷至沓来，为翻译研究带来了耳目一新的变化（蔡小红，2001；PACTE，2003；刘绍龙，2007a；邓媛、朱健平，2016；李颖卉、董燕萍，2020；Korpal，2021；Rojo López et al.，2021）。其中认知心理因素对口译策略影响的研究显得尤为重要，一方面，它丰富了口译理论研究，推动了理论创新，给翻译学科，尤其是口译研究注入了新的活力；另一方面，它能为口译教学及培训指导提供参考，帮助学生译员认清自我、注重培养良好的个人认知心理能力和策略能力，从而培

---

  * 本章是笔者与胡珍铭博士、邹玉屏硕士合作的成果，初稿发表于《外国语》，有删减。

养满足市场需求的合格译员。早在 20 世纪末，Danks（1997）等国外学者
就将一系列有关翻译认知问题的研究论文收录成集为《口笔译的认知过程》，
其中该专集收录的三篇口译论文（Moser-Mercer，1997：176—195；Gile，
1997：196—214；MacWhinney，1997：215—232）均集中研究同声传译的
认知心理过程。同一时期，国内曹建新（1997：24—26）也开始关注口译译
员的心理差异对口译的影响，并根据个人经验提出了许多建设性意见。进入
21 世纪，国内外对口译认知心理因素的研究持续升温。Kurz（1997：201—
206，2002：195—202，2003：51—68）一直致力于口译心理压力的研究。
刘绍龙（2007b：86—91）对口笔译的认知心理因素做了系统的理论研究，
提出了连续传译的神经心理语言学模式。综上，国内外口译认知心理过程的
研究发展程度不尽相同，国内研究正逐渐从经验交流、技巧介绍等过渡到基
于认知心理过程研究成果的理论探讨。尽管国内外部分口译认知心理研究已
付梓出版，但该领域的理论性与实证性研究仍处于探索阶段，其中针对该领
域中的认知心理因素及其与口译策略关系的研究相对较少，且此方向的研究
方法和研究工具较单一，多以 TAPs 为主（在口译过程中进行 TAPs 对译员
的要求过高，以至影响口译质量及数据收集［Martin，2000：133]）。因此，
这一领域的研究无论内容或手段都有待拓展。基于前人的研究成果，本章
采用了刺激回忆法（Basturkmen et al.，2004：243—272），同时辅以问卷、
笔记、录像和访谈，对受试者进行了实证性研究，收集相关口译思维数据
和心理数据，以探讨口译（本章指交替传译）过程中译员认知心理因素对
其口译策略选择的影响。研究拟回答三个问题：（1）在交替传译过程中，
学生译员和职业译员分别采用了哪些口译策略？二者有何差异？（2）在同
一口译过程中，影响学生译员和职业译员口译策略的认知心理因素分别是
什么？有何差异？（3）认知心理因素对译员口译策略的选择有何影响？为
什么？

第一节 口译认知心理因素研究综述

交替传译指口译译员边听发言人发言，边记笔记，当发言人发言结束或停下来等候传译的时候，口译译员需要使用清楚、自然的目的语，以及良好的演讲技巧，完整、准确地译出发言人发言的全部内容。

本章在巴黎释意学派的口译三角模式上结合了 Gile（1995：159—190）的译员精力分配模式，提出了交替传译过程中的五大口译策略。同时，通过梳理 PACTE 翻译能力中的心理生理因素理论，重新界定了口译过程中译员认知心理因素及其分类。

一、口译模式理论研究

翻译界最具影响力的两大口译模式当数巴黎释意学派创立的口译三角模式和 Gile 的译员精力分配模式。Seleskovitch（1984）从认知心理学的视角出发，提出了著名的口译三角模式。该模式的理论核心是"脱离源语语言外壳"，其真正内涵在于口译是基于意义而非语言形式来进行的。口译三角模式建构了口译过程的理论框架，但没有给出一个具体的运行机制以解释说明脱离源语语言外壳的运行过程。另外，它忽视了译员信息加工时工作量的负荷问题。口译过程中源语语言的理解、记忆、信息提取以及目的语的表达都需要占用工作记忆中有限的加工资源，鉴于此，Gile（1995：169—180）提出了口译精力分配模式，阐释了译员的认知局限性。

Gile 基于认知心理学理论提出的口译精力分配模式以工作记忆的信息加工能力为研究中心，解释了译员口译过程中遇到的困难和影响口译策略选择的因素（1995：179）。依据该模式，交替传译可分为两个阶段，第一阶段：交替传译（CI）＝听力理解（L）＋记笔记（N）＋协调（C）；第二阶段：交替传译（CI）= 记忆（Rem）+ 读笔记（Read）+ 译语输出（P）。交替口译过程就是译员信息加工时有效分配资源、协调能力的过程。

从 Gile 的交替传译阶段可以看出，交替传译涉及以下几个环节：听辨理解、记忆（依靠脑力或笔记）、表达（读笔记和译语输出）和协调。同时结合口译三角模式的"脱离源语语言外壳"这一环节，本章认为交替传译主要涉及五个环节：听辨理解、记忆、概念形成、表达和协调。这五个环节并不是口译三角模式和译员精力分配模式的简单组合，而是在前人研究的基础上，借助认知心理学理论赋予了新的内涵。听辨理解主要是指对源语语言进行解码，并推断说话者的意图。记忆指通过长期记忆、短期记忆和笔记加工处理源语信息。概念形成的实质就是意义内化，形成一种尚未被显化成语言形态的中介思维（王湘玲、胡珍铭，2011）。表达指将内化的意义或概念用目的语固定下来，完成最终的译语输出（同上）。协调指监控、评估语言的语义和形式，并协调口译其他各个环节间的关系，使口译信息处理顺利进行。五个环节在译员的信息处理过程中没有明显的先后顺序或明确的区分界限，如概念形成和记忆几乎同时进行，而协调则掌控整个口译过程。本章根据上述交替传译过程的五个环节，具体研究学生译员与职业译员在认知心理因素影响下各自使用的口译策略的差异性。

二、口译策略理论研究和实证研究

对于翻译策略的界定，各种理论轮番登场、推陈出新。从 Catford 的"翻译转换"（1965：35—37）到 Newmark 的"翻译方法"（1988：33—35），再到 Fawcett 的"翻译技能"（1977：439—442），都对翻译策略进行了深入探讨。此外，还有许多其他学者从不同的角度诠释翻译策略的内涵，如 Krings（1986：263—275）、Jääskeläinen（1993：99—120）、Lörscher（2005：597）等。其中，Lörscher 提出的翻译策略定义被广为接受，即"在将文本从一种语言翻译成另外一种语言时，译者为解决所面临的各种问题而有意识进行的各项步骤"（2005：597）。然而，这些研究主要以翻译产品为导向，考量翻译过程的某些典型特点稍显不足。本章根据交替传译过程的五个环节，提出了相应的五大策略，即听辨理解策略、记忆策略、概念形成策略、表达策略和协调策略。由于记忆和概念形成几乎同时进行，因此将二者合为一个策略，即记忆和概念形成策略。另外，由于无法直接考察译员在理解时的思维过程，因此听辨理解策略不在本章研究范围内。通过考虑各个策略的特点以及实证研究的可操作性，本章主要研究了以下三个层面的口译策略：记忆和概念形成策略、表达策略和协调策略。

国内口译策略的实证研究屈指可数。蔡小红（2001：276—284）借助认知心理学研究成果对职业译员和各种程度的学生译员的交替传译过程进行了实证研究。通过对口译活动的外部表征（信息、时间、语言和策略等变量）的定性定量分析，蔡小红证实了口译能力发展的实质是口译技巧的习得过程。尽管她的研究中涉及了口译策略，但这些策略只是作为描写口译过程和口译能力的一个变量，其口译策略的分类以及学生译员和职业译员口译策略选择之间差异成因的分析还可以进一步系统化。本章将通过定性定量的方法对交替传译过程中学生译员和职业译员所采取的口译策略进行实证研究，深入探讨口译策略选择差异性的原因。

三、交替传译过程中认知心理因素的理论研究和实证研究

西班牙巴塞罗那自治大学 PACTE 学者们对翻译能力进行了立项研究，并提出了翻译能力模式。心理生理因素作为一个基础性因素被单独列出，其地位非常重要，"是所有专业知识中不可或缺的一部分"（PACTE，2003：57）。它渗透到其他次级能力中，影响各次级能力作用的正常发挥，从而控制高度紧张的口译过程。PACTE 将心理生理因素定义为"不同类型的认知因素、态度因素以及心理活动机制"（PACTE，2003：59），其界定本质上属认知心理因素。认知心理因素是一个错综复杂的运行机制，而每一个人的认

知心理因素都有其各自特点，本章主要探究影响口译过程的译员认知心理上的共性因素。基于PACTE的研究，本章依据研究目的将认知心理因素重新归类如下：（1）认知因素，包括记忆、顿悟、注意力和情感；（2）态度因素，包括好奇心、毅力、严谨度、批判精神、自信心、自我评价和动机；（3）心理活动机制，包括逻辑能力、综合能力、交际能力、分析能力和创造力。这些因素相互作用，共同影响译员的策略选择和口译过程。鉴于以上16种因素相互交织共同作用于译员身上，将它们一一分开进行具体、深入的研究有一定难度，因此，本章聚焦于学生译员和职业译员差别较为明显的认知心理因素的研究。

如果说翻译策略的实证研究稍显不足，那么翻译认知心理因素的实证研究则更是少有。Gerver（1975：119—128）是第一位关注翻译认知心理因素的学者，但他只是通过运用心理学的方法研究某些记忆策略。受到启发，Garretson（1980：244—254）借用了Gerver的方法研究了交替传译的过程。这两位学者都注意到某些心理因素作用举足轻重，如短期记忆和长期记忆、语音意义和数学逻辑等，但尚未采用实证研究的方法来验证他们的理论成果。认知心理因素纷繁错杂，要考虑的变量繁多且难以控制，因此交替传译的认知心理因素实证研究便成为一项艰巨的任务（Kurz，2003：51—68）。PACTE（2003：43—66）通过实证研究提出，心理生理因素独立于以策略能力为中心的各次级能力之外，并影响其他次级能力，但没有深入探究认知心理因素内部各要素以及认知心理因素是如何影响其他次级能力的。国内学者刘绍龙对口笔译的认知心理因素也有系统的理论研究（2007b），并通过对神经语言学、心理语言学的相关理论和国内外口译研究相关成果的分析和借鉴构拟出了交替传译的神经心理语言学模式，其研究重理论，有待实证研究的进一步证实。本章借助刺激回忆、访谈等方法对学生译员和职业译员的上述16项认知心理因素进行实证研究，主要探讨译员认知心理因素对其口译策略选择的影响。

第二节　译员认知心理因素与口译策略的实验设计

一、研究对象

本章按照统计学随机抽样的原则，先在当地几所高校进行集群抽样（120 名），然后再系统随机抽样（38 名），最后抽取 4 名高校 MTI 口译学生译员和 4 名经验丰富、活跃于当地口译市场的职业译员为研究对象，抽样过程中确保每个抽样环节的样本数量占总体数量的比重超过 10%，以满足进行描述性统计分析的要求。其中学生组（S）3 名女生，1 名男生，年龄介于21—23 岁，无任何相关口译实践经验，除学校开设的口译课程外尚未接受其他专业的口译培训。职业组（P）3 名男性，1 名女性，年龄介于 30—38岁，至少有 5 年的口译经验，均获得中级以上的口译证书。

二、研究设计

本章选用两篇测试材料，分别以文化、经贸为主题。经调查，这两大主题在当地口译市场中占据主要地位，且受试者对其均有一定的相关背景知识。笔者还对测试材料进行了调整，使其相互补充，目的是使口译策略在其中得以充分体现，以适应本章研究需要。最后由英语母语人士审核其难度和流畅度后制作录音。实验过程中，每篇文章播放结束后，受试者准备一分钟左右的时间再进行口译，同时用相机记录整个口译过程。受试者口译结束后立即重播译文，在遇到较长时间的有声或无声的停顿、重复、改述、自我纠正等表达不流利的现象时让受试者说出当时的思维过程（刺激回忆法）。最后，让受试者完成问卷，进行访谈并收集受试者的笔记手稿以进一步了解受试者在整个过程中的认知心理活动以及他们的认知心理因素对其口译策略选择和使用的影响。

三、研究方法

本章采用了刺激回忆、问卷、笔记和访谈这四种方法对受试者进行了综合性调查，四种方法优势互补、共同协作，保证了数据收集和分析的信度和效度。

刺激回忆法可以用来揭示学习者在进行某项活动时的思想过程（或策略）（Gass & Mackey，2000：3—17）。为了了解受试者在某个口译瞬间的思维过程或思考目标，当受试者完成口译任务后，研究人员应立即播放受试者完成任务的全程录像，并根据受试者的表情、停顿或犹豫等动作，提出问题，收集相关数据（戴炜栋、徐海铭，2007：136—144）。本章所用问卷是一份关于口译译员认知心理因素的调查问卷，受试者被要求凭第一感觉真实地完成问卷。笔记为探究受试者的策略选择提供了较大帮助，受试者可以随自己的意愿记笔记。测后访谈同口译过程一样，由相机全程记录，受试者可以自由表达自己对本次口译的情感并回答相关访谈问题。

根据以上四种研究方法，相关数据收集如表 7-1 示例：

表 7-1　口译相关数据收集示例

数据源	示例
刺激回忆法	笔记里只有 follow 这个词，具体我不记得了，所以我猜是跟上节奏（S3, P-1）
口译译文	美国电影呃 / 美国电影的什么 // 什么经验和我们不同。（P3, P-1）
笔记	在中国从 oct numb doub—1 M（P2, P-2）
口头报告（访谈）	"to transfer the message is the most important thing in interpreting; hence, creativity is a dangerous thing"（P1）

（说明：S3 为 3 号学生译员；P1 为 1 号职业译员；P2 为 2 号职业译员；P3 为 3 号职业译员；P-1 为第一篇测试材料，以文化为主题；P-2 为第二篇测试材料，以经贸为主题。）

第三节　译员认知心理因素与口译策略分析

本章分别收集了受试者的口译策略数据和认知心理因素数据，并对所得数据进行了对比分析，以期解决本章的研究问题。

一、学生译员与职业译员口译策略及其差异性分析

本章综合了 8 位受试者采用的所有口译策略，通过分析实验所获得的相关数据，又将三大口译策略即记忆和概念形成策略、表达策略和协调策略细化，并参照相关研究（鲍刚，1998：57—69；刘绍龙、仲伟合，2008：276—284）为其分门别类，如表 7-2：

表 7-2　具体口译策略分类

记忆和概念形成策略	依靠大脑记忆、借助笔记记忆、前景化、根据笔记提供的线索回忆和组织译文、命题、推断、内部语言、根据语境与图式重构信息
表达策略	字词直译、句法直译、回溯、延迟、出声思维、代码转换、内容删减
协调策略	重复、改述、替代、自我纠正

数据分析结果显示，在记忆和概念形成阶段，受试者（包括学生译员和职业译员）主要采用了依靠大脑记忆和借助笔记记忆这两种策略，少数受试者采用了"前景化"的记忆方法。职业译员已经形成了自己特有的记忆策略，掌握了较好的笔记技巧，并能在听辨阶段形成命题或内部语言。学生译员则主要采取笔记的方式来记忆原文内容，然后根据笔记提供的线索回忆、重构信息并组织译文。口译过程中，面临时间紧迫、短期记忆带来的巨大心理压力，职业译员做笔记时，大多条理清晰，学生译员的笔记则显得比较混乱。在表达阶段，受试者主要采用了字对字的直译、代码转换，以及出声思

维等策略。其中，职业译员更注重内容表达的衔接和连贯，他们大多采用降低语速、插入语或延长某些单词发音的方式来争取思考时间；而学生译员则过于依赖大脑或笔记，由于内容回忆和语言表达方面的困难，学生也普遍采用了争取思考时间的策略，如停顿、重复、降低语速、延长某个单词的发音、出声思维以及代码转换等。口译过后的访谈显示，大部分学生译员都表示，高度紧张让他们在表达过程中思维和逻辑混乱，语言转换力不从心。在协调阶段，学生译员和职业译员都主要采用了重复、改述、替代和自我纠正等几种修正策略。但是从策略选择和使用的质与量来看，职业译员的优势较明显。学生译员由于频繁、机械地使用以上策略，使得译文在连贯性与流畅度上大为降低。当错误发生时，职业译员大多能冷静、迅速、及时地自我纠正并调整情绪；而学生译员的反应速度明显比职业译员慢，自我纠正的质量也远不如职业译员，具体表现为尴尬、难堪，甚至导致越说越错或较长时间的失声。

二、认知心理因素数据分析

本章对学生译员和职业译员的认知心理因素进行了数据分析和对比研究，探究了译员的认知心理因素对其口译策略选择的影响过程。

（一）学生译员与职业译员认知心理因素及其差异性

本章主要通过问卷和访谈来收集、分析受试者口译时的认知心理因素数据。口译译员认知心理因素的调查问卷包括 16 个随机排列项目，并使用 Likert 量表进行定量分析，从"完全不符合 =1"到"完全符合 =5"共分为五级，分数越高表明对选项的认同度越强。最后整理得出相关数据，见表 7-3、表 7-4。

表 7-3 学生组和职业组口译时认知因素、态度因素和心理活动机制的均值比较

各项认知心理因素		学生组				职业组			
		S1	S2	S3	S4	P1	P2	P3	P4
认知因素	记忆	3	2	2	3	4	4	3	4
	顿悟	3	3	3	4	4	4	4	4
	注意力	4	3	2	3	5	5	4	5
	情感	4	3	4	5	5	5	5	5
	均值	3.19				4.38			
态度因素	好奇心	5	5	5	4	4	5	3	4
	毅力	4	3	4	3	5	5	5	5
	严谨度	4	4	3	4	5	5	5	5
	批判精神	3	3	3	3	4	4	4	4
	自信心	3	2	3	4	5	4	5	4
	自我评价	4	4	4	3	4	4	5	4
	动机	4	4	4	4	5	5	5	4
	均值	3.64				4.54			
心理活动机制	逻辑	3	2	2	3	4	4	4	5
	综合	3	3	2	3	4	4	4	4
	交际	4	4	3	4	5	4	4	4
	分析	4	3	4	4	4	4	4	4
	创造力	4	5	4	4	4	5	5	5
	均值	3.30				4.25			

从表 7-3 中可以看出，学生组和职业组认知心理因素差距最大的是认知因素，均值差为 1.19；心理活动机制次之，均值差为 0.95；态度因素排第三，均值差为 0.90。根据受试者的口头报告得知，口译过程中，学生译员将注意力主要放在记忆理解和记笔记上，而无暇顾及译文的逻辑性，没有时间

和精力去进行语义、语法、功能方面的综合分析；而职业译员根据丰富的口译经验早已建立了一套自己的逻辑分析方法。此外，学生译员把此次口译任务仅仅看作是老师布置的任务，潜意识中认为自己不用承担任何责任，因此增大了他们在口译过程中的随意性。

表7-4 学生组和职业组口译时各项认知心理因素的分值及均值比较

认知心理因素	学生组		职业组		均值差
	总分	均值	总分	均值	
记忆	10	2.50	15	3.75	1.25
顿悟	13	3.25	16	4.00	0.75
注意力	12	3.00	19	4.75	1.75
情感	16	4.00	20	5.00	1.00
好奇心	19	4.75	16	4.00	−0.75
毅力	14	3.50	20	5.00	1.50
严谨度	15	3.75	20	5.00	1.25
批判精神	12	3.00	16	4.00	1.00
自信心	12	3.00	18	4.50	1.50
自我评价	14	3.50	17	4.25	0.75
动机	16	4.00	20	5.00	1.00
逻辑	10	2.50	17	4.25	1.75
综合	11	2.75	16	4.00	1.25
交际	15	3.75	17	4.25	0.5
分析	13	3.25	16	4.00	0.75
创造力	17	4.25	19	4.75	0.5

根据表7-4分析显示，学生译员与职业译员主要在注意力、记忆、毅力、自信心、严谨度、逻辑能力及综合能力因素上存在较大差异。其中，差

异最大的为注意力和逻辑能力，均值差为 1.75；其次为自信心和毅力，均值差为 1.50；再次为记忆、严谨度和综合能力，均值差为 1.25。在此，本章仅探讨差异最大的这前 7 项因素（如表 7-4 中的斜体字）及其对口译策略选择的影响，具体分析如下：

　　7 项因素中，注意力和逻辑能力的差异名列第一（均值差最大，为 1.75）。由于人的注意力是有限的，一般不能同时集中注意于两件独立的作业中。然而，在交替传译中，译员却常常要同一时间处理听辨、概念化、理解和记笔记等各项作业。对于学生译员来说，当他们专注于记笔记时，其有效理解源语的能力被大大削弱，从而使其只能单纯地记录字面意思。当进入口译第二阶段时，学生译员不得不绞尽脑汁，从那些他们认为较为生僻的字词中寻找信息，而他们也因此没有精力去顾及文章的连贯性。相反，已将笔记技巧熟记于心的职业译员则更多地关注原文的理解。依靠笔记中的要点指引，职业译员可以很容易地从中提取信息，做出推断，保证译文的通顺连贯。访谈中得知职业译员认为内容解释要远远先于代码转换，因此他们更加注重语句的逻辑关系和文本的整体结构。

　　逻辑能力同注意力一样重要。良好的逻辑能力可以将信息组合得井然有序，译文一气呵成。从受试者的报告中可知，多数译员都依靠笔记获取信息。学生译员根据笔记记录的顺序逐字逐句地进行代码转换，但由于在概念形成和理解原文时他们破坏了原文的顺序，最后导致难以厘清字词甚至句子的意思。相比而言，实验中的职业译员其逻辑能力更强。首先，他们会基于自己的"内部语言"将信息条理化地储存在大脑中，而笔记仅记录供他们取回信息的线索；其次，他们通过表达策略和协调策略使译文畅达通理。

　　自信心和毅力名列第二（均值差均为 1.50）。从录像中可以看到，多数学生译员口译时低头紧盯笔记，说话犹豫不决；职业译员则从容不迫，声音清晰可辨，译文通顺易懂，肢体语言适当得体。因此，职业译员口译过程中的信心要远胜于学生译员。此外，职业译员有较强的毅力和责任感，整个口译过程都是以一个行家身份来严格完成的；而学生译员仅把此次口译看作课后作业，口译中遇到困难时会忙于应付而出错。

记忆、严谨度和综合能力是本章要探讨的最后几项因素（均值差均为 1.25），其中记忆包括短期记忆和长期记忆（Lörscher，2005：244—254）。记忆方法在口译中比记忆能力更显重要，本章中的受试者均依靠记忆力和笔记来记忆信息。不同的是，学生译员倾向于将二者分离，认为记笔记会分散精力而不能有效听辨，由于受短期记忆的限制，他们在表达阶段易断章取义，译文不畅。相反，职业译员能较好地将大脑记忆和笔记记忆结合起来，从原文字里行间中抽出深层意义，通过短期记忆内化为"内部语言"，并运用笔记记录信息，整个过程很自然地完成。另外，在严谨度和综合能力上，职业译员的优势也较为明显。这是由于，一方面职业译员把口译作为自己的职业来看待，有很强的责任感，力求言语思维严谨；另一方面，丰富的经验积累和知识积累使其能够掌控口译过程全局，不论是对全文的归纳还是对细节的推敲都游刃有余，而这恰恰是学生译员需要学习和提高的。

（二）认知心理因素对口译策略选择的影响

从以上分析中可以看出，认知心理因素对译员口译策略的选择起直接的、整体的、交互影响的作用。如记忆和注意力的有效分配直接影响听力、理解和记笔记的质量，从而进一步影响译员的记忆和概念形成策略；逻辑、综合能力则从语言外层面考察译员对两种语言语际间有效转换的整体掌控能力，主要作用于表达策略和协调策略，影响译文语言和意义上的严谨度和连贯性；自信心、严谨度和毅力影响口译的全过程，它对译员采用积极或消极的口译策略起直接决定作用。

本章研究表明，口译过程中，学生译员和职业译员共采用了20种口译策略，可归类如下：记忆和概念形成策略、表达策略和协调策略。尽管他们运用的口译策略大体相同，但是从策略选择和使用的质与量来看，职业译员的优势明显。口译过程中影响译员的认知心理因素可分为三大类：认知因素，包括记忆、顿悟、注意力和情感；态度因素，包括好奇心、毅力、严谨度、批判精神、自信心、自我评价和动机；心理活动机制，包括逻辑能力、综合能力、交际能力、分析能力和创造力。其中，学生译员和职业译员主要在注意力、记忆、毅力、自信心、严谨度、逻辑能力和综合能力因素上存在明显差异。从译员口译策略选择和使用的差异中追根溯源，可以发现认知心理因素对译员口译策略的选择起直接的、整体的、交互影响的作用。记忆和注意力的有效分配影响了译员的记忆和概念形成策略；逻辑、综合能力主要影响了译员的表达策略和协调策略；自信心、严谨度和毅力影响口译的全过程，对译员采取积极或消极的口译策略起直接决定作用。

　　综上，口译教学应该以职业技能训练为主，着重引导和培养学生译员的认知心理因素。口译人员不仅要具备较好的语言能力，还需具备较强的心理能力来抵抗口译过程中巨大的心理压力。鉴于口译认知加工过程的复杂性，本实验研究结合了问卷、刺激回忆、笔记、访谈等多种调查分析和观察手段对学生译员与职业译员进行对比研究。仍需指出的是，本章仅是探索性研究，考虑到实验研究在样本数量、区域、学生受试者水平、测试环境（含测试材料语言选择）等方面的局限性，还需不断完善研究设计、扩大实验数据规模，才能进一步提高具体研究结论的代表性，揭示在真实口译场景下认知心理因素对口译策略的制约性。

第八章

机器翻译与人机互动研究 *

　　机器翻译近年来受到国内译学界的普遍关注。本章以翻译研究文献目录（Translation Studies Bibliography）、机器翻译档案馆（Machine Translation Archive）以及 CNKI 收录的 16 种外语类核心期刊为数据来源，以量化统计结合质性分析的方法，全面剖析机器翻译的发展历程和译后编辑过程及产品评估、译后编辑效率影响因素、译后编辑工具的研发、译后编辑者及人才培养四大研究热点，分析其研究进展与研究方法，阐述其未来发展趋势以及对我国机器翻译译后编辑研究的启示，为国内相关研究和翻译人才培养以及翻译学科建设提供新视角和新方法。

　　随着全球化和信息化进程的不断推进，海量的翻译需求给全球语言服务行业带来了前所未有的机遇和挑战。在此背景下，机器翻译译后编辑成为应对这一挑战的有效途径。不同于传统人工翻译，译后编辑是一种人机交互的翻译过程，是对机器翻译结果进行编辑及更正的过程，其中涉及的因素包括机器翻译系统、译后编辑工具、译者、语言对特征等，它们相互作用共同决定译后编辑的过程和结果，使经过译后编辑的译文达到"终端用户预期的质量需求水平"（TAUS，2013）。据 TAUS（2017）预测，译后编辑"有可能在未来五年内取代翻译记忆技术成为翻译行业的首要生产环境"。译后编辑在国外翻译行业的广泛应用吸引了众多翻译学者对这一新技术和新职业进行研究。国际上对该领域的探究主要运用实证手段，近年

＊ 本章是笔者与贾艳芳博士合作的成果，初稿发表于《湖南大学学报》，有删减。

已有较丰富的研究成果，而国内还少有此领域的实证研究成果出现。本章聚焦于国际机器翻译和译后编辑的相关实证研究，重点分析其研究进展与研究方法，进而阐述其未来发展趋势以及对我国机器翻译译后编辑研究的启示。

第一节　机器翻译译后编辑研究数据来源

根据 Holmes（1972/2000）对翻译学整体研究框架的界定，译后编辑实证研究同时具备纯翻译研究和应用翻译研究属性。此外，译后编辑实证研究具有明显的跨学科属性，是翻译研究以及机器翻译领域共同的研究话题，所以本章将数据来源定位于以下权威数据库，分别为翻译研究文献目录、机器翻译档案馆以及 CNKI 收录的 16 种外语类核心期刊，尽量全面地反映机器翻译译后编辑实证研究的现状。翻译研究文献目录是由欧洲翻译协会、鲁汶大学翻译中心和本杰明出版公司联合开发的翻译研究数据库，其中涵盖 50 多种翻译领域期刊，以及翻译学相关的论文集、学位论文等，是翻译领域库容最大、专业性最强的数据库，能够充分体现译后编辑在翻译领域的研究现状。机器翻译档案馆是国际机器翻译协会委托欧洲翻译协会编撰，收录了全球最有影响力的机器翻译期刊和会议论文集，可以代表译后编辑在机器翻译领域的最新研究动向。机器翻译相关研究始于 20 世纪 40 年代末 50 年代初，因此，本章将研究时间范围确定为 1949 年至 2021 年。笔者搜索了数据库内标题、关键词或摘要中包含"机器翻译"或"译后编辑"的文章，并通过阅读摘要和全文的方式剔除重复及不相关数据，最终获取中英文有效文献 500 余篇。

第二节　机器翻译译后编辑实证研究进展

一、机器翻译

　　就发展阶段而言，机器翻译的研究基本经历了四个阶段，即 20 世纪 50 年代的萌芽期，20 世纪 60—70 年代的停滞期，20 世纪 80—90 年代的缓慢发展期和 2000 年以后的快速发展期。1949 年，Warren Weaver 在《翻译》中首次提出了使用计算机进行翻译的想法，自此引发了该方向的研究热潮。1952 年，Bar-Hillel 组织召开了第一次机器翻译大会，之后美国乔治城大学、华盛顿大学、IBM 公司也积极展开有关机器翻译的研究。英国剑桥大学、俄罗斯圣彼得堡大学以及法国、日本、中国等国家也相继投入机器翻译的研究中。1954 年 IBM 公司与美国乔治城大学合作研发的第一代俄英自动翻译系统公开亮相。1958 年中国科学院语言研究所与计算技术研究所研制出我国第一台基于词典和语法规则的俄汉机器翻译系统。1959 年北京外国语学院俄语系俄汉机器翻译研究组在《外语教学与研究》上发表《俄汉机器翻译中的语言分析问题》一文。据统计，这是外语类核心期刊上刊发的第一篇有关机器翻译研究的文章，文中详细阐述了俄汉翻译系统的架构及组成部分。可见，我国的机器翻译研究起步较早，几乎与国外研究保持同步。由于第一代翻译系统主要是基于词典词条，设计较为粗糙和原始，翻译效果较差。1964 年美国政府成立了语言自动处理咨询委员会（Automatic Language Processing Advisory Committee，ALPAC）对机器翻译进行了全面的调查分析与测试评价，并于 1966 年发布报告全面否定了机器翻译的可行性，这使得机器翻译研究在随后的数年内陷入了停滞状态（张剑等，2003）。我国的机器翻译研究在 20 世纪 60—70 年代也基本上处于停滞不前的状态。20 世纪 80—90 年代机器翻译研究逐步得到恢复，美国、俄罗斯和日本的研究学者们相继研发出 REVERSO、SYSTRAN、ALLAS2 等一系列机器翻译系统。与此同时，我国的机器翻译研究也进入了重要的发展时期，在 1987 年和 1992 年分别研制成功"KY-1"（科译 1 号）英汉机译系统和"IMT/EC863"英汉机译系统（宗成庆、高庆狮，2008）。2000 年以来，机器翻译技术快速发展，以谷歌公司为代表的统计机器翻译系统，日本京都大学研发的基于实例的 MBT 1 和 MBT 2 翻译系统，以及我国清华大学和哈尔滨工业大学联合开发的计算机写作和翻译集成的"达雅"系统等得到了广泛应用（冯志伟，2010）。这一期间机器翻译相关研究蓬勃发展，特别是 2015 年 5 月百度、2016 年 9 月谷歌相继推出神经网络机器翻译系统以来（李梅，2021），机器翻译相关研究突飞猛进。

就研究主题而言，20 世纪 50 年代主要以语言分析为代表。自 20 世纪 60 年代起，语言学家逐渐认识到要真正了解语言的本质和功能、语言发展的规律以及语言与思维和行为的联系，必须深入研究语言的语义（沐莘，1985）。因此，20 世纪 70—80 年代的研究主要集中在机器翻译系统中的句法语义方面。20 世纪 90 年代的研究重心逐渐转向机器翻译与人工翻译质量的比较，主要探讨人工翻译是否会被机器翻译所替代的问题。此阶段的研究较客观地呈现了机器翻译与人工翻译之间的关系，揭示了机器翻译的弊端与不足。基于机器翻译效果的不尽如人意，在发展机器翻译技术的同时，如何辅以人工进一步提升机器译文的质量成为值得关注的话题。21 世纪以来，学者们开始寻求提升机器翻译质量的方式和手段。译后编辑是被普遍认可的用于提升机器翻译译文质量的主要方式。

二、译后编辑

译后编辑相关研究主要分为以下四类：（1）译后编辑过程及产品评估；（2）译后编辑效率影响因素；（3）译后编辑工具的研发；（4）译后编辑者及人才培养。以下对其主要研究内容及方法进行剖析。

（一）译后编辑过程及产品评估

译后编辑过程及产品评估指对译后编辑的速度、质量、认知努力与技术努力等方面进行评测，通常采用与传统人工翻译或计算机辅助翻译进行实证对比的模式。其生产率评估多集中在速度和质量两方面。Fiederer & O'Brien（2009）的研究发现，英译德的译后编辑译文虽文体风格不如人工翻译，但准确度和流畅度更具优势。Garcia & Pena（2011）对英汉双向译后编辑进行了探究，发现译后编辑在逆向翻译（汉译英）且文本难度适中的条件下，速度提升效果更为显著，双向翻译时译后编辑的质量评分都高于人工翻译。Guerberof（2009）对比了译后编辑、80%—90%匹配区间的翻译记忆以及人工翻译三种模式在速度和质量上的差异，指出译后编辑明显比翻译记忆及人工翻译更快，译后编辑的错误数量远低于翻译记忆，且在准确性、误译以及语言方面有明显优势。受国际译后编辑实证研究的影响，国内卢植、孙娟（2018）对比了高、低水平译者在不同任务类型（即人工翻译与机器翻译译后编辑）中的认知加工情况。研究发现，译后编辑用时明显短于人工翻译，译者的翻译效率得到了显著提高。虽然此类研究所采用的机器翻译系统、受试者、质量评估方式及语言对均有差异，但研究结果基本证实，相对于传统人工翻译和一定门槛值的翻译记忆，译后编辑在不同程度上提升了翻译速度和质量。

在探究译者的认知心理过程中，认知努力评测是译后编辑实证研究的焦点之一。认知心理研究表明，人的工作记忆有限，长时间在高强度认知负荷环境中工作容易疲劳，这会影响译者的情绪和对任务的态度，从而降低工作效率。Sekino（2015）以关联理论为研究视角，发现译后编辑需要同时进行概念编码和过程编码，所耗费的认知努力较人工翻译反而更高。同年，Koglin（2015）基于停顿与眼动指标，证实处理隐喻这一特殊语言现象时，译后编辑所需认知努力远低于人工翻译。国内的隐喻翻译实证研究起步较晚，王湘玲等（2021）的研究得出相似结论：英汉翻译译后编辑在处理隐喻表达时可减少译者认知努力。其他眼动研究也表明，译后编辑与传统人工翻译的认知加工模式差异较大。人工翻译时，原文和译文所获注视次数基本相同，而译后编辑时，译文所获注视次数远远高于原文，同时前者原文部分的平均注视时长远高于后者。造成差异的原因显而易见，译后编辑过程是对已有机器翻译译文的修改过程，所以更多注视译文区域，而人工翻译要以阅读理解原文为起点，所以关注原文更多。由于认知努力的大小难以直接度量，其评测方法一直处于不断发展中，目前常用的评测指标主要分为三类，即眼动指标、停顿指标和时间指标。尽管三类指标具有各自的解释力，但目前仍无法基于现有研究得出译后编辑减轻认知努力的定论。

（二）译后编辑效率影响因素

译后编辑效率的影响因素主要包括原文特征与机译质量等。探究这些因素与译者认知努力投入及产出质量之间的关系，制定受控语言写作规范以实施译前编辑，合理设立译后编辑的机译质量容忍门槛，将有利于提高译后编辑效率和减轻译者认知努力投入。源语文本特征和机器翻译错误与译后编辑效率紧密相关，某些原文特征引发的机器翻译错误更为复杂，从而造成译后编辑投入更多努力。O'Brien（2007a）针对英译德译后编辑的一系列研究发现，包含消极翻译指征的句子会在整体上降低译后编辑速度，而这些指征对译后编辑努力的影响程度不同，如较长的名词短语及动名词对译后编辑努力影响较大，而缩写、专有名词以及标点符号等影响较小。Aikawa et al.（2007）的研究表明，受控语言写作规范与语言对特征直接相关，译后编辑效率提升程度对英语译入荷兰语、汉语、阿拉伯语及法语各不相同。Tatsumi & Roturier（2010）证实过长或过短的句子都不利于译后编辑，因为过长的句子分析起来更有难度，过短的句子所提供的语境有限，不完整的句子以及复合句译后编辑需要更长的时间来处理。Jia et al.（2019b）的研究结果表明，英译汉译后编辑仅在专业文本方面显著快于人工翻译，但译后编辑认知努力在两种文本类型加工中均小于人工翻译认知努力。由此，制定合理的受控语言写作规范，实施译前编辑，即在机器翻译之前减少源语文本中的消极翻译指征，是提高机器翻译质量从而提高译后编辑效率的有效途径。

机器翻译质量直接影响译后编辑效率，对低质量机译结果进行译后编辑，会造成比人工翻译更多的努力消耗。根据机译质量对译后编辑所耗精力进行预先估测，可以避免过低质量的机译结果进入译后编辑流程。机器翻译质量评估通常通过对比机译结果和标准参考译文之间的编辑量差异来完成，其常用方法包括 BLEU、NIST、GTM、METEOR、TER 等。O'Brien（2011）的研究根据 GTM 得分，将源语及其对应的机器翻译句子质量分为低分组、中间组和高分组，三组得分与其译后编辑所需认知努力大小正好相反，低分组需要高努力而高分组需要低努力，GTM 和 TER 高分段的句子均比中等及低分段句子明显耗时短且认知努力低。Escartin & Arcedillo（2015）研究表明，与人工翻译和翻译记忆相比，机器翻译得分 BLEU 高于 45，TER 低于 30 或 FMS 高于 75 则能保证译后编辑效率更高。机器翻译错误的具体性质和数量也与译后编辑的程度存在相关性。Daems et al.（2015）从可接受性和准确性两方面评估机器翻译错误，依据其严重性，错误被划分为不同等级并赋予 0 到 4 分不等的权重，发现机器翻译错误权重均值与译后编辑时间、平均注视时长、注视次数、停顿率、平均停顿率等都存在不同程度的相关性，其中误译、句子结构及词序错误与各认知努力指征相关性最强。

（三）译后编辑工具研发

现阶段译后编辑通常依附机辅翻译工具完成，然而此类工具专为翻译记忆开发，许多功能对于译后编辑工作来说并不理想，因此研发适用于译后编辑过程的专业工具是此类研究的主要目的。Penkale & Way（2012）介绍了一个自助式在线机器翻译平台 SmartMATE，用户可以根据已有数据个性化设置平台功能进行译后编辑，作者通过一个大型游戏公司使用该平台的案例，分析展示了其应用优势。Roturier et al.（2013）描述了一款专为社区用户开发的在线译后编辑平台 ACCEPT，此软件不但可以灵活定制满足译后编辑的不同需求，还可以实时记录用户的译后编辑过程并生成活动报告，便于随时查看与分析译后编辑过程。Moorkens & O'Biren（2013）调查发现，职业译后编辑者普遍对当前的译后编辑环境不满意，译者希望译后编辑界面简洁明快且具备可外挂词典以及网络搜索引擎等功能，大部分译者偏爱交互式机器翻译系统在译后编辑过程中提供动态更正建议。这些研究为译后编辑工具开发提供了来自终端用户最直接的反馈及建议，对人性化译后编辑工具的研发大有裨益。

此外，自动译后编辑工具和交互式机器翻译系统也越来越受到关注。Mundt et al.（2012）使用自动译后编辑软件对机器翻译结果中漏译词语进行补译，发现阿拉伯语译英比汉译英的补译部分更准确。Parton et al.（2012）介绍了一种可修正准确性方面错误的自动译后编辑器，并证实30%—56%的句子经自动编辑后准确性较机器翻译结果有所提高。German et al.（2014）采用 CasMaCat 工作平台测试了传统译后编辑和交互式译后编辑的差异，发现两种模式下翻译耗时差别不大，作者认为后者速度没有显著提升的原因可能是未经训练的译者不能充分利用其优势。机器翻译领域在不断探索更加快捷有效且可满足不同客户需求的译后编辑工具，此类工具多具有灵活易用且能提供可定制化服务的特征，用户不需要太多的技术背景就可操作。因此，自动译后编辑器及交互式机器翻译等技术的不断完善将进一步提升译后编辑效率。

（四）译后编辑人才培养

人机交互是机器翻译译后编辑最主要的表征。作为译后编辑任务的完成人，译后编辑者的作用至关重要。此类研究主要关注译后编辑者的相关情况，包括态度、能力及培养方式等。Aranberri et al.（2014）研究发现，职业译者对机器翻译的态度比较消极，而无翻译经验的外行用户对译后编辑持更加积极的态度。相比人工翻译，译后编辑时职业译者和外行用户的翻译效率均有所提高，而外行用户提升幅度更大。Guerberof（2013）通过问卷调查了职业译者对机器翻译及译后编辑的态度及经验，发现他们对机器翻译结果及译后编辑的看法极为复杂，许多消极态度与以往参与机器翻译译后编辑项目的不悦经历有关。Yamada（2015）分析了大学语言专业学生英译日译后编辑的时间、质量及态度，并通过与职业译者比较，发现同时具备三种特征（对译后编辑持有正面态度、在传统翻译课堂测评中成绩优异、采取分析而非整合的方式进行翻译）的学生有潜力成为合格的译后编辑者。虽然译后编辑在翻译市场得到广泛应用，但是当前行业内部严重缺少职业译后编辑者，原因是译后编辑能力需要长期的实践和经验积累，且译后编辑人才培养相对滞后，与行业需求严重脱节。

现阶段译后编辑培训主要通过公司内部及在职培训实现，高校作为译者培养重地，还鲜有把译后编辑纳入常规翻译课程的设置。近年部分学者通过自身译后编辑课堂实践，积极探索最佳译后编辑教学方案。Depraetere（2010）基于其译后编辑课堂教学案例分析发现，对于学生译者来说，不可过分弱化译后编辑文体风格及措辞的重要性，因为学生本身翻译水平有限且比较依赖机器翻译结果，过分强调可能导致译后编辑质量过差。Koponen（2013）介绍了其在赫尔辛基大学一学期的译后编辑教学实践及评估过程，该课程包括机器翻译系统对比、译前编辑、单语译后编辑、译后编辑质量水平和机器翻译质量评估等几大模块。实践表明，一学期的课程时间较为有限，很难对每个模块展开深入讲解与剖析。目前，译后编辑教学及人才培养研究还停留在对译后编辑能力界定、课程设置规范等理论探讨层面（杨艳霞、魏向清，2023），实证研究数量相对较少，且多采用案例分析、访谈、问卷调查等方法，侧重从不同角度呈现译后编辑教学中出现的问题以及译者对这一新技术、新职业的态度及期许。

第三节　机器翻译译后编辑研究展望

本章梳理了国际机器翻译和译后编辑实证研究的发展现状及最新成果，虽然其研究内容丰富，角度新颖，研究方法也值得借鉴，但作为一个跨学科新兴研究领域，机器翻译译后编辑实证研究涉及翻译学、语言学、认知心理学、计算机语言学、统计学等多方面知识，研究难度大，许多研究仍处于探索性阶段，笔者认为未来研究主要存在以下发展趋势。

一、进一步验证已有研究结果

现有译后编辑实证研究虽然主题丰富，但许多研究结果仍不具备普遍性，如对译后编辑过程和质量评估时，所选机译系统、原文文本类型及难度、译后编辑程度（轻度译后编辑或充分译后编辑）、译者数量及经验、数据收集工具选择如眼动仪类型，以及实验过程是否可以查阅词典等，都会在不同程度上影响实验结果，因此，已有的小范围研究只能基于实验本身的变量控制得出有限的结论。此外，已有研究所涉及的语言面较窄，原语以英语居多，目的语多见于法语、德语、西班牙语等同族语言。由于不同语言，尤其是不同语系的语言特征迥异，如英译法与英译汉的机器翻译水平差别很大，相应机译错误类型、受控语言写作规范也不同，所以某一语言对的译后编辑研究结果对不同语言对并不一定具备可适应性，因此后续各研究主题需要在更多实验、更大样本、更丰富的语言对上进行多方验证。

二、理论与实践层面创新译后编辑人才培养研究

国外多聚焦于对译后编辑的评估和工具开发，而关注译后编辑者培养

的研究却寥寥无几，少有的几项研究仍停留在对译后编辑实践模式尝试性的探讨，高校也鲜有把译后编辑能力培养作为一门自成体系的独立课程，造成译后编辑人才培养与其市场需求严重脱节，国内人才培养现状与国外大致相似。我国翻译专业硕士于 2007 年设立，为顺应全球化、信息化背景下市场对翻译人才的需要，各大高校都在积极创新培养模式以产出熟练掌握行业技术的翻译人才，其中包括普遍将机辅翻译课纳入 MTI 课程设置，而基于译后编辑人才培养的理论与实践研究在国内仍属空白。究其原因，一是由于译后编辑仍属新生事物，对其人才的培养尚未引起翻译研究领域的足够重视；另一方面，由于学界对译后编辑所涉及的专业能力还处于摸索阶段，亟待成熟的学术专著和科研队伍保证此类研究的开展。相比之下，企业对译后编辑技能培养模式则更为成熟，如 TAUS、SDL International、Welocalize 等国际著名机构或公司都建立了相应的人才培训机制，积累了丰富的译后编辑人才培养经验。因此，未来翻译研究者将立足高校翻译人才培养模式创新，充分利用企业机构在译后编辑人才培养方面的优势，共享师资、技术与成果，建立"产学研"相结合的译后编辑人才培养机制，为未来译后编辑人才培养开辟一条校企双赢的可行之路。

三、实现机器翻译与翻译学研究领域的进一步合作

目前，国外机器翻译领域多关注译后编辑工具的研发及评测，对工具的使用者译后编辑人才的培养没有引起足够重视。而翻译学研究者对日新月异的译后编辑工具了解甚少。具体而言，虽然译后编辑工具的研发成果颇丰，但其中得到广泛推广的新工具却非常有限，可以应用于译后编辑教学的则更为稀缺。现今多数主流机辅翻译软件如 Trados 及 MemoQ 等兼有译后编辑功能，国内诸多高校所采用的传神公司研发的 Tcloud 翻译软件内嵌于 Office 中，也兼备查询机器翻译功能，可用于译后编辑。此外，在线机译系统中，谷歌辅助翻译系统支持对谷歌机译结果进行在线译后编辑，应用较为成熟。

此类工具虽可用于译后编辑教学，但由于其主要功能服务于机辅翻译，并非独立的专业译后编辑工具，所以无法灵活定制充分满足译后编辑及其教学的不同需求。而机器翻译领域最新研发的译后编辑工具，如交互式机器翻译系统、自动译后编辑器等，却鲜少得到翻译学及翻译教育领域的关注。因此，机器翻译领域未来将在技术上对译后编辑教学及人才培养等给予更多关注和支持，翻译研究领域也将更充分地学习和利用机器翻译领域的新成果，掌握新工具、新技术，提高翻译人才培养效率。

最后，加强译后编辑基础理论建设。现有研究多为描述性研究，长于方法而短于理论。译后编辑实证研究对于机器翻译系统优化、机器翻译译文筛选、科学制定受控语言写作规范、合理设置译后编辑定价模式及研究译后编辑人才培养模式等方面都有积极意义，强化对该领域基础理论的研究，对于指导其走向成熟必不可少。

机器翻译是语言服务行业的核心技术，机器翻译译后编辑模式已广泛应用于语言服务行业，有望超越翻译记忆成为翻译行业的首要生产环境。本章较为全面地剖析了译后编辑实证研究在翻译研究领域和机器翻译领域的研究热点，主要包括对译后编辑过程及产品的评估、对译后编辑效率影响因素的挖掘、对译后编辑工具的研发以及对译后编辑者及人才培养的探究。相比其他翻译研究，译后编辑仍属于新兴跨学科研究领域，许多研究内容仍需进一步深入探究，本章通过对译后编辑研究现状的总结和其发展趋势的预测，希望给国内译后编辑实证研究提供新视角、新方法，对翻译人才培养和翻译学科建设具有一定借鉴价值。

第九章

基于 NMT 与 PBSMT 的机器
翻译译后编辑认知研究 *

本章旨在研究基于短语的统计机器翻译（PBSMT）与神经机器翻译（NMT）范式的译后编辑认知过程。首先，选取两篇不同难度的文本，再评估英译汉时基于短语的 PBSMT 和 NMT 系统的译文输出质量。九位评分者从流利度和准确性的角度评估了机器翻译译文的质量，发现 NMT 在两种文本中的翻译质量都高于 PBSMT。其次，比较 68 名学生译者在人工翻译过程中基于 NMT 译后编辑和 PBSMT 译后编辑时所付出的认知努力。结果显示：基于 NMT 的译后编辑速度并不总是明显快于基于 PBSMT 的译后编辑，但前者耗费的认知努力显著减少。同时，结果发现译后编辑努力并不一定与源文本的复杂度相关。

神经机器翻译近年来受到学术界和教育界的广泛关注。前人研究显示，就自动评估指标（Bahdanau et al., 2015; Bojar et al., 2016; Junczys-Dowmunt et al., 2016; Castilho et al., 2018）以及人工评估分数（Castilho et al., 2018; Klubička et al., 2017）而言，NMT 处理多种语言对的产出质量胜过 PBSMT。然而，我们对于译后编辑者如何高效使用 NMT，NMT 译后编辑与 PBSMT 译后编辑的区别，以及 NMT 译后编辑的潜在优势和挑战仍然知之甚少。本章旨在根据人工评估，比较 NMT 与 PBSMT 的流利度和准确性，并从时间、技术和认知努力上分析译者在进行 NMT 译后编辑、PBSMT 译后编辑和人工翻译（HT）时的差异。由于 NMT 还远未完善，对 NMT 译后编辑的研究不仅是评价 NMT 质量的一种有效方法，而且还将提高

---

* 本章是与美国肯特州立大学 Michael Carl 教授、贾艳芳博士合作的成果，初稿发表于 EI 期刊 *Machine Translation*，有删减。

我们对 NMT 译后编辑潜力的认识。

因此，本章着重研究了英译汉 NMT 译后编辑过程，而该语言对于机器翻译而言是一个巨大的挑战（Wu et al.，2006；Suo et al.，2012）。我们首先基于人工评估比较 NMT 和 PBSMT 输出的质量。然后，比较 NMT、PBSMT 以及 HT 译后编辑分别所需的时间努力与输入行为。

第一节　SMT、HT 与 NMT 的译后编辑认知努力研究

一、译后编辑努力：SMT 与 HT

Krings（2001）在研究译后编辑过程中，从三个独立但相互关联的维度定义了衡量译后编辑努力的标准：时间努力、技术努力和认知努力。时间努力是编辑机器翻译输出后所花费的时间。技术努力指纯机械操作，包括删除、插入和鼠标移动。认知努力是指"为了弥补机器翻译中的缺陷而必须激活的认知过程的类型和程度"（Krings，2001：179）。Krings 认为，这三种努力的结合决定了机器翻译译后编辑相对于 HT 的可接受性。在键盘记录工具的帮助下，时间努力和技术努力是可以测量的，而认知努力通常是通过停顿分析或注视数据进行间接测量。

在过去的十年里，许多研究已经调查了译后编辑所需努力，并将其与 HT 花费努力进行了比较。通常发现，专业文本译后编辑比 HT 更快（O'Brien，2007a；Guerberof，2009；Groves & Schmidtke，2009；Tatsumi，2009；Plitt & Masselot，2010）。但是，对于更普通的文本类型，并非总是译后编辑的速度更快。例如，Daems et al.（2017b）认为译后编辑要快得多，而Carl et al.（2011b）发现译后编辑速度相对于 HT 没有显著提高。Screen（2017b）称，通用信息文本译后编辑不会在 HT 花费的时间基础上减少。

测量技术努力是基于机器翻译后期编辑可以减少打字造成的工作量的预测。与时间努力的研究相比，测量技术努力的研究并不多。Koglin（2015）发现，以英文为源语言，巴西葡萄牙语作为目标语言的新闻文本译后编辑所需的插入和删除都比 HT 的少。Carl et al.（2011b）表明，译后编辑任务需要更多的删除、导航击键和鼠标单击，但是与 HT 相比，所需的插入更少。上述研究一致表明，与 HT 相比，译后编辑需要的插入更少，但是在其所需的删除上结果不一致。

在早期的研究中，Krings（2001）使用有声思维法来揭示译后编辑所需的认知努力。眼动追踪和键盘记录技术在翻译过程研究中的使用极大地扩展了我们在翻译过程中理解阅读和写作过程的能力。从注视数据的记录可以看出，认知资源在源文本和目标文本中的分配在译后编辑和人工翻译中有很大的不同（Carl et al.，2011b；Balling & Carl，2014；Mesa-Lao，2014；Carl et al.，2015；Daems et al.，2017b；Da Silva et al.，2017）。这些研究得出的结论是，译后编辑过程中的注视点出现在目标文本上的频率更高，而期间的注视点倾向于更多集中在源文本上。

在打字过程中，击键之间的停顿通常被认为是测量语言产出（包括翻译）中认知努力的一个有效指标（Butterworth & Cochran，1980；Schilperoord，1996；Jakobsen，1998，2002；Hansen，2002）。Butterworth（1980） 和 Schilperoord（1996）都认为，语言产出中停顿的次数和持续时间均与加工努力相关。停顿时间更长、次数更频繁，意味着翻译消耗更多的认知努力。然而，基于停顿指标的结果一致性较低。基于停顿持续时间，部分研究（如 Koglin，2015）表明，译后编辑触发的停顿总持续时间比 HT 短，而其他研究（如 Screen，2017b）则显示出相反的结果。此外，Lacruz 和 Shreve（2014）引入了停顿与单词的比率（PWR，每个单词的停顿次数）来测量认知努力。较高的 PWR 值象征着更多的认知努力。Lacruz et al.（2014）观察到，人工翻译编辑率（Human-targeted Translation Edit Rate，HTER，基于原始机器翻译与其相应的译后编辑版本之间最少编辑步骤）与 PWR 密切相关（Snover et al.，2006）。

Schaeffer et al.（2016）使用 TPR-DB 中的大规模多语言数据集（Carl et al.，2016）发现，PWR 也与基于凝视的翻译困难指数（TDI）高度相关（Mishra et al.，2013）。这项研究表明，译后编辑中的 PWR 值明显低于 HT。

机器翻译输出译文的质量无疑是决定译后编辑任务在时间、技术和认知上需要多少努力的关键因素之一。上述研究主要是基于 SMT 的，SMT 也是目前研究最为广泛的译后编辑过程研究机器翻译的方法，而 NMT 译后编辑亟须更多研究补充。

二、译后编辑努力：NMT 与 SMT

最近的一些研究表明，NMT 系统的翻译质量优于 PBSMT（Bojar et al.，2016；Castilho et al.，2018；Klubička et al.，2017；Stasimioti & Sosoni，2019）。然而，译后编辑者如何从 NMT 系统中获益仍未可知。到目前为止，仅两项研究比较了两种系统下译后编辑所需的努力。Castilho et al.（2018）讨论了五名译后编辑者基于 SMT 和 NMT 的译后编辑时间和技术努力，其中三名以英语为源语言，以德语、希腊语和葡萄牙语为目标语言，两名以英语为源语言，俄语为目标语言。他们发现，在这四种语言对中，NMT 译后编辑时击键总数都比 SMT 译后编辑时减少，在英语–德语、英语–希腊语和英语–葡萄牙语这三种语言对中，NMT 译后编辑时所花费的时间努力略少，然而在英语–俄语的语言对中，其时间努力没有减少。Shterionov et al.（2018）将三名译者 HT 的效率与以英语作为源语言，德语、西班牙语、日语、意大利语和汉语作为目标语言的 NMT 和 SMT 译后编辑进行了比较。结果表明：（1）NMT 和 SMT 的译后编辑速度均快于人工翻译速度；（2）除英汉以外，其他语言对中，大多数译者的译后编辑速度较快。然而，这两项研究仅涉及三名译后编辑者 / 译者，作者也没有研究译后编辑过程中的认知努力。

本章对比研究基于 HT、NMT 与 PBSMT 的译后编辑时间、技术及认知努力差异。68 名来自中国的一年级翻译硕士参与了这项研究。受试者的信息和研究设计将在接下来的内容中详细介绍。

第二节　实验文本及其翻译质量

一、实验文本

本研究选择了两篇通用领域的英国报纸文本（Jensen，2009，2011；Carl et al.，2016）。文本 1 由 148 个单词和 11 个句段组成，文本 2 包含 140 个单词和 7 个句段。我们邀请职业译者对文本的难度、可读性、词频和修辞表达的数量（成语、转喻和隐喻）进行评分，结果表明，文本 2 的复杂度高于文本 1（Jensen，2011：88—93，详细描述了如何测量两个源文本的复杂度）。实验过程中，受试者可以自由使用任何在线资源来完成任务。由于英语源文本没有相应的在线中文翻译，信息检索不会影响研究结果。这两个英文源文本由免费的在线机器翻译引擎谷歌翻译预先翻译成中文。谷歌 NMT 系统的输出译文于 2017 年 5 月获得，谷歌 PBSMT 输出译文于 2012 年 4 月在 TPR-DB 中进行的先前实验中获得。

二、机器翻译质量：PBSMT 与 NMT

（一）质量评价标准和程序

邀请 9 名不参与后续实验的一年级翻译硕士对文本 1 和文本 2 进行评估。本实验采用 TAUS 的 "动态质量评估框架"[①] 中制定的充分性和流利性标准来评估译文。9 名评分员以前都没有机器翻译质量评估的经验且没有被告

[①]　https://taus.net/academy/best-practices/evaluate-best-practices/adequacy-fluency-guidelines (accessed May 2018).

知机器翻译输出译文的来源。他们被要求在没有提供源文本的情况下评估 PBSMT 和 NMT 输出译文的流利度，以及评估 PBSMT 和 NMT 输出译文与源文本相比的准确性。流利度和准确性均在表 9-1 中介绍的 Likert 四级量表上进行评定。

表 9-1　质量评定量表和操作定义

类别	质量评定量表与操作定义
流利度	4. 无瑕：指一篇流畅无误的文字 3. 良好：指一个流畅的文本，但其中出现了一些小错误 2. 不流利：指写得不好，很难理解的文本 1. 难以理解：指一篇写得很差，不可能理解的文章
准确性	4. 完整：原文的所有意思都包含在译文中，不多也不少 3. 大多：原文中几乎所有的意思都包含在译文中 2. 较少：原文的部分意思包含在译文中 1. 无：原文意思不包含在译文中

在质量评估之前，给予 9 名评分员一份评估指示，包括对两个指标的量表和定义的详细解释，并附有评论性评分示例。然后他们预先对 5 个句段进行评估，以熟悉流利度和准确性的评估标准。最后，以 Excel 表格的形式呈现这 18 个句段的 NMT 和 PBSMT 输出结果。评分者必须先在第一个电子表格中给出 18 个句段的两个版本的流利度评分，然后在第二个电子表格中提供这些句段的准确性评分。

（二）质量评价结果

表 9-2 对比了 9 名评分者对两篇文章中 18 个句段的 PBSMT 和 NMT 输出译文流利度和准确性的平均得分。为了检查标注者间信度（Inter-annotator Agreement）在四个尺度上的流利度和准确性，我们计算了 Fleiss'kappa 系数（Fleiss，1971）（也在表 9-2 中给出，用 κ 表示）。结果表明，9 名评分者在流利度和准确性方面的一致性较低（0%<κ≤20%）。尽管标注者间信度较低，但大多数评分者（88.9%）认为，在流利度和准确性两方面来看，

NMT 质量高于 PBSMT，且平均得分差异均显著。

表 9-2   9 名评分者流利度和准确性的平均得分

MT	流利度			准确性		
	文本 1	文本 2	文本 1&2	文本 1	文本 2	文本 1&2
NMT	2.86±0.85**	3.14±0.61**	2.98±0.76***	2.9±0.77**	3.4±0.52**	3.06±0.69***
	κ=0.19	κ=0.159		κ=0.158	κ=0.115	
PBSMT	1.97±0.66	2.06±0.92	2.01±0.75	2.08±0.63	2.32±0.84	2.17±0.7
	κ=0.072	κ=0.172		κ=0.034	κ=0.141	

注：**p<0.01，***p<0.001。

对于流利度，NMT 句段得分约为 3 分（良好）（文本 1 为 2.86 分，文本 2 为 3.14 分，两个文本组合为 2.98 分），而原始 PBSMT 输出译文得分约为 2 分（不流利）（文本 1 为 1.97 分，文本 2 为 2.06 分，两个文本组合为 2.01 分）。NMT 与 PBSMT 在文本 1（p<0.01）、文本 2（p<0.01）和两文本组合（p<0.001）中的流利度差异显著。图 9-1 显示，在两种文本中，9 名评分者中有 8 名认为 NMT 比 PBSMT 更为流利。只有 5 号评分者给 NMT 和 PBSMT 句段上的平均得分大致相同（1.7 分）。

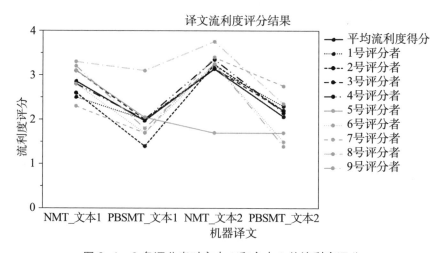

图 9-1   9 名评分者对文本 1 和文本 2 的流利度评分

　　在准确性方面，对于这两个文本，NMT 输出也显著优于 PBSMT 输出。NMT 得分约为 3 分（大多）（文本 1 为 2.9 分，文本 2 为 3.4 分，两个文本组合为 3.06 分）。PBSMT 得分约为 2 分（较少）（文本 1 为 2.08 分，文本 2 为 2.32 分，两个文本组合为 2.17 分）。除 9 号评分者外，所有评分者评估的 NMT 准确度均高于 PBSMT 准确度（见图 9-2）。对于文本 1，9 号评分者给 PBSMT（3.18 分）的平均分得分略高于 NMT（3.0 分）。

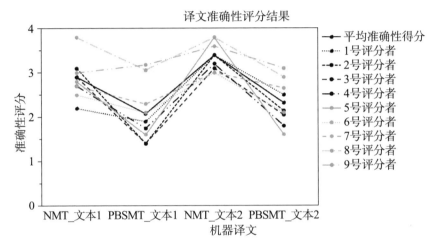

图 9-2　9 名评分者对文本 1 和文本 2 的准确性评分

　　表 9-3 中的四个句段展示了 NMT 在准确性和流利度方面如何优于 PBSMT，并表明了源文本在相应的 PBSMT 和 NMT 系统中是如何翻译的。最近有研究报告指出，NMT 比 PBSMT 能更好地重新排序（Bentivogli et al.，2016；Toral & Sánchez-Cartagena，2017），产出更自然准确的翻译。这一点在本研究中也得到了验证，例如在 T1S4 中，修饰语状语短语 "following a long trial" 的翻译在 NMT 输出译文中被重新排序，放在了动词短语 "被判有" 之前，使其更符合中文的句法结构。PBSMT 只是按照源语句段的顺序，错误地将其翻译为修饰语–宾语结构（长期试验后的谋杀罪名/after a long trial's murder）。

表 9-3　源文本句段的 PBSMT 和 NMT 输出译文

源文本句段	PBSMT 输出译文	NMT 输出译文
T1S4: Yesterday, he was found guilty of four counts of murder following a long trial	昨天，他被发现犯有四项长期试验后的谋杀罪名 Back translation: Yesterday, he was found guilty of four counts after the long experiment of the murder	昨天，他被长期审判后被判犯有四项谋杀罪 Back translation: Yesterday, he was found guilty of four counts the murder after the long trial
T1S11: All of them could be considered a burden to hospital staff	他们都可以考虑到医院的工作人员的负担 Back translation: They could all consider the burden of the hospital staff	所有这些都可能被认为是医院工作人员的负担 Back translation: All of these people could be considered a burden to the hospital staff
T2S1: Families hit with increase in cost of living	家庭生活费用增加命中 Back translation: The cost of living of families increase in life	家庭生活成本上涨 Back translation: The cost of living of families increases
T2S7: Five out of the six largest suppliers have increased their customers' bills	五出的六个最大的供应商增加其客户的法案 Back translation: Five out's six suppliers increase their customers' act	六大供应商中有五家增加了客户账单 Back translation: Five out of the six largest suppliers have increased their customers' bills

说明："T"表示 Text，"S"表示 Sentence。

　　此外，我们发现 NMT 输出译文在时态和语态方面更准确。在 T2S7 中，现在完成时态"have increased"翻译时通过在"增加"后加上"了"字成为正确表达，在 T1S11 中，被动语态"could be considered"也通过"被"这个字恰当翻译成中文的"被认为是"。然而，PBSMT 没有产出相应的正确时态和语态，导致出现完全不准确的中文翻译。我们还注意到，NMT 系统考虑到文本更广的语境，并选择其最相关的翻译。在 T2S7 中，"bills"被正确翻译成"账单"，这完全符合语境中供应商提高价格的情况，而 PBSMT 将其翻译成"法案"（立法机关做出的正式决定），这是不正确的词汇选择。Wu et al.（2016）指出，根据人工评估结果，与 PBSMT 输出译文相比，谷歌 NMT 减少了约 60% 的翻译错误。我们计划在未来的研究中进一步详细分析错误类型。

此外，人工质量评价结果还表明，无论是 PBSMT 还是 NMT，文本 2（更复杂文本）的机器翻译输出都比文本 1（相对不复杂文本）更准确和流利。NMT 的文本 1 和文本 2 在流利度和准确性上的差异比 PBSMT 更明显。Jensen（2009）提出，源文本复杂性度量并不一定与机器翻译质量相关。因此，通过为人工翻译量身定制的源文本复杂度的度量而判断为更复杂的文本，并不一定意味着机器翻译质量更差。

第三节　基于 NMT 与 PBSMT 的机器翻译译后编辑对比实验设计

一、受试者简介

本研究共有 68 名 MTI 一年级学生参与。他们都是以英语为第二语言的中国人，年龄在 22 至 26 岁。受试者的英语水平相近，且他们都没有专业翻译经验，也没有译后编辑的经验。实验前，他们都通过了英语专业八级或同水平的考试。所有学生在完成任务时都在接受一门高级翻译课程，该课程是为 MTI 一年级学生开设的，由研究者在每年春季学期（2 月至 6 月）教授。其中 30 人学习了 2017 学年的课程，另外 38 人学习了 2018 学年的课程。本研究经湖南大学外国语学院伦理委员会批准。实验前，受试者均在知情同意书上签字。表 9-4 总结了受试者的概况。

表 9-4　受试者简介

教育背景	人数	年龄	英语语言熟练度	译后编辑经验	职业翻译经验
MTI 一年级	68	22—26 岁	TEM8 或相等水平	无	极少

二、译后编辑和人工翻译过程

译后编辑任务是由 38 名高级翻译课程 MTI 学生在 2018 年 5 月完成的。根据学生的英语熟练程度（以英语专业八级成绩衡量），将全班分成两个同质组。第一组（G1）和第二组（G2）各有 19 名学生。G1 对文本 1 的 NMT 输出译文和文本 2 的 PBSMT 输出译文进行译后编辑。G2 对文本 2 的 NMT 输出译文和文本 1 的 PBSMT 输出译文进行译后编辑。以《TAUS 可出版质量译后编辑指南》（TAUS，2016）作为指导，告知受试者，译后编辑质量须达到出版水平。译后编辑任务用 Translog-II 完成（Carl，2012）。学生在完成每项任务后，还填写了一份关于对译后编辑速度、认知努力、机器翻译输出质量以及自我感知的问卷。

本研究中使用的人工翻译任务的数据是从另一个实验中收集的，该实验是由 30 名 MTI 学生在 2017 年 5 月完成的。根据英语熟练程度，他们也被分为两个同质组：第三组（G3）和第四组（G4），每组 15 人。文本 1 由 G3 进行人工翻译，文本 2 由 G4 进行人工翻译。他们的击键数据也被 Translog-II 记录下来。译后编辑任务中，有 6 名受试者只完成了一个文本。此外，两名受试者保存最终击键数据时出现问题，必须舍弃他们的日志数据。以上受试者的数据均被排除在外。最后，总共 90 项任务可用于数据分析，包括 30 项 HT 任务、30 项 NMT 译后编辑任务和 30 项 PBSMT 译后编辑任务（见表 9-5）。

表 9-5　用于最终数据分析的数据

任务类型	文本 1	文本 2	总量
NMT 译后编辑	G1 (15)	G2 (15)	30
PBSMT 译后编辑	G2 (15)	G1 (15)	30
HT	G3 (15)	G4 (15)	30

第四节　译后编辑和人工翻译的认知比较

一、统计分析

首先使用 YAWAT 工具（Germann，2008）手动对齐这 90 个 XML 文件，然后处理成一组 CRITT TPR-DB 表格（Carl，2016）。通过连接所有 90 个句段表（SG 表），在句段（SG）层面进行了分析。SG 表中的每一行编码大约有 55 个不同的特征，这些特征总结了对 SL 和 TL 句段的属性和翻译产生过程。然后在 R 统计环境（R Core Team，2008）中，通过将线性混合效应模型与 lme4 包进行拟合，对数据进行分析（Bates et al.，2014）。由于线性混合效应模型（LMER）既包含固定效应又包含随机效应，这种统计方法比传统阶乘设计更受欢迎，弥补了自然翻译任务中变量控制不足的缺陷（Balling，2008）。

本研究中，随机效应为受试者编号与源文本句段。由于本研究的主要目的是研究两个文本（文本 1 和文本 2）在 HT、PBSMT 和 NMT 译后编辑的时间努力、技术努力和认知努力上的差异，因此固定效应总是任务（HT、PBSMT 和 NMT 译后编辑）和文本（文本 1 和文本 2）相互作用。因变量包括时间努力、技术努力和认知努力。我们检验了任务对因变量的影响在两个文本之间是否有所不同。下文将介绍详细的结果和讨论。

二、时间努力

我们用平均标记处理时间毫秒来测量时间努力，即用一个句段的总处理时间除以一个句段中源文本标记的数量（DurTokS）。任务和文本对 DurTokS 的交互作用如图 9-3 所示。

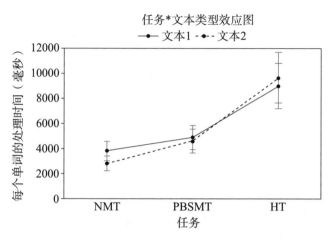

图9-3　任务（HT、NMT 和 PBSMT 译后编辑）和文本（文本 1 和文本 2）的
交互作用对单个标记平均持续时间的效果分析

　　结果表明，与人工翻译相比，受试者在 NMT 和 PBSMT 译后编辑时花
费的时间显著减少。此外，与 PBSMT 译后编辑相比，在文本 1 的 NMT 译
后编辑中每个标记的平均处理时间减少了约 30%（p=0.058)，文本 2 的平
均处理时间减少了近 50%（p<0.05）。这可能是由于 NMT 输出译文质量比
PBSMT 输出译文质量更高。有趣的是，处理复杂度较高的文本（文本 2）
的译后编辑（NMT 和 PBSMT）比复杂度较低的文本（文本 1）快，基于文
本 2 的任务也出现了这一情况。这也与文本 2 机器翻译的质量更好一致。然
而在 HT 中，受试者花在更复杂的文本（文本 2）上的时间多于相对不复杂
的文本（文本 1）。这一结果验证了 Jensen（2009：62）的说法："表示源文
本复杂性的一组客观指标在某种程度上可以解释译者在翻译文本时遇到的
困难程度。"本研究结果与 Shterionov et al.（2018）和 Jia et al.（2019b）得
到的结论一致。Shterionov et al. 指出，PBSMT 和 NMT 译后编辑都明显
快于 HT。Jia et al. 的研究结果表明，对于一般文本和专业的文本，英译汉
NMT 译后编辑都比 HT 快，尽管其结果仅是专业的文本更显著。然而，我
们发现对于英汉语言对来说，NMT 译后编辑比 PBSMT 译后编辑快这一点
与 Shterionov et al. 的结论相矛盾。Shterionov et al. 报告称，尽管对于大多

数受试者来说，以英语为源语言，德语、西班牙语、日语和意大利语作为目标语言的 NMT 译后编辑比 PBSMT 译后编辑快，但是对于大多受试者来说，英译汉 NMT 译后编辑比 PBSMT 译后编辑慢。Castilho et al.（2018）也称，NMT 译后编辑对于他们研究中调查的所有语言对（英语到德语、希腊语、葡萄牙语和俄语）来说，并不比 PBSMT 译后编辑更快。这可能是由于受试者的个体差异导致的结果。实验结果表明，NMT 输出译文译后编辑比 SMT 输出译文译后编辑效率更高。该发现虽然与 Carl et al.（2011b），Screen（2017b）和 Da Silva et al.（2017）的实验结果相反，但是与 O'Brien（2007a），Guerberof（2009），Plitt & Masselot（2010）和 Daems et al.（2017b）的观点一致。

三、技术努力

本研究通过统计击键次数（含插入和删除）来测量技术努力。首先统计插入和删除击键次数的总和，再分别统计插入和删除的次数。

（一）总击键数

图 9-4 显示了任务和文本对每个标记平均击键次数（Insdeltoks，每个句段中插入和删除的总数除以其标记数）的交互影响。结果表明，对于难度不同的两个文本，NMT 和 PBSMT 输出译文译后编辑过程中产生的击键次数均远少于 HT，且 NMT 译后编辑中的击键次数最少。文本 1 中，NMT 译后编辑相对于 PBSMT 译后编辑每单个标记的击键量少约一次（p<0.01），而在文本 2 中，前者的单个标记击键量相比后者少两次（p<0.001）。以上结果显示，在处理较复杂的文本时，NMT 和 PBSMT 译后编辑单个标记中的平均击键次数更少。而人工翻译较复杂的文本时，受试者在单个标记中的平均击键次数更多。同样，较难文本的翻译仅在 HT 时需要更多的击键次数，而在译后编辑时则不符合这个情况。

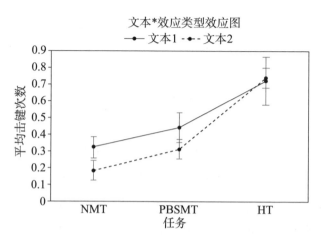

图 9-4　任务（HT、NMT 译后编辑和 PBSMT 译后编辑）和文本（文本 1 和文本 2）的
交互作用对单个标记平均击键次数的效果分析

（二）删除次数

图 9-5 显示了任务和文本对每个标记平均删除次数（DelTokS）的交互
影响。对于不同难度的两个文本，使用 PBSMT 进行操作产生的删除次数
最多。对难度较低的文本 1，NMT 译后编辑比 HT 中产生的删除次数更多，
而在难度较高的文本 2 中产生的删除次数则更少。PBSMT 译后编辑与 HT
的单个标记的平均删除量在两种文本中差异显著（文本 1：$p<0.05$，文本
2：$p<0.001$）。与 HT 相比，NMT 译后编辑在文本 1 中产生了更多的删除量
（$p=0.06$），而其在文本 2 中产生的删除量较少（$p=0.3$），但两者差异均不
显著。与 NMT 输出译文相比，PBSMT 输出译文中的翻译被删除的次数更
多，这可能是由于 PBSMT 产出的质量较低。

（三）插入次数

图 9-6 显示了任务和文本对每个标记平均插入次数（InsToks）的交互
效果。总体分析表明，对于两个不同难度的文本，NMT 和 PBSMT 译后编
辑单个标记所需插入次数明显少于 HT，NMT 译后编辑单个标记所需插入

次数少于 PBSMT。文本 1 中，NMT 译后编辑单个标记插入次数比 HT 少 4 次（p＜0.001），并且单个标记上的插入次数要比 PBSMT 译后编辑少 1 次（p＜0.01）。文本 2 中的情况类似，NMT 译后编辑单个标记插入次数与 HT 相比少约 5 次（p＜0.001），与 PBSMT 译后编辑相比少约 1 次（p＜0.001）。

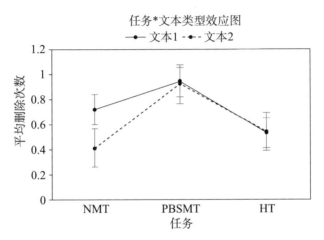

图 9-5　任务（HT、NMT 译后编辑和 PBSMT 译后编辑）和文本（文本 1 和文本 2）的
交互作用对单个标记平均删除次数的效果分析

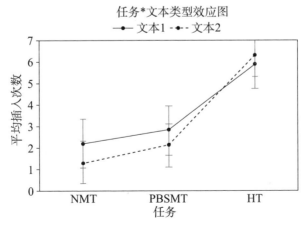

图 9-6　任务（HT、NMT 译后编辑和 PBSMT 译后编辑）和文本（文本 1 和文本 2）的
交互作用对单个标记平均插入次数的效果分析

结果表明，译后编辑显著减少了受试者通过打字活动耗费的技术努力。与 HT 相比，PBSMT 译后编辑的删除次数明显增加，插入量减少，这与 Carl et al.（2011b）的研究结果一致，但其与 Koglin（2015）的研究仅部分一致。Koglin 指出，PBSMT 译后编辑所需删除和插入次数均比 HT 少。本研究结果也证实了 Castilho et al.（2018）的结论：NMT 译后编辑比 PBSMT 译后编辑需要更少的技术努力。此外，我们还发现删除次数和插入次数与 NMT 和 PBSMT 输出译文的质量相关，即机器翻译质量更高时，需要的打字活动更少。

四、认知努力

语言产生过程中停顿的次数和持续时间与认知努力有关（Butterworth & Cochran，1980；Schilperoord，1996）。鉴于此，本研究使用两种停顿指标来测量翻译和译后编辑过程中的认知努力。第一种指标是单个标记的停顿持续时间，停顿时间越长，表示认知努力越大。第二种指标则是停顿与单词的比率（Lacruz & Shreve，2014），以下称为停顿密度，即停顿越多，表明认知努力越多。由于这两个指标未在同一研究中使用，它们的结果是否一致仍有待确认。本研究采用了前人研究中常使用的 1000 毫秒的停顿阈值（Jakobsen，1998；Krings，2001；O'Brien，2006；Lacruz et al.，2012）。

（一）认知努力：停顿时长

每个标记的停顿时长（Pause 1000）是通过将每个句段的总停顿时长除以源文本句段中的标记数来计算的。本研究使用 Pause 1000 作为因变量，任务和文本作为解释因素。任务和文本的交互效果如图 9-7 所示。

本研究结果与时间努力和技术努力的结果相似：在两个文本中，与 NMT 译后编辑和 PBSMT 译后编辑相比，受试者人工翻译时停顿时间都要长得多。NMT 译后编辑缩短了每个标记的停顿时长，文本 1 缩短了 35%

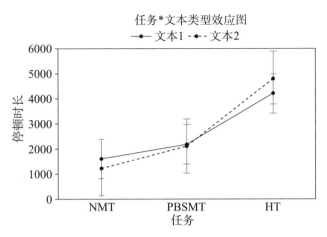

图 9-7　任务（HT、NMT 译后编辑和 PBSMT 译后编辑）和文本（文本 1 和文本 2）间的交互作用对单个标记的停顿时长的效果分析（Pause1000）

（p<0.01），文本 2 缩短了近 50%（p<0.01）。本研究在停顿时长上的结果支持了 Koglin（2015）的观点，即谷歌 PBSMT 译后编辑触发的停顿时长比 HT 短。此研究结果也与 Jia et al.（2019a）的研究结果一致，即谷歌英译汉 NMT 译后编辑的停顿时长明显短于 HT。然而，这一结果与 Screen（2017b）的观点相矛盾，后者认为谷歌 PBSMT 译后编辑比 HT 需要更长的停顿时间。

　　在 HT 中，对于较复杂的文本（文本 2），参与者在每个标记上的停顿时长比复杂度较低的文本（文本 1）长。然而，文本 2（更复杂的文本）的 NMT 输出译文译后编辑会产生比文本 1（更不复杂的文本）更短的停顿时长。而文本 1 和文本 2 的 PBSMT 译后编辑每个标记的停顿时长大致相同。这一观察结果证实了本研究关于时间努力和技术努力方面的结果，即复杂度较高的文本仅在 HT 中所需的认知努力更多，但译后编辑则不一定是这种情况。

（二）认知努力：停顿密度

　　停顿密度（PWR）是通过翻译时停顿总次数除以源文本句段中的总标记数来计算（Lacruz & Shreve，2014）。本研究将统计单次停顿持续 1000 毫秒或更长时间的停顿密度。当译者付出更多努力时，停顿密度会更高。我们使用PWR1000作为相关变量，任务和文本的交互作为解释因素。效果如图9-8所示。与HT相比，PBSMT和NMT的译后编辑显著减少了两个文本中每个标记的停顿次数。文本1中，NMT译后编辑停顿密度（PWR1000=0.33）显著低于PBSMT译后编辑停顿密度（PWR1000=0.46）（p<0.001）。在文本2中也发现了类似结果，即NMT译后编辑（PWR1000=0.18）比PBSMT译后编辑（PWR1000=0.35）的停顿次数要少得多（p<0.001）。对于较复杂的文本（文本2）而言，PBSMT和NMT译后编辑的停顿密度明显低于复杂密度较低的文本（文本1）。人工翻译较复杂的文本（文本2）（PWR1000=0.76）时的停顿密度比复杂度较低的文本（文本1）（PWR=0.74）稍高。

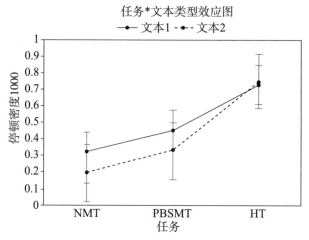

图9-8　任务（HT、NMT译后编辑和PBSMT译后编辑）和文本（文本1和文本2）
间的交互作用对单个标记的停顿密度的效果分析（PWR1000）

　　以上结果与Schaeffer et al.（2016）的结果一致，即CRITT TPR-DB中的多语种数据显示，SMT译后编辑时的PWR值明显低于HT。本研究结果也支持Jia et al.（2019a）的发现：英译汉谷歌NMT译后编辑时的停顿密度比HT低。由于NMT输出译文译后编辑比PBSMT译后编辑停顿时间更短、停顿密度更低，因此NMT是一种比PBSMT和HT更高效的新闻文本英译中译后编辑工具。尽管 NMT 译后编辑在一个文本中显著快于 PBSMT 译后编辑，但它显著减少了受试者对两个文本的认知努力。这一发现也在一定程度上证实了 Krings（2001）和 O'Brien（2011）的观点，即译后编辑的产出效率不仅取决于所涉及的加工时间，而且还取决于认知努力。本研究结果也证实了这一点。此外，两种停顿指标（停顿时长和停顿次数）的结果都表明，HT 比 PBSMT 和 NMT 译后编辑花费的认知努力更多，而 PBSMT 译后编辑比 NMT 译后编辑花费的认知努力更多。

五、译后编辑努力测量的相关性

本节计算了 18 个句段的皮尔逊相关系数 R，分别是时间努力（DurTokS）、技术努力（DelTokS、InsTokS 和 InsDelToks）和认知努力（PWR1000 和 Pause1000）。相关矩阵如表 9-6 所示。NMT 的结果在上部，PBSMT 的结果在下部。可以看出，对于 NMT 和 PBSMT 译后编辑，所有测量都具有中至强的正相关。NMT 测量之间的相关性通常高于 PBSMT 测量之间的相关性。每个标记的译后编辑时间越长，每个标记的删除和插入越多，每个标记的停顿时长越长。认知努力的两个停顿指标对 NMT（r＝0.79）和 PBSMT（r＝0.7）都有很强的相关性。

表 9-6　NMT（粗体）和 PBSMT（斜体）的时间、技术和认知努力行为测量的相关矩阵

PBSMT	NMT					
	DurTokS	DelTokS	InsTokS	InsDelToks	PWR1000	Pause1000
DurTokS	–	**0.73**	**0.61**	**0.68**	**0.68**	**0.66**
DelTokS	*0.63*	–	**0.70**	**0.83**	**0.70**	**0.59**
InsTokS	*0.48*	*0.72*	–	**0.98**	**0.83**	**0.58**
InsDelToks	*0.56*	*0.86*	*0.98*	–	**0.85**	**0.62**
PWR1000	*0.62*	*0.67*	*0.69*	*0.73*	–	**0.79**
Pause1000	*0.63*	*0.41*	*0.44*	*0.46*	*0.70*	–

为了研究 NMT 是否有利于译后编辑。本章比较了谷歌 PBSMT 和 NMT 处理新闻文本英译汉任务的流利度和准确性，并基于两种机器翻译系统比较了人工翻译和译后编辑努力。研究发现：（1）NMT 在流利度和准确性方面优于 PBSMT；（2）NMT 译后编辑与 PBSMT 译后编辑和 HT 相比，时间努力、技术努力和认知努力更少；（3）译后编辑努力呈正相关；（4）源文本复杂度仅影响 HT 时的努力，不会影响 MT 输出质量和译后编辑努力。

本研究仅考察学生译者对新闻文本英译汉谷歌翻译和 PBSMT 输出译文的译后编辑行为，因此未来研究可引入其他变量，如不同领域的文本、不同的机器翻译引擎和语言对，以获得更具概括性的结果。此外，由于学生译者在译后编辑过程中的行为可能与职业译者不同（例如，Moorkens & O'Brien 2015；Yamada，2015），因此未来研究可增设翻译水平为自变量。

本研究的拓展研究拟分析 NMT 与 PBSMT 输出译文的具体特征，以助于减轻译后编辑者的认知努力。此外，还将进一步探究影响机器翻译质量和译后编辑努力的源文本因素。由于篇幅限制，本研究并未对质性问卷进行深入分析，考虑到质性问卷能更深入地了解译后编辑认知过程，未来研究将结合这些数据进行详细的分析，以对比译者对 NMT 译后编辑和 NMT 输出译文质量的态度。此外，还将基于受试者调查问卷分析译者的译后编辑主观感知努力，以探究其与认知努力客观测量方法的相关性。

第十章

基于自我感知与翻译表现的神经机器翻译译后编辑可用性研究 *

本章考察神经机器翻译系统在学生译者译后编辑任务中的可用性。首先，抽取 60 名中国学生译者参与关于机器翻译译后编辑可用性态度的问卷调查。其次，50 人进一步参与译后编辑和人工翻译任务，通过比较他们在文本处理速度、认知努力和翻译质量方面的表现，来检验机器翻译译后编辑的可用性。对比调查问卷、键盘记录、眼动追踪和回溯性报告所收集的数据，发现与人工翻译相比，机器翻译译后编辑在翻译表现方面的优势明显。具体体现在以下三方面：（1）提高了学生译者的文本处理速度和翻译质量；（2）机器翻译译后编辑大大地减少了受试者的认知努力；（3）学生译者普遍认为机器翻译译后编辑有助于提高效率，但对其用于提高质量持怀疑态度。学生译者对机器翻译译后编辑的易用性持中立态度。

第一节　机器翻译译后编辑可用性研究变量

与基于短语的机器翻译和统计学的机器翻译系统相比，神经机器翻译在提高翻译质量方面取得了很大进展（Bahdanau et al.，2015；Yamada，2019）。自动或人工评估结果显示，神经机器翻译对于翻译中文这种逻辑语言同样表

---

* 本章是笔者与意大利博洛尼亚大学 Ricardo Muñoz Martín 教授、贾艳芳博士、王婷婷硕士合作的成果，初稿发表于 *Across Languages and Cultures*，有删减。

现优异（Junczys-Dowmunt et al., 2016；Jia et al., 2019a）。然而，神经翻译系统虽取得了惊人的进步，但与完全自动化的高质量翻译之间仍存在一定的距离。因此，神经机器翻译译后编辑的可用性仍是个未解答的问题。

机器翻译译后编辑是一种人机互动的译文修改模式。机器翻译系统的进步和翻译需求的增长，使机器翻译译后编辑成为翻译行业的主流模式（TAUS, 2019）。因此，机器翻译译后编辑是专业工作流程和日常翻译任务中普遍采用的工作策略。译后编辑在关注观察变量和内省变量的研究中备受关注。

一、可测变量

翻译效率是机器翻译译后编辑表现的主要关注点之一。相关研究探讨了机器翻译译后编辑在翻译表现方面的作用，发现了不同的结果。一些研究表明，相较于人工翻译，机器翻译译后编辑能提高译者处理文本的效率（O'Brien, 2007a；Guerberof, 2009；Plitt & Masselot, 2010；Wang et al., 2021），而 Garcia（2010）和 Lee & Liao（2011）发现机器翻译译后编辑花费的时间与人工翻译一样，甚至略长。这些在翻译效率方面的不一致结果可能是由于语言对和文本类型的差异造成的。

其他研究则更深入地调查了译者在执行任务时所花费的认知努力。De Sousa et al.（2011）采用人工评分的方式研究了机器翻译译后编辑的努力，但分数极其复杂且变化很大。O'Brien（2007a）使用键盘记录发现机器翻译译后编辑所需的时间努力和技术努力比普通的人工翻译（RUT，下同）少[①]。该结果与前人多项研究发现一致（Green et al., 2013；Läubli et al.,

---

[①] Krings（2001）将译后编辑努力分成三个不同但相关的类别，即时间性努力、技术性努力和认知性努力。在这里，Krings 的时间性努力和技术性努力实际上被认为是认知性努力的额外的、间接的指标，而不是独立的指标，但澄清这个经典的误解不是本研究的目标。然而，在谈论我们自己的工作时，我们将分别把它们称为（打字）时间跨度和打字长度（以击键为单位），在我们看来，这是用一种明确的方式来指称它们所测量的东西。

2013；Carl et al.，2015；Koglin，2015）。基于击键间的停顿指标，Jia et al.（2019a）发现与人工翻译相比，机器翻译译后编辑引发的停顿明显更少、更短，这说明机器翻译译后编辑所耗费的认知努力更少。相比之下，Screen（2017b）发现，受试者在机器翻译译后编辑中的停顿时间更长。

Just & Carpenter（1980）的眼-脑假设认为，眼动追踪指标是除停顿外翻译中认知努力的有效指标之一。更多、更长时间的眼动被认为与更多的认知努力有关。译后编辑和人工翻译期间对源文本和目标文本的认知资源分配非常不同（Carl & Gutermuth & Hansen-Schirra，2015；Daems et al.，2017a）。Da Silva et al.（2017）发现，人工翻译中受试者对源文本的注视次数更多，时间更长，因此认为人工翻译需要更多认知努力。

翻译质量的研究也有不同的方法。Fiederer & O'Brien（2009）发现人工评估者给机器翻译译后编辑文本在准确性和清晰度方面的评分较高，但在风格方面的评分低于人工翻译。Lee & Liao（2011）发现，机器翻译译后编辑有助于减少最终译文的错误。然而，Depraetere et al.（2014）观察到机器翻译译后编辑文本的质量略有下降（统计学上不明显）。另一方面，Screen（2017b）和 Jia et al.（2019a）发现，机器翻译译后编辑的产出质量与人工翻译质量相当，Screen（2019）发现，终端用户对机器翻译译后编辑文本质量持积极看法。上述研究普遍表明，机器翻译译后编辑能提高产量而不降低质量。然而，如果用户从其他方面来考虑，那这种优势可能就不够了。

二、用户感知

关于机器翻译译后编辑的研究已经从不同角度展开，但用户感知（Informants' Perceptions）却并未受到很多关注。Guerberof（2013）发现，由于机器翻译系统产出质量参差不齐，以及源文本和项目类型的不同，职业译者对机器翻译译后编辑有不同的感受。译者，尤其是职业译者，可能认为机器翻译译后编辑产出的文本质量比人工翻译质量更差（Yamada，2015）。

Rossi & Chevrot（2019）采用改编的技术接受模型问卷，发现机器翻译质量与职业译者对机器翻译感知有用性没有关系。

为更好地了解影响译者对机器翻译接受度的因素，Cadwell et al.（2016，2018）对职业译者进行了两项焦点小组研究。研究发现，受试者对机器翻译普遍持积极态度，但他们并非所有任务都采用机器翻译。受试者说明了他们（不）采用机器翻译的几个原因，如文本类型、语言对、质量和信任。同样，Briggs（2018）发现，大多数的学生使用机器翻译工具，但对其产出的准确性信任有限。Castilho & O'Brien（2017）表明，轻度译后编辑提高了机器翻译产出的质量和可接受性，且终端用户满意度进一步提高。Jia et al.（2019a）发现，中国的学生译者普遍对机器翻译译后编辑保持积极的态度，但也发现它具有一定挑战性。鉴于本节重点关注机器翻译和译者之间的关系，我们采用了人机交互的一些概念，以解决观察和内省评估之间的差异。

三、有用性和易用性

可用性或"易用性"（Miller，1971）是人机交互的一个核心概念。可用性研究强调以用户为中心，几乎所有的人类活动都可以从可用性的角度进行调查（Suojanen et al.，2015a）。对机器翻译译后编辑可用性的研究可以为机器翻译系统的开发以及译者培训提供启示。然而，可用性测试主要在工程领域进行，如市场营销、游戏开发和电子学习背景下的系统设计（如 Yousef et al.，2015；Travis，2017；Revythi & Tselios，2019；Thorpe et al.，2019）。Shackel & Richardson（1991：24）将系统或设备的可用性称为"人类容易和有效使用的能力"，并将有效性、可学习性、灵活性和态度作为操作标准。Nielsen（1993）提出，可用性是一个多维度的构念，包括可学习性、高效性、可记忆性、错误和满意度。随着对可用性的广泛研究，ISO 9241-11：1998 规范已经将可用性作为办公室工作视觉显示终端的人体工程学要求。

本节中的可用性是指"用户在特定情境下对某个系统、产品或服务的满意程度",包括有效性、效率和满意度三个维度。这三个维度可以用 7 个指标进行测量。

　　不同学者对可用性的定义和标准不一。要么标准过于宽泛,要么过于复杂,有大量的决定性因素需要衡量。出于全面和直接考虑,本节在操作上将可用性定义为有用性 + 易用性(Hartson,1998;Lund,2001)。在机器翻译译后编辑中,有用性表示在产出数量和翻译质量方面可以提升译者的表现;易用性指完成翻译任务所需的认知努力。

　　前人研究为本研究提供了灵感,但主要关注字母语言,如法语、德语、葡萄牙语和西班牙语,鲜少涉及表意语言(Logographic Language)。此外,大多数研究主要是探讨统计机器翻译产出的译后编辑过程和产品,因此有必要对最新的神经机器翻译译后编辑进行研究。本节试图探索神经机器翻译英汉译后编辑的可用性。笔者对机器翻译译后编辑系统的可用性研究设置多个变量(图 10-1),试图为翻译研究中的可用性研究做出贡献。通过问卷调查、键盘记录、眼动追踪和回溯性报告收集受试者的感知和表现数据,试图回答以下研究问题。

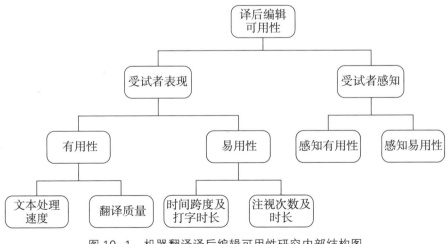

图 10-1　机器翻译译后编辑可用性研究内部结构图

（1）与人工翻译相比，机器翻译译后编辑有用性在受试者的翻译产出效率和质量中是如何体现的？

（2）与人工翻译相比，机器翻译译后编辑易用性在受试者的翻译时间、技术努力和认知努力中是如何体现的？

（3）学生译者如何感知机器翻译译后编辑的可用性？

第二节　机器翻译译后编辑可用性研究的方法论

一、受试者

学生译者是语言服务行业未来职业译者的主要人才储备，了解他们对机器翻译译后编辑的看法和使用情况有助于译者的培养，因此本节选择了翻译专业学生作为受试者。在本节中，关于受试者对机器翻译译后编辑可用性看法的问卷采取了便利抽样法。受试者为湖南大学 60 名翻译专业研究生，他们自愿参与本实验，其中女性 48 人，男性 12 人，平均年龄 23.75 岁（范围 21—37 岁，SD＝2.672），都以汉语为母语，英语为第二语言。他们都在非双语环境下长大，且开始学习英语的平均年龄为 13.78 岁（范围 8—26 岁，SD＝3.370），都通过了英语专业八级考试。受试者在 "计算机辅助翻译" 课程中学习了关于机器翻译译后编辑的基本概念，但都未接受过以职业为目的的机器翻译译后编辑实践培训。受试者 P1 至 P50（N＝50）自愿参加后续实验任务，即机器翻译译后编辑。50 名受试者包括 45 名女性和 5 名男性。他们的平均年龄是 23.32 岁（范围是 21—29 岁，SD＝1.392）。受试者视力正常或矫正后视力正常。

二、实验材料

本实验选择了两篇英语通用文本，具体如下：

源文本 ST1

Suicide bomb kills 32 at volleyball site in Pakistan. A suicide car bomber drove his vehicle onto a field during a volleyball tournament in northwest Pakistan on Friday, setting off a blast that killed 32, wounded 70, and smacked of retaliation for efforts by residents to expel militants with private militias, police said. The attack in Lakki Marwat city was not far from South Waziristan, where the army is waging an offensive against the Pakistani Taliban. That operation has provoked apparent reprisal attacks that have killed more than 500 people since October. In some parts of the northwest, residents have taken matters into their own hands, starting militias to beat back insurgents. Police said Friday's bombing was possible revenge for such efforts in Lakki Marwat. No group claimed responsibility, but that is not uncommon when large numbers of civilians are killed.

（来源：《独立报》，2010 年 1 月 1 日；长度：141 字）

谷歌神经机器翻译源文本 ST1

自杀式炸弹在巴基斯坦的排球场击杀 32 人，警方称，一名自杀式汽车炸弹袭击者星期五在巴基斯坦西北部举行的排球锦标赛中驾驶他的车辆进入一个场地，引发爆炸，造成 32 人死亡，70 人受伤，并报复了居民用私人民兵驱逐武装分子的努力。Lakki Marwat 市的袭击距离南瓦济里斯坦不远，那里的军队正在对巴基斯坦塔利班进行攻势。该行动引发了明显的报复性攻击，自 10 月以来已造成 500 多人死亡。在西北部的一些地方，居民们已经掌握了自己的事情，开始组建民兵以击退反叛分子。警方表示，周五的爆炸事件可能是为了报复 Lakki Marwat 的这种努力。没有任何组织声称对此负责，但当大量平民被杀时，这种情况并不少见。（2019 年 5 月 12 日）

谷歌神经机器翻译输出的回译

Suicide bomb killed 32 at a volleyball site in Pakistan. Police said a suicide car bomber drove his vehicle onto a field during a volleyball tournament held in northwestern Pakistan on Friday, setting off an explosion that killed 32, injured 70, and retaliated against the effort by residents to expel militants with private militias. The attack in Lakki Marwat city was not far from South Waziristan, where the army is attacking the Pakistani Taliban. The action provoked apparent retaliatory attacks that have killed more than 500 people since October. In some parts of the northwest, residents have mastered their own affairs and began to form militias to defeat the rebels. Police said Friday's bombing was possible retaliation for such efforts in Lakki Marwat. No organization claimed responsibility for this, but it is not uncommon when a large number of civilians are killed.

源文本 ST2

A car bomb last night exploded in the Northern Ireland city of Newry, sending the political message that rebel republicans remain intent on attacking the Irish peace process. There were no immediate reports of injuries in the explosion, which took place as police were evacuating the area around the city's courthouse, which is close to one of Northern

Ireland's busiest roundabouts. At around 10 pm, a car containing the device was abandoned close to the gates of the County Down courthouse, which is protected by thick security walls. A spokeswoman for the Police Service of Northern Ireland said, "We don't have any indication that anyone was hurt. Police were in the process of evacuating the area when there was an explosion." Last night's bombing bore the hallmarks of an attack by one of the three dissident republican groups which are still violently active.

（来源：《独立报》，2010 年 2 月 23 日；长度：142 字）

用于机器翻译译后编辑的源文本（ST1）有 141 个单词，用于人工翻译的源文本（ST2）有 142 个词。基于文本的量化评价，两篇文章是基本匹配（表 10-1）。此外，基于未参与实验学生的主观评估可知，两篇文本主题相近，不需要专业领域知识来理解，且网络上找不到中文翻译，可进一步确定两篇文章难度相当。使用谷歌神经机器翻译系统对 ST1 进行了预翻译（2019 年 5 月 12 日获得）。提供给所有受试者关于目标受众和期望质量的简介。在译后编辑任务中，还提供了译后编辑指南（TAUS，2016）作为指导。

表 10-1 ST1 和 ST2 量化描述

测量指标	ST1	ST2
文本长度（以字数计）	141	142
句子数量	7	6
美国学年等级	14	14
Flesch 阅读易度	42.1	44.8
Gunning Fog 指数	15.2	15.8
SMOG 指数	11.8	11.8
Coleman Liau 指数	14	13.2

测量指标	ST1	ST2
自动可读性指数	14.7	14.2
LIX 可读性指数	52（阅读难度较高）	50（阅读难度较高）
蓝思值	1210L-1400L	1210L-1400L

　　本节的三部分调查问卷（附录 1）改编自 Davis（1989）的感知有用性和感知易用性量表，用于衡量用户对信息技术的接受程度。问卷第一部分收集了人口统计信息。第二部分包括 6 个关于机器翻译译后编辑的感知有用性题项，第三部分是 6 个关于机器翻译译后编辑的感知易用性的题项。所有 12 个题项都用 Likert 五级量表测量，其中 1 表示"完全不同意"，5 表示"完全同意"。

三、实验流程

　　该实验得到了湖南大学外国语学院伦理委员会的批准，并确保所有的受试者都匿名且对其信息保密。他们都在实验前签署了一份知情同意书。完成实验后每位受试者都得到 20 元的报酬。

　　为了测试问卷的信效度以及键盘记录和眼动仪的性能，我们开展了预实验，并针对预实验中发现的问题进行了改进。例如，对问卷中一些题项的表达方式进行了改进以避免歧义，并放大了文本的字号以便于阅读。预实验中的受试者未参加主实验。

　　主实验于 2019 年 5 月至 6 月的"计算机辅助翻译"课程结束时进行。60 名受试者参与问卷填写，满足了受试者人数与问卷题项至少为 5∶1 的要求（Bentler & Chou，1987）。填写完问卷后，受试者进行了机器翻译译后编辑和人工翻译任务。50 名受试者都在眼动实验室里接受了单独测试。实验室隔音，并配备了稳定的人工照明。Eyelink 1000 plus 眼动仪（1000 Hz）

用于记录受试者的注视活动。

　　键盘活动由 Translog-II（Carl，2012）记录。图 10-2 显示了译后编辑任务的界面设置。源文本呈双倍行距显示在屏幕的上部窗口，字体为 Times New Roman，字号 14。神经机器翻译双倍行距的中文输出，字体为 SimSun，字号 13，位于下方窗口。在人工翻译任务中，下方空白窗口为目标文本窗口。根据翻译简介和 TAUS 的译后编辑指南，受试者被要求产出可出版的译文并尽可能多地使用神经机器翻译产出。

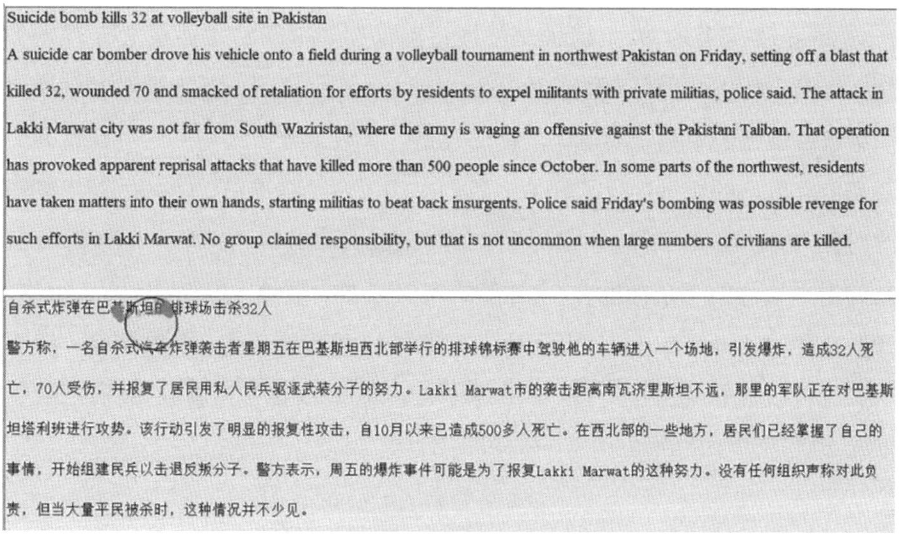

图 10-2　Translog-II 用户窗口中的译后编辑截图。下方（目标文本）
窗口中的圆圈、圆点和方块中的单词分别代表凝视注视、凝视样本和 GW- 映射

　　受试者首先完成一个热身任务，以适应实验室里的翻译界面和键盘，并在需要时进行调整。然后，他们对 ST1 的神经机器翻译产出进行译后编辑，在没有机器翻译辅助的情况下翻译 ST2。这两项任务是以随机顺序进行的，以避免顺序效应。受试者不能访问互联网或其他资源，以确保他们的注视数据留在 Translog-II 界面上。任务没有时间限制，但在这两项任务之间，受试者有时间放松。一旦他们完成了这两项任务，他们键盘记录的翻译过程和眼

动追踪的凝视数据就会被重新播放。然后，受试者写一份回溯性报告，说明他们在任务中的感受，以及两种翻译模式——机器翻译译后编辑和人工翻译之间的差异。键盘记录、眼动追踪和回溯性报告的数据用于分析。

四、数据剔除和眼动追踪数据的质量评估

本实验中所有 60 位受试者都提交了有效的问卷。在接下来的任务中，由于系统错误，一位受试者的人工翻译（P25_TT1）记录文件丢失。因此，来自 50 位受试者的 99 个记录文件被正确保存。记录的文件在文字对齐工具 YAWAT 上进行了手工调整（Germann，2008）。之后，处理最终的翻译和一组包含键盘记录和眼动追踪数据的表格。在数据分析之前，对所有收集的眼动追踪数据的质量进行了评估。我们采用了两个标准：GTS——凝视屏幕的时间和 MFD——平均固定时间（Hvelplund，2011，2014）。GTS 的阈值是低于平均值的一个标准差；MFD 的阈值是 200 毫秒（Pavlović & Jensen，2009；Hvelplund，2011）。基于以上标准，15 位受试者的记录被剔除。最终本实验共收集 60 份问卷、99 份最终译文、来自 35 位受试者的 70 份记录数据和 50 份书面回溯报告用于分析。

第三节   机器翻译译后编辑表现的数据
分析及讨论

一、机器翻译译后编辑表现：有用性

受试者对机器翻译译后编辑可用性的看法通过问卷调查来衡量，60 名学生译者有效地填写了问卷。问卷的信效度的克朗巴哈系数（Cronbach's alpha）分数如下：第二部分（机器翻译译后编辑的感知有用性，6 个题

项）为 0.869，第三部分（机器翻译译后编辑的感知易用性，6 个题项）为 0.734，所有 12 个题项为 0.839。所有结果都高于 0.7 的临界值（Nunnally & Bernstein，1994），表明该问卷是可靠的。Kaiser-Meyer-Olkin（KMO）抽样准确度测试的得分是 0.806，Bartlett's Test 的得分显著（p<0.01），表明该问卷有良好的结构效度，适合进一步分析。

按照本节中的定义，从文本处理速度和翻译质量的角度考察机器翻译译后编辑的有用性，并与人工翻译进行比较。

（一）文本处理速度

文本处理速度是翻译行业的主要关注点之一，因其与时间和人力资源成本密切相关。文本处理速度可通过学生译者每秒处理的源语文本字符数量来衡量（Guerberof，2009）。两个任务的结果如图 10-3 所示。机器翻译译后编辑的文本处理速度明显高于人工翻译（p<0.01），可见机器翻译译后编辑可以提高学生译者的效率。这一发现与调查问卷和回溯性报告中的受试者的看法一致。该结果支持 Daems et al.（2017a）和 Lu & Sun（2018），但与 Da Silva et al.（2017）和 Jia et al.（2019a）不同——发现机器翻译译后编辑和人工翻译在文本处理速度上没有明显差异。与 Da Silva et al.（2017）的不一致可能是由于受试者翻译能力的差异导致的，他们实验的受试者是职业译

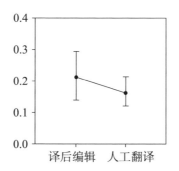

图 10-3　两个任务中的文本处理速度（以每秒原文标记的数量计算）

者，有更多的相关经验。另一方面，与 Jia et al.（2019a）的不一致可能是由于实验设计的不同。在 Jia et al.（2019a）的实验中，受试者在任务期间可以访问互联网，所以他们能够使用在线字典或其他外部资源。在这种情况下，机器翻译译后编辑的优势可能会被削弱。

（二）翻译质量

在翻译表现上，机器翻译译后编辑的有用性不仅包括提高文本处理速度，而且还包括能与人工翻译媲美的翻译质量（图 10-1）。本节关注机器翻译译后编辑和人工翻译的最终质量，评价指标包括准确性和流利度（TAUS，2013），这两个指标从 1 到 4 分进行评分。如表 10-2 和表 10-3 所示，1 表示质量最差，4 表示质量最好。两名以中文为母语，曾在翻译课程中担任助教的翻译博士生受邀负责评估译文质量。参考译文由一位有十年从业经验的译者提供。评分者不知道所评估的文本为机器翻译译后编辑文本还是人工译本。

表 10-2　准确性评分表和操作定义

评分等级	示例
4 分：所有源文本中的所有意义都在译文中准确呈现	源文本：A suicide car bomber drove his vehicle onto a field during a volleyball tournament in northwest Pakistan on Friday. 译文：一名自杀式汽车炸弹袭击者星期五在巴基斯坦西北部举行的排球锦标赛中驾驶他的车辆进入一个场地。（P46_P1） 回译：A suicide car bomber drove his vehicle onto a field during a volleyball tournament in northwest Pakistan on Friday.
3 分：大部分源文本中的意义大部分在译文中呈现	源文本：A suicide car bomber drove his vehicle onto a field during a volleyball tournament in northwest Pakistan on Friday. 译文：一名自杀式汽车炸弹袭击者星期五在巴基斯坦西北部举行的排球锦标赛中驾驶车辆进入排球场。（P48_P1） 回译：A suicide car bomber drove a vehicle onto the volleyball field during a volleyball tournament in northwest Pakistan on Friday.

续表

评分等级	示例
2分：少量 源文本中的意义片段 在译文中呈现	源文本：At around 10pm a car containing the device was abandoned close to the gates of the County Down courthouse, which is protected by thick security walls. 译文：晚上10点左右，装载炸弹的汽车被遗弃在县级下法院的大门口，汽车被厚厚的安全墙保护住。（P05_T1） 回译：At around 10pm, a car containing the bomb was abandoned at the gates of the county's lower courthouse. The car was protected by thick security walls.
1分：无 源文本中的意义在译 文中没有呈现	源文本：At around 10pm a car containing the device was abandoned close to the gates of the County Down courthouse, which is protected by thick security walls. 译文：County Down 酒馆大门在厚实的安全墙下显得很隐蔽，大约晚上10点时，这辆载满物品的车正好丢弃于此。（P30_T1） 回译：Protected by thick security walls, the gates of the pub County Down was hidden. At around 10pm the car full of goods was abandoned just here.

表10-3　流利度评分量表和操作定义

评分等级	示例
4分：非常流利 流利无误的译文	源文本：A suicide car bomber drove his vehicle onto a field during a volleyball tournament in northwest Pakistan on Friday. 译文：一名自杀式汽车炸弹袭击者于星期五在巴基斯坦西北部举行的排球锦标赛中驾驶汽车进入场地。（P49_P1） 回译：A suicide car bomber drove a vehicle onto the field during a volleyball tournament in northwest Pakistan on Friday.
3分：一般流利 流利的文本，有少许 小错误	源文本：A car bomb last night exploded in the Northern Ireland city of Newry, sending the political message that rebel republicans remain intent on attacking the Irish peace process. 译文：昨夜，北爱尔兰纽瑞市发生一起汽车炸弹爆炸事故。事故传递出反对派共和党决意进一步扰乱爱尔兰和平进程的政治意图。（P21_T1） 回译：Last night, a car bomb exploded in the city of Newry, Northern Ireland. The incident sent the political message that the rebel republicans determined to further attack the Irish peace process.

续表

评分等级	示例
2分：不流利 不流利，导致理解困难	源文本：A car bomb last night exploded in the Northern Ireland city of Newry, sending the political message that rebel republicans remain intent on attacking the Irish peace process. 译文：下午 10 点左右，一辆配有装置的汽车被停放在了下议院的大门前，尽管那里有厚重的安全墙保护。（P49_T1） 回译：At around 10pm, a car equipped with the device was parked at the gates of the House of Commons, although it was protected by thick security walls.
1分：无法理解 非常不流利，导致难以理解	源文本：A car bomb last night exploded in the Northern Ireland city of Newry, sending the political message that rebel republicans remain intent on attacking the Irish peace process. 译文：昨夜，纽里北爱尔兰城发生了一起汽车爆炸，意为反叛共和党为打击爱尔兰和平进程而作出的政治反对。（P24_T1） 回译：Last night, a car bomb exploded in the Newry city of Northern Ireland, meaning is rebel republicans' political oppositions for attacking Irish peace process.

本研究用 Spearman 等级相关系数来衡量评分者之间的可靠性。准确性和流利度的相关系数分别为 0.553 和 0.368，表明两位评分者之间的一致性是中等偏低。这一结果符合预期，因为翻译质量评估非常复杂，评分者对译文的评分可能会受到主观因素的影响，而这些因素很难控制或探究。前人研究中也存在评分者之间可靠性低的情况（例如，Carl et al.，2011b；Vieira，2016；Jia et al.，2019b）。通过评分者对准确性和流利度的平均得分来衡量两项任务的翻译质量，见图 10-4。

图 10-4 显示，在准确性和流利度方面，受试者的机器翻译译后编辑文本总体上比人工翻译得分高。此外，人工翻译文本的准确性得分都低于机器翻译译后编辑文本。Wilcoxon 检验显示，机器翻译译后编辑（M=3.173）与人工翻译（M=2.051）之间的准确性差异是显著的（$p<0.01$）。总体而言，除 P09、P11、P34 外，流利度的结果相似。机器翻译译后编辑（M=3.214）和人工翻译（M=2.337）之间在流利度的差异上也具有统计学意义（$p<0.01$）。

与 Screen（2017b）和 Jia et al.（2019a）相比，该研究结果支持 Garcia &
Pena（2011），表明机器翻译译后编辑在提高翻译质量方面的有用性。

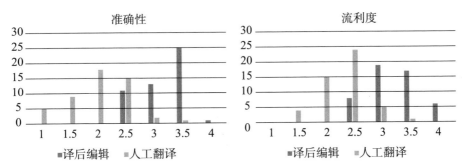

图 10-4　机器翻译译后编辑及人工翻译准确性和流利度质量评估（人工翻译 P25
　　　　数据丢失）。1—4 中 1 表示质量最低，4 表示质量最高

上述结果显示了神经机器翻译产出的积极作用。为了确保受试者付出认
知努力，本研究有意（尽管是直觉上的）选择复杂的两个源文本，以增加任
务难度等级。本研究预测受试者可能会在两个任务中遇到未知的词。然而，
神经机器翻译可为他们提供这些词的候选中文翻译，受试者可以基于其结果
选择最终译文。换句话说，受试者虽然无法获得任何网络资源，但神经机器
翻译输出可帮助他们理解未知词的含义，因此机器翻译译后编辑翻译的准确
性得到了提高。此外，Popovic（2018）发现神经机器翻译系统在处理自然
语言翻译方面更为先进。神经机器翻译虽然不完美，但它提供的翻译可以帮
助受试者处理长且复杂的句子。因此，机器翻译译后编辑翻译的流利度可能
比人工翻译的更高。

二、感知易用性

本节重点讨论翻译表现中可用性的另一个方面，即易用性。易用性衡量
的是用机器翻译译后编辑完成翻译任务所需的努力。本节主要比较 Krings
（2001）提出的机器翻译译后编辑和人工翻译过程中所需要的时间努力（打

字时间跨度）、技术努力（以击键为单位的输入长度）和认知努力。

（一）时间长度

本研究对比了两个任务之间时间长度的差异。首先区分了初始跨度和总任务时间这两个概念。最初的时间跨度可能表明在翻译之前或多或少的认知加工。这就是 Carl et al.（2011a）所说的熟悉阶段（orientational phase）和 Carl et al.（2016：20-1）所定义的"从一开始到第一个按键的时间距离，这与熟悉阶段的结束相吻合"（结束标记为 TimeD）。结果显示在图10-5 中。

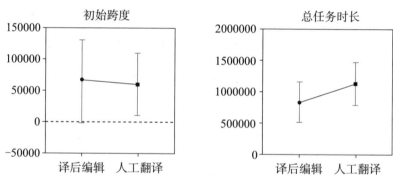

图 10-5　机器翻译译后编辑和人工翻译中初始跨度的
时间长度和总的任务时间，以毫秒为单位

学生译者在机器翻译译后编辑的初始跨度比人工翻译的长。由于初始跨度数据不是正态分布，本研究使用了 Wilcoxon 测试，结果发现差异不显著（P=0.522）。这一结果与 Screen（2017b）一致，即机器翻译译后编辑和人工翻译之间初始跨度无统计差异。机器翻译译后编辑期间初始跨度稍长，这是由于学生译者在按下第一个键进行译后编辑之前，必须同时阅读源文本和神经机器翻译产出。此外两项任务的总时间有显著差异（p<0.01）。总任务时间长度的减少验证了文本处理速度的发现，也表明"新闻文本的译后编辑可能会节省时间"（Koglin，2015：132）。

（二）打字长度

机器翻译译后编辑的主要目标是修正错误（参见 Mellinger & Shreve，2016）。机器翻译译后编辑和人工翻译期间的打字长度可通过总击键数来衡量，总击键数可以分为 Translog-II 记录的手动插入和删除的字符数（图10-6）。与人工翻译相比，机器翻译译后编辑受试者的插入和总击键数（p<0.01）明显更少。有趣的是，机器翻译译后编辑删除的平均数（98.00）高于人工翻译（88.31），但差异不明显（p=0.411）。这一发现与 Carl et al.（2011b）和 Da Silva et al.（2015）一致。此结果意味着机器翻译译后编辑可能需要译者进行更多的删除，以提高神经机器翻译的输出质量，但同时插入和总击键量更少，从而证明了其易用性。

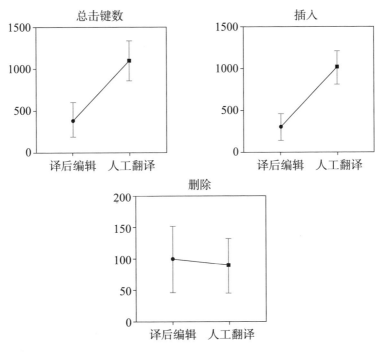

图 10-6　以击键、插入和删除的总数来衡量机器翻译译后
编辑和人工翻译任务的打字长度

当受试者进行人工翻译时，他们最先在脑中草拟一段翻译，而不是一个词，然后非常自信地在电脑上输入。因此，他们在后续翻译时进行了大量的插入和少量的删除，尽管后来可能会进行修改。相反，当进行译后编辑时，他们省略了起草这一步骤。因此，受试者在后续翻译中的插入量和总击键数可以大大减少。然而，由于神经机器翻译产出的不完善性，受试者不得不删除不正确的机器翻译译文，然后再输入自己的译文。译后编辑主要是在词或短语层面进行，而不是在段或句子层面；因此与人工翻译相比，他们的删除量不会明显增加。

（三）认知努力

本研究中认知努力是由 Eyelink 1000 plus 记录的凝视持续时间（毫秒）和凝视次数来衡量的。由于眼动数据不呈正态分布，所以采用了 Wilcoxon 检验。图 10-7 显示，机器翻译译后编辑中的凝视时长显著更低（p<0.01），平均少了 206.5 毫秒（24.59%）。其次，在机器翻译译后编辑中，凝视次数也明显降低（p<0.01）。此结果与 Screen（2017b）的发现——机器翻译译后编辑并不比人工翻译容易——相反，但该结果证实了 Carl et al.（2015）、Da Silva et al.（2015）以及 Lu & Sun（2018）的观点。该研究结果也与

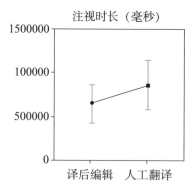
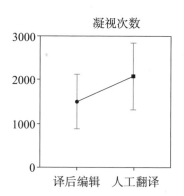

图 10-7　以持续注视时间（以毫秒为单位）和凝视次数衡量的机器翻译译后编辑和人工翻译任务中的认知努力

O'Brien（2007a）和 Jia et al.（2019a）一致。受试者在报告中称，神经机器翻译使"理解源文本所花费的认知努力大大减少"，"只需要修改错误和完善翻译"。可见神经机器翻译使阅读和理解更容易，减少了认知负荷。

三、感知有用性

表 10-4 显示了机器翻译译后编辑感知有用性（PU）的描述性分析。关于机器翻译译后编辑的六个题项的平均分是 3.925（SD=0.275），表明学生译者普遍认为机器翻译译后编辑是有用的。在六个题项中，有五个题项（PU1，PU3，PU4，PU5，PU6）学生译者同意或几乎同意机器翻译译后编辑在提高效率和增加效能中的作用。然而，PU2"使用机器翻译译后编辑会提高我的翻译质量"在所有六个项目中的平均得分最低（M=3.40，SD=0.887），60 位受试者中的 10 位甚至给 PU2 赋负值。这意味着学生译者对机器翻译译后编辑提高翻译质量的作用持中立态度。在回溯性报告中，一些受试者坦率地表示，他们对人工翻译的质量更满意。他们认为，机器翻译译后编辑产生的译文语言不流畅，导致了明显的翻译错误。这一结果与职业译者对机器翻译译后编辑质量的怀疑相呼应（Yamada，2015）。

表 10-4　机器翻译译后编辑感知有用性

题项	数量	最小值	最大值	平均值	标准差
PU1	60	3	5	4.13	0.676
PU2	60	2	5	3.40	0.887
PU3	60	2	5	4.12	0.739
PU4	60	2	5	3.93	0.756
PU5	60	2	5	3.90	0.796
PU6	60	2	5	4.07	0.778
平均	60	2	5	3.925	0.772

表 10-5 是对机器翻译译后编辑感知易用性的描述性分析。与感知有
用性相比，单项的感知易用性的平均分（范围为 3.32—3.73）和总平均分
（M = 3.59，SD = 0.143）都要低很多。结果表明，受试者对机器翻译译后编
辑系统的学习、操作和互动的易用性持相对中立的态度。这一结果可以通过
回溯性报告中的评论得以解释。受试者中的许多人表示"机器翻译的产出过
于混乱，无法进行译后编辑"，"他们会被机器翻译产出所误导"或"他们的
创造力以及主观性受到很大限制"。这与 Jia et al.（2019a）的研究结果一致，
学生们认为他们的自由度较低，展示自己创造力的空间也较小。他们不得不
投入额外的努力来处理机器翻译输出，并根据任务要求调整。此外他们认为
机器翻译译后编辑不容易使用，因为他们会犹豫是应该先阅读源文本或机器
翻译产出，还是逐句进行比较。

表 10-5　机器翻译译后编辑感知易用性

题项	数量	最小值	最大值	平均值	标准差
PU1	60	1	5	3.60	0.867
PU2	60	1	5	3.32	0.833
PU3	60	2	5	3.63	0.712
PU4	60	2	5	3.58	0.720
PU5	60	2	5	3.68	0.701
PU6	60	1	5	3.73	0.756
平均	60	1	5	3.59	0.765

本章通过考察受试者的感知可用性和翻译表现两个方面以探究机器翻译
译后编辑的可用性。来自问卷调查、键盘记录、眼动追踪和回溯性报告的数
据回答了以下三个研究问题：（1）机器翻译译后编辑是否有助于提高质量和
速度？（2）机器翻译译后编辑的感知易用性是否高于人工翻译？（3）受试
者对机器翻译的态度如何？

首先，通过键盘记录收集的数据和翻译质量评估来测试机器翻译译后编辑在性能上是否有用。与人工翻译相比，受试者的文本处理速度明显提高，尽管在回溯性报告中，有几位受试者称机器翻译译后编辑让他们的速度变慢了。在质量方面，机器翻译译后编辑的表现比预期要好。机器翻译译后编辑的译文在准确性和流利度方面得分较高。因此，机器翻译译后编辑被证明是有用的，因为它的速度更快，而且译文的质量更高。一些受试者将速度的提高与可接受的神经机器翻译原始产出联系起来。因此，与人们一致认为机器翻译系统只适用于专业的文本相反，本研究的结果显示这个神经机器翻译系统适用于"通用语言"的英译中。

其次，本研究通过时间跨度和打字长度来衡量机器翻译译后编辑的易用性，并通过眼动追踪的方式衡量翻译任务中所需要的认知努力。机器翻译译后编辑和人工翻译之间的初始时间跨度没有明显差异，但受试者的总任务时间在机器翻译译后编辑中明显减少（M = 843.6 秒）。平均而言，与人工翻译（M = 1，135.2 秒）相比，任务时间缩短了 25.69%。插入次数和总击键数也明显减少。最后，认知努力——以敲击时间和次数来衡量——在机器翻译译后编辑中明显低于人工翻译，该结果支持机器翻译译后编辑的易用性。

最后，本研究通过问卷调查来了解受试者对机器翻译译后编辑的可用性的看法。学生译者普遍认为，机器翻译译后编辑对提高翻译速度和效率是有用的，但他们对其在提高翻译质量方面的作用持怀疑态度。正如 Guerberof（2013）所言，一些学生译者更倾向于人工翻译，因为一些神经机器翻译输出片段是极差的。至于感知易用性，学生译者给出的分数没有感知有用性高。他们发现自己被困在神经机器翻译的产出中，几乎没有自由来展示其主观性且还不得不投入额外的精力来决定工作流程。因此，对学生译者而言，在机器翻译译后编辑期间与神经机器翻译的互动似乎在某种程度上被认为是费力的。

本章研究有以下局限性。首先，受试者是没有正式译后编辑经验的学生译者。其次，我们研究了受试者对机器翻译译后编辑的感知可用性和表现中的可用性，但未深入研究两者之间的关系。未来的研究可以通过邀请更多不同背景的受试者，如翻译和译后编辑的从业人员来进行比较。再次，受试者的感知是否以及如何影响他们的表现，与受试者的表现对其感知的影响，都应进行测试。

由于本章的受试者是学生译者，研究结果可能对翻译培训有一定启示。教师和培训者应该将机器翻译译后编辑培训纳入课程，以提高学生译者的译后编辑技能和整体翻译职业知识水平。此外，这些数据对机器翻译系统的开发者也有所帮助。

第十一章

自我调节、批判性思维及动机对机器翻译译后编辑表现的影响研究 *

机器翻译译后编辑应用广泛，目前在翻译界已经引起了广泛关注。然而，鲜有研究探究学生译者在机器翻译译后编辑过程中的个体差异。本研究旨在探讨自我调节、批判性思维和动机对学生 MTPE 表现的影响。本研究收集了 109 名学生译者在译前及译后测试两个阶段的自述报告，并采用偏最小二乘结构方程模型（PLS-SEM）对数据进行分析。研究结果表明，自我调节对 MTPE 表现具有积极作用（β＝0.48，p＜0.001），并进一步受到批判性思维（β＝0.46，p＜0.001）和动机（β＝0.43，p＜0.001）的影响。然而，动机和批判性思维对 MTPE 表现没有显著影响。本研究将对机器翻译译后编辑教学提供一定的启示。

机器翻译译后编辑是一项综合性的任务，译后编辑者通过修改和纠正机器翻译系统处理过的预翻译文本（Allen，2003），产出相应译文。随着机器翻译的飞速发展，特别是神经机器翻译的发展，机器翻译译后编辑逐渐成为提高翻译工作效率和翻译质量的重要手段。目前，已有部分学者针对机器翻译译后编辑在翻译质量上的效果进行了相关研究（Guerberof Arenas，2012；Yang et al.，2020）。机器翻译技术的进步也引起了教育领域的兴趣。学生将机器翻译作为学习工具，将其应用于翻译和写作等环节（Alhaisoni & Alhaysony，2017；Lee，2020）。例如，免费在线机器翻译工具常作为学生

---

* 本章是笔者与杨艳霞博士合作的成果，初稿发表于 Q1 期刊 *Interactive Learning Environments*，有删减。

访问的主要资源（Clifford et al.，2013）。然而，目前机器翻译译后编辑鲜有被纳入中国的教学实践中，主要原因在于人们对机器翻译的态度褒贬不一。有些学者认为，将机器翻译应用于语言学习容易使学生从主动学习陷入机械的、无意识的语言输出（Briggs，2018）。而且很多教师认为机器翻译是一种捷径式的学习方法，容易加剧学生惰性（Van Praag & Sanchez，2015）。然而，其他学者认为，在课堂上禁止使用机器翻译是无效且不明智的做法（Cook，2010）。目前关于机器翻译译后编辑的教学实践较少（Doherty & Kenny，2014；Moorkens，2018）。先前的研究表明，机器翻译译后编辑的可接受度受一系列因素影响，如机器翻译系统（Yamada，2019）和翻译专业知识等（Guerberof Arenas，2014）。然而，既有机器翻译译后编辑相关研究中很大程度上忽略了学生的认知差异，例如自我调节。

机器翻译译后编辑是一个复杂的认知过程，与高阶思维能力和自我调节策略密切相关。为了探索认知因素在机器翻译译后编辑中的作用，本研究采用了自我调节、批判性思维和动机作为概念框架。动机及自我调节因素是提高学习成绩的关键性因素（Hung et al.，2019；Schneider & Preckel，2017）。批判性思维与自我调节相互作用，与解决问题过程有着密切联系（Ghanizadeh，2017；Phan，2010）。此外，这些心理因素在翻译过程中扮演着重要角色，特别是在识别翻译问题及翻译质量满意度等方面（Hurtado Albir，2017）。学生的自我调节、批判性思维和动力在处理机器翻译译后编辑等复杂认知任务过程中具有重要作用。一方面，翻译学生在完成翻译任务时容易将机器翻译作为惯常实践；另一方面，既有机器翻译译后编辑研究中忽略了认知和动机上的个体差异。因此，本章主要探索影响机器翻译译后编辑的认知因素，并讨论如何将机器翻译应用于课堂中以达到效果最大化。

为了填补相关研究领域空白，本章探讨自我调节、批判性思维和动机对机器翻译译后编辑的影响及其相互关系。首先，进行文献综述并提出研究假设。其次，借助统计软件 Smart PLS，通过结构方程模型对研究假设予以检验。最后，探讨相关数据结果及其研究意义。

第一节　机器翻译译后编辑的心理因素研究

一、机器翻译译后编辑

尽管机器翻译系统取得了技术进步，但当前的输出质量未达到理想水平，仍需要对输出结果进行不同程度的编辑才能满足可用标准。机器翻译译后编辑是一项复杂的认知活动，涉及阅读源语文本、修改机器翻译译文并生成最终的译本（Somers & Baker，2001）。这项活动与阅读、写作和翻译活动具有一些共性。例如，为了令表达更加清晰，译后编辑者需要理解、识别和纠正原始机器翻译输出中的错误，对输出文本进行增减（Niño，2008）。先前的研究发现，与人工翻译相比，机器翻译译后编辑可以提高翻译效率（Plitt & Masselot，2010）和翻译质量（Fiederer & O'Brien，2009；Guerberof Arenas，2012）。翻译需求的大量增加进一步推动了机器翻译译后编辑的广泛使用。2018年的《中国语言服务行业发展报告》显示，近71%的翻译公司倾向于聘请译后编辑者提供语言服务。由此可见，机器翻译译后编辑已成为提高机器翻译输出质量的必不可少的方法。

目前，机器翻译译后编辑在翻译工作流程中的广泛使用已经对翻译教学产生影响，学者呼吁可重新考虑翻译教学课程设计，并考虑加入机器翻译译后编辑的教学指导（Garcia & Pena，2011；Gaspari et al.，2015；Yang & Wang，2019；Wang et al.，2021）。Pym（2013）认为，由于翻译技术的不断发展，未来机器翻译将促使大量译者转变为译后编辑者。Kovács（2020）建议应更加重视翻译人员作为译后编辑的角色。只有培养特定的技能才能满足译后编辑要求。在机器翻译译后编辑能力框架中，Rico & Torrejón（2012）强调心理因素是该能力的核心部分，包括 Tseng et al.（2019）考虑的自我调节和动机。尽管机器翻译应用广泛，但鲜有探讨认知和动机因素对机器翻译译后编辑表现的影响。

二、自我调节

自我调节（Self-regulated）是指自我产生的思想、感觉和行为。这些思想、感觉和行为是事先计划好的，并且在任务完成过程中不断适应个人变化，以实现目标（Zimmerman，2002）。自我调节是一个动态的互动过程，涉及多类变量的相互作用（Zimmerman & Kitsantas，2014）。Zimmerman（2000）借鉴社会认知理论，提出了自我调节模型，强调个体、行为和环境之间的相互影响。该模型将计划、行为控制和自我反思作为三个相互作用的阶段。计划阶段涉及目标设定和策略计划（即任务分析），该阶段受到结果预期或内在目标的影响。行为控制是调节过程的主要阶段，在此期间，个人需要部署特定策略并对自己的表现进行自我监控（即策略有效性检查）。在行为控制阶段之后，个人通过与预先设定的目标进行比较来评估自己的表现，并通过反思从自我监控过程中获得信息来判断自己是否成功（Onoda，2012）。

自我调节是预测学习成绩的重要指标（Graham & Harris，2000；Kızıl & Savran，2018；Shih et al.，2019）。研究发现，自我调节策略可以影响写作表现（Graham & Harris，2000）。在翻译过程中，计划、监视和评估等认知行为通常应用于翻译问题解决（Araghian et al.，2018）。Pietrzak（2018）发现学生的自我调节与其翻译质量有关。机器翻译译后编辑是一项复杂的认知活动，涉及读取源语文本，修订机器翻译译文并生成最终目标文本。在此过程中，译后编辑人员需要有效地自我调节，以达到理想目标（Rico & Torrejón，2012）。鉴于自我调节的重要作用，我们假设自我调节是进行机器翻译译后编辑的关键因素。

三、批判性思维

批判性思维是一个多学科的发展概念，从哲学、教育学和心理学等领域汲取营养（D'Alessio et al.，2019）。恩尼斯（Ennis，1987：10）将批判性思维定义为"为决定相信什么或做什么而进行的合理的、反省的思维"。Facione（1990：23）将批判性思维描述为"有目的的自我调节过程，它导致的结果是诠释、分析、评估和推论"。同样，Halpern（2013：8）将批判性思维视为"有目的、理性和目标导向的解决问题过程，涉及推理、计算和决策等"。尽管没有统一的定义，但从以上定义可以知道，批判性思维是一种反思性实践，涉及多种技能，例如问题识别、策略选择及推论能力（Ennis，1987；Linn，2000）。

本章探讨批判性思维对译后编辑的影响有以下两个原因。首先，批判性思维能有效提高学习成绩（D'Alessio et al.，2019；Ghanizadeh，2017）。批判性思维是评估问题解决、论证决策理由和做出决策的关键能力（Yang & Chung，2009）。拥有批判性思维者在做决定前可能会考虑问题的不同选择（Stefanou & Salisbury-Glennon，2002）。前人研究发现，批判性思维在文本修订和编辑过程中很有帮助（Butterfield et al.，1996）。目前，机器翻译的弊端涵盖词汇、语法和句子结构（Bahri & Mahadi，2016）。而译后编辑行为就是修改和编辑机器翻译原始输出中的语言错误或表达不地道之处。尽管该行为在翻译中十分重要，但相关研究尚未讨论与机器翻译译后编辑相关的批判性思维。其次，批判性思维与自我调节密切相关。Zimmerman（2000）提出，批判性思维会对行为控制阶段产生影响。批判性思维需要先识别问题，并制定监控和评估标准（Elder & Paul，2004）。Ghanizadeh（2017）坚持认为，如果学生能够充分发展与批判性思维相关的能力，他们将能够监控自己的思维和信息处理过程。基于对文献的回顾，我们认为批判性思维可以促进自我调节过程，并对机器翻译译后编辑产生直接的积极影响。

四、动机

除了自我调节和批判性思维，动机在教育研究中受到广泛关注。动机是人们决定做某事的原因，影响人们付出努力的程度及时长（Dörnyei & Ushioda，2011）。动机会影响学习者的学习表现，决定他们愿意为学习任务投入的精力，而且可用于预测学习表现（Liu & Yu，2019）。学习动机可分为两类：内在动机和外在动机。内在动机与内在欲望有关，例如个人对愉悦和满足感的感知，而外在动机与外部结果相关，例如获得奖励或避免惩罚（Deci & Ryan，2000）。根据 Kwan & Wong（2015）的研究，内在目标包括自我定位目标和感受学习乐趣，而外在目标则包括表现目标、寻求成绩和获得他人的认可。

目前已有大量学者研究动机对表现的影响（Buckley & Doyle，2016；De Barba et al.，2016）。结果表明，具有强烈动机的人更有可能从事他们认为有趣、重要或有意义的活动（Werner & Milyavskaya，2019）。如果学生在进行在线活动时具有较高的积极性，学习效率将得到较大提升。例如，Zainuddin（2018）发现，游戏化的翻转课堂可以提升学习动力，促进学生的课堂参与度和提高学习表现。此外，Timarová & Salaets（2014）发现，动机是执行口译任务的动力，动机信念对于学生批判性思维的发展十分重要。Garcia & Pintrich（1992）指出，内在目标不仅是重要的预测指标，而且与批判性思维呈正相关。此外，动机与自我调节存在显著相关性，目标取向在自我调节过程中处于计划阶段（Pintrich & de Groot，1990；Zimmerman，2008）。由此可以推断出，动机可能是影响机器翻译译后编辑表现的一个促成因素。

相关研究已经表明，自我调节、批判性思维和动机在任务表现中具有重要作用。尽管认知和动机已成为译后编辑能力的核心组成部分，但仍需要更多的研究来深入探索其对机器翻译译后编辑表现的影响，以及它们之间的相互关系。基于以上几点考量，本章提出以下假设。

假设 1：自我调节可以显著预测学生的机器翻译译后编辑表现。

假设 2：批判性思维会显著影响学生的机器翻译译后编辑表现。

假设 3：批判性思维与机器翻译译后编辑的自我调节显著相关。

假设 4：动机会极大地影响学生的机器翻译译后编辑表现。

假设 5：动机与机器翻译译后编辑的自我调节显著相关。

假设 6：动机与机器翻译译后编辑中的批判性思维密切相关。

第二节　认知心理因素对译后编辑影响的实验设计

一、受试者

本章的研究共有 109 名中国大学生自愿参加，其中男性 11 名，女性 98 名，年龄为 20—22 岁。他们都是英语专业的大三学生，参加了大学翻译培训班，已经掌握了翻译的基本知识，但在调查之前没有接受过任何正式的 MTPE 培训，且都以汉语为母语，英语为外语。

二、工具

本研究采用由自我调节、批判性思维和动机组成的多项目量表来检验所提出的假设。量表由两位专业翻译教师指导，根据先前的研究成果所制定。所有项目均采用 Likert 五级量表，评分从 1 分（完全不同意）到 5 分（完全同意）。为了提高项目的可读性和可理解性，作者先对 10 名英语专业学生（不包括在本样本中）进行了中文版前测。

三、自我调节量表

自我调节量表是根据《学习动机策略问卷》（Motivated Strategies for Learning Questionnaire）中的"元认知自我调节"子量表（Pintrich et al., 1991）改编而来。此外，还参考先前的研究（Araghian et al., 2018; Niño, 2008）制定了有关"翻译策略"的量表。自我调节量表包括计划、监测、评估和努力调节等 9 个题项，得分显示出学生在 MTPE 过程中自我调节的参与程度。

四、批判性思维量表

批判性思维量表是根据《学习动机策略问卷》（Pintrich et al., 1991）中"批判性思维"的子量表改编而来（Pintrich et al., 1991），因为它简洁，且与学术界公认的批判性思维应用概念一致（Manalo et al., 2013）。该量表可以衡量学生在多大程度上运用先前的知识来解决问题或进行批判性评价（Garcia & Pintrich, 1992）。然后，通过参考相关研究（Hacker et al., 1994; Robert et al., 2017）对本量表题项进行了修改。最终，本量表由五个题项组成，包括探究性和发散性思维的调查。

五、动机量表

Garcia 和 Pintrich（1992）的动机量表经常被用于学术研究（Yang & Wu, 2012）。该量表共有 6 个题项，其中 3 个题项为内在动机，3 个为外部动机。为了适应 MTPE 工作环境，我们参考了 Olohan（2014）的研究对题项进行了修改。

六、步骤与数据分析

在问卷发放之前，本研究得到了湖南大学外国语学院伦理委员会的批准。为了确保每个量表都能以足够严肃、严谨的方式填写，我们分三个阶段收集数据。首先，在 MTPE 考试前发放批判性思维和动机量表，考察学生学习翻译的动机和信息加工中的批判性思维。然后，向学生分发了四个简短的中文段落，内容涉及信息和技术等通用主题。此处使用了通用文本类型，因为它们被认为是 MT 的合适材料（Wang，2018）。学生们随后将原文上传到免费的在线神经机器翻译系统中，并对机器翻译的原始输出译文进行译后编辑。他们被要求将完成的译后编辑任务发送到指定的电子邮箱。最后，测试结束后立即发放自我调节量表给学生，收集他们在 MTPE 中的自我调节信息。

学生的 MTPE 成绩在多维质量指标（Multidimensional Quality Metrics，简称 MQM）框架下进行评估（Lommel et al.，2014），该框架通常用于评估 MTPE 译文中与准确性和流利度相关的错误类型（Yang et al.，2020）。两位有多年翻译教学经验的评分员先熟悉 MQM 方法，然后被要求独立评估学生的表现。为了保证两个评分员的评估可靠性，计算了评分员间的一致性，结果约为 85%。根据 Hu & Gao（2018）的说法，该值表明评分可靠性是可接受的。在评分上的分歧通过与第三人的讨论和协商得到解决。

本研究采用偏最小二乘结构方程模型对问卷调查数据进行分析。PLS-SEM 可以很好地用于小样本研究，研究目的是预测或探索性建模分析（Garson，2016）。这种方法可以让研究人员分析理论概念之间的关联，并根据信度和效度来衡量模型（Hair et al.，2013）。因此，PLS-SEM 是本研究中数据分析的合适方法。我们利用 SmartPLS 3.0 对测量模型进行了验证，并对结构模型进行了检验。此外，我们还使用 SPSS 17.0 进行了初步的描述性统计和相关分析。

第三节　自我调节、批判性思维及动机的统计学数据

一、描述性和相关性分析

表 11-1　描述性和相关性分析

概念	平均值	标准差	自我调节	批判性思维	动机
自我调节	3.47	0.46	1		
批判性思维	3.33	0.47	0.66**	1	
动机	3.61	0.52	0.66**	0.56**	1

注：N=109；**p＜0.01。

表 11-1 给出了自我调节、批判性思维和动机的平均值、标准差和相关系数。三个概念的平均分均在中等水平 3 分以上，说明学生具有较高的自我调节、批判性思维和动机水平。特别值得注意的是，平均值最高的动机（M=3.61）表明学生有学习翻译的动机和强烈的愿望。每个概念的小标准差值表明存在中等方差。三个概念间的相关系数分别为 0.66、0.66 和 0.56，说明三个概念存在显著正相关。

二、计量模型分析

通过内部一致性、聚合效度和区分效度对测量模型进行评价。聚合效度通过因素负荷量（Factor Loadings）、组成信度（Composite Reliability，简称 CR）和平均方差提取值（Average Variance Extracted，简称 AVE）来估计（Fornell & Larcker，1981）。可接受建议值分别为因素负荷量（0.50），组成信度（0.70）与平均方差提取值（0.50）（Hair et al.，2006）。表 11-2 表

明所有因素负荷量都大于 0.50。组成信度在 0.83 至 0.89 之间，超过建议值 0.70。自我调节、批判性思维和动机的平均值分别为 0.50、0.50 和 0.56。三个概念的计算值显示了可接受的聚合效度。此外，Fornell & Larcker（1981）指出，可以通过比较变量和平均方差提取值的平方根之间相关性的关联来评估区分效度。平均方差提取值的平方根高于其他概念中的相关系数，这说明了一个可接受的区分效度。自我调节、批判性思维和动机的克朗巴哈系数值分别为 0.87、0.75 和 0.84，表明量表的内在一致性是令人满意的。

三、结构模型分析

表 11-2 信度与效度

变量	因素负荷量	克朗巴哈系数	平均方差提取值	组成信度	1	2	3
概念			自我调节				
SR1	0.53	0.87	0.50	0.89	0.70		
SR2	0.71						
SR3	0.65						
SR4	0.67						
SR5	0.80						
SR6	0.77						
SR7	0.63						
SR8	0.76						
SR9	0.78						
概念			批判性思维				
CT1	0.74	0.75	0.50	0.83	0.66**	0.71	
CT2	0.61						
CT3	0.83						

续表

变量	因素负荷量	克朗巴哈系数	平均方差提取值	组成信度	1	2	3
CT4	0.65						
CT5	0.69						
概念				动机			
M1	0.65	0.84	0.56	0.88	0.66**	0.56**	0.75
M2	0.62						
M3	0.77						
M4	0.80						
M5	0.83						
M6	0.78						

注：1：自我调节；2：批判性思维；3：动机；**p<0.01，平均方差提取值的平方根为对角线粗体。

通过检验路径系数和 R^2 值的显著性水平，可以检验结构模型。路径系数的重要性可通过引导程序进行评估（Hair et al., 2017）。为了得到精确的估计值，我们将 bootstrapping 设置为 5000 个重采样。研究发现，自我调节能显著影响 MTPE 表现（β=0.48，p<0.001），因此支持假设 1。正如预期，自我调节受到批判性思维（β=0.46，p<0.001）和动机（β=0.43，p<0.001）的影响，即支持假设 3 和假设 5。此外，动机对批判性思维有显著影响（β=0.60，p<0.001），支持假设 6。然而，与预期相反，批判性思维或动机对 MTPE 表现没有显著影响，因此拒绝假设 2 和假设 4。

R^2 值是检验结构模型的另一个重要指标。R^2 值 0.02、0.13 和 0.26 分别被解释为小、中和大效应值（Chin，1998）。在图 11-1 中，预测模型得到的 R^2 值分别为 0.32、0.64 和 0.36，表明其预测能力很强。具体而言，自我调节可以解释 32% 的 MTPE 表现差异，而 64% 的自我调节方差可以通过批判性思维和动机进行预测。此外，动机可以再次预测 36% 的批判性思维方差。证据表明，自我调节对 MTPE 表现有显著和积极的影响，而批判性思维和动机似乎对表现没有直接影响。

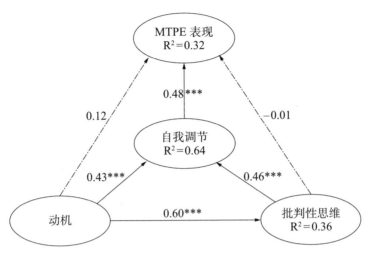

图 11-1　预测 MTPE 表现的 PLS-SEM 模型

第四节　机器翻译译后编辑表现讨论

　　本研究旨在探讨自我调节、批判性思维和动机在预测学生 MTPE 表现中的相互作用。本研究从 109 名学生译者的样本中收集数据，并利用 Smart-PLS 软件，采用测量模型和结构模型两步法进行分析。结果表明，自我调节对 MTPE 表现有较强的正向影响，揭示了自我调节策略有助于提高学生在 MTPE 中的表现。该结果与预期相同，与先前关于自我调节对在线学习环境表现影响的研究一致（Broadbent，2017；Liang et al.，2016；Sundre & Kitsantas，2004）。技术的快速发展改变了学生的学习模式（Zydney & Warner，2016），机器翻译的易用性和产出效率使其成为学生跨文化领域获取信息和知识的有效途径。在网络环境下，成功的学生往往监控自己的学习过程，然后进行反思。Pietrzak（2018）认为自我调节策略可以通过个人经验获得，并在专业实践过程中构建。自我调节在预测 MTPE 成绩中的积极作用可以说明设计 MTPE 教学指导的重要性。教师和培训单位需认识到自我调节的重要性，并为学生提供足够的机会来提高他们在 MTPE 任务中调节和监控认知行为的能力。

然而，批判性思维并未对 MTPE 表现产生显著影响，但批判性思维却与自我调节有着积极而强烈的关系。关于批判性思维与表现之间不存在显著关系，可能的原因是本研究中的学生译者没有任何 MTPE 学习经验。缺乏足够的语言能力和发现机器翻译错误的能力可能会使他们在决策时受影响，最终影响译文质量。为了鼓励学生有效地使用机器翻译，La Torre（1999）认为，学生应该接受更多的机器翻译培训，反思机器翻译产品是培养学生批判性思维和解决问题能力的一种途径。尽管批判性思维对 MTPE 表现没有直接影响，但它对自我调节有显著影响，而自我调节又可能间接促进 MTPE 表现。这一发现证实了 Phan（2010）早期的观察，他声称批判性思维可以帮助学习者在面对快速决策时应对模糊性并对自己的行为负责。由于自我调节和批判性思维之间存在着许多共同点，如涉及计划、推理和监控等认知策略，改善批判性思维的教学干预倾向于培养自我调节，从而有助于提高学生的表现。

与我们最初的预测相反，动机对 MTPE 表现没有显著影响，而动机与批判性思维以及自我调节之间存在显著差异。据称，动机和成就之间的关系强度可能因不同的学科领域而异（Hornstra et al.，2016）。作为翻译教育领域的一种新兴实践，MTPE 是一个新的概念，专门针对 MTPE 教学的课程相对较少，尤其是在中国。尽管学生学习翻译的动机很强，但动机和 MTPE 表现之间仍然没有发现统计上的差异。然而，动机对自我调节和批判性思维都有显著的影响。这表明动机是自我调节和反思行为的重要预测因子，这与先前的研究一致（Dunn et al.，2014；Garcia & Pintrich，1992）。总的来说，这一发现与 Zamora et al.（2018）之前的研究部分一致，即动机变量并没有对学生成绩产生直接影响，而是通过其对努力调节和错误检测变量的影响对学生成绩产生间接影响。因此，教师最好建立一个积极的团体，帮助学生维持动机，引导他们在 MTPE 学习过程中发展自我调节和反思策略。

第五节　研究启示、局限性与展望

本研究结果对 MTPE 教学具有一定的理论和实践意义。从理论上讲，本研究有助于进一步了解 MTPE 的认知机制及其潜在的影响因素。作为翻译教育领域的一项新兴实践，个体差异如何影响 MTPE 表现对我们来说还相当陌生。MTPE 本身需要一个完善的概念框架，用它来理解影响 MTPE 表现的重要因素及其工作机制。因此，为了研究在线环境下潜在的表现相关因素，本章初步研究的预测模型可作为未来研究的参考。实践上，本章的研究结果可以为教师和培训师提供教学建议，以便制定有针对性的干预措施，以促进学生在网络翻译活动中的学业成绩。研究结果表明，自我调节策略对 MTPE 表现至关重要。Rossi（2017）认为，训练学生识别机器翻译原始输出中的重复错误的能力是有帮助的，希望能够让他们进行有效的编辑行为。建议将机器翻译的知识，如术语管理、译后编辑等纳入翻译课程（Mellinger，2017）。为了培养学生对 MTPE 学习的投入，翻译教师必须考虑潜在的动机影响因素，如教学风格、明确的目标和评估方法等积极的学习环境因素（Corkin et al.，2017；Manganelli et al.，2019；Ning & Downing，2014）。此外，确定和阐明影响 MTPE 表现的因素之间的相互作用机制可以提高教师对机器翻译的理解和接受。Appavoo（2020）认为，教师对某一技术的看法和了解可能会促使该技术成为教学过程中不可分割的一部分。总之，希望本研究能促进 MTPE 在翻译或其他语言学习课程中的整合，并对今后的教学设计有所启示。

然而，在诠释研究启示前，需提及本研究有几点局限性。首先，研究结果的普遍性问题。所获得的研究结果基于没有 MTPE 经验的中国学生译者且样本量相对较小，这可能会限制研究结果的可推广性。为了确定研究结果，未来的研究需考虑更大的样本量和不同的参与者群体，例如专业译者或有

MTPE 经验的学生。其次，这是一个横断面的、基于自我报告的问卷研究。数据主要来自定量工具，这可能会削弱统计分析的力量。因此，应包括定性信息，如收集访谈或档案袋信息，以便更好地理解研究结果。此外，未来还将考虑进行历时研究以验证研究结果。

随着信息技术的进步，许多免费在线机器翻译系统逐步被学生们所接受（Yang & Wang，2019）。机器翻译的普及带来了好处，同时也引出了学生们是否能够成功利用这项技术的问题。本研究旨在探讨自我调节、批判性思维和动机在 MTPE 中的作用和它们之间的相互作用。研究发现，自我调节是预测 MTPE 表现的一个重要因素，其作用机制又受批判性思维和动机的调节。换言之，虽然批判性思维和动机对表现没有直接的显著影响，但它们的影响似乎可以通过自我调节来调节。因此，我们建议将自我调节能力视为 MTPE 能力的一个组成部分。总的来说，我们希望本研究的初步发现能够完善 MTPE 的知识体系，并帮助我们进一步了解自我调节、批判性思维和动机在 MTPE 中的作用机制。我们也希望本研究能为与机器翻译相关的学习活动铺平道路，并推动未来的研究工作。

第十二章

基于技术接受模型的机器翻译使用意向建模 *

　　机器翻译在翻译行业中的使用日益增加，增强了在翻译教育领域应用机器翻译的意识。但目前文献尚未发现哪些因素能促使学生使用机器翻译以及使用机器翻译可能带来的影响。本章旨在基于技术接受模型构建一个机器翻译使用的综合模型，并通过对 109 名学生译者进行调查验证该模型。研究表明，感知有用性对使用机器翻译的行为意向有较强的影响，同时，经验对感知有用性有显著影响。此外，动机会受到感知易用性的影响，反过来动机也会影响经验。扩展后的模型不仅揭示了影响机器翻译使用的重要因素，还表明了使用机器翻译带来的积极影响。以上发现对翻译研究人员、教师和机器翻译系统开发人员都有重要的理论和实践意义。

　　机器翻译已是职业翻译中必不可少的工具（Hutchins，2007）。翻译行业研究表明，对机器翻译原始产出进行译后编辑能提高翻译效率和质量（Carl et al.，2011b；Plitt & Masselot，2010）。随着人工智能的进一步发展，机器翻译在未来会更加普及（Suojanen et al.，2015b）。在此背景下，有学者提出接受技术培训最少的学生译者可使用机器翻译提高翻译效率和质量（García，2010；Pym，2013）。实际上，相比电子词典等免费在线资源，学生译者更倾向使用机器翻译（Clifford et al.，2013）。目前来看，机器翻译发展前景大好，将机器翻译引入翻译课堂的意识也逐渐增强。

---

* 本章是笔者与杨艳霞博士合作的成果，初稿发表于 Q1 期刊 *Computers & Education*，有删减。

　　前人探讨了机器翻译应用到翻译实践的可能性（Briggs，2018；Doherty & Kenny，2014；Mellinger，2017），但还"需要对与机器翻译使用相关的工效学和人的因素进行更深入的研究（Cadwell et al.，2016：225）"。因此，非常有必要调查学生对使用机器翻译的看法，以提高学生的翻译技术工具利用率，最终提高他们的翻译能力（Moorkens，2018；Olohan，2007）。此外，Cheung & Vogel（2013）提出，使用技术的前提是接受技术。换句话说，在翻译课堂正式使用机器翻译之前，调查学生使用机器翻译意向的影响因素和机器翻译的优点很重要。

　　目前对影响机器翻译使用的决定因素还知之甚少（Rossi & Chevrot，2019），尤其是针对学生译者在翻译学习过程中使用机器翻译的行为意向。鉴于此，本章旨在基于技术接受模型（TAM）（Davis，1989）来探究学生译者机器翻译使用意向的影响因素以及使用机器翻译带来的影响。多年来，技术接受模型是一个预测新技术采纳和使用的强大而完善的模型。尽管技术接受模型已在各教育情景下被广泛讨论（Lu et al.，2019；Rupp et al.，2018），却很少应用在机器翻译中。此外，Igbaria & Tan（1997）提出仅关注影响新技术使用的决定因素还不够，要通过融合与机器翻译使用相关的影响因素来扩展技术接受模型，增强模型的解释力，凸显模型在机器翻译情景中的特性。了解这些因素有助于翻译培训者更好地了解机器翻译，成功安排课程设计。此外，从工效学的角度来看，还可以帮助改善机器翻译系统的研发。

　　本章首先介绍有关机器翻译和技术接受模型的相关文献，然后提出研究假设和研究模型，再采用验证性因子分析（CFA）和路径分析来验证该研究模型，最后讨论研究结果和意义。

第一节　机器翻译使用意向文献综述与研究假设

一、机器翻译

机器翻译是指在没有人工帮助的情况下从源文本输入到目标文本输出的翻译过程（Slocum，1985）。随着技术的不断发展，机器翻译译文的准确性极大地提高。机器翻译系统从最初的基于规则的方法（依赖语言信息和转换规则）到基于短语的方法（依赖句子成分），再到现在的基于神经的方法（依赖整个句子的内容）（Steding，2009；Wu et al.，2016）。虽然机器翻译的准确性不断提高，但译文质量仍不能达到人工翻译的水平。机器翻译最受争议的地方在于处理文学文本、长难句和文化专有项等时的翻译质量。然而，机器翻译系统也有优势，例如易于在线访问、产出效率高、能够处理多种语言对以及有翻译词汇单元的能力（Koehn & Knowles，2017；Niño，2009）。长期以来，正因为机器翻译存在这些明显的优缺点，用户才在翻译工作和学习中对其使用有不同的感受。

在翻译工作流程中，Fulford（2002）调查了 2001 至 2002 年英国使用机器翻译的自由译者，调查发现，只有 8 名译员（26%）称他们会使用机器翻译完成译文初稿，或先产出译文，再手动修订译文。Yamada et al.（2005）对 2004 至 2005 年的 4000 名译者进行了调查，发现在此期间机器翻译的使用量略有增长。对机器翻译持负面认知的部分原因可能是机器翻译质量不高以及译者担心被技术取代（Cadwell et al.，2018）。但也有研究发现，部分译者对机器翻译使用持积极态度。Nurminen & Papula（2018）对 1579 名译者进行了调查，结果表明近 60% 的受试者会主动使用机器翻译，这说明机器翻译目前被视为有价值的翻译辅助工具。

大量的机器翻译研究推动了机器翻译在翻译教育中的应用。Anderson

（1995）是最早提出在课堂上使用机器翻译的学者之一。他提出尽管机器翻译译文质量不佳，但仍可作为提高二语能力的有力工具。Niño（2009）进一步提出，使用机器翻译对语言教师和语言学习者都是一种创新，是一种积极的学习体验。此外，研究证明，在学习过程中使用机器翻译可以提高学生译者的翻译效率和二语水平（Xu & Wang，2011；Wang et al.，2021）。但也有一些教师认为，使用机器翻译是走捷径，可能导致语言学习固化（Van Praag & Sanchez，2015）。其他研究者认为，禁止学生在课堂上使用机器翻译是行不通的，因为学生会自主使用机器翻译（Cook，2010）。Clifford et al.（2013）进一步证明了该结论。他们发现，与其他免费的在线资源相比，绝大多数学生译者都喜欢在线机器翻译。另外，Briggs（2018）得出了类似的结论：尽管大多数学生反映对机器翻译的准确性还不够信任，但单从易于获取方面就意识到了机器翻译的价值。从上述研究可看出目前机器翻译存在一定的局限性，但在翻译学习过程中使用机器翻译工具的趋势不可避免。因此，对学生和教师而言，要将机器翻译作为促进翻译学习的辅助工具，至关重要的是，要确定影响机器翻译使用的相关决定因素及使用机器翻译带来的影响。

二、技术接受模型

响应将机器翻译纳入翻译课程的呼吁（Mellinger，2017；White & Heidrich，2013），本章以技术接受模型为理论基础研究学生译者使用机器翻译的影响因素。技术接受模型源于用来解释计算机使用行为的理性行动理论（Fishbein & Ajzen，1975），现已广泛应用于技术接受。Davis（1989）发展了该理论。在技术接受模型中，个人使用技术的行为意向直接受态度影响，而预测态度的两个关键因素是感知易用性和感知有用性。态度反映个人对所做行为的肯定或否定评估。感知易用性是指"反映个人认为使用某个系统的容易程度"，感知有用性是"个人认为使用某个系统对他工作表现提高的程度"（Davis，1989：320）。由于态度在这两种构念与行为意向间的中介作用较弱，Venkatesh（2000）认为，通过研究两种感知信念对行为意向的直接影响可以更好地解释技术接受行为。经修正后的技术接受模型移除了态度因素，许多研究也证明了修正后模型的有效性（Lee & Lehto，2013；Teo，2009a；Yen et al.，2010；Yi et al.，2006）。考虑到简要性，本研究采用剔除态度后的技术接受模型。

对技术接受模型的批判性回顾表明，有必要在模型中加入一些外部因素以便对技术接受行为进行更好的解释（Abdullah & Ward，2016；Legris et al.，2003）。正因如此，许多研究者加入外部因素来扩展技术接受模型，通过识别先决条件来支持技术使用（Joo et al.，2018；Park et al.，2019）。然而，感知易用性和感知有用性是直接或间接解释结果的关键变量（Marangunić & Granić，2015），确定这两个变量的影响因素和被影响因素至关重要。

三、研究假设

据 Venkatesh & Davis（2000）所说，感知易用性是指个人对新技术是否容易使用的看法。因此，它被认为是学生使用新技术的一个触发因素（Featherman & Pavlou，2003）。Shiau & Chau（2016）认为，如果学生觉得某技术工具易于使用，就会有意向去使用该技术。连接互联网就可以通过网页和移动设备使用机器翻译技术，且只需剪切并粘贴源文本，机器翻译即可生成所需的目标译文。因此，本研究认为感知易用性可能会对机器翻译使用意向产生重大影响。

感知有用性被认为是使用行为的一个关键驱动因素（Lee et al.，2005）。Legris et al.（2003）发现，超过 80% 的基于技术接受模型的研究支持了感知有用性对行为意向的影响，以及感知易用性对感知有用性的影响。在翻译实践中若用户遇到语言障碍，用户可能会认为机器翻译是协助其完成翻译任务的可靠工具（Gaspari，2007）。尽管机器翻译无法满足用户的所有需求，但机器翻译输出速度快、成本低，对机器翻译进行译后编辑也是一种能接受的有效方法（Bowker & Ciro，2015）。在前人研究的基础上，本研究假设如下：

假设1：感知易用性对使用机器翻译的行为意向有显著的正向影响。

假设2：感知有用性对使用机器翻译的行为意向有显著的正向影响。

假设3：感知易用性对感知有用性有显著的正向影响。

根据 Davis（1993）的研究，用户使用某系统的意向，感知有用性对其的影响比感知易用性强50%，突显了识别可能影响感知有用性因素的重要性。经验是对技术采用起促进作用的一个重要变量（Leong et al.，2018；Liébana-Cabanillas et al.，2016），而经验对感知有用性的影响结果却不一致。Venkatesh & Davis（2000）认为，要了解不断积累的经验对感知有用性的影响。Stoel & Hye Lee（2003）发现，随着使用在线技术经验的不断增加，学生会认为该技术有用并更有可能使用该技术。但 Jackson et al.（1997）在检验经验和感知有用性的关系时却未发现显著的相关性。本研究假设熟悉机器翻译使用的学生更可能意识到机器翻译的优势，能更熟练地使用该工具达到学习目的。基于以上发现我们假设：

假设4：经验对感知有用性有显著的正向影响。

与技术接受模型有关的研究认为，应在模型中考虑动机因素以提高模型的预测力（Chen & Tseng，2012；Rupp et al.，2018）。动机与愉悦感和易用性相关（Gopalan et al.，2016；Vallerand，1997）。从这点来看，轻松和愉悦感可以唤起行为（Lee et al.，2005）。鉴于机器翻译的特性（如易于获取和高效），本研究认为感知易用性可以促进学生的翻译学习动机，而不是前人研究中所说的动机影响感知易用性（Joo et al.，2018）。因此，本研究就该论点进行扩展，认为较高程度的感知易用性会增强翻译学习动机。翻译学习动机越强，机器翻译使用经验就越丰富。

假设5：感知易用性对翻译学习动机有显著的正向影响。

假设 6：动机对机器翻译使用经验有显著的正向影响。

机器翻译作为翻译教育中的新兴技术，很少有研究基于技术接受模型对机器翻译的使用进行调查。尽管前人研究在其他教育环境下调查了变量间的结构关系，但对机器翻译使用背景下所有变量之间的结构关系还知之甚少。值得注意的是，大多数前人研究都致力于发现技术接受的决定因素，却忽略了使用该技术会带来的影响。因此，本章将感知易用性、感知有用性、动机和经验相关联，建立了机器翻译使用行为意向的综合模型（见图12-1）。基于上述假设的扩展模型旨在增强技术接受模型在机器翻译应用中的解释力。

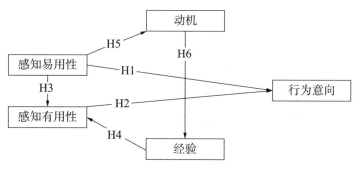

图 12-1 机器翻译使用意向研究模型

第二节 机器翻译使用意向实证研究

一、受试者

本研究采取便利抽样法。中国某综合性大学 109 名英语专业本科三年级学生自愿参与研究。受试者分别来自 3 个平行自然班，均修"中英翻译"英语专业核心必修课程。参与实验前，受试者接受了长达一学期的翻译强化培训，英语学习时间长十年左右，因此受试者具备基本的翻译技巧。受试者的语言能力能保证其在使用机器翻译时评估机器翻译的有效性和合理性，特别是评估机器翻译的有用性。受试者年龄为 20 岁至 22 岁，其中男生 11 名，女生 98 名。

此外，出于教学考虑，本研究的受试者为学生译者：第一，新手译者使用机器翻译的意向可能会影响其翻译表现；第二，学生译者对机器翻译的使用和评估可以对翻译教学和课程设计有所启发；第三，学生译者在未来可能会成为职业译员，其机器翻译使用意向可能会影响他们未来的职业发展。

二、研究工具

本研究使用的工具包括三个部分：个人背景资料调查问卷、技术接受调查问卷和翻译学习动机调查问卷（见附录 2）。

个人背景资料调查问卷调查受试者的年龄、性别和机器翻译使用经验。技术接受调查问卷改编自 Davis（1989）的技术接受模型量表，该问卷旨在评估受试者使用机器翻译的意愿，包括感知易用性（3 个题项，衡量学生在使用机器翻译时对易用性的感知）、感知有用性（3 个题项，衡量学生在使用机器翻译时对有用性的感知）和行为意向（3 个题项，衡量受试者在翻译任务中使用机器翻译的意向）。翻译学习动机调查问卷改编自已验证的《学习动机策略问卷》中针对动机的子量表（Motivated Strategies for Learning Questionnaire，简称 MSLQ）（Pintrich et al.，1991），包含 7 个有关翻译学习动机的题项。所有题项均采用 Likert 五级量表（"完全不同意=1"到"完全同意=5"）测量。大多数题项都进行了修改以适合机器翻译使用和翻译学习环境，所有题项都被译成中文。为保证题项在内容上清晰、可理解和完整，本研究就题项内容咨询了两名具有翻译教学经验的教师。为确保描述语的可读性，本研究对 5 位有机器翻译使用经验的学生（不包括在本研究的受试者内）进行了调查和访谈。最终呈现的问卷包含 16 个题项。

三、数据收集与步骤

课程期间，受试者会学习机器翻译相关知识。因在处理技术类而非文学类或专业的翻译任务时，机器翻译的辅助作用最大（Castilho et al.，2018），本研究建议受试者自发使用机器翻译系统（如谷歌翻译）。受试者通过互联网提交问卷。在涉及机器翻译使用经验时，31% 的受试者表示他们"有时"使用机器翻译，69% 的受试者表示"经常"使用。近 34% 的受试者表示他们知道如何进行机器翻译译后编辑以满足文本的质量要求。近 81% 的受试者评估他们的计算机技能为中等水平。

本研究数据来源于 109 名学生译者的问卷调查，无数据缺失。符合最大似然估计建议样本最小值为 100（Hair et al.，1998）以及受试者与题项数量比至少为 5∶1（Bentler & Chou，1987）的要求。本研究的问卷包含 16 个题项，则可接受的样本量至少为 80。前人研究用类似样本量也得出了一致的结果（Kadijevich & Haapasalo，2008；Rupp et al.，2018）。总体而言，本研究的样本量（N＝109）是可接受且有效的。研究采用 Anderson & Gerbing（1988）推荐的两步法来分析模型。首先，对测量模型进行评估，以评价变量的信度和效度，然后进行结构模型，以检验变量之间关系的显著性。通过 SPSS 16.0 和 AMOS 22.0 获得描述性统计数据和克朗巴哈系数以评估结构模型中的关系。

第三节　机器翻译使用意向模型检验

一、描述性分析

表 12-1 列出了感知易用性、感知有用性、行为意向和动机的平均值、

标准差和正态数据。每个构念的值分布范围为 1 到 5，3 为中间值。四个构念的均值范围在 3.32 到 3.61 之间，表明学生译者对每一个变量总体反应积极。从表 12-1 中还可以看出，学生译者在使用机器翻译时的感知易用性（M＝3.52）比感知有用性（M＝3.32）强。标准差值的范围从 0.41 到 0.67，反映调查数据离散程度小。偏度和峰度检验显示数据呈正态分布。根据 Kline（2005）和 Wong（2016）的研究，最大似然估计要求偏度的有界值在 ±3—±10 范围内。因此，表 12-1 中的偏度和峰度值表明所有题项都在数据正态性的理想范围内。

表 12-1　描述性分析

构念	平均数	标准差	偏度	峰度
感知易用性	3.52	0.41	−0.56	1.46
感知有用性	3.32	0.67	−0.60	1.48
行为意向	3.46	0.48	−0.17	−0.31
动机	3.61	0.52	0.28	−0.45

二、信度与效度分析

验证性因子分析用于评估量表的效度（Bhattacherjee & Premkumar, 2004；Cheng & Yuen, 2018）。首先测试构念的收敛效度、区别效度和信度（Chow et al., 2012）。通过测试因素负荷量（FL＞0.5）、组成信度（CR＞0.7）和平均方差提取值（AVE＞0.5）来评估收敛效度（Byrne, 2013；Cheung & Vogel, 2013）。表 12-2 中，验证性因子分析的结果表明所有题项的因素负荷量均大于 0.5，范围从 0.58 至 0.95。组成信度系数均高于 0.7 的可接受标准，平均方差提取值均高于 0.5。结果显示，所有构念均有足够的收敛效度。另外，使用克朗巴哈系数和组成信度值来检验构念的信度（Lin & Lin, 2019）。构念的克朗巴哈系数和组成信度值均高于 0.7（Nunnally, 1978），表明量表具有良好的信度。

表 12-2　构念的信度和收敛效度

构念	描述语	克朗巴哈系数	因素负荷量	组成信度	平均方差提取值
感知易用性（PEU）	PEU1		0.75		
	PEU2		0.77		
	PEU3		0.88		
		0.78		0.84	0.64
感知有用性（PU）	PU1		0.71		
	PU2		0.78		
	PU3		0.82		
		0.77		0.81	0.59
行为意向（BI）	BI1		0.79		
	BI2		0.70		
	BI3		0.64		
		0.76		0.75	0.51
动机（M）	M1		0.62		
	M2		0.95		
	M3		0.58		
	M4		0.79		
	M5		0.80		
	M6		0.85		
	M7		0.85		
		0.82		0.92	0.62

为建立构念间的双变量关系，本研究展开了相关分析。根据 Cohen（1992），如果 r 值分别在 0.1<r<0.3、0.3<r<0.5 和 0.5<r<1.0 内，则效应值分别对应为弱、中、强。表 12-3 中除了动机和行为意向间的相关性外，所有相关系数在统计上都是正向显著的。感知有用性和行为意向间的相关性最强（r=0.53，p<0.01）。值得注意的是，单一测量变量间的相关系数值很高，表明应将外部变量间的关系考虑到路径分析中（Cacciamani et al.,2018）。因此，本研究在路径分析部分仔细考虑了强相关的构念。

表 12-3　相关性矩阵和区别效度

构念	感知易用性	感知有用性	行为意向	动机
感知易用性	0.80			
感知有用性	0.22*	0.77		
行为意向	0.44**	0.53**	0.71	
动机	0.22*	0.23*	0.17	0.79

注：* p<0.05，** p<0.01。

通过比较每个构念的平均方差提取值的平方根和构念间的相关性来检验区别效度（Fornell & Larcker，1981）。若构念间的相关性低于平均方差提取值的平方根则可以验证区别效度（Esteban-Millat et al., 2018）。表 12-3 中，所有平均方差提取值的平方根均大于构念之间的相关性，这表明所有构念均具有足够的区别效度。综上所述，测量模型中的所有构念都具有足够的信度、收敛效度和区别效度。

三、结构模型

验证了测量模型的信效度，接着进行路径分析评估潜在变量间的关系，使用 AMOS 22.0 来测试结构模型。从统计学意义上来看，除了路径 H3 感知易用性到感知有用性，表 12-4 中显示的其他路径系数都具有显著性。综合考虑修正指标、相关性和估计路径，移除了不具有显著意义的路径，仅测试有显著意义的路径。表 12-5 列出了修改后的模型拟合指数。所有的指数都在理想范围内，表明所有构念的拟合指数良好。路径分析结果如图 12-2 所示。

表 12-4　路径分析的参数估计

因果路径	标准化系数	标准误差	是否支持
H1：行为意向←感知易用性	0.34***	0.09	是
H2：行为意向←感知有用性	0.45***	0.05	是
H3：感知有用性←感知易用性	0.07	0.15	否
H4：感知有用性←经验	0.30***	0.19	是
H5：动机←感知易用性	0.22*	0.28	是
H6：体验←动机	0.28**	0.02	是

注：*p<0.05，**p<0.01，***p<0.001。

表 12-5　模型拟合指数

拟合指数	值	可接受的拟合水平	结果
X2 / df	1.46	<3（Kline，2005）	良好
CFI	0.97	>0.90（Kline，2005）	良好
GFI	0.98	>0.90（Kline，2005）	良好
AGFI	0.93	>0.90（Kline，2005）	良好
RMSEA	0.06	<0.08（Byrne，2013）	良好

注：CFI：比较拟合指数；GFI：拟合优度指数；AGFI：调整拟合度指数；RMSEA：近似误差均方根。

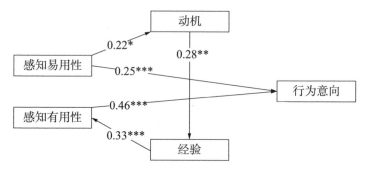

图 12-2　验证后的机器翻译使用意向模型
注：*p<0.05，**p<0.01，***p<0.001。

第四节　研究结论与启示

一、讨论

机器翻译在翻译行业中的普及增强了将机器翻译纳入翻译课堂的意识。研究者、教育者、机器翻译系统开发人员呼吁对与机器翻译相关的人的因素进行更深入的研究（Cadwell et al.，2016；Chan，2018）。在这种情况下，首先就要对学生使用机器翻译的情况进行调查。但最新研究还未发现学生使用机器翻译的影响因素以及使用机器翻译会带来的影响。鉴于此，本研究在所提出的综合模型中加入了经验和动机变量对模型进行扩展。

研究结果表明，感知易用性和感知有用性都是行为意向的重要预测变量，与前人有关技术接受模型的研究达成一致（Liu et al.，2010；Tarhini et al.，2014；Weng & Tsai，2015），且感知有用性比感知易用性的预测作用更强，这与现有的研究发现一致（如 Al-Azawei，2017；Kang & Shin，2015；Park，2009；Teo，2009b）。关于在翻译中使用机器翻译的意向，虽然学生译者觉得使用机器翻译不费吹灰之力，但他们可能更关注使用机器翻译的作用和好处。可以理解为，虽然使用机器翻译的比例很大，但使用者对机器翻译仍存质疑，这和 Briggs（2018）的发现一致。意外的是，感知易用性和感知有用性之间假设的因果关系未得到数据支持，这可能是因为学生译者对使用机器翻译的看法不一。尽管该假设与技术接受模型恰好相反（Venkatesh & Davis，2000），却和前人研究相吻合（Leong et al.，2018）。可能的原因是用户认为机器翻译很容易使用，理论上这不会导致用户认为机器翻译是有用的。因此，用户有用性感知的前因还有待进一步研究探讨。

除了分析最早的技术接受模型构念外，经验和动机作为外部因素纳入模型以增强模型的解释力。研究结果证明经验对感知有用性有重要预测作用。随着经验的增长，感知有用性可能会更强，这与前人研究结果一致（Su et al.，2017）。Niño（2009）认为基于试错问题解决经验的机器翻译对语言实践很有帮助。更多的机器翻译使用经验可以使学生熟悉机器翻译所擅长处理的翻译类型以及机器翻译经常产出的典型错误。通过检测和纠正错误，学生可充分利用机器翻译的优势（如高效）弥补机器翻译的劣势（如译文质量较低）。因此，随着使用机器翻译的经验增加，翻译效率和质量也会相应提高。这一发现可以证实 Kenny & Way（2001：16）的论述，即"一旦学生了解机器翻译可以做什么、不能做什么，在翻译过程中他们就能以更实事求是、更开放的方式思考机器扮演的角色"。

此外，本研究还证实了使用机器翻译带来的影响。感知易用性会影响学生的学习动机，这与 Venkatesh（2000）的观点一致。因易用性主要与机器翻译技术易于访问和生产效率高等属性相关。如果学生译者觉得机器翻译易于使用，他们会更积极完成翻译任务和学习活动。另外，动机是经验的重要预测因素。提高翻译技能和在翻译课程中取得更好成绩的动机将促进学生使用对翻译工作有帮助的工具。翻译学习动机更高的学生将更有可能在翻译活动中使用机器翻译。本研究的发现凸显了使用机器翻译的影响因素以及使用机器翻译的好处。

二、启示

学界对机器翻译研究的兴趣日益浓厚，但探讨机器翻译在翻译教育领域的应用研究仍然缺乏。本研究对机器翻译研究的贡献体现在理论和实践两个层面。

理论上，加入经验和动机因素后的模型有助于揭示影响机器翻译使用的因素。此外，机器翻译作为翻译教育的一项新技术，其使用还需一个合理全面的模型。因此，本研究有助于技术接受模型理论在机器翻译研究中的推进。

从实践意义上讲，本研究结果可为翻译研究人员、教师、政策制定者和机器翻译系统开发人员提供建议。尽管技术接受模型已被广泛用于在线学习研究中，但还有必要就具体情景和内容进行深入探讨（Teo et al.，2018）。用户的感知有用性对其机器翻译使用意向有显著影响，鉴于此，机器翻译开发人员要意识到与翻译质量相关的技术缺陷，教师要注意感知有用性的非技术先决条件。例如，研究证实经验为感知有用性的重要预测指标，指导学生增加机器翻译的使用量并记录他们的看法能有效改善机器翻译的工效条件。此外，感知易用性影响学生翻译学习动机，而动机则可能对经验产生影响，表明构念之间循环影响，这可为教师提供教学建议。从机器翻译的可及性和易操作性来看，教师可将机器翻译作为辅助工具来增强学生的学习动机。此外，机器翻译产出中的错误和不地道的表达可作为培训资源，以培养学生的翻译修改能力。最后，本研究的结果可以促进政策制定者对机器翻译的理解，并增强他们将机器翻译纳入翻译项目的意识。

三、研究局限和展望

本研究也有一些局限性，应在未来研究中加以解决。首先，本研究的样本量相对较小，可能会限制研究结果的普遍性。未来研究考虑扩大样本量，进一步提高模型的解释力。其次，本研究的受试者是学生译者。Teo & Zhou（2014）认为基于人群和情景的外部构念可能是导致技术接受模型研究结果不一致的原因之一。为进一步验证研究发现，未来研究应选取具备不同文化背景和机器翻译知识的学生。最后，本研究结果是基于静态数据和受试者提供的数据得出的。但学生对使用机器翻译的看法可能会随时间而改变。未来可考虑开展纵向研究，使用多种类型的数据（如观察和访谈）探讨机器翻译的使用意向。

　　本研究基于技术接受模型分析了与机器翻译使用相关的扩展模型。前人研究探讨了在不同的线上学习环境中结合更多使用行为构念的技术接受模型。但机器翻译作为翻译教育中的新兴技术很少结合技术接受模型进行研究，尤其是探讨如何拓展技术接受模型。为补充前人文献的不足，本章将经验和动机因素纳入最早的技术接受模型中扩展出一个类圆模型。本研究的意义在于确定了学生使用机器翻译意向的可能影响因素，以及使用机器翻译的潜在优势。本研究通过并入更多构念强化技术接受模型，有助于我们更好地理解机器翻译在翻译教学中的作用。然而，本研究还只是聚焦机器翻译使用的初步研究，未来还需做更多努力，让机器翻译能被正式应用于翻译学习活动中。

第十三章

神经机器翻译译后编辑与人工翻译对比分析 *

　　本章聚焦最新的神经机器翻译译后编辑过程，基于英汉语言对探讨谷歌神经机器翻译的译后编辑与人工翻译在处理专业文本和通用文本上的表现差异。本研究基于键盘记录、屏幕录像、问卷、回溯性访谈及目标文本质量评估数据，研究者对 30 位翻译专业研一学生的翻译过程和产品进行分析，主要有以下三点发现：（1）谷歌神经机器翻译译后编辑只有在处理专业文本时才明显快于人工翻译，但译后编辑显著减轻了两种文本类型加工的认知负荷；（2）谷歌神经机器翻译译后编辑译文的流利度和准确性与人工翻译相当；（3）学生译者普遍对译后编辑持积极态度，但在译后编辑过程中会遇到各种挑战。这主要与前期接受的翻译训练、缺乏译后编辑经验以及译后编辑指南中的模糊用词有关。

　　过去十年，人工翻译无法满足全球翻译日益增长的需求，因此翻译行业越来越多地采用机器翻译，并将机器翻译视为这一问题的有效解决方案。然而，纯机器翻译的译文无法达到终端用户预期的翻译质量，因此，机器翻译＋译后编辑模式成为行业惯例。尽管人工评估结果有时参差不齐（Castilho et al.，2017；Popović，2017；Klubička et al.，2017），但自动评估指标（Bahdanau et al.，2015；Sennrich et al.，2015；Bojar et al.，2016；Junczys-Dowmunt et al.，2016）结果显示，与基于统计的机器翻译相比，最新研发的神经机器翻译质量不断提高。尽管目前对神经机器翻译译后编辑的

＊　本章是笔者与美国肯特州立大学 Michael Carl 教授、贾艳芳博士合作的成果，初稿发表于 Q2 期刊 *The Journal of Specialized Translation*，有删减。

研究甚少，但我们仍可以乐观地预计神经机器翻译译后编辑比基于统计的机器翻译译后编辑更有前景。

此外，尽管市场对译后编辑服务及译后编辑者的需求与日俱增（Lommel & DePalma，2016），但出于对机器翻译译文质量及译后编辑工作的负面认知，专业译者不太愿意从事译后编辑工作。而学生译者似乎更有潜力成为未来的译后编辑者，来弥补这一空缺（Garcia，2010；Yamada，2015；Wang et al.，2021）。中国翻译协会 2016 年报告指出，截至 2015 年底，不包括无证小企业、自由译者和口译员在内，中国共有 72495 家公司提供语言相关服务，其中约 7400 家公司专门从事语言和翻译服务。为满足语言服务行业对翻译人才不断增长的需求，中国国务院学位委员会于 2007 年启动了"翻译和口译硕士"（MTI）项目，旨在培训能胜任市场需求的专业笔译和口译人员。到 2016 年，已有 206 所高等学校具备 MTI 招生资格。

翻译培训的拓展突显了中国翻译教育系统为响应市场需求而做出的努力。然而，随着招生规模的扩大，一些问题也随之出现。其中最紧迫的问题之一就是缺乏能胜任翻译教学的教师。由于大多数现有教师都不是翻译专业人员，不能为 MTI 学生提供专业的翻译训练。而如计算机辅助翻译与机器翻译这种最新技术的融合更增加了教学难度。中国翻译协会 2016 年报告明确指出，MTI 教育亟须与翻译技术相关的课程。

迄今为止，MTI 教学中仍没有系统纳入译后编辑课程，因此，探究英、汉机器翻译译后编辑表现，以及对比机器翻译译后编辑与传统人工翻译的差异有助于完善现有课程，推动翻译教学模式的发展，培养市场导向的翻译人才。

本章探讨神经机器翻译译后编辑与人工翻译在翻译过程和翻译产品方面的差异，考察 MTI 学生如何进行不同文本类型的译后编辑任务，试图解决以下三个问题：（1）神经机器翻译的译后编辑和人工翻译在翻译过程和产品质量上有何区别？（2）文本类型对这些差异有何影响？（3）MTI 学生对神经机器翻译译后编辑和人工翻译之间的区别有何看法？

第一节   译后编辑与人工翻译对比研究

译后编辑的任务是"编辑、修改和／或纠正已由机器翻译系统从原语言转换为目标语言的文本预处理"（Allen，2003：297），经过译后编辑的文本应达到"终端用户预期的质量水平"（TAUS，2013）。

过去十年间，已有许多研究从不同角度探讨译后编辑与人工翻译的不同之处。翻译速度是最常探讨的内容之一，也是业界最关心的问题。研究普遍发现，专业文本的译后编辑比人工翻译速度更快（O'Brien，2007a；Groves & Schmidtke，2009；Tatsumi，2009；Plitt & Masselot，2010），而对于通用文本的译后编辑，却不总是比人工翻译快。Daems et al.（2017a）发现译后编辑新闻文本明显较快，但其他研究称译后编辑新闻文本（Carl et al.，2011b）和通用信息文本（Screen，2017b）时，速度并没有显著提升。时间努力很重要，但却不能解释"译后编辑作为一个过程是如何发生的，它与传统翻译有什么区别，对译后编辑者有什么要求以及译后编辑者对该模式的接受度如何（Krings，2001：61）"等方面的问题。因此，Krings（2001）认为，译后编辑相对于人工翻译的可行性不能只看处理时间。O'Brien（2011：198）也认为，译后编辑生产率"不仅是数量和质量与时间的比率，还应包括花费的认知努力；付出的努力越大，生产率就越低"。

因此，为了更好地理解译后编辑过程以及译后编辑与人工翻译的异同，对译后编辑认知方面进行研究尤为必要。Krings（2001：179）将认知努力定义为"为弥补机器翻译特定缺陷而必须激活的认知过程类型和程度"。Krings利用有声思维法研究发现，译后编辑比人工翻译需要更多的动词化努力（Verbalization Effort）。眼动追踪和键盘记录技术的出现极大地扩展了我们即时了解译者在翻译过程中的阅读和写作能力的手段。Da Silva et al.（2017）发现，译后编辑和人工翻译在处理时间上没有显著区别，但眼动追踪指标显示两者在认知努力上有显著差别。凝视数据表明，译后编辑过程中源文本和目标文本的阅读时间以及由此而推测的认知资源分配与人工翻译相比有很大不同（Mesa-Lao，2014；Carl et al.，2015；Daems et al.，2017a；Da Silva et al.，2017）。上述研究表明，译后编辑过程中的注视点似乎更多地集中在目标文本上，而人工翻译时的注视点似乎更多地集中在源文本上（参见 Carl et al.，2015：165）。

除凝视数据外，击键之间的停顿通常被认为是翻译过程中认知努力的有效表征（Jakobsen，1998，2002；Hansen，2002；Alves，2006）。更长的停顿时间和更大的停顿密度都意味着更多的认知努力。然而，基于停顿指标的译后编辑和人工翻译比较结果似乎并没有定论。Koglin（2015）发现译后编辑从英语到巴西葡萄牙语新闻文本的总停顿时间比人工翻译短，这一结论与 Screen（2017b）的发现恰好相反：Screen 的研究发现，译后编辑英语到威尔士语的通用文本总停顿持续时间更长。观察发现，译后编辑过程中短停顿密度是反映认知努力的有效指标，基于此，Lacruz & Shreve（2014）引入停顿 / 单词的比率（每个词的停顿数）来衡量认知努力。基于翻译过程研究数据库（TPR-DB）中的多语种数据（Carl et al，2016），Schaeffer et al.（2016）发现停顿 / 单词的比率与基于凝视的翻译困难指数密切相关，且基于统计的机器翻译译后编辑停顿 / 单词比值显著低于人工翻译。鉴于上述研究主要探讨基于统计的机器翻译译后编辑的认知过程与人工翻译的区别，因此有必要探讨新兴的神经机器翻译译后编辑的认知过程。

除译后编辑过程外，译后编辑的产品质量也是一个值得关注的问题。因为与人工翻译相比，译后编辑节省的时间和认知努力只有在最终产品质量得到保证的情况下才有价值。Fiederer & O'Brien（2009）认为，译后编辑英语到德语的专业文本与人工翻译相比，尽管风格上稍有逊色，但准确性和流利度更高。根据本地化行业标准协会（LISA）提出的错误类型，译后编辑从英语到西班牙语的供应链管理相关内容时，错误少于人工翻译（Guerberof，2009）。这些结论与 Garcia（2010）的研究结果一致。Garcia 称，根据澳大利亚 NAATI 测试标准，译后编辑的产出受到评估者的青睐。Carl et al.（2011b）也发现，译后编辑从英语到丹麦语的新闻文本质量略高于人工翻译。Green et al.（2013）也得出了类似的结论，发现与人工将英文翻译成阿拉伯文、法文和德文相比，译后编辑维基百科文章提高了产品质量。与人工翻译相比，译后编辑似乎能提供质量相当甚至更好的译文。

最后，本章同时也考量没有译后编辑经验的中国 MTI 学生如何看待译后编辑与人工翻译之间的差异，包括他们采用的策略、遇到的挑战以及对译后编辑的态度等。这些问题的探究具有深远的教育意义，因为对机器翻译和译后编辑有更好的理解和清晰的认识，可能会让学生译者更好地应对未来技术的挑战。

综上，前人研究主要聚焦英语和其他印欧语系字母语言间基于统计机器翻译的译后编辑，而对于表意语言如汉语的神经机器翻译译后编辑研究却相对甚少。因此，本章试图通过分析英汉神经机器翻译译后编辑在过程和产品方面与人工翻译的差别，来弥补这一差距。此外，本章还将分析文本类型对这些差异的影响以及学生对译后编辑过程的看法。

第二节　译后编辑与人工翻译对比实验材料及方法

一、受试者简介

中国一所大学的 30 名 MTI 一年级学生于 2017 年 2 月至 6 月参与了本次实验。他们均为翻译专业学生且都修了高级翻译课程。其中男性 4 名，女性 26 名，年龄为 22 岁至 26 岁。受试者语言背景相同，汉语为第一语言，英语为第二语言，英语水平也非常相似。其中 27 人通过了英语专业八级考试，3 人通过了英语专业四级考试，但专业翻译经验非常有限。受试者都没有任何译后编辑经验或参与译后编辑正规培训的经历。为比较受试者在神经机器翻译译后编辑和人工翻译方面的表现，根据他们在最近两次翻译测试中的成绩，我们将受试者分为两组（G1 和 G2），每组各 15 名学生，确保两组学生的翻译能力和水平大致相同。

二、实验材料

实验材料选取了长度为 142 至 156 个单词的专业文本和通用英文文本各两篇。专业文本为患者信息手册（ST1）和洗碗机手册（ST2）。通用文本分别是饮料品牌可口可乐（ST3）和星巴克（ST4）的宣传手册。所有文本都各自独立，不需要其他上下文即可理解。在专业文本中有一些术语，受试者可使用在线词典直接获得中文翻译。因为测试过程中允许受试者访问互联网查找外部资源，以此来模拟他们日常的翻译场景，所以特意检查确保这些文本在互联网上都没有对应的中文翻译。四篇英文文本皆由谷歌神经机器翻译（GNMT）预先翻译。

每篇文章都提供了翻译要求，告知受试者目标读者、目的和对目标文本的质量期望。四篇文本的翻译和译后编辑都用于对外宣传。译后编辑任务提供了 TAUS（2016）制定的可达到出版质量的译后编辑指南。

实验前问卷用于收集受试者的翻译和译后编辑教育及专业背景，并了解他们对机器翻译和译后编辑的态度。实验结束后，受试者填写一份含有 15 个问题的后测问卷，了解他们对译后编辑速度、脑力和翻译质量的认知，以及他们对译后编辑技能培训课程的看法。

三、实验步骤

该实验是 MTI 学生 2017 年 5 月研一第二学期高级翻译课程的一部分。受试者均签署了湖南大学外国语学院伦理委员会批准的知情同意书。

一组受试者对四篇文章进行人工翻译，另一组进行译后编辑。调查问卷、键盘记录工具（Translog-II）、屏幕记录（BB FlashBack）和回溯性书面报告数据用于多元互证。实验没有时间限制，受试者使用自己的笔记本电脑，尽可能接近日常工作环境，能使用常用的浏览器、词典和输入法。实验期间受试者可通过互联网搜索信息查找资料。实验分两个阶段进行，每次间隔一周。

第一阶段简单介绍机器翻译、译后编辑和 TAUS 译后编辑指南后，受试者完成实验前调查问卷。继而，每位受试者翻译一篇短文、译后编辑一篇短文来熟悉 BB FlashBack 和 Translog-II 的界面功能。第一阶段实验任务包括两个专业文本（ST1 和 ST2）。每个任务都提供了相应的翻译要求和译后编辑指南。然后，G1 对 ST1 进行人工翻译，G2 对 ST1 进行译后编辑，G2 对 ST2 进行人工翻译，G1 对 ST2 进行译后编辑。第二阶段包括两个通用文本（ST3 和 ST4）。第二阶段开始时，受试者再次收到了第二阶段任务的翻译要求和译后编辑指南。然后，G1 人工翻译 ST3，G2 译后编辑 ST3，G2 人工翻译 ST4，G1 对 ST4 进行译后编辑。表 13-1 为该研究的实验设置。

表 13-1　实验设置

	第一阶段（专业文本）		第二阶段（通用文本）	
文本	ST1	ST2	ST3	ST4
人工翻译	G1	G2	G1	G2
译后编辑	G2	G1	G2	G1

完成翻译和译后编辑任务后，受试者在 BB FlashBack 上观看其在第一和第二阶段中完成的翻译和译后编辑过程录像。之后完成一份回溯性书面报告，说明人工翻译和译后编辑之间的差异，包括他们采取的策略、遇到的挑战以及他们对译后编辑的态度，最后是实验后调查问卷。

四、数据筛选

每位受试者参与的两个译后编辑和两个人工翻译任务日志记录数据都被收集。由于有些记录数据损坏，因此被剔除。此外，BB FlashBack 的记录显示，当要求进行人工翻译时，六名受试者先对整个文本进行了机器翻译，然后将机器翻译产出复制到 Translog-II 目标窗口。因此，这些任务数据被排除在外。总共有 99 项任务可用于进行数据分析，包括 44 项人工翻译任务（22 项通用文本，22 项专业文本）和 55 项译后编辑任务（27 项通用文本，28 项专业文本）。最终用于数据分析的任务如表 13-2 所示。

表 13-2　用于最终分析的任务

	专业文本	通用文本	总计
人工翻译	22	22	44
译后编辑	28	27	55
总计	50	49	99

五、数据分析

使用 YAWAT 工具（Germann，2008）先手动对齐最终的 Translog-II XML 文件，然后将其整理成含有 200 多个详细描述翻译过程和结果特征的表格（Carl et al.，2016）。以片段为单位，使用含有相关片段翻译信息的连接 SG 表对数据进行分析。然后，将数据加载到统计软件包 R 中（R Core Team，2008），使用 lme4 软件包对数据进行线性混合效应分析（Bates et al.，2014）。主要是因为该统计方法补偿了自然翻译任务中变量的弱控制（Balling，2008）。我们总共构建了五个线性混合效应模型（LMER）。

这五个模型中，受试者和源文本句子始终是随机效应，因为与这些因素相关的差异可能会对数据产生系统性影响。五个模型的因变量为：（1）每个单词的处理时间；（2）停顿密度；（3）每个单词的停顿持续时间；（4）平均流利度得分；（5）平均准确性得分。对于模型（1）和（2），任务（人工翻译和译后编辑）和文本类型（专业文本和通用文本）是固定效应。在模型（4）和（5）中，产出类型（谷歌神经机器翻译产出、译后编辑和人工翻译）和文本类型是固定效应。首先检查是否存在显著主效应，然后评估固定效应的相互作用。每个固定因素至少有两个水平，但 LMER 模型的一个显著主效应或交互作用效应并不能说明所有或部分因素水平之间的可能比较是否显著。因此，通过重新定义与其他因子水平进行比较的参考水平，构建其他 LMER 模型来进行事后跟踪比较，以详细检查因子水平之间的相关比较。下文将讨论五个 LMER 模型的结果。

第三节　产品和过程的数据分析及讨论

一、加工时间比较

LMER 中第一个因变量为每个单词的处理时间（DurTokS），效果如图 13-1 所示。总体而言，译后编辑两种文本类型都比人工翻译花费的时间少。然而，这一效应只对专业文本有显著意义（p<0.05），与人工翻译相比，每个单词所需的时间要少 3 秒以上。此外，研究结果表明，人工翻译专业文本比人工翻译通用文本花费的时间稍长，而译后编辑专业文本比译后编辑通用文本花费的时间要少很多（p=0.068）。

这些结果与一些前人研究一致，即译后编辑比人工翻译要快。但省时效果的程度随文本类型的不同而有差别。对于专业文本而言，省时效果更为明显，这与之前的研究结果（O'Brien，2007a；Guerberof，2009；Plitt & Masselot，2010）以及翻译行业使用机器翻译译后编辑相吻合。对

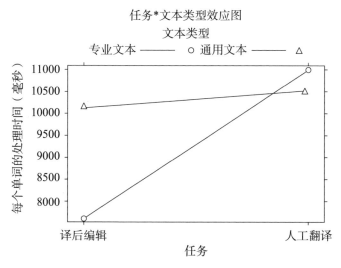

图 13-1　任务（译后编辑和人工翻译）与文本类型（专业文本和通用文本）之间的交互作用对每个单词的处理时间的影响效果图

于通用文本，本章研究结果与 Daems et al.（2017a）相反，却与 Carl et al.（2011b）、Screen（2017b）和 Da Silva et al.（2017）的结果一致，即译后编辑并不会显著减少整体翻译时间。但应谨慎比较，因为参与这些研究的受试者经验丰富，而本研究的受试者既没有专业翻译经验，也没有译后编辑经验。

　　文本类型导致的省时效果差异可以通过两种文本类型的语言差异来解释。专业文本相较于通用文本而言包含更多专业术语，在人工翻译过程中译者需要花大量时间进行网络在线资源检索。且与通用文本相比，专业文本在语法上也更加公式化、不太复杂。经验不足的翻译人员倾向于将翻译看成是一项词汇任务（Tirkkonen-Condit，1990），在可以轻松获得预先翻译文本时，译后编辑可能比要翻译所有词汇信息的人工翻译快很多。由于该研究中的受试者以前没有译后编辑经验，因此可以合理地预期，在获得更多经验并接受适当培训后，他们对两种文本类型进行译后编辑的速度可能会更快。

二、认知努力比较

人工翻译和译后编辑的认知处理过程按照停顿密度（PWR）（Lacruz &
Shreve，2014）和每个单词的停顿持续时间进行了比较。尽管停顿阈值的操
作性往往具有随机性，但此处采用 1000 ms 确保与以往的研究具有可比性
（Jakobsen，1998；Krings，2001；O'Brien，2006；Lacruz et al.，2012）。

（一）认知努力：停顿密度

LMER 模型中的第二个因变量是停顿密度，即片段中的停顿总数除以源
文本片段中的单词数。当译者付出更多努力时，停顿密度预计会更高。效果
如图 13-2 所示。

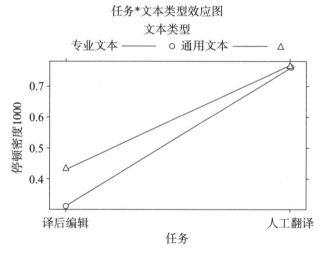

图 13-2　任务类型（译后编辑和人工翻译）和文本类型
（专业文本和通用文本）之间的交互作用对停顿密度的影响效果图

总体结果表明，固定效应（任务和文本类型）对停顿密度都有显著影
响。首先，任务是重要的预测指标（p < 0.001），译后编辑每个单词的停顿数

比人工翻译少很多。对于两种文本类型而言，译后编辑的停顿密度都比人工翻译低很多。其次，文本类型对停顿密度有显著影响（p<0.01），与专业文本相比，通用文本每个单词需要更多的停顿。最后，任务和文本类型之间也存在显著的交互作用（p<0.05）。通用文本的译后编辑与人工翻译之间停顿密度差异小于专业文本译后编辑和人工翻译之间的停顿密度差异。译后编辑专业文本时，每个单词停顿数量少于译后编辑通用文本（p<0.001）。而人工翻译这两种文本类型时，停顿密度几乎没有差异。这些发现与 Schaeffer et al.（2016）的发现一致。他们还称译后编辑时，每个单词的停顿分数远低于人工翻译。

（二）认知努力：每个单词的停顿持续时间

LMER 模型中第三个因变量是每个单词的平均停顿持续时间（Pdur1000），即每个句子的总停顿持续时间除以源文本句子中的单词数。效果如图 13-3 所示。

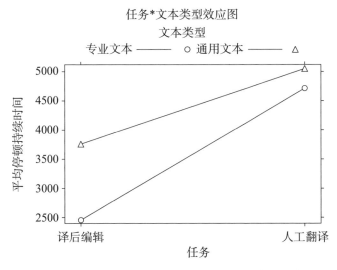

图 13-3　任务（译后编辑和人工翻译）与文本类型（专业文本和通用文本）之间的交互作用对每个单词的停顿持续时间的影响效果图

总体结果表明，主因素任务对每个单词的停顿持续时间有重大影响。译后编辑过程中每个单词的停顿持续时间明显短于人工翻译（p<0.001）。这一效应对专业文本和通用文本的影响都非常显著。译后编辑专业文本每个单词的停顿时间比人工翻译少 2240 毫秒（p<0.01）。译后编辑通用文本的停顿时间比人工翻译少 1270 毫秒（p<0.05）。主因素文本类型也是重要的预测指标，与专业文本相比，通用文本的停顿时间更长（p<0.05）。然而，这一效应只在译后编辑时才显著。译后编辑专业文本时，每个单词的停顿时间明显短于通用文本（p<0.01）。人工翻译专业文本比翻译通用文本的停顿时间短，但差异不显著。这些结果与 Koglin（2015）的研究结论一致，但与 Screen（2017b）得到的结论相矛盾。

有趣的是，关于停顿密度和停顿持续时间的发现表明，译后编辑和人工翻译的停顿行为有明显差异。译后编辑触发的停顿时间较短，停顿密度较低，这表明对受试者而言无论是哪种文本类型，译后编辑对认知的要求都低于人工翻译。这些发现可以用关联理论（Sperber & Wilson，1986）来解释，该理论将翻译视为在源文本和相应目标文本之间寻找解释相似性的过程（Gutt，1991）。关联性原则控制所花费的认知努力和获得的认知效果，因为"人类认知环境会花费最小的加工努力寻求可能的最大认知效果"（Alves & Gonçalves，2013：109）。译后编辑的目标之一是通过充分利用机器翻译原始产出提供与人工翻译质量相当的译文，从而提高生产率。因此，当机器翻译足以满足认知效应时，受试者很有可能停止投入更多的认知努力来寻找能替代源文本的翻译。而很多时候进行人工翻译时，译者可能会为大多数源文本提供几个版本的翻译，然后选择其中能实现最佳认知效应的一个。因此，当源文本单词有多种选择或者需要花时间查找外部资源时，译后编辑可以节省做决策所需的认知资源。

本研究中，译后编辑和人工翻译通用文本的翻译时间没有发现显著差异，但是每个单词的停顿时间和停顿密度都显示，两者在认知努力方面有统计学差异。这一发现与 Da Silva et al.（2017）的实验结果一致，并与 Krings

（2001）和 O'Brien（2011）的论点相呼应，他们认为，时间努力和认知努力在解释译后编辑和人工翻译时，似乎都有各自的优势。

三、产出：质量对比

只有在不影响最终产品质量的情况下，译后编辑过程中节省时间和精力才有价值。因此，本部分将对比谷歌神经机器翻译、译后编辑和人工翻译的产出质量。

（一）数据筛选

99 个任务总共包括 952 个句子。如果人工评估所有句子将非常耗时。由于时间限制，本章分别选择文本 ST2 和 ST3 作为专业文本和通用文本的代表。这两个文本都包含 11 个句子，所以总共有 22 个句子待评估。我们选取了每组中完成了两个文本的任务且没有缺失翻译数据的前三名受试者，即受试者 P1、P2、P4、P17、P18 和 P19 的译文。我们还对谷歌神经机器翻译原始产出进行了质量评估。本研究人工评估的句子总数仅为 154 个（即 22 个源句子的 7 个版本）。当然，从统计学的角度而言，更大的样本量会更令人信服。

（二）评估者简介

译文由四位以中文为母语的评估者测评。其中两位评估者为来自两所大学的专业翻译教师。他们都有大约 10 年的翻译经验，且担任本科生和研究生翻译课程的教学工作。另外两位评估者是专门从事翻译研究的博士研究生。他们都曾担任过本科生和研究生助教工作。所有评估人员在英汉语言对翻译评估中都具有丰富经验。

（三）质量评估标准及流程

译文质量采用 TAUS 动态质量评估框架中制定的准确性和流利度标准评估（TAUS，2013）。每个类别的操作定义见表 13-3。

表 13-3　质量评估中使用的评级类别的操作定义

分类	评分级别及操作性定义	示例
流利度	4 分：非常流利的中文 流利无误	源文本：For plastic items not so marked, check the manufacturer's recommendations. 译文（P17）：对于无标志的塑料制品，请核对制造商的相关说明。 回译：For plastic items not so marked, please check the manufacturer's corresponding recommendations.
	3 分：一般流利的中文 流利，有少许小错误	源文本：Load sharp knives with the handles up to reduce the risk of cut-type injuries. 译文（P18）：尖锐刀具的手柄应朝上放置，降低刀口造成损害的风险。 回译：For those sharp knives, load them with the handles up to reduce the risk of cut-type damage.
	2 分：不流利的中文 不流利，导致理解困难	源文本：For plastic items not so marked, check the manufacturer's recommendations. 译文（MT）：对于塑料物品不是这样标志，检验生产者推荐。 回译：For plastic items not like this sign, test producer recommendations.
	1 分：无法理解的中文 非常不流利，导致难以理解	源文本：We offer the world a portfolio of drinks brands that anticipate and satisfy people's desires and needs. 译文（P4）：我们提供了在世界上饮料品牌一个作品集，满足了人们欲望需求。 回译：We offered in the world drink brands a sample reel, satisfied people desire need.
准确性	4 分：所有源文本中的所有意义都在译文中准确呈现	源文本：For plastic items not so marked, check the manufacturer's recommendations. 译文（P2）：对于没有这样标记的塑料制品，请查看制造商的建议。 回译：For plastic items not so marked, please check the manufacturer's recommendations.

续表

分类	评分级别及 操作性定义	示例
准确性	3分：大部分 源文本中的意义 大部分在译文中 呈现	源文本：For plastic items not so marked, check the manufacturer's recommendations. 译文（P17）：对于无标志的塑料制品，请核对制造商的相关说明。 回译：For plastic items with no marks, please check the manufacturer's corresponding instructions.
	2分：少量 源文本中的意义 片段在译文中 呈现	源文本：Locate sharp items so that they are not likely to damage the door seal. 译文（MT）：把锋利的物品拿出，以免损坏门盖。 回译：Take out sharp items, to avoid damaging the door panel.
	1分：无 源文本中的意义 在译文中没有 呈现	源文本：Load sharp knives with the handles up to reduce the risk of cut-type injuries. 译文（P2）：用手柄装上锋利的刀，以减少切割伤害型。 回译：Use the handles to install the knives to reduce cut damage type.

　　每位评估者都有一份源文本句段以及随机排列的7个待评价的翻译版本。其中，3个为人工翻译版本，3个为译后编辑版本，还有1个是谷歌神经机器翻译的产出。我们没有为评估人员提供任何有关翻译来源的信息。尽管原句和目标句都始终可见，但让评估人员首先仅针对目标句来评估流利度，然后通过比较原句和目标句来评估准确性。最后，评估人员从7个版本中选择最佳翻译。

　　使用Fleiss kappa（Fleiss，1971）测量了评估者之间的可靠性。流利度和准确性的k值分别为0.0334和0.0744。两个分值都表明评估人员的一致度略高于偶然。这一结果与评估者的总体印象一致，他们发现有时难以区分这7个版本的质量。翻译质量评估是一项极其复杂和主观的任务，前人研究中也发现评估者之间的一致性较低。Vieira（2016）发现流利度一致性得分较低，Carl et al.（2011b）发现可靠性也只比偶然的情况好一点。

　　此外，我们还探究了产出类型（谷歌神经机器翻译产出、译后编辑及人

工翻译）和文本类型（专业和通用）对平均流利度（AVEFluency）和平均
准确性（AVEAccuracy）的影响。基于分类框架，我们假定表 13-3 中四个
级别的流利度和准确性之间的距离大致相等，因此可以取 4 位评估者评分的
平均值，前人研究中也有采取类似（Fiederer & O'Brien，2009）和相同的
（Vieira，2016）翻译质量评估方法。

（四）受试者对译后编辑过程的解读

实验前问卷包含受试者在实验前对译后编辑态度的问题。根据他们以往
使用在线机器翻译引擎的经验，只有一位受试者认为机器翻译的质量很高。
15 人认为机器翻译原产出普遍只达到了一般水平。14 人认为机器翻译产出
质量很差或非常糟糕。在速度方面，22 位受试者认为译后编辑可以提高翻
译速度。25 人同意或强烈同意译后编辑能为他们提供新工作机会和新专业
技能。尽管该实验的受试者以前几乎都没有译后编辑经验，但大多数在实验
前对译后编辑持非常乐观的态度。这可能与实验前的入门课有关，入门课让
受试者对机器翻译、译后编辑以及译后编辑行业需求有了基本了解。

实验后问卷调查了受试者对神经机器翻译译后编辑速度、认知努力和质
量的看法。回溯性报告的定性数据被纳入实验后调查问卷的结果中，帮助了
解受试者在调查问卷中的选择。实验后，所有受试者都坚信译后编辑比人工
翻译快。24 名受试者称，译后编辑的认知努力比人工翻译要少。在回溯性
报告中大多数人提到，神经机器翻译产出让译后编辑节省了时间和精力，因
为不必键入整个译文，也不必搜索外部资源来检查他们不知道的词汇信息，
这一点在特定领域文本的处理上尤为明显。那些觉得译后编辑和人工翻译一
样麻烦的学生认为机器翻译原始产出可能会具有误导性。他们认为纠正这些
错误有时比人工翻译要花费更多的精力。就质量而言，26 名受试者认为人
工翻译产出质量要比译后编辑高。所有受试者都认为，译后编辑对专业文本
比对通用文本更有帮助。

此外，受试者发现人工翻译和译后编辑在许多方面都大不相同。11 位

受试者提到，在译后编辑过程中，尤其是在译后编辑通用文本时，他们展示自己创造力和语言技能的空间大大减少，自由度也有所降低（Wang et al., 2021）。因为以前的翻译培训总是要求他们翻出尽可能完美的翻译，所以在进行人工翻译时，会更加注意其翻译的完整性和凝聚力。而在译后编辑时，主要关注翻译的准确性，因为译后编辑指南要求他们尽可能多地使用机器翻译的产出。此外，6 名受试者指出，他们的译后编辑产出比人工翻译更直白。这可能解释了为什么大多数受试者认为他们自己的翻译质量比译后编辑产出更好，也解释了为什么他们所有人都认为必须学习译后编辑技能，说明他们发现译后编辑和人工翻译涉及的翻译技能和策略截然不同。最后，29 名受试者同意或强烈同意常规 MTI 课程中应包括系统的译后编辑培训课程。

回溯报告还揭示了受试者在译后编辑过程中遇到的各种各样的挑战。11 名受试者提到，他们很难决定哪些译文需要保留，哪些需要在译后编辑过程中进行修改。因此，如何高效利用机器翻译的产出对他们而言是很有挑战的。一方面，大部分人觉得有必要完善机器翻译产出中的所有缺陷。另一方面，7 名受试者发现他们有时过于依赖机器翻译的产出，从而忽略了机器翻译的错误。此外，10 名受试者表示期望译后编辑指南能提供更详细和明确的指导。

（五）流利度

LMER 模型中的第四个因变量是平均流利度得分。效果如图 13-4 中的曲线所示。对于专业文本而言，译后编辑产出的平均流畅性分数（3.25）显著高于谷歌神经机器翻译产出的分数（2.88）（p<0.01）。人工翻译的产出（3.31）也显著高于谷歌神经机器翻译的产出（2.88）（p<0.001）。人工翻译和译后编辑专业文本的平均流利度得分没有显著差异。对于通用文本而言，只有译后编辑（3.33）的平均流利度得分明显高于谷歌神经机器翻译产出得分（3.0）（p<0.05）。此外，人工翻译（3.19）和译后编辑（3.33）通用文本的产出在统计学上没有显著差异。因此，有理由总结为：译后编辑和人工翻

译的产出同样流畅，两种文本的得分均高于 3.0（良好中文）。该发现还表明，
无论哪种文本类型，译后编辑在流利度方面均显著提高了谷歌神经机器翻译
的原始产出质量。

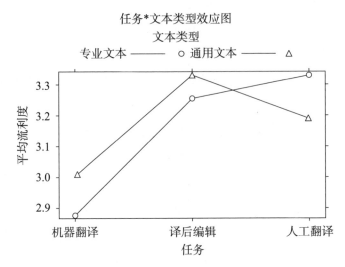

图 13-4　产出类型（谷歌神经机器翻译产出、译后编辑和人工翻译）与文本类型
（专业文本和通用文本）交互效应对平均流利度分数的影响效果图

（六）准确性

　　在最后一个 LMER 模型中，平均准确性得分是因变量，效果如图 13-5
所示。研究发现，对于特定领域的文本而言，译后编辑产出（3.2）的平
均准确性得分明显高于谷歌神经机器翻译的产出（2.76）（$p < 0.01$）。人工
翻译产出（3.29）的平均准确性得分也明显高于谷歌神经机器翻译的产出
（$p < 0.001$）。对于专业文本而言，人工翻译（3.29）和译后编辑（3.2）产
出的平均准确性得分没有显著差异。谷歌神经机器翻译（3.03）、译后编辑
（3.19）和人工翻译（3.16）在处理通用文本时的平均准确性得分没有显著差
异。正如得分较高的平均准确性（3.03）所示，这可能是由于谷歌神经机器
翻译产出中"包含了大多数信息"。

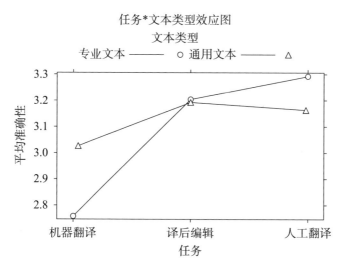

图 13-5　产出类型（谷歌神经机器翻译产出、译后编辑和人工翻译）与文本类型
　　（专业文本和通用文本）交互效应对平均准确性分数的影响效果图

　　值得注意的是，在本项研究中就流利度和准确性而言，通用文本的机器翻译产出得分均高于专业文本，但译后编辑通用文本更加耗时且需要更多认知资源。这可能是因为与专业文本相比，受试者需要花费更多的时间和精力来完善通用文本的语言和风格。回溯性报告也印证了这一点。

（七）基于人工评估的最佳翻译

　　根据实验设计，评估者需要在 7 个翻译版本中选出一个或多个最佳翻译。如图 13-6 所示，评估者对人工翻译的句子的偏好（60.2%）明显高于译后编辑的句子（33.7%）。这种偏好在专业文本中更加显著，认为人工翻译较好的占 69.2%，译后编辑较好的占 25%。而通用文本人工翻译与译后编辑分别占比为 50% 和 43.5%。如上所述有趣的是，译后编辑和人工翻译在准确性和流利度方面没有显著差异。在某些情况下，译后编辑的句子甚至得分更高。对于专业的文本而言，译后编辑的句子在准确性方面得分略高于人工翻译，但流利度得分较低。对于通用文本而言，译后编辑在流利度和准确性上都得分略高。因此，为探究导致此偏好的原因，我们对数据进行了详细的分析。

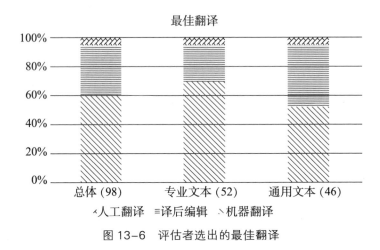

图 13-6   评估者选出的最佳翻译

　　评估者选择流利度和准确性得分最高的句子作为最佳翻译。当准确性和流利度得分不一致时，评估者通常首要考虑准确性而非流利度。共有 15 个句子流利度和准确性得分相同。而这 15 个句子中，评估者选择了 11 个人工翻译的句子作为最佳翻译。这一发现表明，评估者的偏向并非出于流利度和准确性的考量，而是因为评估标准。

　　该结果与 Fiederer & O'Brien（2009）的研究发现较为一致，即相较于译后编辑的版本，评估者更偏向于人工翻译的句子。他们推测，这可能是因为评估者更看重风格而不是流利度和准确性。这一原因也能说明本研究的结果，因为译后编辑指南指出，译后编辑的产出应该"风格上尽可能好，尽管可能不及母语翻译家"（TAUS，2016）。与译后编辑产出相比，人工翻译产出在风格上可能更精致。未来的研究将引入风格作为质量评估的标准之一，探究风格得分和所选最佳翻译之间是否存在关联。此外，评估者评估过程的回溯性访谈或有声思维法或可以为这种现象提供更具说服力的解释。

　　本章基于键盘记录、屏幕记录、回溯性报告、问卷和质量评估的定性和定量数据发现，首先，译后编辑神经机器翻译通常比人工翻译要快，但仅对专业的文本有意义。与人工翻译相比，译后编辑两种文本类型触发的停顿密度显著较低，且停顿持续时间明显较短，表明译后编辑所花费的认知努力远低于人工翻译。此外，人工翻译专业文本要花费更多的时间，而每个单词的停顿密度仅稍低于通用文本，停顿持续时间较短。但是，译后编辑专业文本比译后编辑通用类型文本所花费的时间要少很多，且停顿密度低，停顿持续时间短。因此，这些结果表明，文本类型对人工翻译过程的影响与对译后编辑过程的影响不同。

其次，质量评估结果表明，神经机器翻译译后编辑和人工翻译针对专业文本和通用文本的翻译产品在流利度和准确性方面具有可比性。由于质量评估的数据量相对较小，后续研究将增加样本量，检验以上结果的可信度。这些结果还表明，译后编辑显著提高了原始神经机器翻译产出的质量。在未来的研究中，对神经机器翻译错误、译后编辑和人工翻译产出的详细分析，有助于探究译后编辑决策如何改善神经机器翻译产出以及如何避免过度译后编辑等问题。

最后，尽管受试者并不完全习惯于译后编辑这种新的翻译方式，但他们总体上对神经机器译后编辑持积极的态度。他们发现译后编辑涉及的挑战、翻译技巧和策略与人工翻译不同。研究发现，专业技能和知识不能轻易地从一个领域转移到另一个领域（Ericsson，2006），因此强烈建议将译后编辑培训添加到大学的翻译培训项目中。无论是在节省处理时间还是减少认知努力方面，学生译者都会从译后编辑中受益更多。未来的研究还应该以专业的译后编辑者为对象，以获得对译后编辑专业更深刻的洞见。

本研究还存在很多局限性。首先，可挖掘更多眼动追踪数据来解释文本类型对译后编辑和人工翻译认知过程产生的影响。其次，由于评估者数量较少，且评估的样本量有限，导致质量评估不绝对客观。未来研究需扩大样本量、增加评估者数量、新增精确的眼动指标来提高信效度。

第十四章

翻译技术教学研究现状及未来趋势

人工智能时代背景下，多维技术的应用不断改变着翻译教育的形态，推动翻译技术教学创新。2020 年所发布的《翻译专业本科教学指南》，首次将"翻译技术"作为核心课程之一，突出了翻译技术教学在翻译专业本科教学中的重要性。同时，"计算机辅助翻译"也被列为翻译专业学位研究生核心课程之一，充分体现了翻译教育正高度重视翻译学生的技术素养培养（王华树、刘世界，2021）。随着翻译技术的不断发展与普及，技术赋能的翻译行业人机合作新模式对翻译人才培养产生了重要影响。有效开展翻译技术教学、培养学生的翻译技术能力成为翻译教学的新要求。

翻译技术教学是翻译教学研究的重要分支，是顺应技术发展趋势、推动创新型翻译人才培养的重要手段。和翻译教学研究相比，翻译技术教学研究尚处于初步探索阶段，在研究内容和研究方法上仍存在较大发展空间（肖维青、钱家骏，2021）。目前，国外翻译技术教学研究主要从能力习得角度，结合教育心理学、社会心理学等理论，聚焦翻译技术培训过程中的教学方法和手段，为提高翻译技术能力提供有效指导（Rico，2017；Huertas Barros & Vine，2018；Angelone，2019）。国内翻译技术教学研究主要从宏观的角度把控翻译技术教学实施现状，教学实证研究尚未得到充分关注（肖维青、钱家骏，2021）。如何跨学科借鉴相关理论，拓宽翻译技术教学研究思路，将翻译技术教学与其他学科成果有机结合，仍需进一步探讨。因此，本章将梳理及分析国内外研究成果，厘清其研究内容和方法，以期为翻译技术教学理论探讨与实践探索提供有益借鉴。

第一节　翻译技术教学概念

在对翻译技术教学下定义之前，需要明确翻译技术的概念。根据国际翻译服务流程标准 ISO 17100（2017），翻译技术包括译员、修订者、审校者等人在翻译过程中使用的一系列工具，如文字处理器、电子资源以及翻译中使用的具体技术工具。《翻译技术词典》则对翻译技术给出了一个更广泛的定义，它将翻译技术描述为"翻译应用研究的一个分支，专门研究与翻译计算机化有关的问题和技能"（Sin-Wai，2014：258）。也就是说，翻译技术是指所有能够提高翻译质量和效率的工具和技术，包括术语管理工具、计算机辅助翻译工具、翻译质量保证工具、翻译记忆工具和本地化工具等。因此，翻译技术教学主要针对以上所提及的翻译技术工具开展培训。

从教学的定义出发，翻译教学是指翻译教师从问题解决出发，针对学生的翻译实践进行的一系列培训活动，包括课程目标设定、课程资源建设、课程内容设计、课程效果评价与反思等内容（Kelly，2014）。随着技术的发展和进步，学者们从不同角度丰富了翻译教学研究的内涵，例如基于任务 / 项目实践的翻译教学（Kiraly，2014），基于翻译实验室的翻译教学（王湘玲等，2014），基于能力习得的翻译教学（PACTE，2017），基于实践共同体的翻译教学（Wang & Wang，2021）等。尽管学者们结合不同理论开展教学研究，但究其根本，翻译教学的本质还是以教学目标为导向，结合教学特色，培养翻译学生掌握知识技能、提高道德素养的过程（Bilic，2020）。因此，根据翻译技术定义和翻译教学的定义，我们将"翻译技术教学"界定为：以提升翻译技术能力为教学目标，培养翻译学生掌握主流翻译工具和技术、提高技术素养的过程，教学重点在于将翻译技术与翻译项目、任务相结合，以培养学生利用技术工具解决翻译问题的能力。

第二节　翻译技术教学国内外研究现状

自 20 世纪 90 年代末，Schäler（1998）呼吁将翻译技术纳入翻译教学体系中以来，翻译技术教学在学术界引起了广泛关注。为了满足翻译市场和人才培养需求，我们有必要厘清国内外翻译技术教学研究现状，以便与不断发展的语言服务产业紧密对接。

目前，国外翻译技术教学研究主要借鉴教育学和心理学等领域的理论，从技术能力培养出发，针对翻译技术教学内容和教学方法开展教学实证研究。这类研究根据研究方法可分为定量研究、定性研究和混合研究。首先，翻译技术教学的定量研究主要通过眼动追踪、键盘记录、有声思维和屏幕记录等量化数据收集方法开展教学实验，考察翻译过程中译者与翻译技术工具的互动情况。例如，Wang et al.（2021）考察翻译技术工具的可用性时，通过眼动和键盘记录数据，发现在人工翻译和机器翻译译后编辑两种模式下，学生译者消耗的时间努力不具有显著性差异，但译后编辑模式下的新闻文本翻译效率优于人工翻译，因此建议将机器翻译译后编辑纳入翻译技术教学课程内容。其次，翻译技术教学中的定性研究则通过学生的电子档案袋（E-portfolio）、回溯性报告和访谈等工具来分析教学效果。比如，Alcina et al.（2007）借助学生反思报告和访谈，证明了任务教学法对提高学生翻译技术能力的作用。Rico（2017）从教学经验出发，介绍了电子档案袋在翻译技术教学中的作用，并通过访谈说明了学生对电子档案袋的积极态度。在教学方法上，国外学者较多开展混合研究，通过实施教学实验，将质化数据和量化数据相结合共同验证教学成效。例如，Doherty & Kenny（2014）借助自我效能感问卷收集量化数据，并分析学生的质性反馈，共同分析学生在统计机器翻译课程中的学习效果。Rodríguez-Castro（2018）利用虚拟现实模拟（VRS）和基于任务的学习作为教学方法，为 CAT 入门课程设计了详细的教学大纲。研究结果表明，该课程能够使学生有效地学习 CAT 工具，掌握相关技术资源，并提高其技术技能。Wang & Wang（2021）构建虚拟实践共同体教学模式用于译后编辑能力培养，结果表明，该教学模式能有效促进译后编辑表现，学生对该教学模式也较为满意。

相比于国外翻译技术教学，国内翻译技术教学研究主要从课程建设体系出发，借助问卷或访谈等方式评价翻译技术课程开设现状，分析技术教学问题，从而在课程建设、教学资源及教学实施等方面提出建议与对策。首先，在课程建设上，国内大部分高校现已开设针对本科生及硕士研究生的翻译技术课程，但是国内翻译技术课程设置与语言服务行业实践存在严重脱节问题，部分重要课程内容模块（如机器翻译译后编辑）缺失现象较为明显（王华树、刘世界，2021）。未能开设翻译技术课程的主要原因是缺乏专业师资力量、缺乏配套软硬件设施等（朱玉彬，2018；岳中生，2020）。因此，国内学者们认为翻译技术教育是一项系统工程，需要从宏观的层面考虑不同层次的翻译技术课程体系建设，重视课程结构体系的整体优化，合理设置课程难度等级和教学进度，以满足学生多样化学习需求，促进教学目标实现（傅敬民、谢莎，2015；王华树等，2018；崔启亮，2019）。其次，在教学资源上，师资力量和配套教学资源不足成为翻译技术教学的重要短板。当前翻译技术教学呈现出内容多元化、教学信息化、资源平台化、项目协作化、测试情景化等新特征，但是由于翻译技术师资匮乏，教学资源建设不足，对翻译技术教学的高效性和针对性产生了较大影响（王晨爽、文军，2016；肖维青等，2021）。此外，据王华树和李莹统计，目前翻译技术教学实施的理想状态与现实情况差距较大，效果不显著，突出表现为教学目标设置过高、学生技术意识不强、技术实践环境受限等。因此，他们进一步提出，翻译技术教学应"以学生为中心，搭建创新型开放式数字化教学环境，尤其要利用 VR/AR 技术为学生创设沉浸式和交互式学习环境，增强学生自主探究及合作创新的能力"（王华树、李莹，2021：19）。软件方面，学者们建议高校应加大投入力度，配置云端一体化的技术教学环境，以提高翻译技术教学成效（曹达钦、戴钰涵，2021；王华树，2021）。

整体来看，国内外翻译技术教学研究主要表现出以下特征与差异：（1）在研究内容上，国内学者主要从宏观的角度，关注翻译技术教学现状的调查研究，而国外学者相对更注重教学实践研究，开展基于翻译技术的过程/产品研究，关注特定翻译技术教学方法（如机器翻译译后编辑教学等）以及教学模式的有效性研究。（2）在研究方法上，国内学者主要采用问卷调查、访谈和案例分析这三种方式为教学设计提供参考，而国外学者主要借助定性和定量数据相补充的方式，对教学方法进行验证，以完善翻译技术教学设计。

第三节　未来展望

在人工智能时代，神经网络机器翻译、云端翻译、内容自动化等新技术在语言服务行业得到了广泛的应用。纵观国内外翻译技术教学研究，我们认为未来相关研究可从以下几个方面予以拓展及延伸。

（1）优化培养模式，深入挖掘有效的教学手段。目前与翻译技术教学相关的教学实践多重视对翻译学生基本技能的培养，缺乏对学生信息价值判断、批判性思维等技术思维的引导。因此，在今后的研究中，翻译教师应当深入挖掘有效的教学手段，既关注学生技术工具使用能力，又需重点培养其获取信息、评价信息等技术思维能力。例如，翻译教师可通过屏幕记录等过程性记录工具，要求学生反思信息检索过程的有效性，并借助电子档案袋对评估过程予以记录，提高其批判性思维（王湘玲、沙璐，2021；Sha et al.，2022a）。此外，翻译技术教学研究也应当与技术热点相结合，与翻译行业发展相接轨。目前，机器翻译译后编辑等人机交互新模式已经改变了译者传统的工作生态，成为新的职业译者工作模式（王湘玲等，2021）。因此，将机器翻译译后编辑等翻译技术纳入研究范围，对于今后翻译技术的优化及应用具有一定的启示意义。

（2）完善培训体系，提高翻译教师技术素养水平。目前翻译技术教学研究以学生为主要研究对象，考察教学实践过程中的一系列因素，对翻译教师的关注较少。而翻译教师是培养翻译技术人才、提高翻译教学质量的关键（Wu & Wei，2021）。在新信息技术环境下，如何提升与发展高校翻译教师的技术素养既是保证翻译技术教学实效的重要环节，也是国家发展战略的要求（王少爽、李春姬，2021）。因此，结合目前翻译技术教学现状，我们认为未来相关研究可以重点关注翻译教师的技术素养培养，从翻译教师技术素养构成要素、教师技术素养培训体系和教师技术素养评价标准等方面着手，齐抓并举，动态且持续地提升高校翻译教师技术素养。

（3）创新研究范式，加强研究方法与工具的借鉴与创新。翻译技术教学研究属跨学科研究，其研究问题和研究假设都与学生译者的问题解决过程有关，而数据提取和分析方法以及一些理论框架都源于其他学科（O'Brien & Rodríguez Vázquez，2019）。因此，跨学科借鉴研究工具在翻译教学研究领域中仍属于探索性初步研究，需要多种研究方法相结合进一步测试和验证，以保证数据收集和结果分析的信度和效度。从研究方法的角度来看，早期的翻译技术教学研究主要为理论性探讨，突出翻译技术在翻译教学研究体系中的重要性（肖维青、钱家骏，2021）。之后的相关课题开始重视教学实证研究，以认知心理学研究工具为基础，引入了不同研究工具，包括键盘记录仪、屏幕记录、眼动仪等。尽管目前已有学者综合不同量化研究工具开展相关研究，但仍需通过质性数据进一步挖掘数据分析的深度。因此，在今后的翻译技术教学研究中，可采用多元数据分析模式（Triangulation）（胡珍铭、王湘玲，2018b），将认知科学研究工具与传统教学研究工具相结合，注重"质"与"量"的有效整合，对量化数据和质化数据进行交叉验证，提高研究的科学性、客观性及可靠性。

本章通过梳理国内外翻译技术教学研究现状，全景展示了该研究领域的发展动态及未来趋势。总体而言，翻译技术教学研究尚处于一个起步阶段，相关研究呈现逐年上升的变化趋势，并指向研究领域之间的相互融合与渗透。在研究内容上，翻译技术教学研究主要分为两大主题，一是教学实践的现状分析，调研目前翻译技术教学施教过程中的不足之处，为将来翻译技术教学实践提供思路；二是针对翻译技术能力培养，探究翻译技术教学的有效手段。在研究方法上，目前研究主要采用混合实验法，通过收集教学过程中的量化与质化数据，揭示翻译技术教学过程中不同因素对学生能力的影响。目前现有研究已为翻译技术教学奠定了一定的理论和实践基础，但未来研究仍需加强研究内容的深入，促进研究工具的跨学科借鉴与融合，为提升译者信息素养、培养翻译技术人才指明方向。

第十五章

翻译教师教学技术能力量表研制及检验 *

　　本章以 TPACK 理论框架为依据，结合相关文献初步建立了整合技术的翻译教学能力理论模型，编制了翻译教师教学能力量表。该量表包括信息技术应用能力、一般教学能力、翻译能力、翻译教学能力、翻译技术应用能力及整合技术的翻译教学能力六个因子。基于测试与正式调查样本数据，利用 SPSS 与 AMOS 数据分析工具，进行项目分析、探索性因子分析和验证性因子分析。研究结果表明，本量表具有较好的信效度，对国内高校翻译教师教学能力测量的工具开发具有较好启示和参考。

　　人工智能与翻译教育深度融合已成为高校翻译教育教学改革与人才培养创新的必然趋势。在"教育＋人工智能"的进程中，智能教育的开展对翻译教师现有能力结构提出了新的挑战。云计算、大数据、人脸识别等新技术的发展，特别是众包翻译、语联网及"译云"在线翻译平台的问世，使翻译呈现出信息化、流程化及协作化等特征，这对译员能力素质也提出了新要求，译员除掌握双语能力、传统口笔译实践能力外，还须具备翻译技术能力、译后编辑能力、信息搜索能力等，这无疑对培养翻译人才的教师能力素养提出了更高要求。因此，人工智能时代的翻译教师不仅需要掌握较强的翻译教学能力和信息技术素养，更需要具备将翻译教学、信息技术和教学方法有效整合的能力。

　　师资队伍是高素质翻译创新人才培养的关键因素。近年翻译教育发展迅速，但国内翻译师资队伍现状不容乐观，高水平翻译师资队伍匮乏已成翻

* 本章初稿是与刘宏伟教授合作的成果，初稿发表于期刊《外语界》，有删减。

译教育发展的瓶颈（何刚强，2007；罗慧芳、鲍川运，2018）。加强翻译师资队伍建设，深化翻译教师研究已成为翻译教育迫在眉睫的现实问题。"师资队伍建设以及翻译教师研究均需引起重视"（穆雷、李希希，2019：31）。近年来，翻译教师研究引起了国内外学者关注。学界已在翻译教师能力构成、发展与培训等方面取得一定研究成果，有学者（如 Kelly，2008，2014；Azizinezhad et al.，2019；张静，2020；刘熠、刘平，2019 等）围绕翻译教师的学科教学知识、专业能力和素质等进行了理论和实证研究；也有学者（鲍川运，2009；张瑞娥、陈德用，2012；Wu et al.，2019；梁伟玲、穆雷，2020）从翻译教师发展现状、影响因素及师资培训等方面进行了探讨；还有学者（如郑悦、郑朝红，2014；覃俐俐、王克非，2018 等）从翻译教师的角色定位、身份认同及资质等方面开展了相关研究。但翻译教师仍是翻译研究领域最薄弱的环节，且以往研究大多从宏观理论视角探讨翻译师资发展策略、方法和原则，从微观实证视角聚焦翻译教师教学能力的研究尚不多见（初胜华等，2020：49）。有鉴于此，本章以 TPACK 理论框架为依据，尝试开发整合技术的翻译教师教学能力量表，以期为我国高校翻译教师教学能力测评和发展提供科学依据。

第一节　翻译教师教学技术能力理论框架

教师知识和能力构成要素一直是教师研究的焦点。美国斯坦福大学教授舒尔曼（Shulman，1986：4—14）提出教师应具备学科知识、教学法知识、课程知识、学科教学知识、教育环境知识。她认为学科教学知识（PCK）融合了其他六类知识，是教师知识的核心组成部分，是教师与其他职业区别的知识结构（Shulman，1987：1—22）。格罗斯曼（Grossman，1990）继承发展了舒尔曼的观点，将教师知识结构界定为学科知识、一般性教学知识、学科教学知识和背景知识。斯滕伯格和霍瓦斯（Sternberg & Horvath，1995：

27—38）则提出教师知识结构包括学科内容知识、教学法知识和实践知识三方面。

　　进入 21 世纪，随着信息技术的飞速发展且在教育领域的普及应用，信息技术应用能力已成为教师必备的专业技能。传统学科教学知识框架已无法充分阐释信息时代教师开展有效教学所应具备的专业知识和能力。美国学者科勒和米什拉（Koehler & Mishra，2005：133）在舒尔曼学科教学知识的基础上，增加了技术知识，提出了整合技术的学科教学知识框架（TPACK）。该框架是关于教师在具体情境中如何利用技术开展有效教学的知识框架，包含七个因素，即：学科内容知识（CK）、教学法知识（PK）、技术知识（TK）、学科教学知识（PCK）、整合技术的学科内容知识（TCK）、整合技术的教学法知识（TPK）、整合技术的学科教学知识（TPACK)。

　　TPACK 框架并非仅仅机械地将技术应用至原有教学中，而是将技术、学科内容及教学法三者相互协调和高度整合。作为全新的教师知识能力结构框架，自从提出 TPACK 后，其迅速成为教师发展领域研究的前沿热点。国内外学者对 TPACK 理论框架内涵，TPACK 测量和基于 TPACK 的教师教育、发展和培训等方面进行了相关研究。不少学者（如焦建利、钟洪蕊，2010；徐鹏等，2013；Willermark，2017；皇甫倩，2017；闫志明等，2020）在 TPACK 的内涵、结构以及前沿综述等方面取得了系列高质量研究成果；也有学者（如詹艺、任友群，2011；Akyüz，2016；吴玉玲等，2018；施雨丹、汪小思，2020）在量表开发、评价和实践应用方面进行了探索；还有学者（Pamuk，2012；胡加圣、靳琰，2015；陈菁、李丹丽，2020 等）开始将 TPACK 理论应用至各学科教师发展和课程建设当中。可见，TPACK 概念框架成为教师教育和教师专业发展的一个重要知识框架已逐渐被学界接受，并在具体学科教学情境下得到了应用和研究（邓国民等，2018：66）。但文献研究表明，已有研究聚焦于职前教师教育与中小学教师发展，针对高校教师的研究成果偏少，更缺乏基于 TPACK 的高校翻译教师教学能力发展实证研究。

　　本章根据人工智能时代对高校翻译教师知识能力的新要求，以 TPACK
模型为框架，提出整合技术的翻译教师教学能力理论模型（TPACC）（见图
15-1）。该模型有三个核心要素，即：信息技术应用能力（TC）、翻译能力
（CC）、一般教学能力（PC）和四个衍生要素，即：翻译教学能力（PCC）、
整合技术的教学能力（TPC）、翻译技术应用能力（TCC）及整合技术的翻
译教学能力（TPACC）。该模型各要素的具体内涵为：（1）信息技术应用能
力：教师运用信息技术（包括硬件与软件）完成教学任务，支持学生学习活
动，以达到提升教学质量、增进学生学习效果的能力。（2）一般教学能力：
教师顺利设计、组织实施、评价和改进课堂内外教学活动所必需的知识和技
能。（3）翻译能力：教师从事翻译教学或译者从事翻译实践工作所需的学
科知识和技能。（4）翻译教学能力：教师根据学生实际情况和翻译学科知

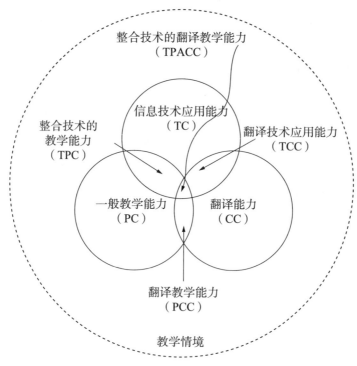

图 15-1　整合技术的翻译教学能力模型（TPACC）

识特点，为实现翻译教学目标而采用的教学方法或策略的总和。（5）翻译技术应用能力：教师或译者在翻译教学或翻译实践中对翻译工具和翻译技术的理解和应用能力。（6）整合技术的教学能力：教师在教学活动中使用信息技术，采用恰当的教学策略方法完成教学目标的能力。（7）整合技术的翻译教学能力：教师在翻译教学过程中将信息技术、翻译学科内容知识和教学策略或方法有效整合，从而更加顺利地完成翻译教学任务的能力。

第二节　教学技术能力量表设计

一、研究样本

本章的样本为354名高校翻译教师，其中男教师105名，女教师249名，这些受试者分别来自广东、湖南、湖北、江苏、浙江、山东、福建、江西、陕西、重庆及贵州等省市，涵盖综合类、理工类、师范类等不同类型高校。

二、调查工具

本章以 TPACK 为理论基础，借鉴国内外以往研究中的量表，设计翻译教师教学能力测量工具。采用查阅文献、专家咨询和问卷访谈等多种途径对翻译教学能力结构进行初步探索。首先，通过阅读国内 TPACK 及教师教学能力相关文献，确定整合技术的翻译教学能力内涵。接着，参照以往学者对 TPACK 的理论概念架构，确定整合技术的翻译教学能力维度（包括上文提到的七个维度）。然后，对施密特（Schmidt，2009）量表、Koh（2010）量表等现有较成熟的 TPACK 测量工具以及赵护林（2019）的译者能力调查问卷等翻译能力量表进行了分析，参考以上量表或问卷中的相关题项，所有题项以"我能……"为基本结构，采用 Likert 五级量表，按照"完全不符合"

到"完全符合"进行 1—5 分赋值，初步拟定问卷题项 70 题。然后，请心理学、教育学、翻译学、语言学等学科领域的 15 名专家进行审查并提出修改意见，最终确定了 66 个题项。

该问卷包含两个部分：第一部分为翻译教师个人信息，包括性别、年龄、学历、职称、教龄以及教学对象等 11 个项目信息；第二部分为整合技术的翻译教师教学能力测量项目。

三、数据收集与分析

问卷于 2020 年 9 月发给各高校外语学院院长，请他们将问卷转发给所在高校翻译教师进行填写。共发放问卷 354 份，经校核，未发现填写不全及填写错误问卷，有效率为 100%。问卷数据通过 SPSS 18.0 进行了统计分析。首先，通过项目分析，删除指标项不符合统计学标准的题项；其次，进行探索性因子分析以探明整合技术的翻译教学能力构成维度；再次，进行验证性因子分析对量表进行模型拟合度评价；最后，进行信度和效度检验，以确保量表的科学性和合理性。

第三节　量表实证检验

为保证研究结果的可靠性，对问卷进行评价。一般而言，进行探索性因素人数最好不低于 100 人，验证性因素人数须达到 200 人以上（涂金堂，2016：65）。为此，本章采用 SPSS 18.0，按随机取样方式，将总样本（N=354）分为两部分：样本 1（N=150）和样本 2（N=204）。前者用于项目分析与探索性因子分析，后者用于验证性因子分析。最后，进一步检验问卷的整体信度及效度。

一、项目分析

项目分析主要是为了检验整个量表或个别题项的可靠程度（吴明隆，2010：158）。初始问卷设计完成后，有必要根据调查数据对预测问卷进行项目分析，通过求决断值—临界比（极端分组法），量表题项与总分相关检验及题项同质性检验，将未达到统计学标准的题项删除。

（1）**求决断值—临界比（极端分组法）**：根据样本 1 数据，运用 SPSS 求出各题项总分，以样本分值前 27% 受试者为高分组，后 27% 作为低分组。采用独立样本 t 检验，检查两组在所有变量上的差异，再删除未达到显著性差异水准及区分度不高的题项。统计结果显示，就 CR 值指标而言，量表 66 个题项的显著性均为 0.00（$p < 0.05$），除题项 a3 的 t 值未达到标准值 3.00 外，其他各题项分值均超过标准值，表明各题项具有良好的区分度。

（2）**量表题项与总分相关检验**：统计各题项与总分的相关系数，如某题项与总分相关系数愈高，表明该题项与量表的同质性愈高。如题项与总分相关系数不高（$r < 0.4$），或题项与总分未达显著差异，可考虑将其删除。结果显示，除题项 a1（$r = 0.392 < 0.4$）、a3（$r = 0.350 < 0.4$）与总分相关系数低于 0.4 外，其余各题项与总分相关系数均高于 0.4。因此，可将题项 a1、a3 删除。

（3）**题项的同质性检验**：为确保量表的信效度，还可采用信度检验、共同性与因素负荷量等检验方法对其进一步检验，删除不符合的题项。

信度检验主要有两种判断标准：其一是观察校正题项与总分的相关系数，如果校正题项与总分的相关系数不高，表明该题项与其他题项关联度不高；其二是观察题项删除后的整体系数。一般而言，若删除某题项后，α 系数不降反升，则表明该题项与其余题项同质性太低，可考虑将其删除。统计结果表明，除题项 a1，a3（分别为 0.360 和 0.299）低于 0.4 外，其余题项均高于 0.4；删除题项 a1，a3 后，α 系数不降反升。由此可判断 a1，a3 与其他题项的同质性不高，可将其删除。

此外，还可检测题项的共同性，通常以共同性值≥0.20作为题项选取标准，若题项共同性值<0.20，则表明题项与共同因素间的关系不密切，可删除此题项。本章采用因子分析法，通过主成分分析（Principal Component Analysis，PCA）抽取共同因素，以特征值1作为抽取因子的判断基准。统计发现，题项a1，a3的共同性分别为0.134和0.115，其均值<0.20。因此这两个题项可考虑删除。

因素负荷量是指题项与因素之间的关系程度。各题项因素负荷量愈大，则表示其与共同因素的关系愈密切，亦即共同性愈高。按统计学或心理测量学标准，各题项因素负荷量一般应≥0.45，如题项因素负荷量<0.45，可考虑删除。统计结果显示，题项a1，a3的因素负荷量分别为0.367和0.340，低于0.45，可将其删除。

综上，通过不同方法对量表各题项统计分析发现，题项a1，a3各项指标都不符合统计学要求，应将其删除，量表由原来66个题项减少至64个题项。

二、探索性因子分析

探索性因子分析的目的是确定量表或问卷潜在的结构，以较少构念代表原来复杂的数据结构。样本数越多，问卷或量表的信效度估算就越准确；样本数太少，进行探索性因子分析时，易造成统计结果的较大误差值（涂金堂，2016：63—64）。要进行探索性因子分析，样本数至少需要100份，或量表测量题项的5倍以上，则探索性因子结构会更加稳定（涂金堂，2016：65）。本章量表题项总数为66，样本1数量为150，样本数达到基本要求。

在进行探索性因子分析前，还须进行KMO检验和Bartlett球形检验，确定该数据是否适合做因素分析。KMO值（一般介于0至1之间）大小是判断该数据是否适合进行探索性因子分析的主要依据，若 KMO 值>0.90，说明非常适合进行因素分析，若 KMO 值>0.80（0.90>KMO>0.80），则较适合，若 KMO 值<0.50，说明不太适合进行因素分析（Kaiser，1974：31—36）。经 SPSS 统计检验发现，Bartlett 球形检验 χ^2 值为 10342.74（df=2016，$p=0.000<0.001$），达到极其显著水平，KMO 值为 0.926（>0.90），表明该数据非常适合进行因素分析。

探索性因子分析主要是检验量表的结构效度，即量表最好保留多少项共同因素。目前因素分析筛选的方法主要包括：Kaiser 的特征值大于 1 的方法、碎石图检验法、方差百分比决定法及事先决定准则法等。本章在删除 a1，a3 之后，共保留 64 道题，题项总数多于 50 题，不符合选取特征值大于 1 的因素准则。该初始量表主要参照施密特的 TPACK 量表而构建，其量表共分为 TK、CK、PK、PCK、TPK、TCK、TPCK 7 个维度。因此，在进行因素分析时，运用主成分分析，选择正交旋转法（Varimax）抽取因素，提取 7 个因子，根据因子抽取情况，确定各题项归类及各因素命名。在因子提取和题项删除过程中，应考虑原则包括：参照相关矩阵（Correlation Matrix），各题项与其他题项相关程度系数>0.3；参照公因子方差（Communalities，即共同性），题项的共同性应>0.2；参照旋转后成分矩阵，各题项的因素负荷量>0.45；每一共同因素能够命名，且至少包含 3 个题项；在一个共同因素中若包含原构念不同题项，且该题项因素负荷量最大，则考虑将其删除；若同一题项在两个因素中负荷值均>0.45，一般按原标准划分。

结合碎石图检验法（见图 15-2）及事先决定准则法，依据相关指标筛选并删除相关题项后，最终留下 46 道题，可将其分为 6 个因子，根据原来的理论模型，分别命名为：因子一（F1）信息技术应用能力（TC），包括 6 个题项，分别为：TC2、TC4、TC5、TC6、TC7、TC8；因子二（F2）翻译能力（CC），共包括 9 个题项，分别为：CC1、CC2、CC3、CC4、CC5、CC6、CC7、CC8、CC9；因子三（F3）一般教学能力（PC）共包括 8 个题项，分别为：PC2、PC4、PC5、PC6、PC7、PC8、PC9、PC10；因子四

（F4）翻译教学能力（PCC），有 6 个题项，分别为：PCC5、PCC6、PCC7、PCC8、PCC9、PCC10。因子五（F5）翻译技术应用能力（TCC），有 7 个题项，分别为：TCC1、TCC2、TCC4、TCC5、TCC6、TCC7、TCC8；因子六（F6）整合技术的翻译教学能力（TPACC），有 10 个题项，分别为：TPACC1、TPACC2、TPACC3、TPACC4、TPACC5、TPACC6、TPACC7、TPACC8、TPACC9、TPACC10。统计结果表明，6 个因子题项对应关系良好，累积方差解释率为 72.346%，说明此量表结构可以接受。

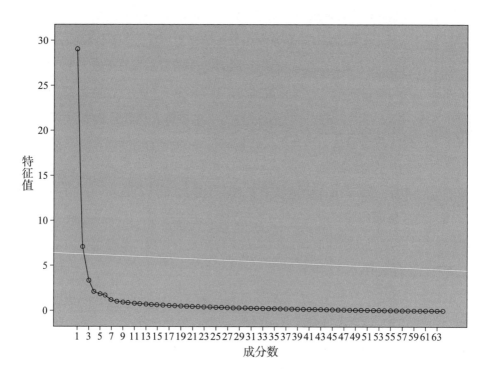

图 15-2　TPACC 碎石图

表 15-1 TPACC 探索性因子分析结果及因子负荷（N=150）

序号	题项	F1	F2	F3	F4	F5	F6	共同度
TC4	我能轻松地学会信息技术。	0.756						0.747
TC6	我能熟练操作常见的多媒体教学设备（如智慧教室、smart 屏幕等）。	0.719						0.643
TC5	我能利用网络技术快速准确地找到所需的信息。	0.682						0.668
TC8	我熟知多种不同的信息技术。	0.642						0.701
TC2	我能紧跟最新的信息技术。	0.616						0.705
TC7	我能熟练使用常见的计算机办公软件（如 PPT、Word 和 Excel 等）。	0.552						0.509
CC1	我熟悉翻译学科领域的知识体系和脉络。		0.833					0.794
CC2	我能紧跟翻译学科发展最新动态。		0.786					0.763
CC5	我具有丰富的翻译理论知识。		0.783					0.792
CC7	我具有完成翻译任务所需的主题知识。		0.774					0.727
CC3	我具有丰富的翻译行业知识。		0.762					0.761
CC4	我已掌握翻译的基本原则与策略。		0.751					0.661
CC6	我已掌握从事翻译实践所必需的双语知识。		0.723					0.712
CC9	我能根据翻译需要选择合适的翻译方法。		0.646					0.723

序号	题项	F1	F2	F3	F4	F5	F6	共同度
CC8	我具有完成翻译任务所需的百科知识。		0.606					0.637
PC8	我能对课堂教学效果进行反思和总结。			0.800				0.777
PC9	我能有效地组织与管理课堂教学，维持良好的课堂秩序。			0.749				0.700
PC7	我能营造融洽的课堂气氛调动学生学习的兴趣和积极性。			0.745				0.802
PC10	我能采取多种方式评价学生的学习效果。			0.742				0.762
PC6	我能在课堂中鼓励学生积极思考并发表见解。			0.690				0.762
PC5	我能在课堂中采用多种教学方法。			0.637				0.682
PC4	我能在课程教学中做到因材施教。			0.580				0.684
PC2	我能根据课程要求和学生实际选择教学内容。			0.487				0.710
PCC9	我能引导学生将所学知识应用到翻译实践中。				0.722			0.748
PCC7	我在课堂教学中重视提升学生学习翻译的兴趣。				0.691			0.769
PCC8	我能对翻译教学难点采取恰当的教学策略。				0.673			0.771
PCC10	我能开拓学生视野，将相关前沿性知识引入翻译教学中。				0.637			0.707
PCC6	我善于引导学生进行翻译自主学习。				0.602			0.751

续表

序号	题项	F1	F2	F3	F4	F5	F6	共同度
PCC5	我了解学生原有的翻译知识基础。				0.453			0.539
TCC5	我能熟练运用常见的机辅翻译软件（如 Trados、MemoQ 等）。					0.776		0.829
TCC7	我掌握了一定的翻译项目管理技术。					0.765		0.795
TCC8	我能使用常见的译后编辑工具。					0.741		0.829
TCC6	我能借助语料库技术解决翻译中的难题。					0.683		0.775
TCC2	我掌握了一定的翻译术语管理技术。					0.660		0.726
TCC1	我已具备丰富的翻译技术知识。					0.679		0.732
TCC4	我时常关注翻译技术发展的最新动态。					0.526		0.559
TPACC6	我能运用信息技术对学生翻译学习情况进行评估并调整教学策略。						0.894	0.892
TPACC8	我能应用信息技术，选择合适的教学方法增进学生对翻译学科知识的理解。						0.855	0.848
TPACC7	我能根据学生实际和教学内容需要，选取合适的信息技术创设翻译教学情境。						0.851	0.844
TPACC5	我能恰当地运用信息技术和教学方法帮助学生巩固原有的翻译知识。						0.851	0.872
TPACC9	我能运用信息技术，采取合适的教学策略有效组织和管理翻译课堂。						0.831	0.821

续表

序号	题项	F1	F2	F3	F4	F5	F6	共同度
TPACC3	我能恰当地运用信息技术帮助学生解决翻译学习中的难点。						0.813	0.863
TPACC1	我能将合适的教学方法、信息技术整合到翻译课堂教学中。						0.795	0.778
TPACC4	我能运用合适的信息技术和教学方法提升学生的翻译学习兴趣。						0.793	0.814
TPACC2	我能选择合适的教学策略和信息技术提升翻译教学效率。						0.788	0.821
TPACC10	我能在整合技术进行翻译教学方面起到带头作用并帮助别人。						0.609	0.708
	特征值	1.409	4.887	2.862	1.696	1.959	20.466	
	累计方差（%）	72.346	55.115	61.337	69.283	65.595	44.492	

注：①提取方法：主成分分析方法；②旋转在 8 次迭代后收敛；③旋转法：具有 Kaiser 的标准化正交旋转法。

三、验证性因子分析

验证性因子分析可用来检验模型的结构效度。由以上探索性因子分析可知，整合技术的翻译教学能力量表由六个因素所组成，但这只是量表的初步结构。该理论模型结构是否适切，需通过验证性因子分析进一步检验。一般而言，不能用同一个样本资料进行探索性因子分析和验证性因子分析（涂金堂，2016：264）。因此，本章采用交叉验证法，利用拆分的样本 2，运用统计软件 AMOS 24.0 进行验证性因子分析。

模型评估采用拟合度检验，通常通过卡方值、拟合指数和近似均方根误差（即 RMSEA 值）等来判断结构模型的拟合情况（Crowley & Fan，1997）。χ2/df 是检验模型与观测数据拟合度的标准指标，但其易受样本大小影响，为此，模型评估应同时参考其他拟合度指标。本章选用 Chi-square/df、CFI、IFI、TLI、GFI 和 RMSEA 等指数检验对模型的适配度。一般而言，Chi-square/df 值<2 或 3，拟合指数（包括 CFI、IFI、TLI、GFI 等）>0.90，绝对拟合指数 AGFI>0.85，表示模型拟合度好。近似均方根误差 RMSEA<0.05 表示模型拟合很好，在 0.05—0.08 之间表示模型拟合较好（Byrne，2013）。统计结果表明，虽 χ2/df<3，RMR<0.05，RMSEA<0.08，但 CFI、GFI 等指标不太理想（见表 15-2）。

表 15-2 高校翻译教师 TPACC 量表验证性因子分析结果 1（N=204）

模型	χ²/df	GFI	RMR	RMSEA	PNFI	PGFI	NFI	TLI	IFI	CFI
适配标准或临界值	<3	>0.9	<0.05	<0.08	>0.5	>0.5	>0.9	>0.9	>0.9	>0.9
	2.104	0.691	0.049	0.074	0.740	0.622	0.787	0.867	0.876	0.875

进行验证性因子分析发现，有些指数无法达到统计学要求时，可通过选择修正指数对模型进行改善。修正模型时，应"以理论和实证为基准，每次只从最大修正指数中释放一个参数"（王保进，2007：349）。基于上述原则，本章对模型的修正指数进行分析。若一道题目在共变数或回归系数部分，有很多高的 MI 值，为达到精简原则，可考虑删除此题（涂金堂，2016：278）。PCC10 在 TC、TCC 和 TPACC 三个维度的 MI 值都比较高（分别为17.238、16.333 和 11.522），因此，可删除"PCC10"。题项删除后，模型的整体拟合指数都有所优化，但仍有提高空间。为此，进一步对模型进行修正，使各项指标都达到了理想水平。基于同样原则，相继删除 TPACC10、TCC1、PC7 和 CC4 四题。删除上述题项后，各项拟合参数都得以改善，虽 NFI 和 GFI 仍未达到 0.9，但已非常接近。根据常用模型评价指数及其标准，整体来看，模型与数据达成了较好拟合，说明模型比较合理，问卷具有可接

受结构效度（见表 15-3）。

表 15-3　高校翻译教师 TPACC 量表验证性因子分析结果 2（N=204）

模型	χ^2/df	GFI	RMR	RMSEA	PNFI	PGFI	NFI	TLI	IFI	CFI
适配标准或临界值	<3	>0.9	<0.05	<0.08	>0.5	>0.5	>0.9	>0.9	>0.9	>0.9
	1.692	0.773	0.042	0.058	0.779	0.677	0.847	0.924	0.931	0.930

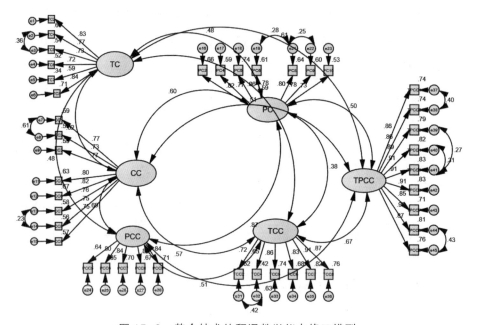

图 15-3　整合技术的翻译教学能力修正模型

四、修正后的量表信效度检验

信度和效度是任何测量工具都不可或缺的条件（荣泰生，2009：77）。完成探索性因子分析和验证性因子分析后，还需进一步对量表的信度和效度进行检验。信度是判断量表是否适切或优良的重要指标。本章采用内部一致性系数和分半信度作为信度分析指标，修改后量表采用样本 2 的数据进行信度检验。一般来说，量表的信度数值在 0.9 以上表示优良，0.8—0.89 表示良好，0.7—0.79 表示普通，0.6—0.69 表示不良，0.6 以下表示极差（涂金堂，2016：426）。因此，量表的信度最好高于 0.8，至少高于 0.7。本量表修正后的信度检验结果显示，量表的克朗巴哈系数为 0.98，分半检测的等值系数 0.825，说明该量表的信度较高。

表 15-4　高校翻译教师 TPACC 探索性因子分析信度检验结果（N=150）

因素命名	克朗巴哈系数	下界	上界	题数
信息技术应用能力	0.864	0.827	0.895	6
翻译能力	0.939	0.924	0.953	9
一般教学能力	0.927	0.908	0.944	8
翻译教学能力	0.898	0.871	0.922	6
翻译技术应用能力	0.933	0.915	0.948	7
整合技术的翻译教学能力	0.969	0.961	0.976	10
总体	0.970	0.963	0.977	46

表 15-5　高校翻译教师 TPACC 验证性因子分析信度检验结果（N=204）

因素命名	克朗巴哈系数	下界	上界	题数
信息技术应用能力	0.889	0.864	0.911	6
翻译能力	0.922	0.905	0.937	8
一般教学能力	0.921	0.903	0.936	8
翻译教学能力	0.891	0.865	0.913	5
翻译技术应用能力	0.920	0.902	0.936	6
整合技术的翻译教学能力	0.971	0.965	0.977	9
总体	0.967	0.960	0.97	41

综上可知，不论采用探索性因子分析还是验证性因子分析，所得结果都很相似，这充分说明整合技术的翻译教学能力总量表和各分量表（各维度）

均具有良好的信度。

　　进一步对各因子与总量表及各因子进行相关性分析，再次评价量表的结构效度。相关性分析结果显示（具体见表 15-6），各因子与总量表之间的相关性介于 0.766—0.826（＞0.7），各因子之间的相关性介于 0.415—0.77，属于中等相关，说明量表具有较好的区分效度。

表 15-6　6 个分量表之间以及与总量表之间的相关矩阵

项目	TC	CC	PC	PCC	TCC	TPACC	总体
TC	1						
CC	0.558**	1					
PC	0.476**	0.559**	1				
PCC	0.470**	0.622**	0.770**	1			
TCC	0.575**	0.570**	0.415**	0.527**	1		
TPACC	0.564**	0.466**	0.476**	0.552**	0.668**	1	
总体	0.766**	0.802**	0.725**	0.782**	0.818**	0.826**	1

　　经过效度和信度检验，最终确定 TPACC 量表由 42 个题项组成，涵盖信息技术能力（6 个题项）、翻译能力（8 个题项）、一般教学能力（8 个题项）、翻译教学能力（5 个题项）、翻译技术应用能力（6 个题项）及整合技术的翻译教学能力（9 个题项）6 个因子。

第四节　研究结果讨论

一、TPACC 量表的科学性与合理性

　　在确立翻译教师 TPACC 量表结构和编制量表的过程中，本章基于 TPACK 理论模型，参照施密特编制的 TPACK 量表等，参阅大量经典文献，

并采用德尔菲专家咨询等多种方式，构建了整合技术的翻译教学能力 7 维度 66 个题项组成理论结构模型。经项目分析、探索性因子分析和验证性因子分析及信效度检验，将其修正为 6 维度 42 个题项组成的理论结构模型。实证研究结果表明，最终确定的理论结构模型与理论结构假设模型基本一致，但探索性因子分析发现，假设模型中的整合技术的教学能力维度和整合技术的翻译教学能力维度聚合时存在极大重叠，说明这两个维度高度相关，所以题项无法单独提取。相对而言，整合技术的翻译教学能力聚合度好，所以将该维度及其题项保留，而将整合技术能力所有题项删除。实证研究进一步厘清了整合技术的翻译教学能力的结构层次。

通过 Chi-square / df、CFI、IFI、TLI、GFI 和 RMSEA 等指数来对模型的合适度进行检验。整体来说，该量表的 Chi-square / df 值＜2 或 3，拟合指数（包括 CFI、IFI、TLI、GFI 等）＞0.9，绝对拟合指数 AGFI＞0.85，近似均方根误差 RMSEA＜0.05，表明该量表模型拟合较好。结果表明，该量表 6 维度结构拟合程度良好，各维度相关系数处于 0.415—0.77，属于中等相关，说明量表各维度之间既相互独立又有一定联系，具有较好的区分效度；经检验，总量表与各维度呈显著性相关，表明该量表的效标关联效度良好。

二、对 TPACC 量表结构的讨论

综合理论模型结构和实证数据检验，TPACC 量表由信息技术应用能力、一般教学能力、翻译能力、翻译教学能力、翻译技术应用能力、整合技术的翻译教学能力六个因子构成。

因子一"信息技术应用能力"包括对信息技术的认知，使用常见的计算机办公软件，用微信、博客及 QQ 等社交媒体的能力，熟练操作常见的多媒体教学设备及使用互联网和桌面搜索工具等的能力。进入 21 世纪，随着信息技术的飞速发展并在教育领域的普及应用，技术已经成为教师能力结构的一个重要组成部分，信息技术应用能力已成为教师必备的专业技能。它对教

师的其他能力都产生了重要影响，是促进信息技术与教育深度融合、触发教育创新的关键能力（梁茜，2020：50—59）。经统计，该因子解释了 1.409% 的总方差，在六个因子中重要性程度最弱。

因子二"翻译能力"包括教师在翻译教学或译者在翻译实践工作中所需的双语知识、翻译学科专业知识、翻译行业知识、百科知识、主题知识及相关翻译策略、方法和技能等。翻译能力是翻译教师的核心能力，翻译教师具有较强的翻译实践经验和翻译实践能力，才有可能有效地培养学生译者（王少爽、李春姬，2021：74）。该因子题项以 PACTE 翻译能力模型为基础进行设计，该模型由双语能力、非语言能力、工具能力、翻译知识能力、策略能力和心理生理要素组成（PACTE，2005：609—619），但工具能力内容调整至翻译技术应用能力。经统计，该因子解释了 10.623% 的总方差，在两个因子中居于第二位，表明该因子地位重要。因此，作为一名合格的翻译教师，首先应该具备较强的翻译能力，这是从事翻译教学的基础和前提。

因子三"一般教学能力"是各学科教师通用的能力，包括教学目标设定、教学内容选择、课堂组织与管理、教学评价与反馈等各方面的知识和技能。教学活动是科学性与艺术性的统一。尽管教学活动千差万别，但总有一定规律可循，教学活动主要涉及教学监控能力、教学认知能力与教学操作能力三种能力，其中教学监控能力是指教师为达到预期教学目标，不断积极地对教学活动进行计划、检查、评价、反馈、控制及调节的能力；教学认知能力是教师对教学目标、教学任务、学习者特点、教学情境以及教学方法与策略进行分析判断的能力；教学操作能力是教师在实现教学目标过程中解决实际教学问题的能力等（申继亮，2004）。统计结果显示，该因子解释了 2.862% 的总方差，在六个因子中重要性程度相对较弱。

因子四"翻译教学能力"包括教师在翻译教学过程中参照课程教学目标，重组与加工翻译学科教学内容，灵活采用翻译教学方法和策略，激发学生翻译学习兴趣等的能力，是影响学生翻译能力发展的关键因素。翻译教师应具有翻译专家与教学专家的双重身份（González Davies，2004），即不仅应具备丰富的翻译实践经验、宽广的翻译理论视野，还应拥有钻研翻译的热情，善于展开教学互动与循循善诱（何刚强，2007：24）。故此翻译教师应不断丰富自身翻译知识，把握现代翻译教学理念，熟悉翻译教学和翻译学习的规律，善于激发学生学习翻译的兴趣，有效进行翻译教学培训。经统计，该因子解释了 1.696% 的总方差，在六个因子中重要性程度较弱。

因子五"翻译技术应用能力"是人工智能时代翻译教师特有的能力，包括使用计算机辅助翻译软件、语料库技术、项目管理技术、术语管理技术及译后编辑和信息搜索等的相关能力。随着计算机辅助翻译、在线翻译、神经网络机器翻译等技术纷纷问世并得到广泛应用，信息技术对翻译行业和翻译人才的影响日益深入（孔令然、崔启亮，2018：45）。培养学生翻译技术和工具的运用能力，提高翻译技术素养是《翻译本科教学指南》的规定和要求，也是人工智能时代译者的核心能力（赵朝永、冯庆华，2020：16）。翻译教师要帮助学生了解翻译技术知识，培养学生的翻译技术应用能力，自身必须积极学习和应用翻译技术和工具。经统计，该因子解释了 1.959% 的总方差，在六个因子中重要性程度较弱。

因子六"整合技术的翻译教学能力"是 TPACC 最核心的能力，包括 9 个描述项，涵盖教师在翻译教学中能根据学生实际和翻译教学内容需要，选取合适的信息技术创设翻译教学情境，有效组织和管理课堂，提升学生翻译学习的兴趣，帮助学生解决翻译学习难点，提升学生对翻译学科知识的理解及巩固原有翻译学科知识等方面的能力。人工智能技术的发展促使翻译对象、内容、形态和手段等发生深刻变化，也驱动翻译教学内容、教学方式、课堂管理、教学评价等的变革。在技术赋能的新时代，翻译教师要顺利完成教学任务，促进学生翻译能力提升，无疑需具有将信息技术、翻译学科内容知识和教学方法有效整合的能力。经统计，该因子解释了 20.466% 的总方差，可见，该因子在六个因子中重要性程度最强。

本章在 TPACK 理论模型基础上，通过探索性因子分析、验证性因子分析和信效度检验，正式形成了 TPACC 量表。经检验，该量表模型和数据拟合较好，具有较高的信度和良好的效度，符合心理测量学的标准，为准确有效测评高校翻译教师教学能力提供可靠工具，也为翻译教师教学能力发展、培训提供实证支持，有助于翻译教师合理进行职业生涯规划，促进个人自我提升与专业成长。

当然，量表研制是一个极其复杂的工作。该量表设计多次请教专家学者，反复校正问卷题项，并进行科学检验与分析，但受时间、精力等主客观条件限制，该量表仍存在不足，如各维度还存在一定交叉和重叠之处，量表的结构框架还可进一步完善。

本章是一个跨学科研究，涉及学科较多，理论知识跨度较大，涵盖翻译学、语言学、教育学、心理学等学科理论与知识，目前只做了初步尝试，在后续研究中，还可扩大样本数以及采用更多方法（如档案袋、观察法、绩效评价法等）进行检验或验证，进一步证明量表的有效性和可靠性。

第十六章

基于网络实践共同体的机器翻译译后编辑培训

在人工智能时代背景下，机器翻译技术进步迅速，机器翻译译后编辑模式在语言服务行业中得到广泛应用，译后编辑培训的重要性和必要性在翻译教学中逐渐凸显。本章旨在探讨实施网络实践共同体（VCoP）的可行性。网络实践共同体是指基于某一论点或问题的有共同兴趣的群体，通过网络相互交流促进、相互协作与实践（Davis & Goodman，2014）。基于这一概念，本章提出了译后编辑能力培养的 VCoP 模式。该模式通过引导学生积极参与网络实践共同体，学习如何进行译后编辑以及管理译后编辑项目。为了验证该教学模式的可行性，本研究邀请 30 名翻译专业一年级研究生参加了教学实验，其中 15 名学生使用 VCoP 方法进行教学（实验组），另外 15 名学生则由同一名教师进行线下教学（控制组）。具体的研究问题包括:（1）从译后编辑过程来看，实验组和控制组的自我评估和自我反思水平是否存在差异?（2）从译后编辑文本质量来看，两组学生的学习效果是否存在差异?（3）学生如何看待译后编辑的 VCoP 模式?

在人工智能时代，机器翻译的广泛应用为翻译人才培养提出了新要求。由于翻译市场对译后编辑的人才需求日益增加，翻译培训开始将译后编辑纳入教学课程（如 O'Brien，2002；Pym，2013；Guerberof & Moorkens，2019）。与此同时，互联网、云技术和社交网络等新技术的快速发展，对翻译教学的课程形式产生了较大影响。在此背景下，翻译教学实践必须充分考虑并适应当今教学技术的变化，以弥合翻译学术界和行业之间的差距。尽管信息技术已广泛应用于翻译课堂（Massey，2005；Desjardins，2019；Kiraly et al.，2019），然而，对如何将技术纳入翻译培训，尤其是译后编辑培训的相关探索尚不充分（Gambier，2012；Díaz Millón et al.，2020）。

　　网络实践共同体是促进在线学习的有效策略之一（如 Wenger，2000；Smith et al.，2017）。VCoP 的概念起源于实践共同体（CoP）这一术语，它根植于社会学习理论，将学习视为社会互动过程（Lave & Wenger，1991）。VCoP 是指基于某一论点或问题有共同兴趣的社会群体，通过网络交流促进相互协作与实践（Kirschner & Lai，2007）。其特点是成员基于网络社交进行互动，通过论坛、聊天室、电子邮件和讨论板交流和分享知识（Behal，2019）。与传统实践共同体相比，VCoP 可以消除地理障碍和时间限制，提高共同体成员构成的异质性，从而加强网络学习环境中的成员交流（如 Yang，2009；Davis & Goodman，2014）。尽管 VCoP 在不同的教育环境中已广泛应用，且优势明显，但是鲜有研究结合实证数据具体探索这种教学方法对网络学习的影响。

　　网络学习与翻译教学的融合研究自 21 世纪以来一直是翻译教学研究的焦点（如 Massey，2005；Robinson et al.，2008；Talaván & Ávila-Cabrera，2021）。网络学习通过提供真实的学习情境，让学生参与真实活动，合作解决问题，从而培养工具能力和职业能力（Prieto-Velasco & Fuentes-Luque，2016；Nitzke et al.，2019；Kiraly et al.，2019）。然而，目前将网络学习应用到译后编辑教学中的相关研究相对较少（Nitzke et al.，2019a）。网络学习中可能出现各种问题，如学习动机不足、参与度低、学习需求多样化和资源投入高等。而构建 VCoP 可以克服这些挑战，提供更有效的在线课程（Pym，2001）。因此，本研究将 VCoP 方法应用到译后编辑教学中，鼓励学生积极参与培训课程，学习如何进行译后编辑以及如何管理译后编辑项目。为了验证这一方法的可行性，本研究开展了一项含有实验组与控制组的准实验研究。翻译硕士一年级共 30 人参与了本研究，其中 15 人参与了使用 VCoP 方法的在线课程，其他 15 人参与了面授课程。两个班的课程内容相同，均由同一名教师授课。本研究旨在比较译后编辑学习者在基于 VCoP 的在线学习和面对面学习中的表现差异。具体的研究问题包括：从译后编辑过程来看，实验组和控制组的自我评估和自我反思水平是否存在差异？从译后编辑文本质量来看，两组学生的学习效果是否存在差异？学生如何看待译后编辑课程的 VCoP 模式？

第一节　译后编辑培训与实践共同体的文献回顾

一、译后编辑与译后编辑培训

在翻译研究中，学者们通常认为译后编辑是与修订相关的活动，包括修改机器翻译输出的译文，确保其达到客户的质量要求等（如 O'Brien，2002；TAUS，2016）。与人工翻译不同，译后编辑对特定能力有所要求，如风险评估能力、策略能力、查询能力和服务能力（Nitzke et al.，2018）。因此，译者需要接受译后编辑培训，最大限度地发挥机器翻译的潜在优势。O'Brien（2002）是首位提出将译后编辑培训纳入翻译教学的学者。她认为开设"译后编辑"课程有助于提高新手译者对机器翻译系统及其实践的认识。因此，O'Brien 提出了译后编辑课程大纲，包括机器翻译译后编辑知识理论和技术实践两个模块。O'Brien 还特别指出译者对机器翻译持积极态度的重要性，这一观点得到了其他学者的支持（Doherty & Moorkens，2013；Pym，2013）。翻译研究人员、从业者和培训人员纷纷遵循 O'Brien 的研究设计，探索如何在翻译教学中培训合格的译后编辑者。目前，相关研究主要关注教学大纲设计，包括教学目标、教学内容、教学过程、教学资源和评估手段（如 Flanagan & Christensen，2014；Guerberof & Moorkens，2019）。

随着网络技术的发展，培训人员已经开始从面对面译后编辑教学转向在线教学。例如，Nitzke et al.（2019）通过 DigiLing 网络学习平台，开设译后编辑课程，用以培养翻译学生的数字化能力。该平台可以提供更加多样化的翻译课程，并为学生提供课外的培训资源。Díaz-Millón et al.（2020）支持使用网络学习培训未来的译后编辑，并认为这种方法有助于培养译者适应新技术的能力。尽管这些研究已经探讨了网络学习在译后编辑培训中的优点，但目前尚无研究比较学生在面对面和在线课程中的表现，进而验证网络学习对译后编辑教学的优势。

二、网络实践共同体

实践共同体（Community of Practice，CoP）一词最早由 Lave & Wenger（1991）提出，是指有着共同追求、能够共享某一领域信息并努力深化该领域知识的集体。该概念源于社会建构主义理论，强调社会互动对认知发展的重要性（Vygotsky，1978；Rogers，2000；Wenger，2010；Risku，2016）。根据 Lave & Wenger（1991：91），CoP 有三个重要特征：领域、共同体和实践。第一，领域知识创造共同基础，激励成员参与，并指导他们的学习。第二，共同体为他们的集体学习、支持互动、讨论、协作活动和关系建立了社会纽带。第三，实践是共同体发展、分享和维护其核心知识的重点（同上，91—117）。这三个特征构成了一个实践共同体，使其适用于职业培训。之后学者们进一步将 CoP 概念扩展到学习共同体，即一群具有共同学术目标和兴趣的学生定期开会，合作完成课堂作业并参与讨论（如 Davies et al.，2005；Li et al.，2009）。研究表明，CoP 有利于学生发展新的思维方式和创造力，提高其解决问题的能力等（Lenning et al.，2013：93）。

以计算机为辅助的通信工具（Computer-Mediated Communication，CMC）为 CoPs 应用于网络学习环境中提供了技术支持（Hildreth et al.，1998），网络实践共同体（VCoP）概念应运而生。VCoP 是指 CoP 与 CMC 工具相结合，即学生通过网络共享知识、交流、讨论和协作（Davis & Goodman，2014；Risku & Dickinson，2017）。与传统 CoP 相比，VCoP 通过跨越地理障碍和时区建立协作共同体，为远程学习者提供了更多的分析、讨论和合作机会（Winne et al.，2013）。研究表明，VCoP 可以通过在线互动、协作和反思活动促进个人和职业发展（McConnell，2006；Lewis et al.，2010）。

在翻译教学中，不同学者也提出了网络环境下的翻译共同体模式（如 JiméNez-Crespo，2015；Risku & Dickinson，2017）。例如，O'Hagan（2011）指出，众包翻译共同体有助于帮助学生熟悉真实的翻译市场。此外，Sánchez Ramos（2018）建议通过集成 Web2.0 工具将翻译课堂转换成一个在线共同体。尽管以往研究为 VCoP 应用于翻译培训中提供了概念基础，但鲜有研究详细讨论如何在教学实践中实施 VCoP，以及如何评估学生在 VCoP 中的表现。

第二节　网络实践共同体在译后编辑培训中的应用

随着机器翻译的发展，中国高校逐渐将译后编辑培训作为翻译硕士课程的一部分。在传统的译后编辑课程中，教师在课堂中应用行为主义方法向学生传递知识与信息（如 Maor & Taylor，1995）。该方法有助于学生熟悉机器翻译译后编辑的概念知识。然而，该方法难以为学生提供足够的译后编辑实践经验（Nitzke，2019）和适应市场需求的远程工作及协作技能（Wang et al.，2017）。鉴于此，本研究提出了一种促进在线译后编辑课程的 VCoP 方法，旨在为译后编辑学习者创造一个协作学习环境，促进其参与真实的译后编辑项目。

一、译后编辑的 VCoP 模式

本研究从社会建构主义的观点出发，即学习是一种建构的、自主的、协作的情境性活动（Kiraly，2000；Kiraly et al.，2019），尝试将 VCoP 方法应用于译后编辑培训中。这种方法旨在通过提供更易于访问、互动和参与的学习环境，培养数字时代的译后编辑。此方法有三个要素：翻译问题、在线协作和教师指导与反馈。首先，翻译问题嵌入由真实客户委托的译后编辑项目，触发了学生的学习动机。其次，积极的共同体参与是建设共同体的关键，促使共同体成员积极参与小组讨论，并承担提升共同体的责任。最后，有效的在线辅导和反馈对于促进学习投入至关重要。

实施 VCoP 方法的第一步是创建一个课程论坛，所有学生参与其中，讨论译后编辑相关问题，同时收集信息，共享知识；使用视频会议软件或在线聊天室，定期进行同步会议；此外，客户、目标文本读者、源文本作者和领域专家在项目过程中不断地提出问题和给予反馈。学生通过参与这些集体活动，能够积极与同伴互动，进而从被动的知识接收者转变为主动的学习者（Kiraly et al.，2019）。

表 16-1 比较了 VCoP 与传统面授课堂之间的区别，以突显 VCoP 模式的优势。

表 16-1　VCoP 方法与传统方法特征对比

类别	VCoP 方法	传统方法
课堂活动	学习者中心；交互式	教师中心；教诲式
教师角色	促进者，协作者	事实讲述者
学习者角色	共同体成员	知识接收者
教学材料	真实项目	非真实项目
学习	集体学习	个体学习
评价	档案袋，表现和结果	结果导向
技术使用	机器翻译系统；同步和异步交互工具	机器翻译系统
课堂	虚拟课堂	线下实体课堂
参与者	学生、教师、在线目标文本读者、源文本作者、客户和领域专家	学生和教师

如表 16-1 所示，与传统面授方法不同，VCoP 方法存在较多的优势。首先，在实施 VCoP 方法的过程中，教师从知识的传授者转变为促进者、辅导者，为学生提供支持（如 Kiraly，2000）。其次，学生的角色也与面授课堂上的学生明显不同。他们是学习的主导者，在学习过程中处于中心位置，并与同伴、教师和机构外的领域专家合作。此外，与面对面教学相比，VCoP 方法借助同步和异步工具，为学习者提供了一个更具互动性的网络环境。这些工具使学生能够更容易地获取目标文本读者、源文本作者和客户的反馈。

二、实施 VCoP 方法

为探索 VCoP 的有效性，本研究将 VCoP 应用于翻译教学中。该课程面向湖南大学 MTI 学生，为期 16 周。本课程的目标包括：（1）掌握译后编辑技能；（2）获得译后编辑项目管理知识；（3）培养学生在大型译后编辑项目中的团队协作能力。该课程包括以下四个模块：介绍译后编辑的概念知识、译后编辑实践、实施真实译后编辑项目以及反思学习过程。学生均需每周参与针对各个模块的在线活动和讨论。

在线课程模块总结如表 16-2 所示，其中阐述了 VCoP 相关事项、网络工具和干预教学策略。

表 16-2　VCoP 方法下的在线译后编辑课程模块

模块	事项	网络工具	干预教学策略
概念知识	● 机器翻译 ● 译后编辑	● 腾讯会议 ● 论坛 ● 邮件	● 课程开始前一周发送课程材料包 ● 提供可共享的网络学习内容 ● 每周更新，提醒学生本周的主题 ● 使用不同的场景对相关问题进行讨论 ● 发布技术支持的网页链接
实践练习	● 翻译效果 ● 质量 ● 评估	● 腾讯会议 ● 论坛 ● 邮件	● 任命共同体领袖 ● 发展子共同体 ● 鼓励学生汇报 ● 鼓励小组讨论中的同伴反馈 ● 组织主题讨论

续表

模块	事项	网络工具	干预教学策略
项目管理	● 术语 ● 译后编辑项目管理 ● 质量保证	● 腾讯会议 ● QQ ● 微信 ● 百度云 ● 论坛 ● 邮件	● 设定明确的质量要求和截止日期 ● 促进真实翻译项目 ● 发布问题引发有意义的在线讨论 ● 及时回答学生的疑问 ● 提供及时有用的反馈 ● 促进学生详细讨论客户、读者和领域专家反馈
反思	● 译后编辑项目 ● 译后编辑质量	● 腾讯会议 ● 论坛 ● 邮件	● 半结构化课堂讨论 ● 自评报告 ● 同伴评审量表 ● 在线档案袋

首先，概念知识模块旨在了解机器翻译和译后编辑的基本知识。教学内容包括机器翻译的基本原则、机器翻译错误、译后编辑类型、译后编辑准则和译后编辑质量指标。模块基于腾讯会议上的直播课程。腾讯会议作为一个广泛使用的视频会议应用程序，可以记录课程，以便学生能够根据需要多次观看。此外，学生还可通过使用电子邮件和论坛参与异步学习。为促进学生学习，教师提供可分享的网络学习内容，并就不同问题组织讨论。

第二个模块要求学生进行译后编辑实践，包括使用各类机器翻译工具、比较译后编辑与人工翻译、根据 TAUS 的质量指标评估译文质量以及自我 / 同伴评审。实践模块旨在帮助提高学生在译后编辑中解决问题和批判性思维的能力。在本模块中，教师任命了共同体领袖，由他们维持秩序并激励小组的其他成员，此外还发展了小型共同体以便进行更灵活互动的协作。网络课堂中要求学生与同伴分享学习经验，教师同时分享补充其他学习技巧，以促进小组讨论中的同伴反馈。

接下来的十周要求学生使用网络完成一个真实的翻译项目。本模块旨在引导学生在实践译后编辑项目时如何运用特定的工具解决特定的问题。学生们被随机分配到三个 QQ 群，每个 QQ 群由五到六个人组成。他们每周在 QQ 聊天室开视频会议两次，讨论翻译过程中出现的术语管理及质量保证等问题。在讨论过程中，教师根据实际情况给予协助，包括引导讨论话题、提供反馈、指出相互矛盾的观点，引起反思，总结经验等。此外，学生可通过微信公众平台，从客户、读者和领域专家处得到帮助、支持和反馈。

最后一个模块旨在促进学生反思。本模块关注学生在项目管理和译后编辑质量控制等方面的表现。在结构化反思环节中，学生们通过视频或幻灯片展示的方式与同伴分享学习成果，同时该模块还要求学生撰写反思报告并提交在线学习档案袋（即小组讨论）。

三、VCoP 方法评价

评估在学生学习中尤为重要，是网络学习环境中有效学习的潜在驱动力（Vonderwell et al.，2007）。本研究中将过程性评价与总结性评价相结合，以促进有效的在线学习。表 16-3 呈现了两类评估的时间安排以及具体的评价活动。

表 16-3 VCoP 方法中的测量

评价方式	主要目标	时间安排	典型活动
过程性评价	促进在线学习的参与度，跟踪学生在课程中的表现	第 4 周	译后编辑实践质量自评 / 师评
		第 8 周	译后编辑实践质量自评 / 师评；评估学生的电子档案袋
		第 12 周	译后编辑实践质量自评 / 师评；评估学生的电子档案袋
		第 15 周	译后编辑实践质量自评 / 师评；评估学生的电子档案袋
总结性评价	测量学生在课程结束后的知识、技能和态度	第 16 周	在时间压力下完成最终的译后编辑任务；提交反思报告；测量对教学方法的态度

本研究将过程性评价嵌入整个课程。过程性评价的主要目的是提高学习参与度、跟踪学生的进步、提供持续的反馈以提高学习表现（Galán-Mañas

& Hurtado Albir，2015）。另一个目的是通过让学生参与持续的在线评价来
促进学生的自我评价技能和反思性思维。课程要求学生每三到四周提交一次
译后编辑文本以及电子档案袋。

在整个过程中，学生需要评价项目各个阶段的译后编辑产出质量，并
与教师评价进行比较。他们还参与评估自己的翻译任务以及小组中的同伴表
现，进而发展动态同伴评价技能。这个过程需要教师提供反馈和帮助，以提
高小组的学习动力。

第 15 周结束前完成过程性评价后，教学最后一周进行期末考查。学生
需要在键盘记录软件 Translog-II 中完成一项译后编辑任务。此外，他们还需
根据共同体成员间的互动过程，撰写本学期的学习反思报告，涉及学生对教
学方法和学习任务的态度和看法。

第三节　教学准实验研究设计

本研究采用实验组和对照组的准实验设计来探析 VCoP 方法在译后
编辑培训中的可行性。准实验研究方法广泛适用于教学研究中（Cook &
Campbell，1979），有助于提高研究的生态效度（Gopalan et al.，2020）。

一、受试者情况

本研究的受试者为湖南大学 MTI 课程第二学期的 30 名翻译学生。他们
都通过了英语专业八级考试，英语水平相当。在参加本课程之前，他们已经
通过多门科技翻译课程的考核，拥有基本的翻译技能，但是从未参与过任何
真正的协作翻译或译后编辑项目。受试者分为两组，一组为实验组，另一组
为对照组。两组教师相同，授课内容和课时也相同。唯一的区别在于对照组
学生的授课方式为面对面线下授课，而实验组则通过在线学习平台进行授

课。所有受试者都知悉本研究的目的，并在课程开始时签署了实验同意书。教学实验获得了湖南大学外国语学院伦理委员会的认可。

二、翻译任务与客户

受试者需在十周之内完成深空探测主题的英译中翻译任务。源语文本长度约为十万字，涵盖国防、商业、劳工、能源等领域知识。源语文本用谷歌神经网络机器翻译系统进行预翻译。预计目标文本需达到出版的质量（TAUS，2016），并为空间探索研究人员和政策制定者提供参考。客户是湖南大学深空探测研究中心，译者不署名，但研究中心将在项目完成后公开发布项目内容。研究中心委派一位联系人负责提供详细的简报并向学生介绍该项目。学生在项目完成过程中不会获得报酬，但会收到研究中心签署的证书，证明其参与了该项目。

三、实验程序

课程开始前，教师给学生提供一份深空探测主题的原始机器翻译输出文本作为前测，同时提供一份翻译委托书以及完整的译后编辑指南（TAUS，2016）。两组学生在译后编辑错误数量上无显著差异，表明实验前两组学生的译后编辑能力基本相同。前测有助于排除其他影响研究结论的潜在变量，比如受试者背景和熟悉度（Cook & Campbell，1979）。另一个包含相近错误数量的机器翻译原始文本将作为后测文本。

在课程中，学生使用改编自 TAUS 动态质量评估框架（2013）的评分量表（见表 16-4）对译后编辑的质量进行四次评估，时间分别在第 4、8、12 和 15 周。学生的自评分数将与教师评分进行比较。同时学生还需要写反思性报告，以为观察学生的学习表现提供更丰富的数据。

表 16-4　译后编辑质量的评估量规

类别	评分等级	操作定义
流利度	5	无缺点的译文：流畅的文字，没有错误
	4	很好的译文：大部分文字都像中文原文，只有几处小错误
	3	较好的译文：有些部分像中文原文，但有些部分看起来像翻译，有一些错误
	2	不流畅的译文：译得很差，难以理解，有多处错误
	1	难以理解的译文：译得很差，无法理解
准确性	5	非常准确：源文本中所有信息都包含在译文中
	4	很准确：源文本中几乎所有的信息都包含在译文中
	3	较准确：源文本中的许多信息都包含在译文中
	2	较不准确：源文本中部分信息包含在译文中
	1	不准确：译文中不包含源文本中的任何信息

表 16-5　结构化访谈问题

1. 在你看来，教师对课程有什么影响？ a. 你觉得在课程中与老师的互动如何？ b. 这些互动何时产生，频率如何？
2. 现在请告诉我你在这门课上与其他学生的互动频率。 a. 互动的方式是什么？ b. 互动的好处是什么？
3. 谈谈你在这门课程中遇到的挑战和取得的成就。 a. 你在课程中遇到了什么样的挑战？ b. 你在课程中取得了哪些成就？
4. 课程中你们是如何一起工作，提供并接受译后编辑项目的反馈的？ a. 你通常从谁那里得到反馈？你是如何得到他们的反馈的？ b. 哪种反馈对提高译后编辑质量最有效？（如老师反馈、同伴反馈、客户反馈） c. 这种反馈对你的学习有什么好处？
5. 这门课程可以如何改进？ a. 课程达到你的预期了吗？ b. 你认为这门课程在哪些方面可以改进？

　　课程结束后，网络课堂中的 15 名学生全部通过腾讯 QQ 接受采访。其他 15 名学生在教室或教师办公室接受用录音软件进行采访。结构化访谈（见表 16-5）旨在探索学生的满意度和课程的有效性。最后，在线课程中的所有学生都需要回答一份调查问卷，测量他们对 VCoP 方法的看法，该问卷改编自 McConnell（2006）关于学生在网络小组中学习经历的问卷（附录 3）。

四、数据编码

　　本研究基于 TAUS（2016）和 Hsu（2014）的错误类型，将译后编辑错误分为五种类型。如表 16-6 所示，标点错误即不正确的标点符号。词汇错误包括选词错误、术语错误、搭配错误和固定表达错误。句法错误是指句法层次上的错误。未翻译的内容指应该翻译的内容没有在译文中呈现。宏观层面错误与文本连贯性、目标读者和翻译目的有关。

表 16-6　编码译后编辑错误

错误类型	例子
标点错误	ST: Because of these potential complexities, other alternative avenues of manufacturing were investigated, the most promising of which was investment casting. TT: 悬架结构的复杂性，促进了其他制造方式的产生，其中最有效的是熔模铸造。 回译：The complexity of the suspension structure, has promoted the production of other manufacturing methods, the most effective of which is investment casting.
词汇错误	ST: On the rover, the bogie was split into two distinct structural elements. TT: 流动站上的转向架由两大结构组成。 回译：The bogie on the moving station consists of two major structures.
句法错误	ST: By placing the two forward pairs as far away from the aft pair, roller loads are minimized. TT: 通过隔离前后转向架的设置，可最大程度地减小压路机负荷。 回译：Isolating the settings of the front and rear bogies, the roller load can be minimised.

错误类型	例子
未翻译内容	ST: Sol 50 Hazcam image TT: Sol 50 Hazcam 图像 回译：Sol 50 Hazcam image
宏观错误	ST: The final design, however, was a system of roller assemblies supported by spring elements. The basis of this decision was the desire to decrease the friction in the design and increase the bogie's ability to tolerate thermal distortion. TT：但是，最终选择了由弹簧元件支撑的滚子组件系统设计。因为这可以减少设计中的摩擦并增加转向架承受热变形的能力。 回译：However, in the end, a roller assembly system design supported by spring elements was chosen. Because this can reduce friction in the design and increase the ability of the bogie to withstand thermal deformation.

本研究采用 Kember 等（2008）的三级量表来评估学生反思报告中的反思水平，其中 0 是最低值，表示没有发生反思行为，3 为最高值，表示批判性反思水平较高。

第四节　结果与讨论

本节从三个方面介绍和讨论研究结果：（1）从过程的角度分析学生在 VCoP 及面授课堂的表现；（2）从产品的角度比较他们的学习效果；（3）测量学生对 VCoP 方法的态度。

一、以过程为导向的评价

本研究开展以过程为导向的评价来监控学生的学习过程。这种评价采用学习档案袋的形式，包括自评 / 师评和自我反思报告。

（一）译后编辑文本的自评／师评

本课程中译后编辑文本的评估共 4 次，分别是在第 4、8、12、15 周使用 Likert 五级量表来评价实验组和对照组的译后编辑作业表现。两组学生的自我评价（SA）和教师评价（TA）平均得分的结果如图 16-1 所示。由图可知，第 4 周时两组学生的自评分数均高于师评。这一结果表明课程开始时，两组学生都倾向于高估自己的翻译表现。随着项目的进展，实验组的自评分数与师评分数更为一致，而对照组的自评分数始终高于师评分数。这些结果说明，在使用 VCoP 方法的在线课程中，学生自评的准确性随着时间的推移而提高。这一发现与以前的研究结论相呼应，即网络学习环境可以提升学生的责任感，提高对翻译学习过程中积极和消极因素的认识（Robinson et al.，2008；Galán-Mañas & Hurtado Albir，2010）。

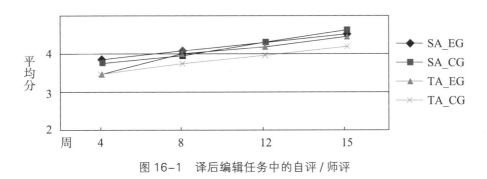

图 16-1　译后编辑任务中的自评／师评

由测后访谈可知，学生的进步与 VCoP 中的在线协作活动如在线互动讨论和协作审阅译文密切相关。大部分学生报告，在线互动讨论有助于更好地了解译后编辑任务的标准。此外，VCoP 方法为学生提供了一个动态的交互式学习环境，用于在线协作审阅，从而减少自我评价偏差并促进自我反思（Tai et al.，2018）。学生在访谈中还表示，在线同伴反馈能够促使其反思自己的翻译过程和译文质量。更重要的是，借助 VCoP，学生可以从目标文本读者、源文本作者和客户那里获得在线反馈，有助于完善学生对自己作品的判断，并识别翻译错误。该结果与 Massey & Brändli（2016）的发现一致，即网络空间中的协作和同伴审阅可以提高学生对自身表现的反思水平，并提高对学习结果的标准和学习责任心。

（二）学习过程的自我反思

本研究收集了两组学生的反思性报告，以发现他们在解读译后编辑指南、解决问题、收集信息、共享知识，确保质量和协作方面的发展。如图16-2 所示，实验组的反思水平平均值为 2.38，远高于对照组（1.66）。该结果表明，与面对面授课相比，VCoP 方法有助于提高学生的反思水平。Yang（2009）也观察到了这种现象，即在学生基于博客的实践共同体中发现了高水平的批判性反思。研究结果表明，网络共同体促进了学生的讨论与互动，进一步促进批判性反思能力的发展。

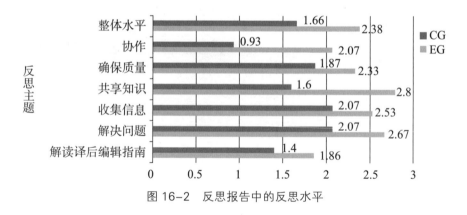

图 16-2　反思报告中的反思水平

本研究结果表明，在线课堂中的学生在知识共享方面的反思水平比基于面对面课堂的学生相关能力要高得多。这可能是由于 VCoP 可以促进学生之间的知识共享并支持各种形式的知识交流（Risku & Dickinson，2017）。此外，实验组在协作和解决问题技能的发展方面表现出更高水平的反思。该现象产生的原因可能在于，在线学习平台允许学生根据自己的情况，灵活地相互协作，共同解决真实问题（Prieto-Velasco & Fuentes-Luque，2016）。简而言之，VCoP 方法可以促进学生的自我反思。这一发现与远程学习领域的很多研究结论一致，即在线学习对促进反思和批判性工作方面具有一定优势（如 Winne et al.，2013；Tian et al.，2019）。

二、以产品为导向的评价

本研究中采用以产品为导向的评估方式来评价学生的译文质量，即基于五种类型错误对学生译后编辑质量进行测评。

（一）译后编辑质量

为了评测学生完成译后编辑项目的质量，本研究统计了学生译后编辑产品的错误数量。总体而言，实验组译后编辑产品中错误总数较少。对错误类型分布的详细观察表明，实验组译文中句法和宏观错误更少。如图 16-3 所示，实验组译后编辑产品的句法错误数为 99 个，比对照组低 20.2%，宏观错误也减少了 10.8%。

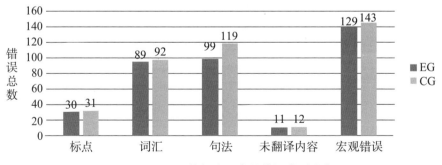

图 16-3　译后编辑产品中的错误类型分布

研究结果表明，实验组在译后编辑项目中表现更好。原因在于，与面授课堂相比，网络课堂上的学生能够得到更多的教师及同伴反馈（Smith et al.，2017）。此外，实验组学生在聊天室和论坛中收到了来自目标网络读者的评论。部分学生在访谈中提到，目的语读者评论激发了他们的自我反思行为，并最终提高了他们对翻译质量中自我和同伴评估的信心。另一种可能的原因为，使用 VCoP 方法的学生更多地参与小组讨论和协作审阅活动。这些协作活动促进了更强的共同体意识，提高了共同体参与度，从而帮助提高译文质量（Wenger et al.，2011）。

（二）后测结果

本研究进一步比较学生在后测中的表现，测量其在课程结束后的成绩。总体而言，如表 16-7 所示，实验组在其译后编辑产出中的错误明显少于对照组（p=0.034，p<0.05）。进一步研究错误类型发现，两组在平均句法（p=0.046，p<0.05）和宏观错误（p=0.041，p<0.05）上的平均数量存在显著差异。此外，实验组纠正了更多词汇和未翻译内容的错误，尽管其差异在统计学上并不显著，而这些错误多被对照组所忽视。这些结果表明，使用 VCoP 方法的学生在译后编辑技能方面有了更大的提高。

表 16-7　后测独立样本 t 检验

错误类型	实验组		控制组		p
	M	SD	M	SD	
标点	0.53	0.516	0.53	0.516	1.000
词汇	1.53	0.516	1.67	0.724	0.566
句法	2.47	0.516	3.00	0.845	0.046*
未翻译内容	0.07	0.258	0.13	0.313	0.326
宏观错误	2.20	0.862	2.73	0.834	0.041*
总计	6.73	1.870	8.00	2.314	0.034*

注：*p<0.05。

导致这一研究结果的原因在于，VCoPs 中的社交学习会触发学生在识别和纠正错误方面的元认知，帮助其在译后编辑过程中做出更准确的决策。具体而言，VCoPs 方法提供论坛或聊天室等多途径的互动反馈。学生认为这

些互动反馈比面对面课堂上的口头反馈能更有效地引发对决策行为的反思
（Massey & Brändli，2016；Díaz-Millón et al.，2020）。此外，在网络实践
共同体中能更及时有效地获取反馈。持续的同伴反馈评价促使学生与同伴进
行比较，思考自己的译后编辑过程和翻译决策。在同伴评价的激励下，学生
对翻译过程和自身的修订行为予以反思性思考，进而提高文本质量（Heine，
2019；Kiraly et al.，2019）。

三、学生态度测量

本研究通过分析学生对 VCoP 方法的态度，以考量该教学方式的有效性
及未来改进方向（Galán-Mañas & Hurtado Albir，2010）。为了简化研究程
序，本研究将"强烈同意"和"同意"合并为"同意"，而"强烈不同意"
和"不同意"合并为"不同意"（见表 16-8）。该表能够清晰地呈现学生对
课程的态度，有助于总体上了解 VCoP 方法的优势和局限性。

表 16-8　学生问卷和回答

表述	不同意	中立	同意
1. 我认为这些讨论给了我所需要的信息	1	2	12
2. 我认为在线讨论比面对面讨论更有效	2	1	12
3. 我感觉自己对讨论的贡献程度没有达到期望的程度	11	0	4
4. 我发现在虚拟实践共同体中很难有效地学习	10	1	4
5. 这种学习方式的学习效果比我想象得要好	4	2	9
6. 这是开设译后编辑课程的一种好方法	0	1	14
7. 这门课是我上过的最有趣的课程之一	0	2	13
8. 老师在学习小组中比其他人更有影响力	5	1	9
9. 老师促进项目的方式是有效的	2	3	10
10. 老师应该更有指导性	7	1	7

总体而言，学生对 VCoP 方法呈现出积极态度。如表 16-8 所示，15 名学生中有 12 名认为小组讨论为他们提供了有用的信息，揭示了 VCoP 中在线讨论的潜在好处。然而，2 名学生不同意在线讨论比面对面讨论更有成效。他们认为在线媒体不一定能让他们对学习产生更加浓厚的兴趣。然而，对于绝大多数人而言，与面对面的授课环境相比，在线课堂会提升学生的学习投入和参与度。该结果揭示了基于讨论和交流的在线媒介在支持翻译课堂学习方面的潜力。此外，9 名学生认为在 VCoP 中学习的结果比他们预期得要好，进一步表明了该方法的有效性。大多数人表示他们觉得在 VCoP 中有效学习很容易，然而有 4 名学生认为这种方式更难，并认为自己没有像预期一样积极参与在线讨论。从某种程度上来说，参与在线讨论可能与个体差异（如自信、动机和学习风格）以及情感投入水平有关（Hubscher-Davidson，2009，2017），所有这些因素都会影响翻译学生在不同学习环境下的表现。

研究结果还表明，学生对使用 VCoP 方法的教学普遍满意。几乎所有学生都同意 VCoP 方法是开设译后编辑线上课程的好方法。13 名学生表示，这是他们选修过的最有趣的课程之一。此外，15 名学生中有 10 名肯定了教师在促进项目进行过程中的积极作用。这些结果均显示了 VCoP 方法在译后编辑培训背景下的可行性。值得注意的是，15 名学生中有 9 名认为教师比其他任何人都更有影响力，尽管有 5 名学生认为同伴对他们的学习影响更大。此结果表明了教师和同伴是影响 VCoP 应用效果的重要因素，这在前人研究（如 Fulton，2020）中也得到了广泛的讨论。此外，学生们在"老师是否应该在参与时采取更具指导性的方法"这一问题上存在分歧。7 名学生希望得到更多的指导性辅导，而其他 7 名学生则更倾向于教师的间接辅导。这一发现表明，在教学过程中教师需要提供有效的促进和干预措施来满足不同个体的需求（如 Massey et al.，2019；Brown et al.，2020）。综上，学生对 VCoP 方法总体持积极态度，但是教师在该方法实施过程中的作用及影响仍需进一步研究。

本节提出了将 VCoP 方法应用至译后编辑教学中的可行性。该方法要求学生通过积极参与网络实践共同体来学习译后编辑知识和技能。为了探索 VCoP 方法在译后编辑培训中的可行性，本研究进一步开展了准实验研究。结果显示，使用 VCoP 方法的学生比面对面授课的学生在自我评估和自我反思上投入程度更高，其译后编辑质量也更高。此外，学生对该方法总体呈现积极的态度，揭示了在这一特定研究背景下应用 VCoP 方法的可行性。

　　本章为探索性探究，为进一步分析 VCoP 在翻译教学中的应用奠定了基础。本章的教学实验仅在个别高校中进行，样本量较少，因而未来研究可将该教学方法扩展到其他地区，以提升研究结论的可信度。同时，在定量分析的基础上，增加定性分析，可获取更详细的过程数据，特别是学生在小组合作和反馈回应等方面的数据，将有助于更好地分析研究结果，并阐明 VCoP 方法在译后编辑教学中的具体好处。此外，个体差异（如自我效能感、动机等）也应纳入考量范围，以便更好地理解和提高学生的参与度，缓解网络学习环境中学生的技术依赖与学习自主性之间的冲突。

第十七章

基于社交 APP 的翻译移动学习共同体模式构建与实验研究 *

本章基于"共同体"理论，整合社交 APP 的功能，构建由学习者、教师、社会助学者组成的翻译移动学习共同体模式。首先从参与者角色分配、交互平台及教学步骤三方面探讨了翻译移动学习共同体模式的内涵。再将翻译移动学习共同体模式应用于教学实验，对实验组和控制组的学生进行跟踪调查。借助翻译日志、记录和访谈等工具收集学生的翻译行为数据，发现实验组的工具能力、心理生理要素和语言外能力提高明显。同时，使用 SPSS 对翻译质量问卷进行独立样本 t 检验，发现两组学生译文质量的均值存在显著性差异，实验组得分高于控制组，表明翻译移动学习共同体模式对翻译质量具有一定促进作用。最后，教学模式的反馈调查和访谈显示，学生普遍认同翻译移动学习共同体模式。

移动通信技术及互联网的快速发展推动了社交 APP 的广泛应用，为信息化翻译教学提供了有力的技术支持，改变着翻译教学环境和教学范式。社交 APP 联通了在任何位置、环境、语境中的学习者，具有多维性、社会性、开放性和时效性等特点。如何有效地结合社交 APP，提高翻译教学的效果，培养学生译者的问题解决能力、工具能力、协作和沟通能力以适应市场对翻译人才的需求，成为信息化翻译教学亟待解决的问题之一（Pym，2013；Raído，2014；Prieto-Velasco，2016；Liu & Bai，2021）。21 世纪以来，国内部分翻译教师虽然结合微信、QQ、博客等社交 APP 对翻译移动教

---

* 本章是笔者与尹慧硕士合作的成果，初稿发表于《外语电化教学》，有删减。

学进行了有益的尝试（戴建春，2011；陈凌、陈广益，2014；王丽、戴建春，2015；陶友兰，2023），但是参与者角色分配、交互效果等问题仍有待进一步探索。

"共同体"概念起源于社会学，最早被社会学家赋予了"为了特定目的而聚合在一起生活的群体、组织或团队"的含义（Poplin，1979）。随着全球化和通信技术的发展，人与人、群体与群体之间的交互不再受传统的血缘和地域限制，"共同体"概念不断被嵌入新的语境而获得重构。Pym（2014；2016）指出，"共同体"模式是翻译服务商在技术发展和市场需求变化中的创新和变革，不同地区的翻译团队、兼职译者、自由译者共同协作完成翻译项目。"共同体"强调社会性、建构性和分布性，鼓励多层次参与者之间的协作和互动，最终促进参与者社会身份的重建。目前"共同体"模式多见于语言教学研究（阮全友，2014），鲜有学者将其应用到翻译教学实践中。

本章尝试整合社交 APP 的功能，构建项目驱动、技术辅助的翻译移动学习共同体模式，通过对比实验组和控制组的翻译过程和译文质量来探析翻译移动学习共同体模式的应用效果。为克服单一研究范式的局限性，采取定性和定量相结合的混合法，以质化和量化数据相佐证的方式，形成对教学现象的深入理解和多重认识（Ashakkori & Teddlie，2010；Riazi & Candlin，2014；张培，2014）。本章首先借助翻译日志、观察及访谈收集学生翻译行为的质性数据，从过程角度评估学生的翻译能力；其次，辅以问卷调查收集量化数据，考察翻译移动学习共同体模式对学生翻译质量的影响及学生对翻译移动学习共同体模式的评价。

第一节　移动学习共同体的界定及理论基础

共同体是人类社会学范畴的概念，Boyer（1995）将其移植到教育领域，并指出"学习共同体"是由学习者和助学者共同构成的学习团体，共同体成员间通过沟通交流，分享学习资源，共同完成一定的学习任务。移动学习共同体（Mobile Learning Community）（Danaher et al.，2009）是基于移动通信技术的发展，在"学习共同体"概念基础上的延伸，是学习者和助学者通过移动智能终端设备进行问题探讨、信息共享、学术交流等一系列学习活动来实现共同体的学习目标而形成的学习团体。移动学习共同体既具备学习共同体的一般特征（多元交互性、成员主体性、和谐共生性），又具备移动学习的系统开放性、时空拓展性特征。它既可以是纯粹的虚拟学习共同体，也可以是对实体学习组织的一种协同和补充。因此，与传统学习共同体相比，移动学习共同体能为成员提供更灵活便捷的动态交互平台，促进成员彼此之间的意义协商和交流合作，优化知识的同步和迁移，进而优化学习效果。

构建移动学习共同体进行交互实现知识建构的过程，反映了建构主义和分布式认知的学习观。首先，移动学习共同体继承了建构主义关于"知识是社会的协商"的观点。它以共同体和移动学习相结合的方式，帮助学习者摆脱时空的束缚，促进学习者与他人协商互动。其次，建构主义的"同伴学习"（Peer-learning）和"协作模式"是移动学习共同体的重要组织形式，不同层次的共同体成员在丰富的移动学习环境中，通过网络协作完成个人和团队目标，实现共同发展。再次，"随机进入"式学习平台和交互环境，既有助于学习者充分利用碎片化或模块化时间获取知识，又能促进共同体成员间的交互沟通，使各类问题和方案在相互碰撞中激起"头脑风暴"，激发创意和灵感。此外，移动学习共同体是践行分布式认知理论、创造并共享知识的场域（任英杰、徐晓东，2014；Wang & Wang，2021）。首先，移动学习平台可有效地进行分布式学习活动设计、互动支持和分布式学习管理。此外，在网络交互学习过程中，具有分布式专长的参与者在交流讨论中不断反思、重组自己的观点，批判性思维和元认知能力得到了培养。鉴于此，移动学习共同体是学习者获取、分享和创造知识的有效途径，对移动信息时代的教育教学有一定指导意义。

第二节 翻译移动学习共同体模式构建

一、翻译移动学习共同体模式的创建

在"共同体"的理论基础上，笔者结合移动社交 APP 的功能，构建了翻译移动学习共同体模式（见图 17-1）。翻译移动学习共同体是学习者、翻译教师和社会助学者（包括翻译专家、客户、网络读者群等）为了完成翻译任务而构成的移动学习团体。首先，在翻译移动学习共同体模式中，学生是翻译能力建构的主体，他们在解决翻译问题的交互过程中不断反思翻译过程、修改并完善译文，促进个人和团队的共同发展。其次，教师是翻译移动学习共同体模式的监督者、协调者，主要任务包括：（1）为移动学习共同体提供整体的行动导向，引导学生交流和反思，鼓励学生进行翻译知识的建构和内化；（2）对学生翻译活动的过程进行适时有度的监控，了解学生翻译过程中的认知情况，在此基础上适时调整教学策略、安排教学活动；（3）实施学生自评、同伴互评、专家评估等多元评估，建立并完善学习档案库。最后，社会助学者充当顾问、评论者的角色。翻译专家能引导交互内容层层深入，并对学生遇到的典型翻译问题提供帮助和指导；网络读者群和客户的反馈信息，既能激发学生的学习热情，又有助于培养学生的职业意识和读者意识。

翻译移动学习共同体达到合作互动、共同发展的前提条件是：目标一致、相互认同、能力互补和相互信任。具有共同目标的参与者，在交流协作过程中，面对不同的翻译信息和问题解决方式，进行自我反思、知识重建，在不断"反思—重建—再反思—再重建"的过程中完成翻译知识构建，并在交互过程中获得认知和情感的协调发展。

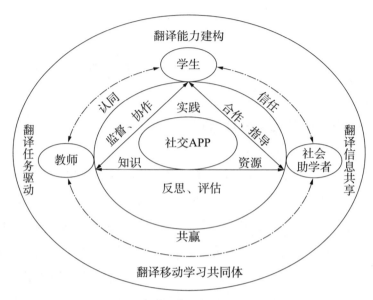

图 17-1   基于社交 APP 的翻译移动学习共同体模式

二、翻译移动学习共同体模式教学平台

翻译移动学习共同体模式延展了翻译教室的界限，是课堂学习共同体模式的有效补充。笔者根据翻译教学中各交互环节的需要，构建了翻译移动学习共同体模式教学平台（见图 17-2）。

如图 17-2 所示，翻译移动学习共同体模式教学平台依托多媒体和交互两大系统，构成课内外相连通的翻译教学环境。首先，多媒体教学平台主要以微课和 PPT 展示等形式来进行翻译理论教学、翻译工具辅导、翻译问题分析探讨以及译文的赏析，旨在提高学生的翻译理论知识及工具能力。其次，网络交互平台包括同步交互和异步交互：同步交互工具可实现一对一、一对多和多对多交互，强调翻译问题的实时交流和探讨；异步交互不受时间和地域限制，为翻译学习交流提供了更灵活、便捷的交互空间。微信、E-mail、QQ、论坛是目前应用较为广泛的社交 APP，具有共享、推送、交流、讨论等功能，将这些功能整合进翻译移动学习共同体模式，有助于创造一种情景创设、自主探索、资源共享、协作学习的交互式翻译教学环境。

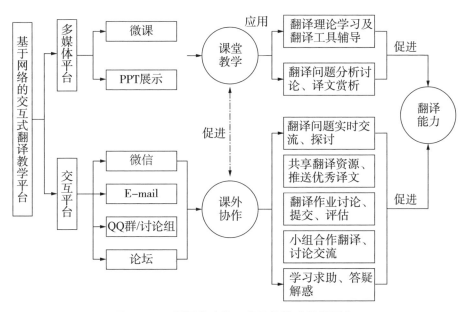

图 17-2　翻译移动学习共同体模式教学平台

三、翻译学习共同体模式教学实施步骤

翻译移动学习共同体模式的教学可分为七大步骤：（1）确定主题。教师根据学习目标确定学习主题及内容，以微课的形式引导学生思考讨论。初期介绍翻译理论、翻译策略及翻译工具，逐步引进翻译职业知识，鼓励学生自主探索、建构、反思和学习。（2）导入翻译任务或翻译项目。真实或仿真翻译项目的导入，有利于学生确定学习目标，激发学生的译者意识和学习热情。（3）构建学习共同体。首先，班级是大型学习共同体，创建 QQ 讨论群和微信公众号。其次，每5至6人组成一个拥有共同愿景的微型学习共同体，各自创建讨论组，营建组文化。教师应有意识地发现和培养核心参与者，这些学生既能发挥示范、引导、激励作用，又可向教师反映同学的交互需求及学习情况，或自发组织学生交流及合作学习。（4）协作翻译。小组成员通

过探究合作式学习，主动构建翻译知识，完成翻译任务。在协作翻译的过程中，教师应重点在以下三方面发挥作用：交互过程的参与和鼓励、交互内容的建议和引导、交互过程的监督和管理。（5）讨论和反思。学生基于社交APP 探讨翻译问题、赏析译文，并通过教学平台展示翻译过程，选取优秀译文推送至微信公众平台。（6）评价。过程性评价和终结性评价相结合的方式更有利于把握学生翻译能力的动态发展过程。（7）建立学习资料库。收集并整理学生译文、语言资产、翻译日志、网络交互记录及反馈信息。

第三节 翻译教学实验

本章研究拟采用质化和量化研究相结合的混合法，通过实验组和控制组的对比分析，探究翻译移动学习共同体模式能否提高学生的翻译能力和翻译质量，能否得到学生的认同。

一、研究对象

本章研究对象是某高校两个 MTI 笔译班学生，分为实验组和控制组，其中实验组 20 人，控制组 16 人。实验前测采取限时翻译测试的形式，分别对两篇 200 字左右的散文进行英汉、汉英翻译。再对前测译文质量进行独立样本 t 检验，发现两组学生的译文质量不存在显著性差异（p=0.834>0.05），说明实验组和对照组学生翻译能力相当，学生个体翻译能力的差异处于可接受的范围之内。

二、研究设计

为了尽可能避免教师、教材、学时等无关变量对实验的干扰，实验组和控制组的授课任务由同一教师担任，且课堂教学内容、教学进度、课堂教学时数（10 个教学周，每周 4 个学时）等均保持一致。唯一不同的是，实验组按照新模式教学，控制组则按照传统教学模式施教。在教学过程中，要求学生在翻译日志中记录其在翻译过程中遇到的翻译问题、解决问题的步骤以及做出翻译决策的理据。学生需要同时提交译文和翻译日志，以形成个人的学习档案。在教学结束后，对实验组学生进行新教学模式的反馈调查和访谈，在征得学生同意后，访谈全程录音。

三、研究方法

本章采用混合法（张培，2015：66—69；Moeller et al.，2016）来指导研究设计和分析，将定性和定量研究工具获取的数据结合在一起，从而形成数据多元互证（Triangulation）（Alves，2003；Howe，2012），以提高研究结果的信度。定性研究工具包括翻译日志、观察和访谈，主要用以收集学生翻译行为的质性数据，考察学生翻译能力的变化，同时佐证、描述和解释量化结论。定量研究工具是翻译质量评估量表，用以获取量化数据来评估翻译质量及教学效果。

翻译日志作为质化分析的主要研究工具之一，可有效呈现翻译问题的解决过程，有助于学习反思和监控，是发展、评估学习者翻译能力的有效手段（Fox，2000；成思、吴青，2016）。记录法有助于教师了解学生的学习情况，及时搭建"脚手架"，调整教学策略，促进学生翻译能力的发展。另一质化研究工具是半结构化访谈，其提纲经试用后由研究者反复修改而成。翻译质量问卷基于 Galán-Mañas & Hurtado Albir（2015）的译文评估方法而设计，共有 10 个变量，采用 Likert 量表形式，从"完全不符合 =1"到"完全符合 =5"共分五级。克朗巴哈系数检验和验证性因子分析显示，翻译质量问卷具有良好的信度（信度系数 α=0.865>0.85）和效度。

四、数据收集与分析

首先收集学生的翻译日志和网络讨论记录，然后对访谈录音进行文本转录，约计 18000 字。按照翻译行为表征对质性数据进行分类编码，再依据 PACTE（2005；2011）关于翻译能力的定义将其分别归于策略能力（Strategic Competence）、双语能力（Bilingual Competence）、语言外能力（Extra-linguistic Competence）、翻 译 知 识（Knowledge about Translation）、工具能力（Instrumental Competence）和心理生理要素（Psycho-physiological Components）六类能力类属之下。教学结束后，收集的 36 份后测译文（实验组 20 份，控制组 16 份）由三位有 10 年以上翻译教学经验的教师测评。量化研究使用统计软件 SPSS 20.0 对翻译质量问卷进行独立样本 t 检验，旨在分析两组译文质量是否具有显著性差异。

第四节　教学实验结果与讨论

本章分别收集了翻译过程、译文质量及教学模式评价的定性及定量数据，并对其进行了分析。

一、基于过程的翻译能力评估

对实验组学生的翻译日志、网络讨论记录及访谈等质性数据进行分析，发现较多学生提及工具能力、心理生理要素和语言外能力得到提高。从表17-1 可知，实验组 20 名学生中有 16 名学生提及翻译移动学习共同体模式促进了工具能力的提高。例如，有学生明确表示自己在翻译问题的实时交互中积累了大量信息检索知识，提高了信息搜索效率，这种现象在以往的研究中也有体现（Raído，2014）。也有学生指出，通过 QQ 群的讨论不断分析和修改机器翻译译文，掌握了一定译后编辑技巧。还有学生提到，在专家的指导下自己学会了使用语料库及术语库来搜索平行文本。其次，心理生理要素提及人数较多，共 13 名学生。很多学生强调共同体的价值文化培养了他们的团队合作精神和责任心，Olvera-Lobo et al.（2009）的研究也有类似发现。有学生表示自信心得到增强："译文经过反复修改，最终被选为优秀译文而推送至微信公众平台，受到老师以及同学的认可，这对我来说是莫大的鼓舞。"还有学生认为，共同体民主和谐的氛围激发了创造灵感和批判性思维能力。但同时也有学生反映，共同体内部的竞争机制在初期给他们造成了一定的心理压力。语言外能力提及人数有 10 名，排名第三。多数学生肯定了头脑风暴式的网络讨论会对主题知识拓展的作用。还有学生在访谈中表明，共同体教学平台有助于利用零碎的时间积累文化知识。然而，策略能力、双语能力和翻译知识能力提及人数相对较少。个别学生解释到，策略能力和双语水平的发展需要长期培养，短时间教学难以产生立竿见影的效果。而由于翻译文本局限于文本类型，他们缺乏职业化的操作与训练，翻译知识能力，尤其是职业知识能力未得到提升。因此，本章研究的后续研究可进行历时更长的跟踪研究，引入不同文本类型和真实翻译项目，关注策略、双语及翻译知识能力的发展。

表 17-1　基于过程的翻译能力评估

翻译能力	行为表征编码	质性数据示例	提及人数
策略能力	1. 问题识别 2. 决策评估 3. 解决问题	通过与 Mike 的 QQ 交流，发现维基百科关于"货郎鼓"的翻译并不恰当，可从描述外观角度来翻译，因此采用"stick-and-ball toys"。（翻译日志）	5
双语能力	1. 词汇语法 2. 语用分析 3. 句式变化 4. 语序调整	S2：我觉得该译文太拘泥于原文的句式和结构了。要符合中文表达习惯，需要变换原文句型结构。（网络讨论记录） "I noted them for their clarity, their rhythm, their beauty and their enchantment" 一句我改变句子结构和单词词性，译为"它们或明白晓畅，或朗朗上口，或别有情致"。（日志）	4

续表

翻译能力	行为表征编码	质性数据示例	提及人数
语言外能力	1. 文化知识 2. 百科知识 3. 主题知识	S6：老豆腐是什么？ S8："老豆腐"，又称"北豆腐"，是起源于山东的传统小吃，质地比较硬，可译为 bean curd。	10
翻译知识	1. 翻译技巧 2. 职业知识（市场、读者、客户）	考虑到译语读者的接受效果，"阳光如同瀑布，在他身上流淌"处理时结合 "a waterfall of words" 的结构，译为 "bathed in the waterfall of sunlight"。（翻译日志）	2
工具能力	1. 信息搜索 2. 信息评估 3. 工具评估	使用搜索引擎如百度、必应、谷歌查找背景资料和平行文本。（访谈） Dimensions 在线词典的译文"规模、大小"不太确切，使用《英汉大字典》查阅，最后确定"立体"的意思。（翻译日志） 与在线词典相比，维基百科的表达更加准确，主要查找文化负载词。（访谈）	16
心理生理要素	1. 认知因素 2. 态度因素 3. 创造力	我以前都是翻译完了直接提交，不会再思考和推敲译文。由于 QQ 群组的译文讨论和微信平台推送活动，我开始不断润色、修改和反思译文。（访谈）	13

二、译文质量评估

将翻译质量问卷所得数据进行 SPSS 独立样本 t 检验，发现两组学生后测译文的得分均值存在显著性差异（$P=0.032<0.05$），实验组的译文得分高于控制组（见表 17-2），表明翻译移动学习共同体模式对翻译质量具有一定促进作用。十项评估参数中，实验组和控制组在以下四项中存在显著性差异："切合原作风格""译文准确""译文可读性强""词汇丰富适切"。"切合原作风格"（$MD=0.53$，$p=0.001<0.05$）位列第一。根据网络交互记录可知，实验组学生在课后针对译文风格展开了一系列讨论活动，这些活动增强了他们的语境及文化意识。正如有学生在访谈中说道："在赏析平行文本的

同时，我们小组不断分析原文语言风格，探讨原文的文化特征和历史背景，这对准确把握译文风格很有帮助。"译文准确""译文可读性强"紧随其后（MD＝0.51，p＝0.001＜0.05；MD＝0.46，p＝0.010＜0.05）。学生翻译日志显示，翻译移动学习共同体模式对学生理解原文、产出译文和修改译文起到积极的推动作用。在原文理解阶段，学习共同体成员间的意义协商加深了对文学作品隐性信息的挖掘和理解；在译文产出阶段，文化和语境的探讨促进了他们对"化境"的追求；在译文修改阶段，同伴互评、教师指导、专家审阅和译语读者反馈的模式提高了译文质量管理能力。最后，"词汇丰富适切"（MD＝0.40，p＝0.012＜0.05）位列第四，有学生在访谈中提到，网络讨论会针对文学文本中词汇内涵和外延的反复推敲，提升了"炼字"的意识。也有学生表示，译语读者的反馈信息纠正了自己对文化负载词的错误理解，最终以更恰当的方式解决了该问题。

表 17-2　实验组（EG）和控制组（CG）后测译文质量评估

变量	组别	N	Mean	MD	Std. Deviation	T	df	Sig. (2-tailed)
译文完整	EG	20	3.63	0.30	0.42	1.927	34	0.062
	CG	16	3.33		0.52			
译文准确	EG	20	3.67	0.51	0.38	3.606	34	0.001
	CG	16	3.16		0.45			
译文可读性强	EG	20	3.58	0.46	0.44	2.719	34	0.010
	CG	16	3.12		0.57			
标点和排版	EG	20	3.33	0.17	0.43	0.904	34	0.373
	CG	16	3.16		0.67			
词汇丰富适切	EG	20	3.57	0.40	0.45	2.639	34	0.012
	CG	16	3.17		0.45			

续表

变量	组别	N	Mean	MD	Std. Deviation	T	df	Sig. (2-tailed)
语法准确	EG	20	3.38	0.30	0.49	1.538	34	0.133
	CG	16	3.08		0.68			
逻辑清晰	EG	20	3.42	0.13	0.43	0.805	34	0.426
	CG	16	3.29		0.50			
意义连贯	EG	20	3.42	0.34	0.48	1.541	34	0.132
	CG	16	3.08		0.80			
切合原作风格	EG	20	3.57	0.53	0.42	3.793	34	0.001
	CG	16	3.04		0.40			
传达原作功能	EG	20	3.51	0.29	0.43	1.685	34	0.101
	CG	16	3.22		0.66			
译文总体质量	EG	20	3.53	0.37	0.38	2.242	34	0.032
	CG	*16*	*3.16*		*0.60*			

三、翻译移动学习共同体模式的效果及评价

实验结束后，对实验组学生进行教学模式的反馈调查和访谈。总体而言，学生对基于社交 APP 的翻译移动学习共同体模式表示认可。具体分析如下：（1）78.9% 的同学认为翻译移动学习共同体模式比传统翻译教学模式的交互效果更好，能促进他们对翻译问题进行交流、讨论与反思。（2）学生普遍认为社交 APP 对解决翻译问题有积极作用：84.2% 的同学认为 QQ 讨论组能锻炼批判性思维能力；84.2% 的同学认为 QQ 群内共享的资源对解决翻译问题有帮助；89.5% 的同学认为群组讨论能激发自己的灵感，培养团队合作精神。此发现与 Blasco（2016）的移动技术整合的翻译教学研究部分相符。（3）52.6% 的同学认为翻译移动学习共同体有助于提高学习兴趣。学生

学习兴趣的提高受多种因素影响，包括文本类型、主题内容、小组互动方式等；大多数学生认为教师和专家更多地发挥"导学"的作用，能进一步激发他们的学习兴趣和热情。（4）57.9% 的学生认为"借助社交 APP 讨论问题很方便"，这点与 Wang et al.（2013）的研究部分相符。访谈得知，大家认为社交 APP 比较适合讨论字、词、句层面问题，而语篇逻辑性和连贯性问题由于字数较多讨论起来效率比较低。（5）94.7% 的同学表示非常乐意在组里分享译文，并根据讨论结果不断修改译文。同时 42.1% 的同学更倾向选择小窗口方式对其他同学提出译文修改意见，他们认为该方式更加委婉。（6）63.2% 的同学认为翻译移动学习共同体教学平台对翻译能力有促进作用，表明移动学习共同体教学平台对翻译教学起到一定辅助作用，但不能完全取代传统翻译教学。

　　本章还发现：（1）不同的微型学习共同体互动参与度有差别，这表明该模式对学生的自主学习和协作能力要求较高。参与度较高的共同体成员对翻译移动学习共同体模式的评价相对更高。（2）共同体的核心领导者对共同体交互效果有一定影响。交互效果较好的学习共同体的领导人具有以下特点：积极营建组文化、组织讨论；善于沟通、调节讨论气氛；擅长引导和激励组员。（3）大多数学生希望得到教师和社会助学者更多的指导。社会助学者参与讨论的时间非常有限，其反馈和回复通常滞后。今后可考虑邀请一些具有翻译公司实习经验的高年级学生加入进行指导。

　　本章构建了基于社交 APP 的翻译移动学习共同体模式，开展了为期 10 周的教学实验。通过对翻译日志、交互记录和访谈收集的质化数据编码分析发现，翻译移动学习共同体模式能促进学生工具能力、心理生理要素及语言外能力的发展。实验组和控制组翻译质量问卷的量化分析显示，该模式在一定程度上有助于提高翻译质量。结合教学模式的反馈和访谈可知，翻译移动学习共同体模式是对传统翻译课堂的一种有益补充，但成员参与度、共同体学习氛围、学习动机、移动设备、成员结构等因素对教学效果有一定影响。

综上，翻译移动学习共同体模式的应用研究成果给翻译教学带来了新的启示和机遇，有利于将译者培训、技术辅导与翻译市场相结合，也为校企合作提供一种可行的运作机制。当然，在该模式下如何提高学生的积极性和凝聚力，如何加强教师的监督和引导，如何提高学生的自我监控和自制力，如何加强社会助学者的参与和互动，如何呈现更加有效的生态交互，都是需要进一步探讨研究的问题。

第十八章

课堂教学中机器翻译的可用性研究 [*]

可用性是决定机器翻译是否被采用的一个关键因素。本章通过对比受试者（学生译者）的机器翻译译后编辑译文及人工翻译译文，旨在了解机器翻译在课堂教学中的可用性。机器翻译可用性的测量基于三个维度：效率、有效性及满意度。研究结果表明，与人工翻译相比，译后编辑效率更高、错误更少。尽管错误类型不尽相同，准确性相关错误比流畅性错误更多。此外，受试者认为译后编辑节省了时间，减轻了工作量。而且，受试者均表达了愿意学习译后编辑技能的想法。

随着谷歌翻译等机器翻译系统的不断完善，机器翻译译后编辑越来越受欢迎，逐渐成为改善机器翻译译文的一款必要工具。学界针对机器翻译译后编辑能否提升翻译效率及翻译质量进行了大量研究（如 Guerberof Arenas，2012；Jia et al.，2019；O'Brien，2007a）。但是，关于机器翻译译后编辑与人工翻译的比较研究，结果不尽相同。例如，部分研究发现机器翻译译后编辑可以提高翻译效率（如 De Almeida & O'Brien，2010），而且机器翻译译后编辑译文更为清晰和准确（如 Fiederer & O'Brien，2009）。然而，有研究表明，人工翻译和机器翻译译后编辑在翻译效率方面不存在显著差异（如García，2010，2011）。造成研究结论不一致的原因可能在于译后编辑表现受到机器翻译系统类型、语言对、文本类型和用户经验的影响（Daems et al.，2017a）。换言之，机器翻译译文质量、语言对、文本类型和译者/译后

* 本章是笔者与杨艳霞博士、袁青青硕士合作的成果，初稿发表于教育部A1、Q1期刊 *Translation and Interpreting Studies*，有删减。

编辑者等因素可能会影响译后编辑表现。

鉴于机器翻译译后编辑翻译效率和质量的研究结果存在较大差异，学界就机器翻译可用性进行了讨论（如 Bowker & Ciro，2015；Doherty & O'Brien，2014；Krüger，2019；Moorkens et al.，2018）。可用性这一概念来源于人机交互领域。Lewis（2012）认为，可用性取决于用户、产品、任务和环境之间的互动。从某种程度上来说，这一观点与前述影响机器翻译译后编辑表现的因素的观点相一致。尽管翻译技术已成为学界的关注点，但是鲜有研究对其可用性进行全面评估，针对机器翻译可用性的测量更为少见。

随着机器翻译的广泛使用，机器翻译译后编辑逐渐被纳入翻译课程体系。随着翻译需求的日益增长和机器翻译系统的不断改进，机器翻译译后编辑已成为一种常见的翻译模式（Yamada，2019）。Pym（2013）认为，随着机器翻译技术的持续发展，多数译员将来都有可能转为译后编辑者，因此有必要重新思考译者培训的教学内容。此外，部分研究已经提出了一些机器翻译译后编辑教学的实用建议，推动了译后编辑课程设计（如 Doherty & Kenny，2014；Mellinger，2017；Moorkens，2018；Rossi，2017；Wang & Wang，2021）。然而，学界对机器翻译在课堂教学中的可行性知之甚少，因此有必要研究机器翻译的可用性，探究其测量方法。

本章研究拟通过对学生译者的人工翻译及机器翻译译后编辑表现进行比较，并测量学生译者对机器翻译的感知，来探究机器翻译的可用性。本章首先厘清可用性概念以及与机器翻译有关的可用性研究，并在此基础上提出了机器翻译可用性评估框架（即效率、有效性和满意度），以期为类似研究提供参考和借鉴。

第一节　机器翻译的可用性研究

一、可用性及其评估

根据 ISO9241-11（2018：2）的定义，可用性指的是"特定用户在特定使用环境中，能够利用系统、产品或服务来有效度、有效率并满意地实现特定目标的可能性"。有效性与质量有关，指的是"用户实现特定目标的准确性和完整性"（ISO9241-11，2018：3）。效率主要指的是翻译效率，也即"所使用资源与所达成目标之间的比率"（同上）。满意度是一个感知指标，也即"用户使用某个系统、产品或服务之后的身体、认知和情绪反应与其需求和期望的匹配度"（同上）。以上三个指标是衡量可用性的常用指标。

可用性评价通常涉及客观指标和主观指标两种指标。客观指标旨在评估效率和有效性的各个方面（Raita & Oulasvirta，2011）。Kortum & Oswald（2017）认为，效率和有效性的标准指标分别是任务时间和错误数量。主观指标通过口头陈述或评分（如问卷）来体现用户的意见和感受。技术接受模型是调查用户对技术使用的看法较为成熟的工具（Davis，1989）。该模型认为，个体使用系统/技术的行为取决于感知易用性，即个体认为使用特定系统不需付出努力的程度（Davis，1989：320），以及感知有用性，即个体认为使用特定系统可以在多大程度上改善其表现（同上）。技术接受模型被广泛应用于了解人们对技术的接受度，如电子商务应用（如 Van der Heijden，2004；Wu & Wang，2005）、线上学习（如 Harrati et al.，2016；Zaharias & Poylymenakou，2009）等。该模型提出了个体对新技术接受度的框架（Rossi & Chevrot，2019）。因此，本章研究将利用技术接受模型来了解学生对使用机器翻译的看法。

二、可用性和机器翻译

可用性的测量往往基于某一款产品和该产品用户。产品是指某个文本、具体的技术设备或系统，而用户指的是调整、运输和使用产品的个体（Suojanen et al., 2015）。高可用性（即错误少、时间短）可以提升用户体验。就机器翻译可用性而言，机器翻译译文是产品，译者或译后编辑者是用户，译者或译后编辑者对机器翻译译文进行编辑和修改。在课堂教学中，学生就是机器翻译译文的使用者，而机器翻译译后编辑过程实则是学生与机器翻译译文之间的交互。要了解机器翻译的可用性，需要了解学生是否能够有效度、有效率和满意地对机器翻译译文进行译后编辑。因此，本章研究将从有效性、效率和满意度三个角度来衡量机器翻译在课堂教学中的可用性。

鲜有研究专门探讨机器翻译可用性，但是现有文献确有涉及这一话题。学界对机器翻译译后编辑的效率和质量以及对翻译技术的用户感知开展了大量研究。例如，Plitt & Masselot（2010）发现，涉及英法、英意、英德和英西语言对时，职业译者的译后编辑效率比人工翻译效率要高。然而，在一项针对学生译者英汉翻译表现的研究中，García（2010，2011）发现对于没有译后编辑经验的受试者而言，其译后编辑效率与人工翻译效率，以及任务完成时间不存在明显差异。但是 García（2011）仍然认为，未来机器翻译的有用性会得到提升，并且越来越多的翻译任务将采取译后编辑形式完成。

近年来，机器翻译被广泛采用。除了对翻译效率和翻译质量开展研究，学界越来越关注机器翻译的用户感知。例如，Sakamoto（2019）发现，虽然翻译项目经理对翻译技术持乐观看法，但他们对于翻译技术的作用仍不确定且感到不安，他们并不了解译者的机器翻译使用情况。此外，研究者关注了技术接受模型，以便评估用户对翻译技术的感知。例如，Mellinger

& Hanson（2018）借助技术接受模型，探讨了译者的技术使用态度。其研究结果表明，文本类型差异可能影响口译人员接受新技术的倾向。Rossi & Chevrot（2019）在欧盟翻译总司（DGT）对译者的机器翻译使用感知开展了研究。他们的研究结果表明，DGT 对技术的认可度很高，译者对使用机器翻译的感知极大地影响了感知有用性及实际使用行为。Yang & Wang（2019）的研究表明，在课堂教学中，感知有用性是预测机器翻译接受度的一个重要指标，并且很大程度上取决于用户对机器翻译的使用和使用体验。研究者从不同角度探讨了机器翻译的可用性，这些研究也涉及一些共同因素，例如用户的背景知识和经验。

鉴于机器翻译技术的广泛使用，学界开始探讨将机器翻译纳入翻译培训课程。Shuttleworth（2002）试图让学生了解机器翻译和翻译记忆库之间的区别。后续研究者开始关注如何在翻译课程以及教学大纲设计中纳入机器翻译。例如，Kenny & Doherty（2014）强调学生译者在机器翻译使用中应该获得的知识和技能，并提议对统计机器翻译应采取主动、全面的学习方法和教学方法。他们为翻译研究生设计了统计机器翻译教学大纲，并发现这些学生在统计机器翻译课程结束后，对机器翻译的了解及信心都有提升（Doherty & Kenny，2014）。他们提出的关于改进学生机器翻译使用知识和技能的建议得到了 Flanagan & Christensen（2014）的支持，后者提出根据机器翻译译后编辑准则，学生译者仍存在能力差距。要弥补这一差距，Mellinger（2017）认为，翻译课程体系中应该囊括机器翻译知识、受控创作、译后编辑和引擎优化。此外，Rossi（2017）还探讨了特定策略，以便让学生译者能够使用统计机器翻译，例如识别机器翻译译文中重复出现的错误。2016 年神经机器翻译问世，极大地提升了机器翻译译文的质量，并推动了对机器翻译译后编辑的进一步研究。Yamada（2019）认为，尽管学生译者在神经机器翻译译后编辑中的纠错表现不佳，他们基于神经机器翻译译后编辑产出的译文比基于统计机器翻译译后编辑产出的译文质量更优。Moorkens（2018）提出，有必要在课堂中教学生如何有效使用神经机器翻译。

三、机器翻译可用性评估框架

可用性评估是一个复杂的流程，受多种因素的影响。基于前面提出的可用性定义以及前人对机器翻译译后编辑和技术接受度开展的研究（如 Davis et al.，2017），本章提出了一个三要素框架（即效率、有效性和满意度），针对机器翻译可用性的影响因素开展研究——其中，效率和有效性是客观指标，满意度是主观指标。测量效率时，本研究考虑了加工时间和加工速度。加工时间指的是完成某个翻译任务所需的全部时间，加工速度指的是每秒翻译或译后编辑的单词数（O'Brien，2011）。有效性则通过错误数量和错误类型来衡量。最后，本章研究设计了一份调查问卷来了解受试者感知到的易用性和有用性，也即受试者对使用机器翻译的满意度。

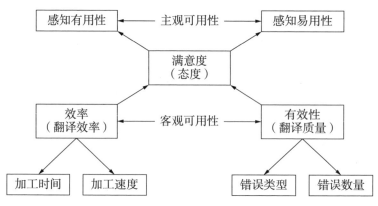

图 18-1　机器翻译可用性研究框架

尽管现有研究已经关注了机器翻译译后编辑的翻译效率和翻译质量，以及受试者对翻译技术的态度，但是大部分研究并未详细探讨机器翻译的可用性，也未涉及可用性的测量。而在译者培训项目中纳入机器翻译的呼声越来越高。鉴于此，本研究拟探讨课堂教学中机器翻译的可用性，并将从以下三个方面来论证机器翻译可用性框架：（1）翻译效率；（2）翻译有效性（质量）；

（3）学生对使用机器翻译的满意度。

第二节　实证研究设计

文本类型、语言对、机器翻译译文质量和信任度是使用机器翻译的三个重要变量（Cadwell et al.，2018）。在翻译实证研究中，这些变量构成了一个复杂的体系。鉴于其复杂性，Koponen（2016）认为机器翻译译后编辑并不适用于所有情况。要衡量机器翻译在课堂教学中的可用性，实验设计必须明确规定学生译者在真实学习情境中开展真实机器翻译译后编辑任务。

一、受试者

湖南大学 31 名一年级硕士研究生自愿参加了本次实验，他们均选修了一门专为翻译专业学生开设的高级翻译课程。所有受试者的母语均为中文，年龄介于 22 岁至 26 岁之间，其中 27 名女性，4 名男性。此外在参与实验前，所有受试者均未接受过任何关于译后编辑的职业培训或正式培训。García（2011）指出，如果没有机器翻译译后编辑经验的学生译者能够展示出良好的译后编辑表现，那么他们的机器翻译译后编辑表现可以通过培训进一步优化。此外，从没有机器翻译译后编辑经验的学生身上收集数据，有助于更好地了解学生对机器翻译译后编辑的初始认知。

二、研究工具

（一）Translog-II

Translog-II 是记录人工翻译过程中客观数据的工具（Carl，2012）。该工具用于跟踪用户的键盘记录活动，如字母输入或删除、停顿和持续时长、剪切和粘贴以及鼠标活动等。这些活动记录有助于解释翻译速度和持续时间。其生成的日志文件可按照用户定义的速度重放翻译或译后编辑过程（O'Brien，2004）。Translog-II 能监控整个翻译或译后编辑过程，而用户不受干扰，因此广泛应用于翻译过程研究中。

（二）问卷

受技术接受度调查问卷（Davis et al.，2017）的启发，本研究编制了一份简短的机器翻译使用调查问卷，调查学生对使用机器翻译的看法。该问卷由六个问题构成，题项包括译者在机器翻译译后编辑中对机器翻译的感知有用性、感知易用性和满意度。题项采取五级量表设计，从"非常不同意"到"非常同意"共五个选项。学生完成人工翻译和机器翻译译后编辑测试后，再回答中文的机器翻译使用调查问卷。问卷有足够的内部一致性（Cronbach's alpha=0.70，95% CI［0.51，0.84］），无偏 α 为 0.72，表明问卷内部一致性是可接受的（Mellinger & Hanson，2017）。

（三）质量评估指标

Lommel et al.（2014）提出的多维度质量指标（MQM）是一个灵活的框架，旨在客观地描述翻译错误。Lommel et al.（2014）提出了 MQM 中两个主要的指标：准确性和流畅性。准确性错误涉及目标文本的内容多大程度上反映了源文本内容，而流畅性错误则与译文的语言有关。该框架有全面的质量评估指标和层次不同的翻译错误，且对每个指标都做了具体说明（Mariana et al.，2015）。该框架常用在人工翻译和机器翻译质量评估中（Kenny，2018）。错误类型是翻译质量评估的一个重要指标（Lacruz et al.，2014；Temnikova，2010）。根据 Carl & Báez（2019）提出的关键错误类型，本研究在表 18-1 中用粗体字列出了错误类型。

表 18-1　MQM 错误类型

构念	错误类型	描述
准确性	误译	译文内容不能准确体现原文内容
	增译	译文文本包含了原文没有的内容
	省译	译文文本漏掉了原文中的内容
流畅性	词形	词形出现错误，包括主谓一致、时态和语态
	一致性	部分内容缺失或不正确，文本不能成为一个可理解的整体
	词序	词序不正确
	标点符号	标点符号使用不正确
	拼写	单词拼写错误
	难以理解的错误	错误具体性质不能确定

三、翻译任务

（一）翻译方向

在中国，英汉翻译需求依旧强劲。相比其他语言和文化相似的语言对，涉及英汉语言对的机器翻译研究相对较少，可能的一个原因是，英汉语言对在句法和语义特征上存在很大的差异，这对机器翻译系统而言是一大挑战（Zhai et al.，2018）。本章研究的翻译方向为英译汉，以期促进对英中语言对的研究。

（二）文本选择

机器翻译系统擅长的主要文本类型是技术类文本。该文本类型通常包含规范化的表达和技术术语（Wang，2018）。技术翻译在全球总翻译量中占比最大（Kingscott，2002）。鉴于此，本章研究选择技术类文本作为翻译材料。根据 Daems et al.（2017b）的文本选择标准，有很多翻译问题的文本和修改很少的文本均不适合用来做译后编辑。此外也不建议选择含有太多或太少复杂合成词、习语表达或多义词的文本。按照这个标准，我们最终从著作《21世纪的国防工业》（原书名 *Democracy's Arsenal: Creating a Twenty-First-Century Defense Industry*）中选择两节内容作为翻译材料，在开展研究期间本书无中文译著。鉴于谷歌神经机器翻译系统的广泛使用，本研究使用谷歌翻译产出机器翻译译文（检索时间为 2017 年 6 月 17 日）。两节材料如下：

人工翻译原文（文本 1）

After World War II, Vannevar Bush helped the nation to recognize that science and technology would shape its future growth, competitiveness, and security. The National Science Foundation was established, budgets were increased for research and development (R&D), and university programs were stimulated. When the Soviet Union launched its Sputnik satellite in 1957, there was a second surge of emphasis on science and technology. Several agencies were established-the National Aeronautics and Space Administration (NASA), the Advanced Research Projects Agency (ARPA) (within the Department of Defense), and the Defense Science Board (an outside advisory board)-that were aimed at eliminating future technological surprises. During the four and a half decades of the Cold War, America's national security strategy was based on technological superiority, and the quality of U.S weapons systems was counted on to overcome the large quantity of Soviet systems. This recognition of the importance of R&D was matched by a significant increase in defense spending, in federal R&D investments, and in basic research at the National Science Foundation.

机器翻译译后编辑原文（文本 2）

Increasingly, the Japanese defense industry has been pressing to be allowed to export more of its equipment to keep its competitive advantage and to receive the income from the exports. For example, Japan's Keidanren (its defense industry association) has sought a revision of three no-export rules for military technologies. Much of this is significantly dual-use and therefore ambiguous as to its end-use (even though it is clearly applicable to military use and therefore subject to export controls). There have been a few examples of improper exporting (through third countries) of some dual-use equipment, and this area is going to require significant attention on a multinational basis in the future. In the same way, as Japan plays a significant role in composite-based aerostructures (as the aerospace industry moves away from aluminum structures), this too becomes an important area of dual-use concerns. The three largest Japanese manufacturers (Mitsubishi, Kawasaki, and Fuji) account for 35 percent of the 787 Boeing aircraft production, and they focus on key, large-scale composite components.

（三）文本难度、长度和可读性指标

Flesch 易读系数算法（Flesch 1948）和 Lexile 框架（Lexile 2007）是用于控制文本可读性和复杂性的两个工具，使用广泛。Flesch 易读系数根据平均句长和每个词含有的平均音节数来计算，用 Flesch 易读系数 100 分量表对文本进行评估，数值越大，说明文本越易理解。Lexile 指数则是用词频和句长等指标来评估文本语义难度和语法复杂性（MetaMetrics，2018），指数从 200L 到 1500L，数值越大，说明阅读难度越大。Lexile 值 1500L 左右和 Flesch 易读系数 25 表明文本阅读难度大，但大学毕业生基本能读懂。Lexile

值和 Flesch 易读系数表明研究中所选择的文本阅读难度相当，难度适合硕士生。见表 18-2。

表 18-2 文本相似性

标准	文本 1（人工翻译任务）	文本 2（译后编辑任务）
词数	168	166
句长	6	6
平均句长	28.00	27.67
Lexile 值	1520L	1510L
Flesch 易读系数	24.1	25
读者级别	大学毕业生	大学毕业生
阅读级别	非常难	非常难

（四）研究场景

实证翻译研究要注意研究的生态效度（Hansen，2008，2013）。Gile（1994）提出创建与实际环境类似的实验环境很重要。研究环境越自然，研究发现与现实场景就越相关。鉴于此，本研究创建了一个自然舒适的研究环境，教室宽敞，备有桌椅、饮用水和空调，所有受试者能同时完成任务。为了减少受试者在不熟悉的电脑上操作带来的不适感，本研究让受试者使用安装了 Translog-II 的个人电脑进行实验。

（五）数据收集和步骤

本研究获得了湖南大学外国语学院伦理委员会的批准。为确定合适的样本量，本章研究进行了统计功效分析，效应值达到 0.5，显著性水平（也称为 alpha 值）为 5%，功效值为 80%。功效分析表明，我们的样本量刚好可以进行配对样本 t 检验，以探讨人工翻译和机器翻译译后编辑是否存在显著差异。

　　实验正式开始前，首先指导受试者熟悉 Translog-II，直到他们熟悉打字和操作界面。每个受试者都收到一份关于机器翻译译后编辑的要求，要求中解释了与 Translog-II 的交互步骤、机器翻译译后编辑质量要求和外部资源帮助。受试者可使用电子词典等在线资源，任务没有时间限制，译文做到受试者个人最满意为止。实验过程中，受试者首先手动翻译文本 1，然后对文本 2 的机器翻译原始产出进行译后编辑。完成这两项测试后，受试者需要填写机器翻译使用调查问卷，以收集受试者对机器翻译使用的看法（无遗漏数据）。最后，Translog-II 数据通过 YAWAT 工具（一款手动对齐翻译语对的工具）上传并对齐（Carl & Báez，2019；Germann，2008）。

　　本实验邀请了两位具有英语翻译教学和评估经验的中国职业译者评估学生在人工翻译和机器翻译译后编辑中的表现。评分员首先要熟悉 MQM 评估指南，然后在评估过程中一起商定错误标记。该方法用于写作评估，能有效降低评分员偏差（Trace et al.，2015）。评估期间，两位评分员基于 MQM 框架对错误进行分析，观点达成一致。存在分歧的错误标记时再与第三人协商解决。

　　收集完数据后，本研究发现持续时间和处理速度的数据存在异常值，即受试者编辑的速度过慢或过快。根据 O'Brien（2007a），我们从收集的数据中剔除了四个异常值便于数据解释。由于样本量较小，本研究使用了 Shapiro-Wilk 法检验数据的正态性。结果表明数据呈正态分布，p 值大于 0.05（Thode，2002）。置信区间、效应值和 p 值有显著差异。本研究采用统计软件 R 3.5.1（R Core Team，2008）来计算数据。

第三节　机器翻译可用性评估指标数据分析

一、效率

持续时长和处理速度指标可用来评估机器翻译可用性的效率维度。人工翻译持续时间范围从 936 秒到 2647 秒不等（M=1734，SD=342），而机器翻译译后编辑的持续时间在 714 秒到 1676 秒之间（M=1196，SD=251）。进一步分析发现，机器翻译译后编辑可以节省约 30% 的时间，87% 的受试者完成机器翻译译后编辑任务花费的时间比人工翻译花费的时间少。此外，配对样本 t 检验用于检验人工翻译和机器翻译译后编辑之间的持续时间是否存在显著差异（M=538.65，SD=401.72，t=6.96，95% CI [379.73, 697.56]，p<0.001，d=1.79）。根据 Cohen（1988），效应值为 0.2、0.5、0.8，分别表示差异程度小、差异程度中等和差异程度大。两种模式的持续时间差异程度大表明机器翻译译后编辑所花时间比人工翻译所花时间少得多。另一个评估效率的指标是加工速度，加工速度是指译者或译后编辑者处理每个句段的速度（O'Brien，2007a）。人工翻译的处理速度从每秒 0.06 到 0.22 个词不等（M=0.13，SD=0.03）。机器翻译译后编辑中每秒产出的词数为 0.05 到 0.4（M=0.18，SD=0.04），也存在显著差异（M=−0.05，SD=0.04，t=−5.57。95%CI [−0.07，−0.03]，p<0.001，d=1.41）。效率的数据结果表明，机器翻译译后编辑比人工翻译更快更高效。

二、有效性

为确保译文的准确性和完整性，要尽量不出现让人不能接受的错误（Bevan et al.，2015）。因此，本研究选用错误总数和错误类型作为衡量有效性的关键指标。

（一）错误总数

研究结果显示，人工翻译（M=49，SD=11.87）和机器翻译译后编辑（M=44，SD=8.01）中的错误总数分布有差异。成对样本 t 检验表明两种模式的错误总数存在差异（M=5.81，SD=13.55，t=2.23，95% CI［0.45，11.17］，p=0.03，d=0.49）。换言之，学生在机器翻译译后编辑中产生的错误较少。此外，相关分析结果显示，人工翻译中的持续时间和错误总数无显著关系（r=−0.27，p=0.17），机器翻译译后编辑中的持续时间和错误总数也无显著关系（r=0.15，p=0.44）。该数据结果表明，文本加工时间更长不一定意味着错误更少，这与 Guerberof Arenas（2014）的研究结果一致。

（二）错误类型

准确性和流畅性错误可用于衡量翻译质量（Koponen，2010）。在 MQM 框架下，准确性包括增译／省译和误译评估，流畅性包括连贯性、词形和词序评估（Lommel et al.，2014）。表 18-3 根据错误分类法统计了人工翻译和机器翻译译后编辑中的错误类型。

表 18-3　人工翻译和机器翻译译后编辑中的错误类型差异

错误类型	人工翻译（M/SD）	机器翻译译后编辑（M/SD）	差异	95%CI	t	p	d
增译／省译	29.44/10.71	20.85/7.96	−8.59	［3.25，13.93］	3.31	0.002	0.85
误译	7.52/3.90	11.44/4.94	−3.93	［−5.98，−1.87］	−3.92	<0.001	0.88
连贯性	2.70/2.49	2.44/3.70	0.26	［−1.32，1.84］	0.34	0.74	0.08
词形	1.0/1.75	1.51/1.39	−0.52	［−1.46，0.43］	−1.13	0.27	0.32
词序	0.52/1.25	0.74/1.37	−0.22	［−1.04，0.59］	−0.56	0.58	0.17

从表 18-3 中的数据可看出，增译/省译是人工翻译和机器翻译译后编辑两种模式中最常见的错误类型，这与 Yamada（2019）的研究结果基本一致。进一步分析数据发现，机器翻译译后编辑中的增译/省译错误比人工翻译中的少。值得注意的是，机器翻译译后编辑中的误译明显多于人工翻译中的误译。与流畅性有关的错误比与准确性有关的错误的频率低。此外，人工翻译和机器翻译译后编辑中的流畅性相关错误类型无显著差异。例如，机器翻译译后编辑中的连贯性错误总数与人工翻译中的大致相同。同样，人工翻译和机器翻译译后编辑的词形错误数量也无显著差异，词序错误上也是如此。相对准确性而言，没有证据表明人工翻译和机器翻译译后编辑在流畅性方面存在显著差异。

三、满意度

除了效率和有效性维度外，满意度是评估机器翻译可用性的另一维度。满意度的三个主要指标是感知易用性、感知有用性和对机器翻译译后编辑的满意度。表 18-4 汇总了受试者对问卷中每个题项的回答。

表 18-4　受试者对机器翻译使用看法的描述性分析

题项	非常不同意	不同意	不一定	同意	非常同意
1. 译后编辑比人工翻译更快	3%	3%	13 %	55 %	26 %
2. 人工翻译比译后编辑要消耗更多努力	0 %	3%	16 %	42 %	39 %
3. 译后编辑能提高翻译质量	0 %	13 %	19 %	26 %	42 %
4. 译后编辑能提高我的翻译能力	0 %	23 %	29 %	29 %	19 %
5. 学生应该具备机器翻译译后编辑技能	16 %	19 %	10 %	55 %	0 %
6. 我支持在翻译课程中开设机器翻译译后编辑课程	0 %	0 %	13 %	42 %	45 %

注：题项 1 和 2 涉及感知易用性；题项 3 和 4 涉及感知有用性；题项 5 和 6 涉及对机器翻译译后编辑的满意度。

从受试者对感知易用性的回答来看，81% 的学生认为机器翻译译后编辑比人工翻译要快。同样数量的学生认为使用机器翻译译后编辑比人工翻译更省力。与感知易用性相比，感知有用性的评分较低。68% 的受试者认为他们的翻译质量可通过机器翻译加译后编辑得到提高。有趣的是，只有 48% 的受试者认为译后编辑可以提高其翻译能力。在对机器翻译译后编辑的满意度方面，学生都表示非常希望学习如何对机器翻译原始产出进行译后编辑。此外，87% 的学生表示机器翻译译后编辑课程应纳入译者培训课程。总体来说，大多数学生对机器翻译持积极态度，渴望学习机器翻译译后编辑技能。

第四节　机器翻译可用性评估指标结果讨论

基于机器翻译可用性评估框架，本章从三个维度衡量机器翻译可用性——效率、有效性和满意度。该框架涵盖了机器翻译可用性的基本面，具有整体性，可指导实践者在培训中融合技术。考虑到本章研究的主要目标是阐明机器翻译在翻译培训中的可行性，本框架或许也可以应用到类似的翻译技术评估当中。

时长和处理速度指标用来衡量效率。结果表明，机器翻译译后编辑比人工翻译效率更高。这一发现与之前对比机器翻译译后编辑和人工翻译的研究一致（如 De Almeida & O'Brien，2010；Guerberof Arenas，2014；O'Brien，2007b；Plitt & Masselot，2010）。从数据结果可得出初步结论，在课堂上使用机器翻译可以提高翻译学员的翻译效率。但是，机器翻译速度快、节省人力的特性也可能引发翻译中抄袭的道德问题。学生可以因为机器翻译所花精力更少而在实践中使用机器翻译（Ducar & Schocket，2018）。对翻译教师而言，在课堂上帮助学生了解机器翻译的正向发展和使用伦理是至关重要的。

有效性是机器翻译可用性评估中的主要问题。虽然机器翻译译后编辑产生的错误少于人工翻译，但两种模式中出现的错误类型有所不同。例如，误译在机器翻译译后编辑中出现得更多。这一发现与 Temizöz（2016）的发现相反，Temizöz（2016）发现职业译者在机器翻译译后编辑中只产出少量误译。原因可能是没有太多翻译经验或译后编辑经验的新手译者很难判断是否接受机器翻译产出。另一个可能的解释是机器翻译原始产出可能会造成翻译错误（Daems et al.，2016）。从两种模式的持续时间来看，学生在人工翻译中的剩余时间里能减少翻译错误，但在机器翻译译后编辑中的剩余时间里却会引入翻译错误。原因可能是学生过度编辑机器翻译原始产出。前人研究中也提到了该现象（如 Mellinger & Shreve 2016；Bowker，2020）。这些发现表明，错误类型（如误译和增译/省译）是提高机器翻译译后编辑最需解决的问题。然而，机器翻译错误通常取决于具体的语言对（Koponen，2016）。机器翻译中，语言结构不同的语言对（如英中）常出现的错误类型和语言结构相似的语言对常出现的错误类型不一样。

对比错误类型时发现，两种模式下学生的准确性错误数量上都超过了流畅性错误，这表明受试者的语言能力和识别机器翻译错误的能力还存在不足。这一结果也正好呼应了 Sánchez-Gijón & Torres-Hostench（2014）的研究，该研究表明，机器翻译会产出语法正确的译文，但句子含义较原文有偏差。新手译者可能会轻易误认为不可接受的机器翻译译文是合理的。机器翻译译后编辑和人工翻译的总体质量无显著差异，该结果支持了前人研究的发现（如 Daems et al.，2017a；García，2011），这可能表明，在较短时间内机器翻译译后编辑产出的译文质量和新手译者产出的译文质量差不多。尽管如此，译后编辑是一个复杂的认知过程，其产出也受多重因素影响。

在满意度方面，学生普遍认为机器翻译易于使用，但有用性相对较小。联系到学生在翻译效率和质量方面的表现，其满意度的调查结果就可以理解。有趣的是，大多数学生认为机器翻译译后编辑可以提高翻译质量，而一小部分学生则认为，机器翻译译后编辑能提高他们的翻译能力。Tirkkonen-Condit（1990）认为，翻译学生常将翻译视为一项词汇转换任务。研究中受试者认为机器翻译有助于解决翻译中大多数的词汇问题，降低了词汇错误率，提高了机器翻译译后编辑的质量。该发现与 Tirkkonen-Condit（1990）的观察结果一致。受试者表示对学习机器翻译译后编辑有浓厚兴趣，这与前人调查学生对使用机器翻译态度的研究结果大致吻合（如 Yang & Wang，2019）。但该结果与 Koponen（2015）的发现相反，Koponen 指出学生对机器翻译的期望值较低且态度消极。背后的原因可能是谷歌在 2016 年推出了神经机器翻译，极大地提高了机器翻译质量，从而导致 2016 年前后用户对机器翻译的态度发生了大的转变。

本章研究得出了一些有价值的结论，但数据解释过程还应谨慎，不能据此类推。样本量小和样本代表性不足都会限制研究结果的推广。此外，本章研究是一项横向研究，收集的数据仅能反映在既定时刻学生对机器翻译译后编辑的看法。未来可用更大、更具有代表性的样本开展纵向研究，进一步验证机器翻译的可用性。

本章研究旨在引发对课堂环境中机器翻译可用性的关注，文中提出的可用性评估框架涵盖了三个维度：效率、有效性和满意度，每个维度都有具体的衡量指标。本章研究采用了混合法，包括客观研究工具如键盘记录工具和主观研究工具如问卷来进行多维评估。研究发现有助于确定机器翻译在翻译培训中的可用性和可行性，但要推广本章研究的结果还需谨慎。机器翻译使用过程中还应特别注意其他影响，如在教育环境中的机器翻译伦理问题。总而言之，本章研究仅初涉机器翻译可用性评估，希望研究结果能推动机器翻译在翻译教学中的应用研究。

参考文献

一、英文文献

Abdullah, F. & Ward, R. "Developing a General Extended Technology Acceptance Model for E-learning (GETAMEL) by Analysing Commonly Used External Factors." *Computers in Human Behavior*, Vol. 56, 2016.

Aikawa, T., Schwartz, L., King, R., Corston-Oliver, M. & Lozano, C. "Impact of Controlled Language on Translation Quality and Post-editing in a Statistical Machine Translation Environment." In *Proceeding of MT summit*, 2007.

Akyüz, D. "TPACK Analysis of Preservice Teachers under Different Instruction Methods and Class Levels." *Turkish Journal of Computer and Mathematics Education*, Vol. 1, No. 7, 2016.

Al-Azawei, A. "Investigating the Effect of Learning Styles in a Blended E-learning System: An Extension of the Technology Acceptance Model (TAM)." *Australasian Journal of Educational Technology*, Vol. 33, 2017.

Albin, J. "Being a Translator: How Does It Feel?" In Lewandowska-Tomaszczyk, B. & Thelen, M. eds. Translation and Meaning, Part 10, Proceedings of the Łodź Session of the 5th International Maastricht-Łodź Duo Colloquium on "Translation and Meaning" (September 2010, Łodź, Poland). Maastricht: Maastricht School of Translation and Interpreting, Zuyd University of Applied Sciences, 2013.

Albin, J. "*Competencia y Autoeficacia: Estudio de los Factores Afectivos en el Traductor* (Competence and Self-efficacy: A Study of the Affective Factors of Translators)." *Hikma: Estudios de Traducción*, No. 11, 2012.

Alcina, A., Soler, V. & Granell, J. "Translation Technology Skills Acquisition." *Perspectives*, Vol. 4, No. 15, 2007.

Alhaisoni, E. & Alhaysony, M. "An Investigation of Saudi EFL University Students' Attitudes Towards the Use of Google Translate." *International Journal of English Language Education*, Vol. 1, No. 5, 2017.

Allen, J. "Post-editing." Harold, S. ed. *Computers and Translation: A Translator's Guide*. Amsterdam: John Benjamins, 2003.

Alves, F. "A Relevance-theoretic Approach to Effort and Effect in Translation:

Discussing the Cognitive Interface between Inferential Processing, Problem-solving and Decision-making." *Proceedings of the International Symposium on New Horizons in Theoretical Translation Studies*. Hong Kong: Chinese University of Hong Kong Press, 2006.

Alves, F. "Translation Process Research at the Interface." In Schwieter, John, W. & Aline, F. eds. *Psycholinguistic and Cognitive Inquiries into Translation and Interpreting*. John Benjamins, 2015.

Alves, F. & Gonçalves, J. "Investigating the Conceptual Procedural Distinction in the Translation Process: A Relevance-theoretic Analysis of Micro and Macro Translation Units." *Target*, Vol. 1, No. 25, 2013.

Alves, F. & Gonçalves, J. "Modelling Translator's Competence: Relevance and Expertise under Scrutiny." Gambier, Y., Shlesinger, M. & Stolze, R. eds. *Doubts and Directions in Translation Studies*. Amsterdam: John Benjamins, 2004.

Alves, F. & Hurtado Albir, A. "Cognitive Approaches to Translation." Gambier, Y. & Doorslaer, L. V. eds. *Handbook of Translation Studies*. Amsterdam: John Benjamins, 2010.

Alves, F. & Hurtado Albir, A. "Evolution, Challenges and Perspectives for Research on Cognitive Aspects of Translation." In Schwieter, J. W. & Ferreira, A. eds. *The Handbook of Translation and Cognition*. Hoboken: Wiley-Blackwell, 2017.

Alves, F. & Jakobsen, A. L. *The Routledge Handbook of Translation and Cognition*. New York: Routledge, 2021.

Alves, F. *Triangulating Translation: Perspectives in Process-oriented Research*. Amsterdam/Philadelphia: John Benjamins, 2003.

Alves, F., Adriana, P. & Silva, I. "Towards an Investigation of Reading Modalities in/ for Translation: An Exploratory Study Using Eye-tracking Data." O'Brien, S. ed. *Cognitive Explorations of Translation*. London: Continuum, 2011.

Anderson, C. "The Psychology of the Metaphor." *Journal of Genetic Psychology*, Vol. 1, No. 105, 1964.

Anderson, D. "Machine Translation as a Tool in Second Language Learning." *CALICO Journal*, Vol. 13, 1995.

Anderson, J. & Gerbing, D. "Structural Equation Modeling in Practice: A Review and Recommended Two Step Approach." *Psychological Bulletin*, Vol. 49, 1988.

Andujar, A. "Mobile-mediated Dynamic Assessment: A New Perspective for Second Language Development." *ReCALL*, Vol. 2, No. 32, 2020.

Angelone, E. "Broadening the Scope of Error Categories in Translation Assessment through Screen Recording." *Across Languages and Cultures*, Vol. 22, No. 2, 2021.

Angelone, E. "Process-oriented Assessment of Problems and Errors in Translation:

Expanding Horizons Through Screen Recording." Huertas-Barros, E., Vandepitte, S. & Iglesias-Fernández, E. eds. *Quality Assurance and Assessment Practices in Translation and Interpreting*. Hershey, PA: IGI Global, 2019.

Angelone, E. "The Impact of Screen Recording as a Diagnostic Process Protocol on Inter-rater Consistency in Translation Assessment." *The Journal of Specialised Translation*, Vol. 34, 2020.

Angelone, E. "Uncertainty, Uncertainty Management, and Metacognitive Problem-solving in the Translation Task." In Angelone, E. & Shreve, G. M. eds. *Translation and Cognition*. Amsterdam/Philadelphia: John Benjamins, 2010.

Apfelthaler, M. "Directionality." In Baker, M. & Saldanha, G. eds. *Routledge Encyclopedia of Translation Studies* (3rd ed). London & New York: Routledge, 2020.

Appavoo, P. "Acceptance of Technology in the Classroom: A Qualitative Analysis of Mathematics Teachers' Perceptions." Satapathy, S. C., Bhateja, V., Nguyen, B. L., Ngugen, N. G. & Le, D. N. eds. *Frontiers in Intelligent Computing: Theory and Applications*. Berlin: Springer, 2020.

Araghian, R., Ghonsooly, B. & Ghanizadeh, A. "Investigating Problem-solving Strategies of Translation Trainees with High and Low Levels of Self-efficacy." *Translation, Cognition & Behavior*, Vol. 1, No. 1, 2018.

Aranberri, N., Labaka, G., Ilarraza, A. & Sarasola, K. "Comparison of Post Editing Productivity between Professional Translators and Lay Users." In *Proceedings of the Third Workshop on Post-editing Technology and Practice*, 2014.

Arzt, A. F. & Armour-Thomas, E. "Development of a Cognitive-metacognitive Framework for Protocol Analysis of Group Problem Solving in Mathematics." *Cognition and Instruction*, Vol. 2, No. 9, 1992.

Atkinson, D. P. & Crezee, I. H. "Improving Psychological Skill in Trainee Interpreters." *International Journal of Interpreter Education*, Vol. 6, No. 1, 2014.

Atkinson, D. P. *Freelance Translator Success and Psychological Skill: A Study of Translators Confidence with Perspectives from Work Psychology*. Ph.D. Dissertation. University of Auckland, 2012.

Azizinezhad, M., Tajvidi, G. R. & Ebadi, A. "Characteristics of Competent Translator Trainers from the Viewpoint of Expert Iranian Translator Trainers: A Qualitative Study." *Journal of Research in Applied Linguistics*, Vol. 2, No.10, 2019.

Baddeley, A. "Working Memory: An Overview." Pickering, S. ed. *Working Memory and Education*. New York: Academic Press, 2006.

Baddeley, A. D. "Working Memory and Language: An Overview." *Journal of Communication Disorders*, Vol. 3, No. 36, 2003.

Baddeley, A. D. *Working Memory*. Oxford University Press, 1986.

Baessler, J. & Schwarzer, R. "Evaluación de la Autoeficacia: Adaptación Española de la Escala de Autoeficacia General (Measuring Generalized Self-beliefs: A Spanish Adaptation of the General Self-efficacy Scale)." *Ansiedad y Estrés*, Vol. 1, No. 2, 1996.

Bahdanau, D., Cho, K. & Bengio, Y. *Neural Machine Translation by Jointly Learning to Align & Translate.* In Proceedings of the 6th International Conference on Learning Representations, San Diego, California, USA, 2015.

Bahri, H. & Mahadi, T. S. T. "Google Translate as Supplementary Tool for Learning Malay: A Case Study at University Sains Malaysia." *Advances in Language and Literary Studies*, Vol. 3, No. 7, 2016.

Baker, L. & Brown, A. "Metacognitive Skills and Teading." Pearson, P. D., Kamil, M., Barr, R. & Mosenthal, P. eds., *Handbook of Reading Research.* New York: Longman, 1984.

Balling, L. "A Brief Introduction to Regression Designs & Mixed-effects Modelling by a Recent Convert." Göpferich, S, Jakobsen, A. L. & Mees, I. M. eds. *Looking at Eyes: Eye Tracking Studies of Reading & Translation Processing. Copenhagen Studies in Language*, Vol. 36, 2008.

Balling, L. & M. Carl. "Production Time Across Language & Tasks: A Large-scale Analysis Using the CRITT Translation Process Database." Schwieter, J. & Ferreira, A. eds. *The Development of Translation Competence: Theories & Methodologies from Psycholinguistics & Cognitive Science.* Cambridge Scholar Publishing, Cambridge, 2014.

Balling, L., Hvelplund, K. & Sjørup, A. "Evidence of Parallel Processing during Translation." *Meta*, Vol. 2, No. 59, 2014.

Bandura, A. "Exercise of Personal Agency through the Self-efficacy Mechanism." In Schwarzer, R. ed., *Self-efficacy. Thought Control of Action.* Washington/Philadelphia/London: Hemisphere, 1992.

Bandura, A. "Guide for Constructing Self-efficacy Scales. Self-efficacy Beliefs of Adolescents." In Pajares, F. & Urdan, T. eds., *Self-efficacy Beliefs of Adolescents.* New York: Information Age Publishing, 2006.

Bandura, A. "Modeling Theory: Some Traditions, Trends, and Disputes." In Sahakian, W. ed., *Psychology of Learning: Systems, Models, and Theories.* Chicago: Markham, 1970.

Bandura, A. "Perceived Self-efficacy in Cognitive Development and Functioning." *Educational Psychologist,* Vol. 2, No. 28, 1993.

Bandura, A. "Social Cognitive Theory: An Agentic Perspective." *Annual Review of Psychology*, Vol. 1, No. 52, 2001.

Bandura, A. *Self Efficacy in Changing Societies.* Cambridge: Cambridge University

Press, 1995. DOI: 10.1017/CBO9780511527692.

Bandura, A. *Self-efficacy. The Exercise of Control*. New York: Worth Publishers, 1997.

Bandura, A. "Self-efficacy: Toward a Unifying Theory of Behavioral Change." *Psychological review*, Vol. 84, No. 2, 1977.

Bandura, A. "Social Foundations of Thought and Action." *Englewood Cliffs*, NJ, 1986.

Bannert, M. & Mengelkamp, C. "Assessment of Metacognitive Skills by Means of Instruction to Think Aloud and Reflect when Prompted." *Metacognition and Learning*, Vol. 1, No. 3, 2008.

Basturkmen, H., Loewen, S. & Ellis, R. "Teachers' Stated Beliefs about Incidental Focus on Form and Their Classroom Practices." *Applied Linguistics*, Vol. 2, No. 25, 2004.

Bates, D., Mächler, M., Bolker, B. & Walker, S. "Lme4: Linear Mixed-effects Models Using Eigen & S4." *Journal of Statal Software*, R Package Version 3.1.2. http://CRAN.R-project.org/package=lme4. 2014.

Beatty, J. "Task-evoked Pupillary Responses, Processing Load, and the Structure of Processing Resources." *Psychological Bulletin*, Vol. 91, No. 2, 1982.

Beeby Lonsdale, A. "Directionality." Baker, M. & Malmkjler, K. eds., *Routledge Encyclopedia of Translation Studies* (1st ed) . London & New York: Routledge, 1998.

Beeby Lonsdale, A. "Directionality." Baker, M. & Saldanha, G. eds., *Routledge Encyclopedia of Translation Studies* (2nd ed). London & New York: Routledge, 2009.

Beeby Lonsdale, A. *Teaching Translation from Spanish to English*. Ottawa: University of Ottawa, 1996.

Behal, A. "Leading and Managing Virtual Communities of Practice (VCoPs)." *Journal of Contemporary Management Research*, Vol. 2, No. 13, 2019.

Bell, R. *Translation and Translating*. London: Longman, 1991.

Bentivogli, L., Bisazza, A., Cettolo, M. & Federico, M. *Neural Versus Phrase-based Machine Translation Quality: A Case Study*. In Proceedings of the 2016 Conference on Empirical Methods in Natural Language Processing, Austin, Texas, 2016.

Bentler, P. & Chou, C. "Practical Issues in Structural Modeling." *Sociological Methods & Research*, Vol. 16, 1987.

Bernardini, S. "Think-aloud Protocols in Translation Research: Achievements, Limits, Future Prospects." *Target*, Vol. 2, No. 13, 2001.

Bevan, N., Carter, J. & Harker, S. "ISO 9241-11 Revised: What Have We Learnt about Usability Since 1998?" Kurosu, M. ed., *Human Computer Interaction: Design and Evaluation*. Cham: Springer, 2015.

Bhattacherjee, A. & Premkumar, G. "Understanding Changes in Belief and Attitude Toward Information Technology Usage: A Theoretical Model and Longitudinal Test." *MIS Quarterly*, Vol. 28, 2004.

Bilic,V. "The Online Computer-assisted Translation Classroom." *Translation & Interpreting: The International Journal of Translation and Interpreting Research*, Vol. 12, No. 1, 2020.

Blasco, D. "Student's Attitudes Toward Integration Mobile Technology into Translation Activities." *International Journal on Integrating Technology in Education*, Vol. 1, No. 5, 2016.

Bojar, O., Chatterjee, R. & Federmann, C. et al. *Findings of the 2016 Conference on Machine Translation*. In Proceedings of the First Conference on Machine Translation (WMT 2016), Berlin, Germany, 2016.

Bolaños-Medina, A. "Self-efficacy in Translation." *Translation and Interpreting Studies*, Vol. 2, No. 9, 2014.

Bolaños-Medina, A. & Isern-González, J. "Análisis de las Actitudes de los Estudiantes Hacia las Herramientas Informáticas de Traducción Asistida (An Analysis of Students' Attitudes Towards Computer-aided Translation Tools)." *Sendebar*, Vol. 23, 2012.

Bolaños-Medina, A. & Núñez, J. L. "A Preliminary Scale for Assessing Translators' Self-efficacy." *Across Languages and Cultures*, Vol. 1, No. 19, 2018.

Bolaños-Medina, A. "Translation Psychology within the Framework of Translator Studies: New Research Perspectives." In From the Lab to the Classroom and Back Again. *Synergies between Didactics and Research in Interpreting and Translation*, ed. by Celia Martín de León and Víctor González-Ruíz, 2014.

Bolger, D., Perfetti, C. & Schneider, W. "Cross-cultural Effect on the Brain Revisited: Universal Structures Plus Writing System Variation." *Human Brain Mapping*, Vol. 2, No. 25, 2005.

Bontempo, K. & Napier, J. "Evaluating Emotional Stability as a Predictor of Interpreter Competence and Aptitude for Interpreting." *Interpreting*, Vol. 13, No. 1, 2011.

Bowker, L. "Fit-for-purpose Translation." O'Hagan, M. ed., *The Routledge Handbook of Translation and Technology*. London: Routledge, 2020.

Bowker, L. & Ciro, J. B. "Investigating the Usefulness of Machine Translation for Newcomers at the Public Library." *Translation and Interpreting Studies*, Vol. 2, No.10, 2015.

Boyer, L. E. *A Basic School: A Community for Learning*. Princeton, NJ: The Camegie Foundation for the Advancement of Teaching, 1995.

Brien, S. "An Empirical Investigation of Temporal and Technical Post-editing Effort." *Translation and Interpreting Studies*, Vol. 1, No. 2, 2007.

Briggs, N. "Neural Machine Translation Tools in the Language Learning Classroom: Students' use, Perceptions and Analyses." *The JALT CALL Journal*, Vol. 14, No. 1, 2018.

Britner, S. L. & Pajares, F. "Sources of Science Self-efficacy Beliefs of Middle School

Students." *Journal of Research in Science Teaching*, Vol. 5, No. 43, 2006.

Broadbent, D. E. *Perception and Communication*. New York: Oxford University Press, 1958.

Broadbent, J. "Comparing Online and Blended Learner's Self-regulated Learning Strategies and Academic Performance." *The Internet and Higher Education*, Vol. 33, 2017.

Bronstein, J. & Tzivian, L. "Perceived Self-efficacy of Library and Information Science Professionals Regarding Their Information Retrieval Skills." *Library & Information Science Research*, Vol. 2, No. 35, 2013.

Brown, A. "Knowing When, Where and How to Remember: A Problem of Metacognition." Glaser, R. ed., *Advances in Instructional Psychology*. Hillsdale, NJ: Lawrence Erlbaum, 1978.

Brown, A., Lawrence, J., Basson, M. & Redmond, P. "A Conceptual Framework to Enhance Student Online Learning and Engagement in Higher Education." *Higher Education Research & Development*, 2020.

Buchweitz, A. & Alves, F. " Cognitive Adaptation in Translation." *Letras de hoje*, Vol. 2, 2006.

Buckley, P. & Doyle, E. "Gamification and Student Motivation." *Interactive Learning Environments*, Vol. 6, No. 24, 2016.

Butler, D. L. "Individualizing Instruction in Self-regulated Learning." *Theory Into Practice*, Vol. 2, No. 41, 2002.

Butterfield, E., Hacker, D. & Albertson, L. "Environmental, Cognitive, and Metacognitive Influences on Text Revision: Assessing the Evidence." *Educational Psychology Review*, Vol. 3, No. 8, 1996.

Butterworth, G. & Cochran, E. "Towards a Mechanism of Joint Visual Attention in Human Infancy." *International Journal of Behavioral Development*, Vol. 3, No. 3, 1980.

Byrne, B. *Structural Equation Modeling with AMOS: Basic Concepts, Applications, and Programming*. New York: Routledge, 2013.

Cacciamani, S., Villani, D., Bonanomi, A.,Claudia, C., Maria Giulia, O., Laura, M., Giuseppe, R. & Emanuela, C. "Factors Affecting Students' acceptance of Tablet PCs: A Study in Italian High Schools." *Journal of Research on Technology in Education*, Vol. 50, 2018.

Cadwell, P., Castilho, S. & O'Brien, S. "Human Factors in Machine Translation and Post-editing among Institutional Translators." *Translation Spaces*, Vol. 2, No. 5, 2016.

Cadwell, P., O'Brien, S. & Teixeira, C. "Resistance and Accommodation: Factors for the (non-) Adoption of Machine Translation among Professional Translators." *Perspectives*, Vol. 3, No. 26, 2018.

Campbell, S. *Translation into the Second Language*. London and New York: Longman, 1998.

Campione, J. C. & Brown, A. L. "Linking Dynamic Assessment with School Achievement." Lidz, C. S. ed., *Dynamic Assessment: An Interactional Approach to Evaluating Learning Potential*. New York: The Guilford Press, 1987.

Carl, M. & Translog-II: A Program for Recording User Activity Data for Empirical Reading and Writing Research // *Proceedings of the Eighth International Conference on Language Resources and Evaluation (LREC'12)*, 2012.

Carl, M. & Báez, M. C. T. "Machine Translation Errors and the Translation Process: A Study Across Different Languages." *The Journal of Specialised Translation*, Vol. 31, 2019.

Carl, M. & Kay, M. "Gazing and Typing Activities During Translation: A Comparative Study of Translation Units of Professional and Student Translators." *Meta*, Vol. 4, No. 56, 2011.

Carl, M., Bangalore, S. & Schaeffer, M. *New Directions in Empirical Translation Process Research: Exploring the CRITT TPR-DB*. New York & London: Springer Publishing Company, 2016.

Carl, M., Dragsted, B. & Jakobsen, A. L. "A Taxonomy of Human Translation Styles." *Translation Journal*, Vol. 2, No. 16, 2011a.

Carl, M., Dragsted, B., Elming, J., Hardt, D. & Jakobsen, A. L. "The Process of Post-editing: A Pilot Study." Sharp, B., Zock, M., Carl, M. & Jakobsen, A. eds., *Proceedings of the 8th International NLPSC Workshop: Human-machine Interaction in Translation*. Copenhagen: Samfundslitteratur, 2011b.

Carl, M., Gutermuth, S. & Hansen-Schirra, S. "Post-editing Machine Translation: Efficiency, Strategies and Revision Processes in Professional Translation Settings." Ferreira, A. & Schwieter, J. W. eds., *Psycholinguistic and Cognitive Inquiries into Translation and Interpreting*. Amsterdam/Philadelphia: John Benjamins Publishing Company, 2015.

Carl, M., Schaeffer, M. & Bangalore, S. "The CRITT Translation Process Research Database." Carl, M., Bangalore, S. & Schaeffer, M. eds., *New Directions in Empirical Translation Process Research: Exploring the CRITT TPR-DB*. New York: Springer, 2016.

Carroll, D. *Psychology of Language*. California: Brooks/Cole Publishing Company, 2000.

Castilho, S. & O'Brien, S. "Acceptability of Machine-translated Content: A Multi-language Evaluation by Translators and End-users." *Linguistica Antverpiensia, New Series: Themes in Translation Studies*, Vol. 16, 2017.

Castilho, S., Doherty, S., Gaspari, F. & Moorkens, J. "Approaches to Human and Machine Translation Quality Assessment." Moorkens, J., Castilho, S., Gaspari, F. & Doherty, S. eds., *Translation Quality Assessment: From Principles to Practice*. Berlin: Springer International Publishing, 2018.

Castilho, S., Moorkens, J., Gaspari, F., Sennrich, A. W. & Georgakopoulou, P. "Evaluating MT for Massive Open Online Courses." *Mach Transl*, No. 32, 2018.

Castilho, S., Moorkens, J., Gaspari, F., Calixto, I., Tinsley, J. & Sennrich, A. W. "Is Neural Machine Translation the New State of the Art?" *The Prague Bulletin of Mathematical Linguistics*, Vol. 1, No. 108, 2017.

Catford, J. C. *A Linguistic Theory of Translation*. London: Oxford University Press, 1965.

Cavanaugh, J. C. & Perlmutter, M. "Metamemory: A Critical Examination." *Child Development*, Vol. 1, No. 53, 1982.

Chan, S. *The Human Factors in Machine Translation*. New York: Routledge, 2018.

Chang, C. & Schallert, D. "The Impact of Directionality on Chinese/English Simultaneous Interpreting." *Interpreting*, Vol. 2, No. 9, 2007.

Chang, V. C. "Translation Directionality and the Revised Hierarchical Model: An Eye-tracking Study." O'Brien, S. ed., *Cognitive Explorations of Translation*. London: Continuum, 2011.

Chang, V. C. *Testing Applicability of Eye-tracking and fMRI to Translation and Interpreting Studies: An Investigation into Directionality*. Unpublished Ph.D. Dissertation, Imperial College, London, 2009.

Chen, G., Gully, S. M. & Eden, D. "Validation of a New General Self-efficacy Scale." *Organizational Research Methods*, Vol. 1, No. 4, 2001.

Chen, G., Wang, X. & Wang, L. "Developing Assessment Literacy Among Trainee Translators: Scaffolding Self and Peer Assessment as An Intervention." *Assessment & Evaluation in Higher Education*, 2022.

Chen, H. & Tseng, H. "Factors that Influence Acceptance of Web-based E-learning Systems for the In-service Education of Junior High School Teachers in Taiwan." *Evaluation and Program Planning*, Vol. 35, 2012.

Chen, S. "The Impact of Directionality on the Process and Product in Consecutive Interpreting between Chinese and English: Evidence from Pen Recording and Eye Tracking." *Journal of Specialised Translation*, Vol. 34, 2020.

Chen, J. A. & Usher, E. L. "Profiles of the Sources of Science Self-efficacy." *Learning and individual differences*, Vol. 24, 2013.

Cheng, M. & Yuen, A. "Student Continuance of Learning Management System Use: A Longitudinal Exploration." *Computers & Education*, Vol. 120, 2018.

Cheung, R. & Vogel, D. "Predicting User Acceptance of Collaborative Technologies: An Extension of the Technology Acceptance Model for E-learning." *Computers & Education*, Vol. 63, 2013.

Chiang, Y. N. "Foreign Language Anxiety in Taiwanese Student Interpreters." *Meta*, Vol. 54, No. 3, 2009.

Chin, W. "The Partial Least Squares Approach for Structural Equation Modeling." In Macoulides, G. A. eds. In Modern Methods for Business Research Lawrence Erlbaum Associates. China Translation Association. China Language Service Industry Development Report, 2018.

Chin, W. W. "The Partial Least Squares Approach to Structural Equation Modeling." *Modern Methods for Business Research*, Vol. 295, No. 2, 1998.

Chow, M., Herold, D., Choo, T. & Chan, K. "Extending the Technology Acceptance Model to Explore the Intention to Use Second Life for Enhancing Healthcare/ Education." *Computers & Education*, Vol. 59, 2012.

Christensen, T. P. "Testing Post-editing Guidelines: How Translation Trainees Interpret Them and How to Tailor Them for Translator Training Purposes." *Interpreter & Translator Trainer*, Vol. 2, No. 8, 2014.

Clifford, J., Merschel, L. & Munné, J. "Surveying the Landscape: What is the Role of Machine Translation in Language Learning." *Tic. Revista D'Innovació Educativa*, Vol. 10, 2013.

Cohen, J. "A Power Primer." *Psychological Bulletin*, Vol. 112, 1992.

Cohen, J. *Statistical Power Analysis for the Behavioral Sciences (2nd ed.).* Hillsdale, NJ: Erlbaum, 1988.

Colina, S. *Translation Teaching, from Research to the Classroom: A Handbook for Teachers.* New York: McGraw-Hill, 2003.

Cook, G. *Translation in Language Teaching: An Argument for Reassessment.* Oxford: Oxford University Press, 2010.

Cook, T. D., Campbell, D. T. & Day, A. *Quasi-experimentation: Design & Analysis Issues for Field Settings.* Boston: Houghton Mifflin, 1979.

Corkin, D. M., Horn, C. & Pattison, D. "The Effects of An Active Learning Intervention in Biology on College Students' Classroom Motivational Climate Perceptions, Motivation, and Achievement." *Educational Psychology*, Vol. 9, No. 37, 2017.

Cross, D. R. & Paris, S. G. "Developmental and Instruction Analyses of Children's Metacognition and Reading Comprehension." *Journal of Educational Psychology*, Vol. 80, No. 2, 1988.

Crowley, S. & Fan, X. "Structural Equation Modeling: Basic Concepts and Applications in Personality Assessment Research." *Journal of Personality Assessment*, Vol. 3, No. 68,

1997.

D'Alessio, F. A., Avolio, B. E. & Charles, V. "Studying the Impact of Critical Thinking on the Academic Performance of Executive MBA Students." *Thinking Skills and Creativity*, Vol. 35, 2019.

Da Silva, I. A. L., Alves, F., Schmaltz, M., Pagano, A., Wong, D., Chao, L., ... & Da Silva, G. E. *Translation, Post-editing and Directionality: A Study of Effort in the Chinese-Portuguese Language Pair. Translation in Transition: Between Cognition, Computing and Technology*. Amsterdam: John Benjamins, 2017.

Da Silva, I. A. L., Schmaltz, M., Alves, F., Pagano, A., Wong, D., Chao, L., ... & Garcia, C. "Translating and Post-editing in the Chinese-Portuguese Language Pair: Insights from an Exploratory Study of Key Logging and Eye Tracking." *Translation Spaces*, Vol. 4, No. 1, 2015.

Daems, J., Carl, M., Vandepitte, S., Hartsuiker, R. & Macken, L. eds. *The Effectiveness of Consulting External Resources During Translation and Post-editing of General Text Types*. Carl, M., Bangalore, S. & Schaeffer, M. eds. *New Directions in Empirical Translation Process*. Cham: Springer, 2016.

Daems, J., Vandepitte, S., Hartsuiker, R. & Macken, L. "Translation Methods and Experience: A Comparative Analysis of Human Translation and Post-editing with Student and Professional Translators." *Meta*, Vol. 62, No. 2, 2017b.

Daems, J., Vandepitte, S., Hartsuiker, R. & Macken, L. "Identifying the Machine Translation Error Types with the Greatest Impact on Post-editing Effort." *Frontiers in Psychology*, Vol. 8, 2017a.

Daems, J., Vandepitte, S., Hartsuiker, R. & Macken, L. *The Impact of Machine Translation Error Types on Post-editing Effort Indicators*. Proceedings of the 4th Workshop on Post-editing Technology and Practice, 2015.

Danaher, A. P. et al. *Mobile Learning Communities*. Taylor & Francis Ltd, 2009.

Daneshfar, S. & Moharami, M. "Dynamic Assessment in Vygotsky's Sociocultural Theory: Origins and Main Concepts." *Journal of Language Teaching and Research*, Vol. 9, No. 3, 2018.

Davies, A., Ramsay, J., Lindfield, H. & Couperthwaite, J. "Building Learning Communities: Foundations for Good Practice." *British Journal of Educational Technology*, Vol. 36, No. 4, 2005.

Davis, C. & Goodman, H. "Virtual Communities of Practice in Social Group Work Education." *Social Work with Groups*, Vol. 37, No. 1, 2014.

Davis, F. "Perceived Usefulness, Perceived Ease of Use, and User Acceptance of Information Technology." *MIS Quarterly*, Vol. 13, No. 3, 1989.

Davis, F. "User Acceptance of Information Technology: System Characteristics, User

Perceptions and Behavioral Impacts." *International Journal of Man-machine Studies*, Vol. 38, No. 3, 1993.

Davis, F., Bagozzi, R. & Warshaw, P. "User Acceptance of Computer Technology: A Comparison of Two Theoretical Models." *Management Science*, Vol. 35, No. 8, 2017.

De Almeida, G. & O'Brien, S. *Analysing Post-editing Performance: Correlations with Years of Translation Experience.* François, Y. & Viggo, H. eds. *Proceedings of the 14th Annual Conference of the European Association for Machine Translation.* Saint-Raphaël, 2010.

De Barba, P. G., Kennedy, G. E. & Ainley, M. D. "The Role of Students' Motivation and Participation in Predicting Performance in a MOOC." *Journal of Computer Assisted Learning*, Vol. 32, No. 3, 2016.

De Lima Fonseca, N. B. "Directionality in Translation: Investigating Prototypical Patterns in Editing Procedures." *Translation & Interpreting*, Vol. 7, No. 1, 2015.

De Sousa, S. C., Aziz, W. & Specia, L. *Assessing the Post-editing Effort for Automatic and Semiautomatic Translations of DVD Subtitles.* Angelova, G., Bontcheva, K., Mitkov, R. & Nicolov, N., eds. *Proceedings of the Recent Advances in Natural Language Processing Conference.* Hissar, Bulgaria, 2011.

Deci, E. L. & Ryan, R. M. "The 'What' and 'Why' of Goal Pursuits: Human Needs and the Self-determination of Behavior." *Psychological Inquiry*, Vol. 11, No. 4, 2000.

DePalma, D. A. Post-edited Machine Translation Define, http://www.common sense advisory.com/AbstractView. (April-30-2018).

Depraetere, I. *What Counts as Useful Advice in a University Post-editing Training Context? Report on a Case Study.* Proceedings of the 14th Annual Conference of the European Association for Machine Translation, 2010.

Depraetere, I., de Sutter, N. & Tezcan, A. *Post-edited Quality, Post-editing Behavior and Human Evaluation: A Case Study.* O'Brien, S., Balling, L. W., Carl, M., Simard, M. & Specia, L. eds. *Postediting of Machine Translation: Processes and Applications.* Newcastle: Cambridge Scholars Publishing, 2014.

Desjardins, R. A. "Preliminary Theoretical Investigation into Online Social Self-translation: The Real, the Illusory, and the Hyperreal." *Translation Studies*, Vol. 12, No. 2, 2019.

Desoete, A. & Roeyers, H. "Off-line Metacognition—A Domain-specific Retardation in Young Children with Learning Disabilities." *Learning Disability Quarterly*, Vol. 25, No. 2, 2002.

Di Wu, Lan Wei & Aiping Mo. "Training Translation Teachers in an Initial Teacher Education Programme: A Self-efficacy Beliefs Perspective." *Perspectives*, Vol. 27, No. 1, 2019.

Díaz-Millón, M., Rivera-Trigueros, I., Olvera-Lobo, M. D. & Gutiérrez-Artacho, J. *Disruptive Methodologies and Cross-curricular Competencies for a Training Adapted to New Professional Profiles: The Undergraduate Program in Translation and Interpreting.* Palahicky, S., ed. *Enhancing Learning Design for Innovative Teaching in Higher Education.* Pennsylvania: IGI Global, 2020.

Doherty, S. & Kenny, D. "The Design and Evaluation of a Statistical Machine Translation Syllabus for Translation Students." *The Interpreter and Translator Trainer,* Vol. 8, No. 2, 2014.

Doherty, S. & Moorkens, J. "Investigating the Experience of Translation Technology Labs: Pedagogical Implications." *The Journal of Specialised Translation*, Vol. 19, No. 1, 2013.

Doherty, S. & O'Brien, S. "Assessing the Usability of Raw Machine Translated Output: A User-centered Study Using Eye Tracking." *International Journal of Human Computer Interaction*, Vol. 30, No. 1, 2014.

Doherty, S., O'Brien, S. & Carl, M. "Eye Tracking As an MT Evaluation Technique." *Mach Transl,* Vol. 24, 2010.

Doherty, S. *Analysing Variable Relationships and Time-course Data in Eye Tracking Studies of Translation Processes and Products.* Walker, C. & Federici, F. M. eds. *Eye Tracking and Multidisciplinary Studies on Translation.* John Benjamins, 2018.

Dörnyei, Z. & Ushioda, E. 2nd eds. *Teaching and Researching Motivation.* England: Pearson Education Limited, 2011.

Dragsted, B. & Carl, M. "Towards a Classification of Translation Styles Based on Eye-tracking and Keylogging Data." *Journal of Writing Research*, Vol. 5, No. 1, 2013.

Ducar, C. & Schocket, D. H. "Machine Translation the L2 Classroom: Pedagogical Solutions for Making Peace with Google Translate." *Foreign Language Annals*, Vol. 51, No. 4, 2018.

Duchowski, A. *Eye Tracking Methodology: Theory and Practice* (Second Edition). London: Springer, 2007.

Dunn, K. E., Rakes, G. C. & Rakes, T. A. "Influence of Academic Self-regulation, Critical Thinking, and Age on Online Graduate Students' Academic Help-seeking." *Distance Education*, Vol. 35, No. 1, 2014.

Durieux, C. "Vers Une Théorie Décisionnelle de la Traduction." *LISA*, Vol. 9, No. 3, 2009.

Ebadi, S. & Bashir, S. "An Exploration into EFL Learners' Writing Skills Via Mobile-based Dynamic Assessment." *Education and Information Technologies*, Vol. 26, No. 2, 2021.

Eldakar, M. A. M. & Kenawy, Y. M. "Researchers Emotions after Information Retrieval from Databases Available through the Egyptian Knowledge Bank: Impacts of Perceived

Self-efficacy." *The Journal of Academic Librarianship*, Vol. 46, No. 5, 2020.

Elder, L. & Paul, R. "Critical Thinking and the Art of Close Reading (part II)." *Journal of Developmental Education*, Vol. 27, No. 3, 2004.

Elliott, J. G., Resing, W. C. M. & Beckmann, J. F. "Dynamic Assessment: A Case of Unfulfilled Potential?" *Educational Review*, Vol. 70, No. 1, 2018.

EMT Expert Group. *European Master's in Translation Competence Framework*. https://ec.europa.eu/info/sites/info/files/emt_competence_fwk_2017_en_web.pdf, 2017.

Ennis, R. H. *A Taxonomy of Critical Thinking Dispositions and Abilities*. Baron, J. B. & Sternberg, R. eds. *Teaching Thinking Skills: Theory and Practice*. San Francisco: W. H. Freeman & Co, 1987.

Ericsson, K. A. *An Introduction to Cambridge Handbook of Expertise and Expert Performance: Its Development, Organization, and Content. The Cambridge Handbook of Expertise and Expert Performance*. Cambridge: Cambridge University Press, 2006.

Ericsson, K. A. & Simon, H. A. "Verbal Reports as Data." *Psychological Review*, Vol. 87, No. 3, 1980.

Ericsson, K. A. & Simon, H. A. *Protocol Analysis: Verbal Reports as Data*. The MIT Press, 1984.

Escartin, C. P. & Arcedillo, M. *Living on the Edge: Productivity Gain Thresholds in Machine Translation Evaluation Metrics*. Proceedings of the Fourth Workshop on Post-editing Technologies and Practice, 2015.

Esteban-Millat, I., Martínez-López, F., Pujol-Jover, M., Gazquez-Abad, J. & Alegret, A. "An Extension of the Technology Acceptance Model for Online Learning Environments." *Interactive Learning Environments*, Vol. 26, 2018.

Facione, P. A. *Critical Thinking: A Statement of Expert Consensus for Purposes of Educational Assessment and Instruction*. Research Findings and Recommendations. ERIC Document Reproduction Service No. ED315 423, 1990.

Fawcett, P. *Translation and Language*. Manchester: St. Jerome, 1997.

Featherman, M. & Pavlou, P. "Predicting E-services Adoption: A Perceived Risk Facets Perspective." *International Journal of Human-computer Studies*, Vol. 59, No. 4, 2003.

Feng, Jia. & Wang, Kefei. "A New Perspective on Translation Process: Keylogging and Eye Tracking." *Chinese Translators Journal*, Vol. 37, No. 1, 2016.

Fernández, F. & Ribas, M. "Ongoingly Redesigning Metacognitive Questionnaires Helping Trainees to Self-evaluate Their Translating." *Babel*, Vol. 60, No. 3, 2014.

Fernández, F. & Zabalbeascoa, P. "Developing Trainee Translators' Strategic Subcompetence through Metacognitive Questionnaires." *Meta*, Vol. 57, No. 3, 2012.

Ferreira, A. "Analyzing Recursiveness Patterns and Retrospective Protocols of Professional Translators in L1 and L2 Translation Tasks." *Translation and Interpreting Studies*,

Vol. 9, No. 1, 2014.

Ferreira, A., Gries, S. T. & Schwieter, J. W. "Assessing Indicators of Cognitive Effort in Professional Translators: A Study on Language Dominance and Directionality." *Translation, Interpreting, Cognition*, 2021.

Ferreira, A., Gries, S. T. & Schwieter, J. W. *Assessing Indicators of Cognitive Effort in Professional Translators: A Study on Language Dominance and Directionality*, 2021.

Ferreira, A., Schwieter, J. W., Gottardo, A. & Jones, J. "Cognitive Effort in Direct and Inverse Translation Performance: Insight from Eye-tracking Technology." *Cadernos de tradução*, Vol. 36, No. 3, 2016.

Fiederer, R. & O'Brien, S. "Quality and Machine Translation: A Realistic Objective?" *The Journal of Specialised Translation*, Vol. 11, No. 11, 2009.

Fishbein, M. & Ajzen, I. *Belief, Attitude, Intention, and Behavior: An Introduction to Theory and Research*. MA: Addison-Wesley, 1975.

Flanagan, M. & Christensen, T. P. "Testing Post-editing Guidelines: How Translation Trainees Interpret Them and How to Tailor Them for Translator Training Purposes." *The Interpreter and Translator Trainer*, Vol. 8, No. 2, 2014.

Flavell, J. H. *Meta-cognitive Aspects of Problem Solving*. Resnick, L. B. ed. *The Nature of Intelligence*. Hillsdale, NJ: Erlbaum, 1976.

Flavell, J. H. *Metacognition and Cognitive Monitoring: A New Area of Psychology Inquiry*. Nelson, T. O. ed. *Metacognition: Core Readings*. Boston: Allyn and Bacon, 1979.

Fleiss, J. L. "Measuring Nominal Scale Agreement Among Many Raters." *The Prague Bulletin of Mathematical Linguistics*, Vol. 76, No. 5, 1971.

Flesch, R. "A New Readability Yardstick." *Journal of Applied Psychology*, Vol. 32, No. 3, 1948.

Fornell, C. & Larcker, D. "Evaluating Structural Equation Models with Unobservable Variables and Measurement Error." *Journal of Marketing Research*, Vol. 18, No. 1, 1981.

Fountain, A. & Fountain, C. "A New Look at Translation: Teaching Tools for Language and Literature." *Empowerment Through Collaboration: Dimension*, 2009.

Fox, O. *The Use of Translation Diaries in a Process-oriented Translation Teaching Methodology*. Schäffner, C. & Adab, B. eds. *Developing Translation Competence*. Amsterdam: John Benjamins, 2000.

Fraser, J. *What do Real Translators do? Developing the Use of TAPs from Professional Translators*. Tirkkonen-Condit, S. & Jääskeläinen, R. eds. *Tapping and Mapping the Processes of Translation and Interpreting: Outlooks on Empirical Research*. Amsterdam: John Benjamins, 2000.

Friederike, P. *Translator's Decision-making Processes in Research and Knowledge Integration*,

2010.

Froeliger, N. "Les Mécanismes de la Confiance en Traduction-aspects Relationnels (Confidence-related Mechanisms: Relational Aspects)." *Journal of Specialized Translation* 2, 2004.

Fulford, H. *Freelance Translators and Machine Translation: An Investigation of Perceptions, Uptake, Experience and Training Needs.* The 6th EAMT Workshop on Manchester. UK, 2002.

Fulton, C. "Collaborating in Online Teaching: Inviting E-guests to Facilitate Learning in the Digital Environment." *Information and Learning Sciences*, 2020.

Galán-Mañas, A. & Hurtado Albir, A. "Blended Learning in Translator Training: Methodology and Results of an Empirical Validation." *The Interpreter and Translator Trainer*, Vol. 4, No. 2, 2010.

Galán-Mañas, A. & Hurtado Albir, A. "Competence Assessment Procedures in Translator Training." *The Interpreter and Translator Trainer*, Vol. 9, No. 1, 2015.

Gambier, Y. *Teaching Translation/Training Translators.* Gambier, Y. & Van Doorslaer, L. eds. *Handbook of Translation Studies.* Amsterdam/Philadelphia: John Benjamins, 2012.

Garcia, I. & Pena, M. I. "Machine Translation-assisted Language Learning: Writing for Beginners." *Computer Assisted Language Learning*, Vol. 24, No. 5, 2011.

Garcia, T. & Pintrich, P. R. "Critical Thinking and Its Relationship to Motivation, Learning Strategies, and Classroom Experience." *Biology*, 1992.

García, A. M., Mikulan, E. & Ibáñez, A. *A Neuroscientific Toolkit for Translation Studies.* Reembedding Translation Process Research, 2016.

García, I. "Is Machine Translation Ready Yet?" *Target*, Vol. 22, No. 1, 2010.

García, I. "Translating by Post-editing: Is It the Way Forward?" *Machine Translation*, 2011.

Garretson, D. A. "A Psychological approach to Consecutive Interpretation." *Meta*, Vol. 26, No. 3, 1980.

Garson, G. D. *Partial Least Squares: Regression & Structural Equation Models.* Statistical Associates Publishing, 2016.

Gaspari, F. "The Role of Online MT in Webpage Translation." Ph.D. Dissertation, University of Manchester, 2007.

Gaspari, F., Almaghout, H. & Doherty, S. "A Survey of Machine Translation Competences: Insights for Translation Technology Educators and Practitioners." *Perspectives*, Vol. 23, No. 3, 2015.

Gass, S. M. & Mackey, A. *Stimulated Recall Methodology in Second Language Research.* Mahwah, NJ: Lawrence Erlbaum Associates, 2000.

Gecas V. *Self-agency and the Life Course*. Mortimer, J. T. & Shanahan, M. J. eds. *Handbook of the Life Course*. New York: Springer, 2004.

German, S., Alabau, V., Buck, C., Carl, M., Casacuberta, F., Garcia-Martinez, M., Germann, U., Gonzalez-Rubio, J., Hill, R., Koehn, P., Leiva, L., Mesa-Lao, B., Ortiz-Martinez, D., Saint-Amand, H., Tsoukala, C. & Vidal, E. "Interactive Translation Prediction Versus Conventional Post-editing in Ractice: A Study with the CasMaCat Workbench." *Machine Translation*, Vol. 28, No. 3, 2014.

Germann, U. *Yawat: Yet Another Word Alignment Tool*. Proceedings of 46th Annual Meeting of the Association for Computational Linguistics on Human Language Technologies. Columbus: Ohio, 2008.

Gerver, D. "A Psychological Approach to Simultaneous Interpretation." *Meta*, Vol. 20, No. 2, 1975.

Gerver, D. *Empirical Studies of Simultaneous Interpretation: A Review and a Model*. Brislin, R. W. eds. *Translation: Applications and Research*. New York: Gardiner, 1976.

Ghanizadeh, A. "The Interplay between Reflective Thinking, Critical Thinking, Self-monitoring, and Academic Achievement in Higher Education." *Higher Education*, Vol. 74, No. 1, 2017.

Gile, D. *Basic Concepts and Models for Interpreter and Translator Training*. Amsterdam: John Benjamins, 1995.

Gile, D. *Conference Interpreting as a Cognitive Management Problem*. Danks, J., Shreve, G., Fountain, S. & McBeath, M. eds. *Cognitive Processes in Translation and Interpreting*. London: SAGE Publications, 1997.

Gile, D. *Directionality in Conference Interpreting: A Cognitive View*. Godijns, R. & Hinderdael, M. eds. *Directionality in Interpreting: the "Retour" or the Native?* Ghent: Communication and Cognition, 2005.

Gile, D. *Methodological Aspects of Interpretation and Translation Research*. Sylvie, L. & Barbara Moser-Mercer, B. eds. *Bridge the Gap: Empirical Research in Simultaneous Interpretation*. John Benjamins: Philadelphia, 1994.

González Davies, M. *Multiple Voices in the Translation Classroom: Activities, Tasks and Project*. Amsterdam/Philadelphia: John Benjamins, 2004.

Gopalan, M., Rosinger, K. & Ahn, J. B. "Use of Quasi-experimental Research Designs in Education Research: Growth, Promise, and Challenges." *Review of Research in Education*, Vol. 44, No. 1, 2020.

Gopalan, V., Zulkifli, A. & Bakar, J. *A Study of Students' Motivation Using the Augmented Reality Science Textbook*. Nifa, F. A. A., Nawi, M. N. M. & Hussain, A. eds. *Proceedings of AIP Conference*. AIP Publishing, 2016.

Göpferich, S. "Translation Competence: Explaining Development and Stagnation from a

Dynamic Systems Perspective." *Target*, Vol. 25, No. 1, 2013.

Göpferich, S. & Jääskeläinen, R. "Process Research into the Development of Translation Competence: Where are We, and Where do We Need to Go?" *Across Languages and Cultures*, Vol. 10, No. 2, 2009.

Gough, J. "Developing Translation-oriented Research Competence: What Can We Learn from Professional Translators?" *The Interpreter and Translator Trainer*, Vol. 13, No. 3, 2019.

Graham, S. & Harris, K. "The Role of Self-regulation and Translation Skills in Writing and Writing Development." *Educational Psychologist*, Vol. 35, No. 1, 2000.

Green, S., Heer, J. & Manning, C. *The Efficacy of Human Post-editing for Language Translation*. Proceedings of the SIGCHI Conference on Human Factors in Computing Systems. Association for Computing Machinery, 2013.

Grosman, M., Kadric, M., Kovacic, I. & Snell-Hornby, M. "Translation into Non-mother Tongues." *Professional Practice and Training*, 2000.

Grossman, P. L. *The Making of a Teacher: Teacher Knowledge and Teacher Education*. New York: Teachers College Press, 1990.

Groves, D. & Schmidtke, D. "Identification and Analysis of Post-editing Patterns for MT." *MT Summit XII-The twelfth Machine Translation Summit International Association for Machine Translation Hosted by the Association for Machine Translation in the Americas*. Association for Machine Translation in the Americas, 2009.

Guerberof Arenas, A. "Correlations Between Productivity and Quality When Post-editing in a Professional Context." *Machine Translation*, Vol. 28, No. 3, 2014.

Guerberof Arenas, A. "Productivity and Quality in the Post-editing of Outputs from Translation Memories and Machine Translation." Ph.D. Dissertation, Universitat Rovira i Virgili, 2012.

Guerberof Arenas, A. & Moorkens, J. "Machine Translation and Post-editing Training as Part of a Master's Programme." *The Journal of Specialised Translation*, Vol. 31, 2019.

Guerberof, A. "Productivity and Quality in MT Post-editing." *MT Summit XII-Workshop: Beyond Translation Memories: New Tools for Translators MT*, 2009.

Guerberof, A. "What do Professional Translators Think about Post-editing." *Machine Translation and the Working Methods of Translators*, Vol. 19, No. 1, 2013.

Gutt, E. *Translation and Relevance: Cognition and Context*. Manchester: St Jerome, 1991.

Hacker, D. J., Plumb, C., Butterfield, E. C., Quathamer, D. & Heineken, E. "Text Revision: Detection and Correction of Errors." *Journal of Educational Psychology*, Vol. 86, No. 1, 1994.

Hair Jr, J. F., Matthews, L. M., Matthews, R. L. et al. "PLS-SEM or CB-SEM: Updated

Guidelines on Which Method to Use." *International Journal of Multivariate Data Analysis*, Vol. 1, No. 12, 2017.

Hair, J. F., Black, W. C., Babin, B. J. & Anderson, R. *Multivariate Data Analysis* (6th ed.). New Jersey: Prentice Hall, 2006.

Hair, J. F., Black, W. C., Babin, B. J. & Anderson, R. *Multivariate Data Analysis*. New Jersey: Prentice Hall, 1998.

Hair, J. F., Ringle, C. M. & Sarstedt, M. "Partial Least Squares Structural Equation Modeling: Rigorous Applications, Better Results, and Higher Acceptance." *Long Range Planning*, Vol. 46, No. 1, 2013.

Haji Sismat, M. A. B. "Quality and Productivity: A Comparative Analysis of Human Translation and Post-editing with Malay Learners of Arabic and English." Ph.D. Dissertation, University of Leeds, 2016.

Halpern, D. F. *Thought and Knowledge: An Introduction to Critical Thinking* (5th ed.). Mahwah, NJ: Lawrence Erlbaum, 2013.

Halverson, S. "Cognitive Translation Studies and the Merging of Empirical Paradigms: The case of 'Literal Translation'." *Translation Spaces*, Vol. 4, No. 2, 2015.

Halverson, S. "Multimethod approaches." In Schwieter, J. W. & Ferreira, A. eds. *The Handbook of Translation and Cognition*. John Wiley & Sons, 2017.

Hansen, G. "Controlling the Process: Theoretical and Methodological Reflections on Research into Translation Processes." Alves, F. ed. *Triangulating Translation*. Amsterdam: John Benjamins, 2003.

Hansen, G. "Experience and Emotion in Empirical Translation Research." *Meta*, Vol 50, 2005.

Hansen, G. "The Impact of a Metacognitive Self-regulation Inventory in Translator Self-training: A Pre-post Study with English-Chinese Translation Students." *Interpreter and Translator Trainer*, Vol. 15, No.4, 2021.

Hansen, G. "The Translation Process as Object of Research." Carmen, M. & Bartrina, F. eds. *The Routledge Handbook of Translation Studies*. London/New York: Routledge, 2013.

Hansen, G. *Empirical Translation Studies: Process and Product (Copenhagen Studies in Language 27)*. Copenhagen: Samfundslitteratur, 2002.

Hansen, G. *The Dialogue in Translation Process Research*. Translation and Cultural Diversity: Selected Proceedings of the XVII FIT World Congress. Shanghai: Foreign Language Press, 2008.

Haro-Soler, M. M. "Vicarious Learning in the Translation Classroom: How can it Influence Students' Self-efficacy Beliefs?" *English Studies at NBU*, Vol. 5, No. 1, 2019.

Haro-Soler, M. M. "La Confianza del Estudiantado de Traducción en su Capacidad Para Traducir:

su Desarrollo en la Formación en Traducción (Translation Students' Confidence in Their Translating Ability and Its Development Throughout Their University Training)." Unpublished Dissertation, Universidad de Granada, 2013.

Haro-Soler, M. M. *The Handbook of Translation and Cognition*. John Wiley and Sons, 2017.

Harrati, N. et al. "Exploring User Satisfaction for E-learning Systems via Usagebased Metrics and System Usability Scale Analysis." *Computers in Human Behavior*, Vol. 61, 2016.

Harrati, N., Bouchrika, I., Tari, A. & Ladjailia, A. "Exploring User Satisfaction for E-learning Systems Via Usage-based Metrics and System Usability Scale Analysis." *Computers in Human Behavior*, 2016.

Hartson, H. R. "Human–computer Interaction: Interdisciplinary Roots and Trends." *Journal of Systems and Software*, Vol. 43, No. 2, 1998.

Heine, C. "Student Peer Feedback in a Translation Task: Experiences with Questionnaires and Focus Group Interviews." Huertas-Barros, E., Vandepitte, S. & Iglesias-Fernandez, E. eds. *Quality Assurance and Assessment Practices in Translation and Interpreting*. Pennsylvania: IGI Global, 2019.

Herazo, J. D., Davin, K. J. & Sagre, A. "L2 Dynamic Assessment: An Activity Theory Perspective." *The Modern Language Journal*, Vol. 103, No. 2, 2019.

Hess, E. H. & Polt, J. M. "Pupil Size in Relation to Mental Activity during Simple Problem-solving." *Science*, Vol. 143, 1964.

Hildreth, P. M., Kimble, C. & Wright, P. "Computer Mediated Communications and Communities of Practice." *Proceedings of Ethicomp*, 1998, 98.

Hill, R., Fishbein, M. & Ajzen, I. "Belief, Attitude, Intention and Behavior: An Introduction to Theory and Research." *Contemporary Sociology*, Vol. 6, 1977.

Hjort-Pedersen, M. & Dorrit, F. "Uncertainty in the Cognitive Processing of a Legal Scenario: A Process Study of Student Translators." *Hermes*, Vol. 42, 2009.

Ho, H. N. "The Relationship Between Levels of Expertise, Task Difficulty, Perceived Self-efficacy, and Mental Effort Investment in Task Performance." Ph.D. Dissertation. Retrieved from ProQuest UMI Dissertations Publishing (3403580), 2010.

Holmes, J. S. *The Name and Nature of Translation Studies. Lawrence Venuti. The Translation Reader: Second Edition*. New York and London: Routledge, 1972/2000.

Holmqvist, K., Nyström, M., Andersson, R., Dewhurst, R., Jarodzka, H. & van de Weijer, J. *Eye Tracking: A Comprehensive Guide to Methods and Measures*. Oxford, UK: Oxford University Press, 2011.

Hönig, Hans G. "Holmes' 'Mapping Theory' and the Landscape of Mental Translation Processes." In Leuven-Zwart, Kitty M. van & Ton Naaijkens, eds. *Translation Studies:*

the State of the Art (Approaches to Translation Studies 9). Amsterdam: Rodopi, 1991.

Hornby, A. *Oxford Advanced Learner's English-Chinese Dictionary (4th edition)*. Beijing: The Commercial Press, 1997.

Hornstra, L., Van der Veen, I. & Peetsma, T. "Domain-specificity of Motivation: A Longitudinal Study in Upper Primary School." *Learning and Individual Differences*, Vol. 51, 2016.

House, J. "Towards a New Linguistic-cognitive Orientation in Translation Studies." Ehrensberger-Dow, M., Göpferich, S. & O'Brien, S. eds. *Interdisciplinarity in Translation and Interpreting Process Research*. Amsterdam/Philadelphia: John Benjamins, 2015.

Howe, K. R. "Mixed Methods, Triangulation, and Causal Explanation." *Journal of Mixed Methods Research*, Vol. 6, No. 2, 2012.

Hsu, J. A. "Error Classification of Machine Translation a Corpus-based Study on Chinese-English Patent Translation." *Studies of Translation and Interpretation*, 2014.

Hu, J. & Gao, X. "Self-regulated Strategic Writing for Academic Studies in an English-Medium-Instruction Context." *Language and Education*, Vol. 32, No. 1, 2018.

Hu, J. & Gao, X. "Using Think-aloud Protocol in Self-regulated Reading Research." *Educational Research Review*, Vol. 22, 2017.

Hu, J. J. & Xue, S. G. "Using Think-aloud Protocol in Self-regulated Reading Research." *Educational Research Review*, No. 22, 2017.

Hu, L. & Bentler, P. M. *Cut off Criteria for Fit Indices in Covariance Structure Analysis: Conventional Criteria Versus New Alternatives*. Structural Equation Modeling, 1999.

Hu, Z., Zheng, B. & Wang, X. "The Impact of a Metacognitive Self-regulation Inventory in Translator Self-training: A Pre-post Study with English-Chinese Translation Students." *Interpreter and Translator Trainer*, Vol. 5, No. 4, 2021.

Huang, L.B. "Development and New Trends in Empirical Translation Studies." *Journal of Foreign Languages,* Vol. 41, No. 6, 2018.

Hubscher-Davidson, S. E. "Personal Diversity and Diverse Personalities in Translation: A Study of Individual Differences." *Perspectives: Studies in Translatology*, Vol. 17, No. 3, 2009.

Hubscher-Davidson, S. E. *Translation and Emotion: A Psychological Perspective*. London/New York: Routledge, 2017.

Huertas Barros, E. & Vine. J. "Current Trends on MA Translation Courses in the UK: Changing Assessment Practices on Core Translation Modules." *The Interpreter and Translator Trainer*, Vol. 12, No. 1, 2018.

Hung, C. Y., Sun, J. Y. & Liu, J. Y. "Effects of Flipped Classrooms Integrated with MOOCs and Game-based Learning On the Learning Motivation and Outcomes of

Students From Different Backgrounds." *Interactive Learning Environments*, Vol. 27, No. 8, 2019.

Hurtado Albir, A. "The Acquisition of Translation Competence. Competences, Tasks, and Assessment in Translator Training." *Meta*, Vol. 60, No. 2, 2015.

Hurtado Albir, A. & Alves, F. "Translation as a Cognitive Activity." In Munday, J. ed. *The Routledge Companion to Translation Studies*. London: Routledge, 2009.

Hurtado Albir, A. & Pavani, S. "An Empirical Study on Multidimensional Summative Assessment in Translation Teaching." *The Interpreter and Translator Trainer*, Vol. 12, No. 1, 2018.

Hurtado Albir, A. *Researching Translation Competence by PACTE Group*. John Benjamins, 2017.

Hutchins, J. "Machine Translation: A Concise History." Chan, S. W. ed. *Computer Aided Translation: Theory and Practice*. Hong Kong: Chinese University of Hong Kong, 2007.

Hvelplund, K. "Cognitive Efficiency in Translation." Muñoz Martín, R. ed. *Reembedding Translation Process Research*. Amsterdam: John Benjamins, 2016.

Hvelplund, K. T. "Allocation of Cognitive Resources in Translation: An Eye-tracking and Key-logging Study." Ph.D. Dissertation. Copenhagen: Copenhagen Business School, 2011.

Hvelplund, K. T. "Eye Tracking and the Translation Process: Reflections on the Analysis and Interpretation of Eye-tracking Data." *MonTI. Monografías de Traducción e Interpretación*, 2014.

Igbaria, M. & Tan, M. "The Consequences of Information Technology Acceptance on Subsequent Individual Performance." *Information & Management*, Vol. 32, 1997.

Iqbal, S. T. *et al.* "Towards an Index of Opportunity: Understanding Changes in Mental Workload During Task Execution." *Human Factors in Computing Systems: Proceedings of CHI'05*. New York: ACM Press, 2005. ISO 17100. *Translation Services-Requirements for Translation Services*. https://www.iso.org/standard/71047, 2017.

Isern González, J. & Bolaños Medina,A. "Hacia una Escala de Autoeficacia Informática Para Estudiantes de Traducción." 2014.

ISO 9241-11. "Ergonomic Requirements for Office Work with Visual Display Terminals (VDTs)," Part 11: Guidance on Usability. Geneva: International Organization for Standardization, 1998.

ISO9241-11. "Ergonomics of Human-system Interaction-Part 11: Usability: Definitions and Concepts." 2018.

Jääskeläinen, R. "Focus on Methodology in Think-aloud Studies on Translating." In

Tirkkonen-Condit, S. & Jääskeläinen, R. ed. *Tapping and Mapping the Processes of Translation and Interpreting. Outlooks on Empirical Research.* Amsterdam: John Benjamins, 2000.

Jääskeläinen, R. "Investigating Translation Strategies." Tirkkonen-Condit, S. & Laffling, eds. *Recent Trends in Empirical Translation Research.* Joensuu: University of Joensuu, 1993.

Jääskeläinen, R. & Lacruz, I. "Translation-Cognition-Affect and Beyond: Reflections on an Expanding Field of Research." Lacruz, I. & Jääskeläinen, R. eds. *Innovation and Expansion in Translation Process Research.* Amsterdam/Philadelphia: John Benjamins, 2018.

Jääskeläinen, R. & Tirkkonen-Condit, S. "Automated Processes in Professional vs. Non-professional Translation: A Think-aloud Protocol Study." Tirkkonen-Condit, S. ed. *Empirical Research in Translation and Intercultural Studies.* Tübingen: Gunter Narr, 1991.

Jackson, C., Chow, S. & Leitch, R. "Toward an Understanding of the Behavioral Intention to Use an Information System." *Decision Sciences*, Vol. 28, 1997.

Jakobsen, A. "Logging Time Delay in Translation." Gyde Hansen ed. *LSP Texts and the Process of Translation.* (Copenhagen Working Papers in LSP) Copenhagen: Copenhagen Business School, 1998.

Jakobsen, A. "Translation Drafting by Professional Translators and by Translation Students." Hansen, G, ed. *Empirical Translation Studies: Process and Product.* 2002.

Jakobsen, A. L. "The Development and Current State of Translation Process Research." In Brems, E., Meylaerts R., Doorslaer, L. V. eds. *The Known Unknowns of Translation Studies.* Amsterdam/Philadelphia: John Benjamins, 2014.

Jakobsen, A. L. & Jensen, K. T. H. "Eye Movement Behaviour across Four Different Types of Reading Task." In Göpferich, S., Jakobsen, A. L., Mees, I. M. eds. *Looking at Eyes: Eye-tracking Studies of Reading and Translation Processing.* (Copenhagen Studies in Language 36). Copenhagen: Samfundslitteratur, 2008.

Jason, A. C. & Ellen, L. U. "Profiles of the Sources of Science Self-efficacy." *Learning and Individual Differences*, 2013.

Jensen, K. "Allocation of Cognitive Resources in Translation – An Eye-tracking & Key-logging Study." Ph.D. Dissertation. Copenhagen Business School, 2011.

Jensen, K. "Indicators of Text Complexity." In Göpferich, S., Jakobsen, A. L. & Mees, I. M. eds *Behind the Mind: Methods, Models & Results in Translation Process Research.* Copenhagen Studies in Language, Samfundslitteratur, Copenhagen, Vol. 36, 2009.

Jia, Y. F., Carl, M. & Wang, X. L. "How Does the Post-editing of Neural Machine

Translation Compare with From-scratch Translation? A Product and Process Study." *The Journal of Specialised Translation*, Vol. 31, 2019b.

Jia, Y., Carl, M. & Wang, X. L. "Post-editing Neural Machine Translation versus Phrase-Based Machine Translation for English–Chinese." *Machine Translation*, Vol. 33, No. 1, 2019a.

Jiménez Ivars, A., Pinazo Catalayud, D. & RuiziForés, M. "Self-efficacy and Language Proficiency in Interpreter Trainees." *The Interpreter and Translator Trainer*, Vol. 8, No. 2, 2014.

Jiménez-Crespo, M. A. "The Internet in Translation Education: Two Decades Later." *Translation and Interpreting Studies*, Vol. 10, No. 1, 2015.

Joo, Y., So, H. & Kim, N. "Examination of Relationships among Students' Self-determination, Technology Acceptance, Satisfaction, and Continuance Intention to Use K-MOOCs." *Computers & Education*, Vol. 122, 2018.

Judge, T. A., Locke, E. A., Durham, C. C., Kluger, A. N. & Bono, J. E. "A Rose by any Other Name: Are Self-esteem, Generalized Self-efficacy, Neuroticism, and Locus of Control Indicators of a Common Construct?". In Roberts, B. W. & Hogan, R. ed. *Personality Psychology in the Workplace. Decade of Behavior*. DC: American Psychological Association, 2001.

Judge, T. A. & Ilies, R. "Relationship of Personality to Performance Motivation: A Meta-analytic Review." *Journal of Applied Psychology*, Vol. 87, No. 4, 2002.

Judge,T. A., Erez, A. & Bono, J. E. "The Power of being Positive: The Relation between Positive Self-concept and Job Performance." *Human performance*, Vol. 11, No. 2-3, 1998.

Junczys-Dowmunt, M., Dwojak, T. & Hoang, H. "Is Neural Machine Translation Ready for Deployment? A Case Study on 30 Translation Directions." In *Proceedings of the 9th International Workshop on Spoken Language Translation*, Seattle, Washington, 2016.

Just, A. & Carpenter, P. "A Theory of Reading: From Eye Fixation to Comprehension." *Psychological Review*, Vol. 87, No. 4, 1980.

Just, M. A. & Carpenter, P. A. "The Intensity Dimension of Thought: Pupillometric Indices of Sentence Processing." *Canadian Journal of Experimental Psychology*, Vol. 2, 1993.

Kadijevich & Haapasalo, L. "Factors that Influence Student Teacher's Interest to Achieve Educational Technology Standards." *Computers & Education,* Vol. 50, 2008.

Kaiser, H. F. "An Index of Factorial Simplicity." *Psychometrika*, 1974.

Kang, M. & Shin, W. "An Empirical Investigation of Student Acceptance of Synchronous E-learning in an Online University." *Journal of Educational Computing*

Research, Vol. 52, 2015.

Kasper, L. "Assessing the Metacognitive Growth of ESL Student Writers." *TESL-EJ*, Vol. 3, No. 1, 1997.

Kelly, D. "La Direccionalidad en Traducción e Interpretación. Perspectivas Teóricas, Profesionales y Didácticas [Directionality in Translation and Interpreting. Theoretical, Professional and Pedagogical Approaches]," 2003.

Kelly, D. "Training the Trainers: Towards a Description of Translator Trainer Competence and Training Needs Analysis." *TTR*, Vol. 21, No. 1, 2008.

Kelly, D. *A Handbook for Translator Trainers*. New York: Routledge, 2014.

Kember, D., McKay, J., Sinclair, K. & Wong, F. K. Y. "A Four-category Scheme for Coding and Assessing the Level of Reflection in Written Work." *Assessment & Evaluation in Higher Education*, Vol. 33, No. 4, 2008.

Kenny, D. "Sustaining Disruption? The Transition from Statistical to Neural Machine Translation." *Revista Tradumàtica*, Vol. 16, 2018.

Kenny, D. & Doherty, S. "Statistical Machine Translation in the Translation Curriculum: Overcoming Obstacles and Empowering Translators." *The Interpreter and Translator Trainer*, Vol. 8, No. 2, 2014.

Kenny, D. & Way, A. "Teaching Machine Translation and Translation Technology: A Contrastive study." *In Proceedings of the Machine Translation Summit VII, Teaching MT Workshop*. Spain: Santiago de Compostela, 2001.

Kickert, R., Meeuwisse, M., Stegers-Jager, K. M., Koppenol-Gonzalez, V. & Arends, R. "Assessment Policies and Academic Performance within a Single Course: the Role of Motivation and Self-regulation." *Assessment & Evaluation in Higher Education*, Vol. 44, No. 8, 2019.

Kim, A. "A Study on the Academic Failure-tolerance and Its Correlates." *Journal of Educational Psychology*, Vol. 11, No. 2, 1997.

Kim, A. & Cha, J. E. "Self-efficacy and Measurement." In *Proceedings of the Winter Seminar of the Korean Society for Industrial and Organizational Psychology*. Seoul: Korean Society for Industrial and Organizational Psychology, 1996.

Kim, A. & Park, I. Y. "Construction and Validation of Academic Self-efficacy Scale." *The Journal of Educational Research*. Vol. 39, No. 1, 2001.

Kingscott, G. "Technical Translation and Related Disciplines." *Perspectives*, Vol. 10, No. 4, 2002.

Kiraly, D. "Toward a Systematic Approach to Translation Skills Instruction." Ph.D. Dissertation. Urbana: University of Illinois at Urbana-Champaign, 1990.

Kiraly, D. *A Social Constructivist Approach to Translator Education: Empowerment from Theory to Practice*. London: Routledge, 2014.

Kiraly, D. *Pathways to Translation: Pedagogy and Process*. Ohio: Kent State University Press, 1995.

Kiraly, D., Rüth, L. & Wiedmann, M. "Enhancing Translation Course Design and Didactic Interventions With E-learning: Moodle and Beyond." Massey, G. & Kiraly, D. eds. *Towards Authentic Experiential Learning in Translator Education (2nd Edition)*. Newcastle: Cambridge Scholars Publishing, 2019.

Kiraly, D., "Think-aloud Protocols and the Construction of a Professional Translator Self-concept." Joseph, H. D., Gregory, M. S., Stephen, B. F. & Michael McBeath, ed. *Cognitive Processes in Translation and Interpreting*. Thousand Oaks: Sage, 1997.

Kirschner, P. A. & Lai, K. W. "Online Communities of Practice in Education." *Technology, Pedagogy and Education*, Vol. 16, No. 2, 2007.

Kızıl, A. & Savran, Z. "Assessing Self-regulated Learning: The Case of Vocabulary Learning Through Information and Communication Technologies." *Computer Assisted Language Learning*, Vol. 31, No. 6, 2018.

Kline, R. B. *Principles and Practice of Structural Equation Modeling* (2nd ed.) New York: Guilford, 2005.

Klubička, F., Toral, A. & Sánchez-Cartagena, V. M. "Fine-grained Human Evaluation of Neural Versus Phrase-based Machine Translation." *The Prague Bulletin of Mathematical Linguistics*, Vol. 108, No. 1, 2017.

Koehler, M. J. & Mishra, P. "What Happens When Teachers Design Educational Technology? The Development of Technological Pedagogical Content Knowledge." *Journal of Educational Computing Research*, Vol. 32, No. 2, 2005.

Koehn, P. & Knowles, R. "Six Challenges for Neural Machine Translation." In *Proceedings of the 1st Workshop on Neural Machine Translation*. Vancouver: Association for Computational Linguisitcs, 2017.

Koglin, A. "An Empirical Investigation of Cognitive Effort Required to Post-edit Machine Translated Metaphors Compared to the Translation of Metaphors." *Translation & Interpreting*, Vol. 7, No. 1, 2015.

Koh, J. L., Chai, C. S. & Tsai, C. C. "Examining the Technological Pedagogical Content Knowledge of Singapore Preservice Teachers with a Large-scale Survey." *Journal of Computer Assisted Learning*, Vol. 26, No. 6, 2010.

Koponen, M. "Assessing Machine Translation Quality with Error Analysis." In *Electronic Proceedings of the KaTu Symposium on Translation and Interpreting Studies*. Vol. 4, 2010.

Koponen, M. "How to Teach Machine Translation Post-editing? Experiences From a Post-editing Course." In *4th Workshop on Post-editing Technology and Practice (WPTP4)*. Miami: Florida, 2015.

Koponen, M. "Is Machine Translation Post-editing Worth the Effort? A Survey of Research into Post-editing and Effort." *The Journal of Specialised Translation*, Vol. 25, 2016.

Koponen, M. "This Translation is ot too Bad: An Analysis of Post-editor Choices in a Machine-translation Post-editing Task." In *Proceedings of Workshop on Post editing Technology and Practice*. 2013.

Korpal, P. "Stress Experienced by Polish Sworn Translators and Interpreters." *Perspectives*, Vol. 29, No. 4, 2021.

Kortum, P. & Oswald, F. "The Impact of Personality on The Subjective Assessment of Usability." *International Journal of Human-computer Interaction*, Vol. 34, 2017.

Kovács, T. "Humans, Machines, and Texts: The Implications of the Rise of Neural Machine Translation for the Educators of Future Translators." Besznyák, R., Szabó, C. & Fischer, M. eds. *Fit-for-market Translator and Interpreter Training in a Digital Age Wilmington. DE:* Vernon Press, 2020.

Kövecses, Z. *Metaphor: A Practical Introduction*. Oxford: Oxford University Press, 2002.

Krings, H. P. "Wege ins Labyrinth - Fragestellungen und Methoden der Übersetzungs-prozessforschung im Überblick [Paths into the Labyrinth - an Overview of Questions and Methods in Translation Process Research]." *Meta*, Vol. 50, No. 2, 2005.

Krings, H. P. "Translation Problem and Translation Strategies of Advanced German Learners of French (L2)." In House, J. & Blum-Kulka, S. eds. *Interlingual and Intercultural Communication: Discourse and Cognition in Translation and Second Language Acquisition Studies*. Tübingen: Gunter Narr, 1986.

Krings, H. P. *Was in den Köpfen von Übersetzern vorgeht: Eine empirische Untersuchung zur Struktur des Übersetzungsprozesses an fortgeschrittenen Französischlernern*. Tübingen: Gunter Narr, 1986.

Krings, H. P. *Repairing Texts: Empirical Investigations of Machine Translation Post-editing Processes*. The Kent State University Press, Kent, OH, 2001.

Kroll, J. F., & Stewart, E. "Category Interference in Translation and Picture Naming: Evidence for Asymmetric Connections between Bilingual Memory Representations." *Journal of Memory and Language*, Vol. 33, No. 2,1994.

Kruger, J. et al. "Multimodal Measurement of Cognitive Load during Subtitle Processing. Same-language Subtitles for Foreign-language Viewers." In Lacruz, I. & Jääskeläinen, R. eds. *Innovation and Expansion in Translation Process Research*. John Benjamins, 2018.

Krüger, R. A. "Model for Measuring the Usability of Computer-assisted Translation Tools." In Jüngst, H. E., Link, L., Klaus, S. & Zehrer, C. eds. *Challenging Boundaries:*

New Approaches to Specialized Communication. Berlin: Frank & Timme, 2019.

Kurz, I. "Physiological Stress Responses during Media and Conference Interpreting." In Garzone, G. & Viezzi, M. eds. *Interpreting in the 21st Century*. Amsterdam-Philadelphia: John Benjamins, 2002.

Kurz, I. "Physiological Stress during Simultaneous Interpreting: A Comparison of Experts and Novices." *The Interpreters' Newsletter*, No. 12, 2003.

Kurz, I. "Interpreters: Stress and Situation-dependent Control of Anxiety." In Klaudy, K. & Kohn, J. eds. *Transferre Necesse Est. Proceedings of the 2nd International Conference on Current Trends in Studies of Translation and Interpreting*. Budapest: Scholastica, 1997.

Kussmaul, P. *Training the Translator*. Amsterdam: John Benjamins, 1995.

Kwan, Y. & Wong, A. "Effects of the Constructivist Learning Environment on Students' critical Thinking Ability: Cognitive and Motivational Variables as Mediators." *International Journal of Educational Research*, No. 70, 2015.

La Torre, M. "A Web-based Resource to Improve Translation Skills." *ReCALL*, Vol. 11, No. 3, 1999.

Lacruz, I. & Shreve, G. M. "Pauses and Cognitive Effort in Post Editing." In O'Brien, S., Balling, L. W., Carl, M., Simard, M. & Specia, L. eds. *Post-editing of Machine Translation: Processes and Applications*. Cambridge: Cambridge Scholars Publishing, Newcastle-upon-Tyne, 2014.

Lacruz, I., Denkowski, M. & Lavie, A. "Cognitive Demand and Cognitive Effort in PE." In O'Brien, S., Simard, M. & Lucia Specia, L. eds. *Third Workshop on PE Technology and Practice*. AMTA, 2014.

Lacruz, I., Denkowski, M. & Lavie, A. "Cognitive Effort in Post-editing." In *Proceedings of the third Workshop on Post-editing Technology & Practice*, Vancouver, Canada, 2014.

Lacruz, I., Shreve, G. M. & Angelone, E. "Average Pause Ratio as an Indicator of Cognitive Effort in Post-editing: A Case Study." In *Workshop on Post-Editing Technology and Practice*, 2012.

Lakoff, G. "The Contemporary Theory of Metaphor." *Metaphor & Thought*, Vol. 10, No. 4, 1993.

Larsen-Freeman, D. "Chaos/Complexity Science and Second Language Acquisition." *Applied Linguistics*, Vol. 18, No. 2, 1997.

Läubli, S., Fishel, M., Massey, G., Ehrensberger-Dow, M., Volk, M., O'Brien, S., ... & Specia, L. "Assessing Post-editing Efficiency in a Realistic Translation Environment." In O'Brien, S., Simard, M. & Specia, L. eds. *Proceedings of MT Summit XIV Workshop on Post-editing Technology and Practice*, 2013.

Laukkanen, J. "Affective and Attitudinal Factors in Translation Processes." *Target*, Vol.

8, No. 2, 1996.

Lave, J. & Wenger, E. *Situated Learning: Legitimate Peripheral Participation*. Cambridge: Cambridge University Press, 1991.

Lee, J. & Liao, P. "A Comparative Study of Human Translation and Machine Translation with Post-editing." *Compilation and Translation Review*, Vol. 4, No. 2, 2011.

Lee, M., Cheung, C. & Chen, Z. "Acceptance of Internet-based Learning Medium: the Role of Extrinsic and Intrinsic Motivation." *Information & Management, No. 42,* 2005.

Lee, S. "The Impact of Using Machine Translation on EFL Students' Writing." *Computer Assisted Language Learning*, Vol. 33, No. 3, 2020.

Lee, S. B. "Exploring a Relationship between Students' Interpreting Self-efficacy and Performance: Triangulating Data on Interpreter Performance Assessment." *The Interpreter and Translator Trainer*, Vol. 12, No. 2, 2018.

Lee, S. B. "An Interpreting Self-efficacy (ISE) Scale for Undergraduate Students Majoring in Consecutive Interpreting: Construction and Preliminary Validation." *The Interpreter and Translator Trainer*, Vol. 8, No. 2, 2014.

Lee, Y. & Lehto, R. "User Acceptance of YouTube for Procedural Learning: An Extension of the Technology Acceptance Model." *Computers & Education*, No. 61, 2013.

Legris, P., Ingham, J. & Collerette, P. "Why do People Use Information Technology? A Critical Review of the Technology Acceptance Model." *Information & Management*, No. 40, 2003.

Lemhöfer, K. & Broersma, M. "Introducing LexTALE: A Quick and Valid Lexical Test for Advanced Learners of English." *Behavior Research Methods*, Vol. 44, No. 2, 2012.

Lenning, O. T., Hill, D. M., Saunders, K. P., Solan, A. & Stokes, A. *Powerful Learning Communities: A Guide to Developing Student, Faculty, and Professional Learning Communities to Improve Student Success and Organizational Effectiveness*. Sterling, VA: Stylus Publishing, 2013.

Lent, R. W., Ireland, G. W., Penn, L. T., Morris, T. R. & Sappington, R. "Sources of Self-efficacy and Outcome Expectations for Career Exploration and Decision-making: A Test of the Social Cognitive Model of Career Self-management." *Journal of Vocational Behavior*, 2017.

Lent. "Social Cognitive Predictors of College Students' Academic Performance and Persistence: A Meta-analytic Path Analysis." *Journal of Vocational Behavior*, Vol. 72, No. 23, 2008.

Leong, L., Ibrahim, O., Dalvi-Esfahani, M., Shahbazi, H. & Nilashi, M. "The Moderating Effect of Experience on the Intention to Adopt Mobile Social Network Sites for Pedagogical Purposes: An Extension of the Technology Acceptance Model." *Education and Information Technologies*, No. 23, 2018.

Lewis, J. R. "Usability Testing." In Salvendy, G. (ed.). *Handbook of Human Factors and Ergonomics,* New York: Wiley, 2012.

Lewis, L. A., Koston, Z., Quartley, M. & Adsit, J. "Virtual Communities of Practice: Bridging Research and Practice Using Web 2.0." *Journal of Educational Technology Systems*, Vol. 39, No. 2, 2010.

Lexile. *The Lexile Framework for Reading: Theoretical Framework and Development* (Tech. Rep). Durham, NC: MetaMetrics, Inc., 2007.

Li, D. C. "TAPs Translation Research: Potentials and Limitations." *Foreign Language Teaching and Research*, Vol. 36, No. 5, 2004.

Li, D. F. "Cognitive Processes of Translation: Background and Development." *Foreign Languages in China*, Vol. 14, No. 1, 2017.

Li, D. & Zhang, C. "Knowledge Structure and Training of Translation Teachers: An Exploratory Study of Doctoral Programs of Translation Studies in Hong Kong." *Meta*, Vol. 56, No. 3, 2011.

Li, L. C., Grimshaw, J. M., Nielsen, C., Judd, M., Coyte, P. C. & Graham, I. D. "Evolution of Wenger's Concept of Community of Practice." *Implementation Science*, Vol. 4, No. 1, 2009.

Liang, C. Y., Chang, C. C., Shu, K. M., Tseng, j. & Lin, C. "Online Reflective Writing Mechanisms and Its Effects on Self-regulated Learning: A Case of Web-based Portfolio Assessment System." *Interactive Learning Environments*, Vol. 24, No. 7, 2016.

Lidz, C. S. *Practitioner's Guide to Dynamic Assessment.* New York: The Guilford Press, 1991.

Liébana-Cabanillas, F., Muñoz-Leiva, F., Sánchez-Fernández, J. & Jesus, V. "The Moderating Effect of User Experience on Satisfaction with Electronic Banking: Empirical Evidence from the Spanish Case." *Information Systems and e-Business Management*, No. 14, 2016.

Lin, J. & Lin, H. "User Acceptance in a Computer-supported Collaborative Learning (CSCL) Environment with Social Network Awareness (SNA) Support." *Australasian Journal of Educational Technology*, No. 35, 2019.

Linn, M. C. "Designing the Knowledge Integration Environment." *International Journal of Science Education*, Vol. 22, No. 8, 2000.

Liu, C. H. & Yu, C. Y. "Understanding Students' Motivation in Translation Learning: A Case Study from the Self-concept Perspective." *Asian-Pacific Journal of Second and Foreign Language Education*, Vol. 4, No. 4, 2019.

Liu, H. R., Ma, M. B., Huang, L., Xiong, H. & He, Z. J. "Robust Neural Machine Translation with Joint Textual and Phonetic Embedding." In Proceedings of the 57th Annual Meeting of the Association for Computational Linguistics, 3044-3049.

Association for Computational Linguistics, 2019.

Liu, I., Chen, M., Sun, Y.,Wible, D. & Kuo, C. "Extending the TAM Model to Explore the Factors that Affect Intention to Use an Online Learning Community." *Computers & Education*, No. 54, 2010.

Liu, Y. & Bai, H. "Teaching Research on College English Translation in the Era of Big Data." *The International Journal of Electrical Engineering & Education*, 2021.

Lommel, A. R. & DePalma, A. *Post-editing Goes Mainstream: How LSPs Use MT to Meet Client Demands*. Cambridge MA: Common Sense Advisory, 2016.

Lommel, A., Burchardt, A. & Uszkoreit, H. "Multidimensional Quality Metrics (MQM): A Framework for Declaring and Describing Translation Quality Metrics." *Tradumàtica: Tecnologies de la Traducció*, Vol. 12, No. 12, 2014.

Lörscher, W. "The Translation Process: Methods and Problems of Its Investigation." *Meta,* Vol. 50, No. 2, 2005.

Lörscher, W. "Thinking-aloud as a Method for Collecting Data on Translation Process." In Tirkkonen-Condit, S. ed. *Empirical Research in Translation and Intercultural Studies.* Tübingen: Gunter Narr, 1991.

Lörscher, W. *Translation Performance, Translation Process, and Translation Strategies.* Tübingen, F. R. G.: Gunter Narr Verlag, 1991.

Lovelace, E. A. ed. *Aging and Cognition. Mental Processes, Self-awareness and Interventions.* Amsterdam: Elsevier Science, 1990.

Lu, Y., Papagiannidis, S. & Alamanos, E. "Exploring the Emotional Antecedents and Outcomes of Technology Acceptance." *Computers in Human Behavior*, No. 90, 2019.

Lu, Z. & Sun, J. "An Eye-tracking Study of Cognitive Processing in Human Translation and Postediting." *Foreign Language Teaching and Research,* Vol. 50, No. 5, 2018.

Lund, A. M. "Measuring Usability with the USE Questionnaire." *Usability Interface*, Vol. 8, No. 2, 2001.

Lunenburg, F. C. "Expectancy Theory of Motivation: Motivating by Altering Expectations." *International Journal of Management, Business, and Administration*, Vol. 15, No. 1, 2011.

Luo, T., Shah, S. J. & Cromptom, H. "Using Twitter to Support Reflective Learning in an Asynchronous Online Course." *Australasian Journal of Educational Technology*, Vol. 35, No. 3, 2019.

Macnamara, B. "Interpreter Cognitive Aptitudes." *Journal of Interpretation*, Vol. 19. No. 1, 2012.

MacWhinney, B. "Simultaneous Interpretation and the Competition Model." In Danks, J., Shreve, G., Fountain, S. & McBeath, M. eds. *Cognitive Processes in Translation and Interpreting*. London: SAGE Publications, 1997.

Malkiel, B. "Directionality and Translational Difficulty." *Perspectives: Studies in Translatology*, Vol.12, No. 3, 2004.

Manalo, E., Kusumi, T., Koyasu, M.,Michita, Y. & Tanaka, Y. "To What Extent do Culture-related Factors Influence University Students' Critical Thinking Use?" *Thinking Skills and Creativity*, No. 10, 2013.

Manganelli, S., Cavicchiolo, E., Mallia, L., Biasi, V., Lucidi, F. & Alivernini, F. "The Interplay between Self-determined Motivation, Self-regulated Cognitive Strategies, and Prior Achievement in Predicting Academic Performance." *Educational Psychology*, Vol. 39, No. 4, 2019.

Maor, D. & Taylor, P. C. "Teacher Epistemology and Scientific Inquiry in Computerized Classroom Environments." *Journal of Research in Science Teaching*, Vol. 32, No. 8, 1995.

Marangunić, N. & Granić, A. "Technology Acceptance Model: A Literature Review from 1986 to 2013." *Universal Access in the Information Society*, No. 14, 2015.

Mariana, V., Troy Cox, T. & Melby, A. "The Multidimensional Quality Metrics (MQM) Framework: A New Framework for Translation Quality Assessment." *The Journal of Specialised Translation*, 2015.

Martin, R. M. "Translation strategies: Somewhere over the Rainbow." In Beeby, A., Ensinger, D. & Presas, M. eds. *Investigating Translation*. Amsterdam: John Benjamins, 2000.

Martín, Ricardo Muñoz. "Reembedding Translation Process Research: An Introduction." *Reembedding Translation Process Research*, edited by Muñoz Martín, R, John Benjamins, 2016.

Martins, M., Costa, J. & Onofre, M. "Practicum Experiences as Sources of Pre-service Teachers' self-efficacy." *European Journal of Teacher Education,* Vol. 38, No. 2, 2015.

Mashhady, H., Fatollahi, M. & Pourgalavi, M. "Self-efficacy and Prediction of Note-taking Inclination among Undergraduate Translation Students." *Theory and Practice in Language Studies*, Vol. 5. No. 11, 2015.

Massey, G. "Process-oriented Translator Training and the Challenge for E-learning." *Meta*, Vol. 50, No. 2, 2005.

Massey, G. & Brändli, B. "Collaborative Feedback Flows and How We Can Learn from Them: Investigating a Synergetic Learning Experience in Translator Education." In Kiraly, D. ed. *Towards Authentic Experiential Learning in Translator Education*. Göttingen: Mainz University Press, 2016.

Massey, G., Kiraly, D. & Ehrensberger-Dow, M. "Training Translator Trainers: An Introduction." *The Interpreter and Translator Trainer*, Vol. 13, No. 3, 2019.

Massey, G. "Translation Competence Development and Process-oriented Pedagogy."

The Handbook of Translation and Cognition, edited by Schwieter, John, W. & Aline Ferreira, John Wiley & Sons, 2017.

Matthews, R. L. & Sarstedt, M. "PLS-SEM or CB-SEM: Updated Guidelines on which Method to Use." *International Journal of Multivariate Data Analysis*, Vol. 1, No. 2, 2017.

Mcalester, G. "Teaching Translation into a Foreign Language-status, Scope and Aims." *Teaching Translation and Interpreting*, Dollerup, C. & Loddegaard, A. eds. Amsterdam and Philadelphia: John Benjamins, 1992.

McConnell, D. *E-Learning Groups and Communities of Practice*. Berkshire: Open University Press, 2006.

Mellinger, C. D. "Metacognition and Self-assessment in Specialized Translation Education: Task Awareness and Metacognitive Bundling." *Perspectives*, Vol. 27, No. 4, 2019.

Mellinger, C. D. "Translators and Machine Translation: Knowledge and Skills Gaps in Translator Pedagogy." *The Interpreter and Translator Trainer*, Vol. 11, No. 4, 2017.

Mellinger, C. D. & Hanson, T. A. "Interpreter Traits and the Relationship with Technology and Visibility." *Translation and Interpreting Studies*, Vol. 13, No. 3, 2018.

Mellinger, C. D. & Hanson, T. A. "Methodological Considerations for Survey Research: Validity, Reliability, and Quantitative Analysis." *Linguistica Antverpiensia, New Series: Themes in Translation Studies*, 2020.

Mellinger, C. D. & Hanson, T. A. *Quantitative Research Methods in Translation and Interpreting Studies*. New York: Routledge, 2017.

Mellinger, C. D. & Shreve, G. M. "Match Evaluation and Over-editing in a Translation Memory Environment." Muñoz Martín, R. ed. *Reembedding Translation Process Research*. Amsterdam: John Benjamins, 2016.

Mesa-Lao, B. "Gaze Behaviour on Source Texts: an Exploratory Study Comparing Translation & Post-editing." In O'Brien, S., Winther Balling, L., Carl, M., Simard, M. & Specia, L. eds. *Post-editing of Machine*. Cambridge Scholars Publishing, Newcastle, 2014.

MetaMetrics. About Lexile ® Measures for Reading. 2018.

Miller, A. & Kroll, J. "Stroop Effects in Bilingual Translation." *Memory & Cognition*, Vol. 30, No. 4, 2002.

Miller, G. A., Galanter, E. & Pribram, K. H. *Plans and the Structure of Behavior*. New York: Henry Holt and Co., 1960.

Miller, R. B. *Human Ease of Use Criteria and their Tradeoffs. IBM Report TR 00.2185*. Poughkeepsie, NY: IBM Corporation, 1971.

Mishra, A., Bhattacharyya, P. & Carl, M. "Automatically Predicting Sentence Translation

Difficulty." In Proceedings from the 51st Annual Meeting of the Association for Computational Linguistics. Sofia, Bulgaria, Vol. 2, 2013.

Moeller, A. J., Creswell, J. W. & Saville, N. *Second Language Assessment and Mixed Methods Research.* Cambridge University Press, Cambridge, United Kingdom, 2016.

Moorkens, J. "What to Expect from Neural Machine Translation: A Practical In-class Translation Evaluation Exercise." *The Interpreter and Translator Trainer*, Vol. 12, No. 4, 2018.

Moorkens, J. & O' Brien, S. "User Attitudes to the Post-editing Interface." In *Proceedings of MT Summit XIV Workshop on Post-editing Technology and Practice.* 2013.

Moorkens, J. & O'Brien, S. *Post-editing Evaluations: Trade-offs between Novice & Professional Participants.* In Proceedings of the 18th Annual Conference of the European Association for Machine Translation (EAMT 2015), Antalya, Turkey, 2015.

Moorkens, J., Toral, A., Castilho, S. & Way, A. "Translators' Perceptions of Literary Post-editing Using Statistical and Neural Machine Translation." *Translation Space,* Vol. 7, No. 2, 2018.

Moser-Mercer, B. "Beyond curiosity: Can interpreting research meet the challenge?" In Danks, J., Shreve, G., Fountain, S. & McBeath, M. eds. *Cognitive Processes in Translation and Interpreting.* London: SAGE Publications, 1997.

Moule, P. *E-learning Groups and Communities of Practice.* Berkshire: Open University Press, 2006.

Multon, K. D., Brown, S. D. & Lent, R. W. "Relation of Self-efficacy Beliefs to Academic Outcomes: A Meta-analytic Investigation." *Journal of Counseling Psychology*, 1991.

Mundt, J., Parton, K. & McKeown, K. "Learning to Automatically Post-edit Dropped Words in MT." *Proceedings of AMTA Workshop on Post-editing Technology and Practice*, 2012.

Muñoz Martín, R. "Leave no Stone Unturned. On the Development of Cognitive Translatology." *Translation and Interpreting Studies*, Vol. 5, No. 2, 2010b.

Muñoz Martín, R. "On Paradigms and Cognitive Translatology." In Shreve, G. M. & Angelone, E. eds. *Translation and Cognition.* Amsterdam: John Benjamins, 2010a.

Muñoz Martín, R. "Situating Translation Expertise: A Review with a Sketch of a Construct." *The Development of Translation Competence: Theories and Methodologies from Psycholinguistics and Cognitive Science*, 2014.

Muñoz Martín, R. "Cognitive and Psycholinguistic Approaches." In Millán, C. & Bartrina, F. eds. *The Routledge Handbook of Translation Studies.* New York: Routledge, 2015.

Muñoz Martín, R. ed. *Reembedding Translation Process Research.* Amsterdam/ Philadelphia: John Benjamins, 2016.

Muñoz Martín, R. "Situated Cognition." In Gambier, Yves & Luc van Doorslaer, eds.

Handbook of Translation Studies. Amsterdam: John Benjamins, 2021.

Naranjo Sánchez, B. "Moving Music for Moving Source Texts The Influence of Emotional Music in Translation Performance." *Translation, Cognition & Behavior*, Vol. 1, No. 2, 2018.

Nelson, T. "Consciousness and Metacognition". *American Psychologist*, Vol. 51, No. 2, 1996.

Nelson, T. & Narens, L. "Metamemory: A Theoretical Framework and New Findings." *The Psychology of Learning and Motivation*, 1990.

Newmark, P. *A Textbook of Translation*. New York: Prentice Hall, 1988.

Nielsen, J. *Usability Engineering*. London: Academic Press, 1993.

Ning, H. K. & Downing, K. "A Latent Profile Analysis of University Students' Self-regulated Learning Strategies." *Studies in Higher Education*, Vol. 40, No. 7, 2014.

Niño, A. "Evaluating the Use of Machine Translation Post-editing in the Foreign Languages Class." *Computer Assisted Language Learning*, Vol. 21, No. 1, 2008.

Niño, A. "Machine Translation in Foreign Language Learning: Language Learners' and Tutors' Perceptions of Its Advantages and Disadvantages." *ReCALL*, No. 21, 2009.

Nitzke, J. *Problem Solving Activities in Post-editing and Translation from Scratch: A Multi-Method Study*. Language Science Press, 2019.

Nitzke, J. & Oster, K. "Comparing Translation and Post-editing: An Annotation Schema for Activity Units." In Carl, M., Bangalore, S. & Schaeffer, M. eds. *New Directions in Empirical Translation Process Research. Exploring the CRITT TPR-DB*. Switzerland: Springer International Publishing, 2016.

Nitzke, J., Hansen-Schirra, S. & Canfora, C. "Risk Management and Post-editing Competence." *The Journal of Specialised Translation*, Vol. 31, 2019.

Nitzke, J., Tardel, A. & Hansen-Schirra, S. "Training the Modern Translator-The Acquisition of Digital Competencies Through Blended Learning." *The Interpreter and Translator Trainer*, Vol. 13, No. 3, 2019.

Nitzke, Jean, Hansen-Schirra, Silvia & Carmen Canfora. "Risk Management and Post-editing Competence". *The Journal of Specialised Translation,* Vol. 31, 2018.

Nitzke, Jean, Tardel, Anke & Silvia Hansen-Schirra. "Training the Modern Translator-the Acquisition of Digital Competencies Through Blended Learning." *The Interpreter and Translator Trainer*, Vol. 13, No. 3, 2019.

Nosratinia, M., Ghavidel, S. & Zaker, "A. Teaching Metacognitive Strategies Through Anderson's Model: Does it Affect EFL Learners' Listening Comprehension?" *Theory and Practice in Language Studies*, Vol. 5, No. 6, 2015.

Nunnally, J. & Bernstein, I. *Psychometric Theory 3E*. New York: McGraw-Hill, 1994.

Nunnally, J. *Psychometric Theory* (2nd ed.). New York: McGraw Hill, 1978.

Nurminen, M. & Papula, N. "Gist MT users: A Snapshot of the Use and Users of One Online MT." In *Proceedings of the 21ˢᵗ Annual Conference of the European Association for Machine Translation*. Alacant, Spain: Universitat d'Alacant, 2018.

O'Brien, S. "An Empirical Investigation of Temporal and Technical Post-editing Effort." *Translation and Interpreting Studies*, Vol. 2, No. 1, 2007a.

O'Brien, S. "Eye-tracking and Translation Memory Matches." *Perspectives*, Vol. 14, No. 3, 2007b.

O'Brien, S. "Eye-tracking in Translation-process Research: Methodological Challenges and Solutions." Inger, M., Alves, F. & Gopferich, S. eds. *Methodology, Technology and Innovation in Translation Process Research. Copenhagen: Samfundslitteratur.* 2009.

O'Brien, S. "Introduction to Post-editing: Who, What, How and Where to Next." Paper presented at the 9th Conference of the Association for Machine Translation in the Americas, 2010.

O'Brien, S. "Machine Translatability and Post-editing Effort: How Do They Relate?" *Translating and the Computer*, No. 26, 2004.

O'Brien, S. "Pauses as Indicators of Cognitive Effort in Post-editing Machine Translation Output." *Across Languages and Cultures,* Vol. 7, No. 1, 2006.

O'Brien, S. "Teaching Post-editing: A Proposal for Course Content." *Proceedings of the 6th EAMT Workshop: Teaching Machine Translation*, 2002.

O'Brien, S. "The Borrowers: Researching the Cognitive Aspects of Translation." *Target*, 2013.

O'Brien, S. "Towards Predicting Post-editing Productivity." *Mach Transl.* 2011.

O'Brien, S. "Translation, Human-computer Interaction and Cognition." In Alves, F. & Jakobsen, A. eds. *The Routledge Handbook of Translation and Cognition*. Routledge, 2020.

O'Brien, S. & Rodríguez Vázquez, S. "Translation and Education." In Laviosa, S. & González-Davies, M. eds. *The Routledge Handbook of Translation and Education*. London: Routledge, 2019.

O'Curran, E. "Translation Quality in Post-edited Versus Human-translated Segments: A Case Study." *Proceedings of the AMTA 2014 3rd Workshop on Post-editing Technology and Practice (WPTP-3)*, 2014.

O'Hagan, M. "Community Translation: Translation as a Social Activity and Its Possible Consequences in the Advent of Web 2.0 and Beyond." *Linguistica Antverpiensia, New Series–Themes in Translation Studies*, No. 10, 2011.

Obdržálková, V. *Directionality in Translation: Qualitative Aspects of Translation from and into English as a Non-Mother Tongue.* Sendebar, 2018.

Olalla-Soler, C., Franco Aixelá, J. & Rovira-Esteva, S. "Mapping Cognitive Translation and Interpreting Studies: A Bibliometric Approach." *Linguistica Antverpiensia, New Series: Themes in Translation Studies*, 2020.

Olohan, M. "Economic Trends and Developments in the translation Industry." *The Interpreter and Translator Trainer*, No. 1, 2007.

Olohan, M. "Why do You Translate? Motivation to Volunteer and TED Translation." *Translation Studies*, Vol. 7, No. 1, 2014.

Olvera-Lobo, M. D. "Teleworking and Collaborative Work Environments in Translation Training." *Babel*, Vol. 55, No. 2, 2009.

Onoda, S. *Self-regulation and Its Relation to Motivation and Proficiency*, Pennsylvan: Temple University, 2012.

Ortony, A., Schallert, D. L., Reynolds, R. E. & Antos, S. J. "Interpreting Metaphors and Idioms: Some Effects of Context on Comprehension." *Journal of Verbal Learning & Verbal Behavior*, Vol. 17, No. 4, 1978.

PACTE. "Building a Translation Competence Model." Alves, F. ed. *Triangulating Translation: Perspectives in Process Oriented Research, Amsterdam, John Benjamins*, 2003.

PACTE. "Investigating Translation Competence: Conceptual and Methodological Issues." *Meta*, Vol. 50, No. 2, 2005.

PACTE. "Results of the Validation of the PACTE Translation Competence Model: Acceptability and Decision-Making." *Across Language and Cultures*, Vol. 10, No. 2, 2009.

PACTE. "Results of the Validation of the PACTE Translation Competence Model: Translation Project and Dynamic Translation Index." O'Brien, S. ed. *Cognitive Explorations of Translation. London & New York: Bloomsbury*, 2011.

PACTE. *Researching Translation Competence by PACTE Group*. Amsterdam: John Benjamins Publishing Company, 2017.

Pajares, F. & Urdan, T. "Self-efficacy Beliefs of Adolescents." Greenwich, CT: Santa Clara University, *Information Age Publishing*, 2005.

Pamuk, S. "Understanding Preservice Teachers' Technology Use through TPACK Framework." *Journal of Computer Assisted Learning*, Vol. 28, No. 5, 2012.

Paris, S. & Winograd, P. "How Metacognition can Promote Learning and Instruction." Jones, B. F. & Idol, L, eds. *Dimensions of Thinking and Cognitive Instruction. Hillsdale, N. J.: Erlbaum*, 1990.

Park, C., Kim, D. & Cho, S. "Adoption of Multimedia Technology for Learning and Gender Difference." *Computers in Human Behavior*, No. 92, 2019.

Park, S. "An Analysis of the Technology Acceptance Model in Understanding University Students' Behavioral Intention to Use E-learning." *Educational Technology & Society*,

No. 12, 2009.

Parton, K., Habash, N., McKeown, K., Iglesias, G. & de Gispert, A. "Can Automatic Post-editing make MT More Meaningful." *Proceedings of the 16ᵗʰ Annual Conference of the European Association for Machine Translation*. 2012.

Pavlović, N. "Directionality in Collaborative Translation Processes: A Study of Novice Translators." Unpublished Ph.D. Dissertation. Tarragona: Universitat Rovira I Virgili, 2007.

Pavlović, N. "What were They Thinking?! Students' Decision-making in L1 and L2 Translation Processes." HERMES-Journal of Language and Communication in Business, 2010.

Pavlović, N. & Jensen, K. "Eye Tracking Translation Directionality." Pym, A. & Perekrestenko, A. eds. *Translation Research Projects. Tarragona: Intercultural Studies Group*, 2009.

Pavlović, T. "Exploring Directionality in Translation Studies." *ExELL (Explorations in English Language and Linguistics)*, Vol. 1, No. 2, 2013.

Penkale, S. & Way, A. "SmartMATE: An Online End-to-end MT Post-editing Framework." *Proceedings of AMTA Workshop on Post-editing Technology and Practice*, 2012.

Phan, H. P. "Critical Thinking as a Self-regulatory Process Component in Teaching and Learning." *Psicothema*, Vol. 22, No. 2, 2010.

Pietrzak, P. "The Effects of Students' Self-regulation on Translation Quality." *Babel*, Vol. 64, No. 6, 2018.

Pintrich, P. R. & de Groot, E. "Motivational and Self-regulated Learning Components of Classroom Academic Performance." *Journal of Educational Psychology*, Vol. 82, No. 1, 1990.

Pintrich, P. R., Smith, D. & Garcia, T. *A Manual for the Use of the Motivated Strategies for Learning Questionnaire* (MSLQ). Ann Arbor: The University of Michigan, 1991.

Plitt, M. & Masselot, F. "A Productivity Test of Statistical Machine Translation Post-editing in a Typical Localisation Context." *The Prague Bulletin of Mathematical Linguistics*, Vol. 93, No. 7, 2010.

Poehner, M. E. & Lantolf, J. P. "Bringing the ZPD into the Equation: Capturing L2 Development During Computerized Dynamic Assessment (C-DA)." *Language Teaching Research*, Vol. 17, No. 3, 2013.

Pokorn, N. K. *Challenging the Traditional Axioms: Translation into a Non-Mother Tongue*. Amsterdam and Philadelphia: John Benjamins, 2005.

Pokorn, N. K. Directionality. Gambier, Y. & Doorslaer, L. eds. *Handbook of Translation Studies. Amsterdam & Philadelphia: John Benjamins Publishing*, Vol. 2, 2010.

Pokorn, N. K., Blake, J., Reindl, D. & Pisanski Peterlin, A. "The Influence of Directionality on the Quality of Translation Output in Educational Settings." *The Interpreter and Translator Trainer,* Vol. 14, No. 1, 2020.

Poplin, D. E. *Communities: A Survey of Theories and Methods of Research.* New York: Macmillan, 1979.

Popović, M. "Comparing Language Related Issues for NMT and PBMT between German and English." *The Prague Bulletin of Mathematical Linguistics*, Vol. 108, No. 1,2017.

Popovic, M. "Language-related Issues for NMT and PBMT for English–German and English–Serbian." *Machine Translation*, Vol. 32, No. 3, 2018.

Prassl, F. "Translators' Decision-making Processes in Research and Knowledge Integration." In Göpferich, S., Alves, F. & Mees, I. eds. *New Approaches in Translation Process Research. Copenhagen: Samfundslitteratur*, 2010.

Pressley, M. "Development of Grounded Theories of Complex Cognitive Processing: Exhaustive within and between-study Analysis of Think-aloud Data." In Schraw, G. & Impara. J. eds. *Issues in the Measurement of Metacognition. Lincoln: Buros Institute of Mental Measurements, University of Nebraska Press,* 2000.

Prieto-Velasco, J. A. & Fuentes-Luque, A. "A Collaborative Multimodal Working Environment for the Development of Instrumental and Professional Competences of Student Translators: An Innovative Teaching Experience." *The Interpreter and Translator Trainer*, Vol. 10, No. 1, 2016.

Purpura, J. "An Analysis of the Relationship between Test-takers' Cognitive and Meta-cognitive Strategy Use and Second Language Test Performance." *Language Learning*, Vol. 47, No. 2, 1997.

Pym, A. "In Search of a New Rationale for the Prose Translation Class at University Level." *Interface: Journal of Applied Linguistics*, Vol. 6, No. 2, 1992.

Pym, A. "Translation Skill-sets in a Machine-translation Age." *Meta*, Vol. 58, No. 3, 2013.

Pym, A. "Translator Associations—From Gatekeepers to Communities." *Target*, Vol. 26, No. 3, 2014.

Pym, A. *E-Learning and Translator Training.* 2001.

Pym, A. Orrgego-Carmona, D. & Torres-Simón, E. "Status and Technology in the Professionalisation of Translators. Market Disorder and the Return of Hierarchy." *The Journal of Specialised Translation*, No. 1, 2016.

Pym, A. *Using Process Studies in Translator Training: Self-discovery Through Lousy Experiments.* 2009.

Qureshi, I. & Deborah, C. "Assessing Between-group Differences in Information Systems Research: A Comparison of Covariance-And Component-Based SEM." *MIS*

Quarterly, 2009.

R Core Team. "R: A Language and Environment for Statistical Computing." R Foundation for Statistical Computing. *Vienna*, 2008.

Raído, V. E. *Translation and Web Searching*. New York: Routledge, 2014.

Raita, E. & Oulasvira, A. "Too Good to Be Bad: Favorable Product Expectations Boost Subjective Usability Ratings." *Interacting with Computers*, Vol. 23, 2011.

Ramos, M. D. M. S. "Translation Learning Environments for the Future: Online Collaborative Practices." In Mousten, B., Vandepitte, S., Arno, E. & Maylath, B. eds. *Multilingual Writing and Pedagogy in Virtual Learning. Pennsylvania: IGI global*, 2018.

Rayner, K. "Eye Movements in Reading and Information Processing: 20 Years of Research." *Psychological Bulletin*, Vol. 124, No. 3,1998.

Rayner, K. & Pollatsek, A. *The Psychology of Reading*. Englewood Cliffs, N.J.: Prentice-Hall, 1989.

Reder, L. & Schunn, C. "Metacognition does not Imply Awareness: Strategy Choice is Governed by Implicit Learning and Memory." Reder, L. M., ed. *Implicit Memory and Metacognition. Mahwah, NJ: Erlbaum,* 1996.

Reinke, U. "State of the Art in Translation Memory Technology." *Translation: Computation Corpora, Cognition*, Vol. 3, No. 1, 2013.

Revythi, A. & Tselios, N. "Extension of Technology Acceptance Model by Using System Usability Scale to Assess Behavioral Intention to Use E-learning." *Education and Information Technologies,* Vol. 24, No. 4, 2019.

Rezaee, A. A., Alavi, S. M. & Razzaghifard, P. "The Impact of Mobile-Based Dynamic Assessment on Improving EFL Oral Accuracy." *Education and Information Technologies*, Vol. 24, No. 5, 2019.

Riazi, A. M. & Candlin, C. N. "Mixed-methods Research in Language Teaching and Learning: Opportunities, Issues and Challenges." *Language Teaching*, Vol. 47, No. 2, 2014.

Rico, C. "The Eportfolio: Constructing Learning in Translation Technology." *The Interpreter and Translator Trainer*, Vol. 11, No. 1, 2017.

Rico, C. & Torrejón, E. "Skills and Profile of the New Role of the Translator as MT Post-editor." *Revista Tradumàtica: technologies de la traducció*, No. 10, 2012.

Risku, H. "Situated Learning in Translation Research Training: Academic Research as a Reflection of Practice." *The Interpreter and Translator Trainer*, Vol. 10, No. 1,2016.

Risku, H. & Dickinson, A. "Translators as Networkers: The Role of Virtual Communities." *HERMES-Journal of Language and Communication in Business*, No. 42, 2009.

Robert, I. S., Remael, A. & Ureel, J. J. "Towards a Model of Translation Revision

Competence." *The Interpreter and Translator Trainer*, Vol. 11, No. 1, 2017.

Robinson, B., López Rodríguez, C. & Tercedor, M. "Neither Born nor Made, But Socially Constructed: Promoting Interactive Learning in an Online Environment." *TTR: Traduction, Terminologie, Redaction*, Vol. 21, No. 2, 2008.

Rodrigues, C. "A Abordagem Processual no Estudo da Tradução: Uma Meta-análise Qualitativa (A Process-oriented aproach to Translation Studies: A Qualitative Metaanalysis)." *Cadernos de Tradução*, Vol. 2, No. 10, 2002.

Rodríguez-Castro, M. "An Integrated Curricular Design for Computer-assisted Translation Tools: Developing Technical Expertise." *The Interpreter and Translator Trainer*, Vol. 12, No. 4, 2018.

Rogers, J. "Communities of Practice: A Framework for Fostering Coherence in Virtual Learning Communities." *Journal of Educational Technology & Society*, Vol. 3, No. 3, 2000.

Rojo López, A. M., Foulquié-Rubio, A. I., Espín López, L. & Martínez Sánchez, F. "Analysis of Speech Rhythm and Heart Rate as Indicators of Stress on Student Interpreters." *Perspectives*, Vol. 29, No. 4, 2021.

Rossi, C. "Introducing Statistical Machine Translation in Translator Training: From Users and Perceptions to Course Design, and Back Again." *Tradumàtica: Tecnologies de la Traducció*, Vol. 15, No. 15, 2017.

Rossi, C. & Chevrot, J. "Uses and Perception of Machine Translation at the European Commission." *Journal of Specialised Translation*, No. 31, 2019.

Roturier, J., Mitchell, L. & Silva, D. "The ACCEPT Post-editing Environment: A Flexible and Customisable Online Tool to Perform and Analyse Machine Translation Post-editing." *Proceedings of MT Summit XIV Workshop on Post-editing Technology and Practice*. 2013.

Rundell, M. ed. *Macmillan English Dictionary for Advanced Learners (2nd Edition)*. Oxford: Macmillan Publishers, 2001.

Rupp, M., Michaelis, J., McConnell, D. & Smither, J. A. "The Role of Individual Difference on Perceptions of Wearable Ftness Device Trust, Usability and, Motivational Impact." *Applied Ergonomics*, No. 70, 2018.

S jørup, & Annette Camilla. "Cognitive Effort in Metaphor Translation: An Eye-tracking and Key-logging Study." *Copenhagen Business School*, 2013.

Sakamoto, A. "Unintended Consequences of Translation Technologies: From Project Managers' Perspectives." *Perspectives*, Vol. 27, No. 1, 2019.

Salanova Soria, Marisa, & Isabel Martínez Martínez. "Autoeficacia en el trabajo y en las Organizaciones. Resultados de Investigación (Work-related and Organizational Self-efficacy)." Método, Teoría e Investigación en Psicología Social, ed. by José Francisco

Morales Domínguez, Carmen Huici Morales, Ángel Gómez Jiménez, and Elena Gaviria Stewart. *Madrid: Pearson*, 2008.

Salanova, J. M., Peiró, W. B. & Schaufeli. "Self-efficacy Specificity and Burnout among Information Technology Workers: An Extension of the Job Demands-control Model." *European Journal of Work and Organizational Psychology*, Vol. 11, 2002.

Saldanha, G. & O'Brien, S. *Research Methodologies in Translation Studies*. Routledge, 2014.

Sánchez Ramos, Maria del Mar. "Translation Learning Environments for the Future: Online Collaborative Practice." In Mousten, B., Vandepitte, S., Arnó, E. & Maylath, B. eds. *Multilingual Writing and Pedagogy in Virtual Learning*. Pennsylvania: IGI global, 2018.

Sánchez-Gijón, P. & Torres-Hostench, O. "MT Post-editing into the Mother Tongue or into a Foreign Language? Spanish-to-English MT Translation Output Post-edited by Translation Trainees." In O'Brien, S., Simard, M. & Specia, L. eds. *Proceedings of the Third Workshop on Post-editing Technology and Practice Vancouver*, 2014.

Schaeffer, M., Carl, M., Lacruz, I., & Aizawa, A. "Measuring Cognitive Translation Effort with Activity Units." In *Proceedings of the 19th Annual Conference of the European Association for Machine Translation*, 2016.

Schäffner, C. "Metaphor and Translation: Some Implications of a Cognitive Approach." *Journal of Pragmatics*, Vol. 36, No. 7, 2004.

Schäler, R. "The Problem with Machine Translation." In Bowker, L., Cronin, M., Kenny, D. & Pearson, J. eds. *Unity in Diversity: Current Trends in Translation Studies*. Manchester: St. Jerome, 1998.

Schilperoord, J. *It's about Time: Temporal Aspects of Cognitive Processes in Text Production*. Amsterdam: Rodopi, 1996.

Schmaltz, M. *An Empirical-experimental Study of Problem Solving in the Translation of Linguistic Metaphors from Chinese into Portuguese*. University of Maca, 2015.

Schmidt, D. A. & Baran, E. etc. "Technological Pedagogical Content Knowledge (TPACK): The Development and Validation of an Assess-ment Instrument for Preservice Teachers." *Journal of Research onTechnology in Education*, No. 2, 2009.

Schneider, M. & Preckel, F. "Variables Associated with Achievement in Higher Education: A Systematic Review of Meta-analyses." *Psychological Bulletin*, Vol. 143, No. 6, 2017.

Schneider, W. & Shiffrin, R. M. "Controlled and Automatic Human Information Processing: I. Detection, Search, and Attention." *Psychological Review*, Vol. 84, No. 1, 1977.

Schraw, G. "The Effect of Metacognitive Knowledge on Local and Global Monitoring."

Contemporary Educational Psychology, Vol. 19, No. 2, 1994.

Schraw, G. & Dennison, R. "Assessing Metacognitive Awareness." *Contemporary Educational Psychology*, Vol. 19, No. 4, 1994.

Schwarzer, R, ed. *Self-efficacy: Thought Control of Action*. Washington, DC: Hemisphere. 1992.

Schwarzer, R. "Self-regulatory Processes in the Adoption and Maintenance of Health Behaviors: The Role of Optimism, Goals, and Threats." *Journal of Health Psychology*, Vol. 4, 1999.

Schwarzer, R. General Perceived Self-efficacy in 14 Cultures. *Self-Self-Efficacy assessment*, http://www. yorku. ca/faculty/academic/schwarz. e/worldl4. htm, 1999.

Schwieter, J., Festman, J. & Ferreira, A. "Current Research in Bilingualism and Its Implications for Cognitive Translation and Interpreting Studies." *Linguistica Antverpiensia New Series–themes in Translation Studies*, 2020.

Schyns, B. & von Collani, G. "A New Occupational Self-efficacy Scale and its Relation to Personality Constructs and Organizational Variables." *European Journal of Work and Organizational Psychology*, Vol. 11, No. 2, 2002.

Screen, B. "Machine Translation and Welsh: Analysing Free Statistical Machine Translation for the Professional Translation of an Under-researched Language Pair." *The Journal of Specialised Translation*, No. 28, 2017.

Screen, B. "Machine Translation and Welsh: Analysing Free Statistical Machine Translation for the Professional Translation of an Under-researched Language Pair." *The Journal of Specialised Translation*, No. 28, 2017a.

Screen, B. "Productivity and Quality When Editing Machine Translation and Translation Memory Outputs: An Empirical Analysis of English to Welsh Translation." *Studia Celtica Posnaniensia*, Vol. 2, No. 1, 2017b.

Screen, B. "What Effect does Post-editing Have on the Translation Product from an End-user's Perspective?" *The Journal of Specialised Translation*, No. 31, 2019.

Sekino, K. "An Investigation of the Relevance-theoretic Approach to Cognitive Effort in Translation and the Post-editing Process." *Translation & Interpreting*, Vol. 7, No. 4, 2015.

Seleskovitch, D. & Lederer, M. *French Pédagogie Raisonnée de L'interprétation*. Paris: Didier Erudition, 1989.

Seleskovitch, D. & Lederer, M. *Interpréter pour Traduire*. Paris: Didier Érudition, 1984.

Sennrich, R., Haddow, B. & Birch, A. "Neural Machine Translation of Rare Words with Subword Units." *arXiv preprint arXiv:1508.07909*, 2015.

Sha, L., Wang, X. & Ma, S. "Investigating the Relationship between Online Information Seeking and Translation Performance among Translation Students: The Mediating

Role of Translation Self-efficacy." *Frontiers in Psychology*, 2022a.

Sha, L., Wang, X., Ma, S. & Anthony Mortimer, T. "Investigating the Effectiveness of Anonymous Online Peer Feedback in Translation Technology Teaching." *The Interpreter and Translator Trainer*, Vol. 16, No. 3, 2022b.

Shackel, B. & Richardson, S. J. eds. *Human Factors for Informatics Usability*. Cambridge: Cambridge University Press, 1991.

Sherer, M., Maddux, J. E., Mercandante, B., Prentice-Dunn, S., Jacobs, B. & Rogers, R. W. "The Self-efficacy Scale: Construction and Validation." *Psychological Reports*, Vol. 51, No. 2, 1982.

Shiau, W. & Chau, P. "Understanding Behavioral Intention to Use a Cloud Computing Classroom: A Multiple Model Comparison Approach." *Information & Management*, No. 53, 2016.

Shih, H.-C.J. & Huang, S.-H. C. "EFL Learners' Metacognitive Development in Flipped Learning: A Comparative Study." *Interactive Learning Environments*, 2020.

Shih, M., Liang, J. C. & Tsai, C. C. "Exploring the Role of University Students' Online Self-regulated Learning in the Flipped Classroom: A Structural Equation Model." *Interactive Learning Environments*, Vol. 27, No. 8, 2019.

Shrestha, P. N. "Investigating the Learning Transfer of Genre Features and Conceptual Knowledge from an Academic Literacy Course to Business Studies: Exploring the Potential of Dynamic Assessment." *Journal of English for Academic Purposes*, Vol. 25, 2017.

Shreve, G. & Dimitriu, R. ed. "Recipient-orientation and Metacognition in the Translation Process." *Minding the Translation Receiver*. Brussels: Les Editions du Hazard, 2009.

Shreve, G. "The Deliberate Practice: Translation and Expertise." *Journal of Translation Studies*, Vol. 9, No. 1, 2006.

Shreve, G. "Knowing Translation: Cognitive and Experiential Aspects of Translation Expertise from the Perspective of Expertise Studies." Riccardi, A. ed. *Translation Studies: Perspectives on an Emerging Discipline*. Cambridge: Cambridge University Press, 2002.

Shreve, G. & Diamond, B. "Cognitive Processes in Translation and Interpreting: Critical Issues." Danks, J. H. et al. *Cognitive Processes in Translation and Interpreting*. Thousand Oaks: Sage Publications. 1997.

Shreve, G. M. "The Deliberate Practice: Translation and Expertise." *Journal of Translation Studies,* Vol. 9, No. 1, 2006.

Shterionov, D., Superbo, R., Nagle, P., Casanellas, L., & O'Dowd, T. "Human Versus Automatic Quality Evaluation of NMT & PBSMT." *Mach Transl*, 2018.

Shulman, L. S. "Knowledge and Teaching: Foundations of the New Reform." *Harvard*

Educational Review, Vol. 57, No. 1, 1987.

Shulman,L.S. "Those Who Understand:Knowledge Growth in Teaching." *Educational Researcher*. Vol. 15, No. 2, 1986.

Shuttleworth, M. "Combing MT and TM on a Technology-oriented Translation Masters: Aims and Perspectives." *Proceedings of the 6th EAMT Workshop on Teaching Machine Translation*. Manchester, 2002.

Shuttleworth, M. *Dictionary of Translation Studies*, 1997.

Silva I. A. L. D., Alves, F., Schmaltz, M., Pagano, A., Silva, G. E. D., Jakobsen, A. L. & Mesa Lao, B. eds. *Translation, Post-editing and Directionality: A Study of Effort in the Chinese Portuguese Language Pair*. Amsterdam: John Benjamins, 2017.

Sin-Wai, C. *Routledge Encyclopedia of Translation Technology*. London: Routledge, 2014.

Sirén, S. & Hakkarainen, K. "Expertise in Translation." *Across Languages and Cultures*, Vol. 3, No. 1, 2002.

Sjørup, A. "Cognitive Effort in Metaphor Translation: An Eye-tracking and Key-logging Study." *Copenhagen Business School,* 2013.

Slocum, J. "A Survey of Machine Translation: Its History, Current Status, and Future Prospects." *Computational Linguistics*, No. 11, 1985.

Smith S. U., Hayes, S. & Shea, P. A. "Critical Review of the Use of Wenger's Community of Practice (CoP) Theoretical Framework in Online and Blended Learning Research, 2000-2014." *Online Learning*, Vol. 21, No. 1, 2017.

Snover, M., Dorr, B., Schwartz, R., Miccuilla, L. & Makhoul, J. "A Study of Translation Edit Rate with Targeted Human Annotations." *Proceedings of Association for Machine Translation in the Americas*, Cambridge, MA, USA. 2006.

Snyder, C. R. & Lopez, S. J. "Positive Psychology: The Scientific and Practical Explorations of Human Strengths." *Thousand Oaks,* CA: Sage, 2007.

Somers, H. L. & Baker, M. ed. "Machine Translation, Application." *Routledge Encyclopedia of Translation Studies*. New York: Routledge, 2001.

Sperber, D. & Wilson, D. *Relevance: Communication and Cognition*. Cambridge, MA: Harvard, University Press, 1986.

Stajkovic, A. D. & Luthans, F. "Self-efficacy and Work-related Performance: A Meta Analysis."*Psychological Bulletin 124,* 1998.

Stajkovic, A., Bandura, A., Locke, A. E., Dongseop Lee & Kayla Sergent. "Test of Three Conceptual Models of Influence of the Big Five Personality Traits and Self-efficacy on Academic Performance: A Meta-analytic Path-analysis." *Personality and Individual Differences*, 2018.

Stasimioti, M., Sosoni, V., Besznyak, R., Fischer, M. & Szabo, C. eds. "MT Output &

Post-editing Effort: InsigHTs from a Comparative Analysis of SMT & NMT Output & Implications for Training." *Fit-For-Market Translator & Interpreter Training in a Digital Age (Language & Linguistics)*. Vernon Press, Delaware. 2019.

Steding, S. "Machine Translation in the German Classroom: Detection, Reaction, Prevention." *Die Unterrichtspraxis/Teaching German*, No. 42, 2009.

Stefanou, C. R. & Salisbury-Glennon, J. D. "Developing Motivation and Cognitive Learning Strategies Through an Undergraduate Learning Community." *Learning Environments Research*, Vol. 5, No. 1, 2002.

Sternberg, R. J. & Horvath, J. A. "Prototype View of Expert Teaching." *Educational Researcher*, Vol. 24, No. 6, 1995.

Stoel, L. & Hye Lee, K. "Modeling the Effect of Experience on Student Acceptance of Web-based Courseware." *Internet Research*, No. 13, 2003.

Su, W. "Understanding Rubric Use in Peer Assessment of Translation." *Perspectives*, 2021.

Su, P., Wang, L. & Yan, J. "How Users' Internet Experience Affects the Adoption of Mobile Payment: A Mediation Model." *Technology Analysis & Strategic Management*, No. 30, 2017.

Sun, S. J. "Think-aloud-based Translation Process Research: Some Methodological Considerations." *Meta*, vol. 56, No. 4, 2011.

Sundre, D. L. & Kitsantas, A. "An Exploration of the Psychology of the Examinee: Can Examinee Self-regulation and Test-taking Motivation Predict Consequential and Non-consequential Test Performance?" *Contemporary Educational Psychology*, Vol. 29, No. 1, 2004.

Suo, J., Yu, B., He, Y. & Zang, G. "Study of Ambiguities of English–Chinese Machine Translation." *Appl Mech Mater*. 2012.

Suojanen, T., Koskinen, K. & Tuominen, T. "Usability as a Focus of Multi Professional Collaboration. A Teaching Case Study on User-centered Translation." *Connexions: International Professional Communication Journal*, No. 3, 2015.

Suojanen, T., Koskinen, K. & Tuominen, T. *User-Centered Translation*. London/New York: Routledge, 2015.

Sweller, J. "Cognitive Load During Problem Solving: Effects on Learning." *Cognitive Science*, Vol. 12, No. 2, 1988.

Sweller, J. & Chandler, P. "Evidence for Cognitive Load Theory." *Cognition & Instruction*, Vol. 8, No. 4, 1991.

Tai, J., Ajjawi, R., Boud, D., Dawson, P. & Panadero, E. "Developing Evaluative Judgement: Enabling Students to Make Decisions about the Quality of Work." *Higher Education*, Vol. 76, No. 3, 2018.

Talaván, N. & Ávila-Cabrera, J. J. "Creating Collaborative Subtitling Communities to Increase Access to Audiovisual Materials in Academia." *The Interpreter and Translator Trainer*, Vol. 15, No. 1, 2021.

Tarhini, A., Hone, K. & Liu, X. "Measuring the Moderating Effect of Gender and Age on E-learning Acceptance in England: A Structural Equation Modeling Approach for an Extended Technology Acceptance Model." *Educational Computing Research*, No. 51, 2014.

Tashakkori, A. & Teddlie, C. *SAGE Handbook of Mixed Methods Research (2ⁿᵈed)*. Thousand Oaks: Sage, 2010.

Tate, S. R., Wu, J., McQuaid, J. R. et al. "Comorbidity of Substance Dependence and Depression: Role of Life Stress and Self-efficacy in Sustaining Abstinence." *Psychology of Addictive Behaviors*, Vol. 22, No. 1, 2008.

Tatsumi, M. & Roturier, J. "Source Text Characteristics and Technical and Temporal Post-editing Effort: What is Their Relationship?" *Proceedings of the Second Joint EM+/CNGLWork-shop*. 2010.

Tatsumi, M. Correlation Between Automatic Evaluation Scores, Post-editing Speed & Some Other Factors. In *Proceedings of MT Summit XII, Ottawa, Canada*. 2009.

TAUS. Machine Translation Market Report. https:// www.taus.net/think-tank/reports/translate-reports/taus-machine-translation-market-report, 2017.

TAUS. Machine Translation Post-editing Guidelines, 2010. https://www.taus.net/academy/best-practices/postedit-best-practices/machine-translation-post-editing-guidelines (05-17-2018).

TAUS. *Quality Evaluation Using Adequacy and Fluency Approaches*. https://www.taus.net/academy/best-practices/evaluate-best-practices/adequacy-fluency-guidelines, 2013.

TAUS. *TAUS Keynotes Asia 2019*, 2019. https://www.taus.net/academy/reports/event-reports/tauskeynotes-asia-2019.

TAUS. *TAUS Post-editing Guidelines*. https://www.taus.net/think-tank/articles/postedit-articles/taus-post-editing-guidelines, 2016.

Temizöz, Ö. "Eye-tracking Directionality in the Translation Process: A Pilot Study." *Istanbul University Journal of Translation Studies*, No. 8, 2014.

Temizöz, Ö. "Post-editing Machine Translation Output: Subject-matter Experts Versus Professional Translators." *Perspectives*, Vol. 24, No. 4, 2016.

Temnikova, I., Calzolari, N. et al. eds. Cognitive Evaluation Approach for A Controlled Language PE Experiment. *Proceedings of the 7th International Conference on Language Resources and Evaluation* Valletta, 2010.

Teo, T. "Is There an Attitude Problem? Reconsidering the Role of Attitude in the TAM."

British Journal of Educational Technology, No. 40, 2009a.

Teo, T. "Modelling Technology Acceptance in Education: A Study of Pre-service Teachers." *Computers & Education*, No. 52, 2009b.

Teo, T. & Zhou, M. "Explaining the Intention to Use Technology among University Students: A Structural Equation Modeling Approach." *Journal of Computing in Higher Education*, No. 26, 2014.

Teo, T., Huang, F. & Hoi, C. "Explicating the Influences that Explain Intention to Use Technology among English Teachers in China." *Interactive Learning Environments*, No. 26, 2018.

Thelen, M. *Translating into English as a Non-native Language. The Dutch Connection.* In Anderman, G. & Rogers, M. eds. *In and Out of English: For Betters, for Worse.* Buffaln Multilingual, 2005.

Thode, H. *Testing for Normality.* New York: Marcel Dekker, 2002.

Thorpe, A., Nesbitt, K. & Eidels, A. "Assessing Game Interface Workload and Usability: A Cognitive Science Perspective." In *Proceedings of the Australasian Computer Science Week multiconference.* ACSW 2019. ACM. 2019, 44.

Tian, L., Shah, S. & Cromptom, H. "Using Twitter to Support Reflective Learning in an Asynchronous Online Course." *Australasian Journal of Educational Technology,* Vol. 35, No. 3, 2019.

Timarová, Š. & Salaets, H. *Learning Styles, Motivation and Cognitive Flexibility in Interpreter Training: Self-selection and Aptitude.* In Pöchhacker, F. & Liu, M. eds. *Aptitude for Interpreting.* Amsterdam/Philadelphia: John Benjamins, 2014.

Tirkkonen-Condit, S. & Laukkanen, J. "Evaluations—A Key Towards Understanding the Affective Dimension of Translational Decisions." *Meta*, Vol. 41, No. 1, 1996.

Tirkkonen-Condit, S. "A Think-aloud Protocol Study." In *Learning, Keeping and Using Language: Selected Papers from the Eighth World Congress of Applied Linguistics.* Amsterdam: John Benjamins, 1990.

Tirkkonen-Condit, S. *Professional VS. Non-professional Translation: A Think-aloud Protocol Study.* Halliday, M. A. K., Gibbons, J. & Howard, N. eds. *Learning, Keeping and Using Language: Selected Papers from the 8th World Congress of Applied Linguistics.* Amsterdam: John Benjamins, 1990.

Toledo Báez, M. C. "Machine Translation and Post-editing: Impact of Training and Directionality on Quality and Productivity." *Tradumàtica*, Vol. 6, 2018.

Toral, A. & Sánchez-Cartagena, V. M. A Multifaceted Evaluation of Neural Versus Phrase-based Machine Translation for 9 Language Directions. Arxiv Preprint Arxiv:1701.02901, 2017.

Trace, J., Janssen, G. & Meier, V. "Measuring the Impact of Rater Negotiation in Writing

Performance Assessment." *Language Testing*, Vol. 34, 2015.

Travis, D. *E-commerce Usability: Tools and Techniques to Perfect the On-line Experience.* London: CRC Press, 2017.

Tseng, H., Yi, X. & Yeh, H. "Learning-related Soft Skills among Online Business Students in Higher Education: Grade Level and Managerial Role Differences in Self-regulation, Motivation, and Social Skill." *Computers in Human Behavior*, Vol. 95, 2019.

Vallerand, J. "Toward a Hierarchical Model of Intrinsic and Extrinsic Motivation." *Advances in Experimental Social Psychology*, Vol. 29, 1997.

Van der Bijl, J. J. & Shortridge-Baggett, L. M. "The Theory and Measurement of the Self-efficacy Construct." Lentz, E. A. & Shortridge-Baggett, L. M., eds, *Self-efficacy in Nursing: Research and Measurement Perspectives. New York: Springer,* 2002.

Van der Heijden, H. "User Acceptance of Hedonic Information Systems." *MIS Quarterly*, Vol. 28, No. 4, 2004.

Van Egdom, G.-W., Konttinen, K., Vandepitte, S., Fernández-Parra, M., Loock, R. & Bindels, J. "Empowering Translators through Entrepreneurship in Simulated Translation Bureaus." HERMES - Journal of Language and Communication in Business, Vol. 60, 2020.

Van Praag, B. & Sanchez, H. S. "Mobile Technology in Second Language Classrooms: Insights into Its Uses, Pedagogical Implications, and Teacher Beliefs." *ReCALL*, Vol. 27, No. 3, 2015.

Vandermeulen, Nina, Mariëlle Leijten & Luuk Van Waes. "Reporting Writing Process Feedback in the Classroom Using Keystroke Logging Data to Reflect on Writing Processes." *Journal of Writing Research,* No. 12, 2020.

Venkatesh, V. "Determinants of Perceived Ease of Use: Integrating Control, Intrinsic Motivation, and Emotion into the Technology Acceptance Model." *Information Systems Research*, Vol. 11, 2000.

Venkatesh, V. & Davis, F. "A Theoretical Extension of the Technology Acceptance Model: Four Longitudinal Feld Studies." *Management Science*, Vol. 46, 2000.

Vieira, L. N. "Cognitive Effort in Post-editing of Machine Translation: Evidence From Eye Movements, Subjective Ratings, and Think-aloud Protocols." *Newcastle University*, 2016.

Vonderwell, S., Liang, X. & Alderman, K. "Asynchronous Discussions and Assessment in Online Learning." *Journal of Research on Technology in Education*, Vol. 39, No. 3, 2007.

Vygotsky, L. S. *Mind in Society: The Development of Higher Psychological Processes.* Cambridge: Harvard University Press, 1978.

Vygotsky, L. S. *The Collected Works of L. S. Vygotsky: Problems of General Psychology, Including the Volume Thinking and Speech*. New York: Plenum Press, 1987.

Wang, C. & Sun, T. "Relationship between Self-efficacy and Language Proficiency: A Meta-analysis." *System*, 2020.

Wang, H. S. "The Development of Translation Technology in the Era of Big Data." In Yue F., Tao Y., Wang H., Cui Q. & Xu, B. eds. *Restructuring Translation Education: Implications from China for the Rest of the World*. Singapore: Springer, 2018.

Wang, J., Yu, W. C. W. & Wu, E. "Empowering Mobile Assisted Social E-learning Students' Expectations and Perceptions." *World Journal of Education*, Vol. 3, No. 2, 2013.

Wang, L. & Wang, X. L. "Building Virtual Communities of Practice in Post-editing Training: A Mix-methods Quasi-experimental Study." *The Journal of Specialised Translation*, Vol. 36, 2021.

Wang, X., Wang, T., Muñoz Martín, R. & Jia, Y. "Investigating Usability in Postediting Neural Machine Translation: Evidence from Translation Trainees' Self-perception and Performance." *Across Languages and Cultures*, Vol. 22, No. 1, 2021.

Wang, Xiangling, Wang, Lv & Hui Yin. "The Construction and Application of the Translation Teaching Model of Mobile Learning Community." *Technology Enhanced Foreign Language Education*, Vol 4, 2017.

Wang, Y. "The Impact of Directionality on Cognitive Patterns in the Translation of Metaphors." In *Advances in Cognitive Translation Studies*. Springer, Singapore, 2021.

Weng, C. & Tsai, C. "Social Support as a Neglected E-learning Motivator Affecting Trainee's Decisions of Continuous Intentions of Usage." *Australasian Journal of Educational Technology*, Vol. 31, No. 2, 2015.

Wenger, E., Trayner, B. & De Laat, M. *Promoting and Assessing Value Creation in Communities and Networks: A Conceptual Framework*. Heerlen: Ruud de Moor Centrum, 2011.

Wenger, Etienne. "Communities of Practice and Social Learning Systems: The Career of a Concept." Chris Blackmore, ed. *Social Learning Systems and Communities of Practice*. London: Springer, 2000.

Werner, K. M. & Milyavskaya, M. "Motivation and Self-regulation: The Role of Want-to Motivation in the Processes Underlying Self-regulation and Self-control." *Social and Personality Psychology Compass*, Vol. 13, No. 1, 2019.

White, K. & Heidrich, E. "Our Policies, Their Text: German Language Students' Strategies with and Beliefs about Web-based Machine Translation." *Teaching German*, Vol. 46, No. 2, 2013.

Whyatt, B. "Old habits die hard: Towards Understanding L2 Translation." *Między*

Oryginałem a Przekładem, Vol. 41, 2018.

Whyatt, B. & Naranowicz, M. "A Robust Design of the Translator's Skill Set: Evidence for Transfer of Metacognitive Skills to Intralingual Paraphrasing." *Interpreter and Translator Trainer*, Vol. 14, No. 1, 2020.

Willermark, S. "Technological Pedagogical and Content Knowledge: A Review of Empirical Studies Published From 2011 to 2016." *Journal of Educational Computing Research*, Vol. 56, No. 3, 2017.

Williams, J. & Chesterman, A. *The map. A Beginner's Guide to Doing Research in Translation Studies*. Manchester: St. Jerome, 2002.

Wilss, W. *Knowledge and Skills in Translator Behavior*. Amsterdam: John Benjamins, 1996.

Winne, P. H., Hadwin, A. F. & Perry, N. E. "Metacognition and Computer-supported Collaborative Learning." Hmelo-Silver, C. E., Chinn, C. A., O'Donnell, A. M. & Chan, C. eds. *The International Handbook of Collaborative Learning*. London/New York: Routledge, 2013.

Wong, G. "The Behavioral Intentions of Hong Kong Primary Teachers in Adopting Educational Psychology." *Educational Technology Research & Development*, Vol. 64, 2016.

Wu, D. & Wei, L. "Online Teaching as the New Normal: Understanding Translator Trainers' Self-efficacy Beliefs." *The Journal of Specialised Translation*, Vol. 36, 2021.

Wu, J. H. & Wang, S. C. "What Drives Mobile Commerce? An Empirical Evaluation of the Revised Technology Acceptance Model." *Information & Management*, Vol. 42, 2005.

Wu, X., Cardey, S. & Greenfield, P. "Realization of the Chinese BA-construction in an English-Chinese Machine Translation System." *Proceedings of the Fifth SIGHAN Workshop on Chinese Language Processing*, 2006.

Wu, Y., Lian, K., Hong, P. et al. "Teachers' Emotional Intelligence and Self-efficacy: Mediating Role of Teaching Performance." *Social Behavior and Personality: An International Journal*, Vol. 47, No. 3, 2019.

Wu, Y., Schuster, M., Chen, Z. et al. *Google's Neural Machine Translation System: Bridging the Gap between Human and Machine Translation*, 2016.

Wyatt, M. & Dikilitaş, K. "English Language Teachers Becoming more Efficacious through Research Engagement at Their Turkish University." *Educational Action Research*, Vol. 24, No. 4, 2016.

Xiao, K. & Halverson, S. L. "Developments in Cognitive Translation and Interpreting Studies: Emerging Trends in Epistemology and Methodology." *Cognitive Linguistic Studies*, Vol. 8, No. 2, 2021.

Xiao, K. & Muñoz, R. "Cognitive Translation Studies: Models and Methods at the Cutting Edge." *Linguistica Antverpiensia, New Series: Themes in Translation Studies*, 2020.

Xu, M. & Wang, C. "Translation Students' Use and Evaluation of Online Resources for Chinese-English Translation at the Word Level." *Translation and Interpreting Studies,* No. 6, 2011.

Xu, X. Y., Sun, F. R. & Hu, W. J. "Integrating human expertise with GenAI: Insights into a collaborative feedback approach in translation education." *System*, Vol. 129, 2025.

Yamada, M. "Can College Students be Post-editors? An Investigation into Employing Language Learners in Machine Translation Plus Post-editing Settings." *Machine Translation*, Vol. 29, No. 1, 2015.

Yamada, M. "The Impact of Google Neural Machine Translation on Post-editing by Student Translators." *The Journal of Specialised Translation*, Vol. 31, 2019.

Yamada, S., Kodama, S., Matsuoka, T., Araki, H. & Sakamoto, Y. "A Report on the Machine Translation Market in Japan." *X, Proceeding of MT Summit*, 2005.

Yan, Guoli. & Bai, Xuejun. "General Introduction to the Eye Movement Research: A Magic Science to Explore the Mystery of the Window on Mind." *Science Press*, 2012.

Yan, Guoli, et al. "Review of Eye-movement Measures in Reading Research." *Advances in Psychological Science*, Vol. 21, No. 4, 2013.

Yang, S. & Chung, T. "Experimental Study of Teaching Critical Thinking in Civic Education in Taiwanese Junior High School." *British Journal of Educational Psychology*, Vol. 79, No. 1, 2009.

Yang, S. H. "Using Blogs to Enhance Critical Reflection and Community of Practice." *Journal of Educational Technology & Society*, Vol. 12, No. 2, 2009.

Yang, Y. & Qian, D. D. "Promoting L2 English Learners' Reading Proficiency Through Computerized Dynamic Assessment." *Computer Assisted Language Learning*, Vol. 33, No. 5-6, 2020.

Yang, Y. & Wang, X. "Modeling the Intension to Use Machine Translation for Student Translators: An Extension of Technology Acceptance Model." *Computers & Education*, No. 133, 2019.

Yang, Y. C. & Wu, W. "Digital Storytelling for Enhancing Student Academic Achievement, Critical Thinking, and Learning Motivation: A Year-long Experimental Study." *Computers & Education*, Vol. 59, No. 2, 2012.

Yang, Y., Cao, X. & Huo, X. "The Psychometric Properties of Translating Self-efficacy Belief: Perspectives from Chinese Learners of Translation." *Frontiers in Psychology*, 2021.

Yang, Y., Wang, X. & Yuan, Q. "Measuring the Usability of Machine Translation in the

Classroom Context." *Translation and Interpreting Studies*, 2020.

Yang, Y., Wei, X., Li, P. & Zhai, X. "Assessing the Effectiveness of Machine Translation in the Chinese EFL Writing Context: A replication of Lee (2020)." *ReCALL*, 2023.

Yeager, T. J. "The Development of the Metacognition Elements of Study Scale." Ph.D. North Dakota: University of North Dakota, 1999.

Yen, D., Wu, C., Cheng, F. & Huang, Y.W. "Determinants of Users' Intention to Adopt Wireless Technology: An Empirical Study by Integrating TTF with TAM." *Computers in Human Behavior*, No. 26, 2010.

Yi, M., Jackson, J., Park, J. & Probst, J. "Understanding Information Technology Acceptance by Individual Professionals: Toward an Integrative View." *Information & Management*, No. 43, 2006.

Yousef, A. M. F., Chatti, M. A., Schroeder, U. & Wosnitza, M. "A Usability Evaluation of a Blended MOOC Environment: An Experimental Case Study." *The International Review of Research in Open and Distributed Learning*, Vol. 16, No. 2, 2015.

Zaharias, P. & Poylymenakou, A. "Developing A Usability Evaluation Method for E-learning Applications: From Functional Usability to Motivation to Learn." *International Journal of Human-computer Interaction*, Vol. 25, No. 1, 2009.

Zainuddin, Z. "Students' Learning Performance and Perceived Motivation in Gamified Flipped-class." *Computers & Education*, Vol. 126, 2018.

Zamora, Á., Súarez, J. M. & Ardura, D. "A Model of the Role of Error Detection and Self-regulation in Academic Performance." *The Journal of Educational Research*, Vol. 111, No. 5, 2018.

Zareai, M. "Self-efficacy and Interpretation Quality." *Interpreting and Translation Studies*, Vol. 14. No. 1, 2010.

Zhai, Y., Max, A. & Vilnat, A. "Construction of A Multilingual Corpus Annotated with Translation Relations." Machonis, P., Barreiro, A., Kocijan, K. & Silberztein, M. eds. *Proceedings of the First Workshop on Linguistic Resources for Natural Language Processing*. New Mexico: Santa Fe, 2018.

Zheng, B. & Xiang X. "The Impact of Cultural Background Knowledge in the Processing of Metaphorical Expressions: An Empirical Study of English-Chinese Sight Translation." *Translation & Interpreting Studies*, Vol. 9, No. 1, 2014.

Zheng, B., Báez, S., Su, L., Xiang, X., Weis, S., Ibáñez, A. & García, A. M. "Semantic and Attentional Networks in Bilingual Processing: fMRI Connectivity Signatures of Translation Directionality." *Brain and Cognition*, 2020.

Zhou, X., Wang, X. & Liu, X. "The Impact of Task Complexity and Translating Self-efficacy Belief on Students' Translation Performance: Evidence from Process and Product Data." *Frontiers in Psychology*, 2022.

Zimmerman, B. J. "Attaining Self-regulation: A Social Cognitive Perspective." Boekaerts, M., Pintrich, P. R. & Zeidner, M. eds. *Handbook of Self-regulation: Theory, Research, and Applications*. San Diego: Academic Press, 2000.

Zimmerman, B. J. "Becoming a Self-regulated Learner: An Overview." *Theory into Practice*, Vol. 41, No. 2, 2002.

Zimmerman, B. J. "Investigating Self-regulation and Motivation: Historical Background, Methodological Developments, and Future prospects." *American Educational Research Journal*, Vol. 45, No. 1, 2008.

Zimmerman, B. J. & Kitsantas, A. "Comparing Students' Self-discipline and Self-regulation Measures and Their Prediction of Academic Achievement." *Contemporary Educational Psychology*, Vol. 39, No. 2, 2014.

Zydney, J. M. & Warner, Z. "Mobile Apps for Science Learning: Review of Research." *Computers & Education*, No. 94, 2016.

二、中文文献

〔美〕阿尔伯特·班杜拉:《社会学习理论》,陈欣银、李伯黍译,北京:中国人民大学出版社,2015 年。

〔美〕阿尔伯特·班杜拉:《自我效能:控制的实施》,缪小春等译,上海:华东师范大学出版社,2003 年。

鲍川运:《翻译师资培训:翻译教学成功的关键》,《中国翻译》2009 年第 2 期。

鲍刚:《口译理论概述》,北京:旅游教育出版社,1998 年。

北京外国语学院俄语系俄汉机器翻译研究组:《俄汉机器翻译中的语言分析问题》,《外语教学与研究》1959 年第 6 期。

蔡小红:《交替传译过程及能力发展——中国法语译员和学生的交替传译活动实证研究》,《现代外语》2001 年第 3 期。

曹达钦、戴钰涵:《人工智能时代高校翻译技术实践环境建设研究》,《外语界》2021 年第 3 期。

曹建新:《口译的心理差异与生理影响》,《中国翻译》1997 年第 1 期。

陈丹丹:《动态评价视角下网络同伴互评对英语写作质量的影响》,《外语电化教学》2021 年第 2 期。

陈红、李加军:《古籍英译译者选词差异实证研究——以〈孙子兵法〉英译独特用词为例》,《中国翻译》2009 年第 6 期。

陈菁、李丹丽:《中介调节视角下高校英语教师技术教学内容知识的发展》,《外语与外语教学》2020 年第 5 期。

陈凌、陈广益:《在线教翻译——基于 QQ 即时通信软件的实证研究》,《上海翻译》

2014 年第 2 期。

陈英和：《认知发展心理学》，杭州：浙江人民出版社，1996 年。

谌莉文：《翻译过程的原型思维表征：概念框架转换》，《上海翻译》2016 年第 3 期。

成思、吴青：《从问题解决视角分析学习日志中的笔译能力发展动态》，《中国翻译》2016 年第 1 期。

初胜华、张坤媛、董洪学：《基于非正式网络学习共同体的 MTI 教师翻译教学能力发展实证研究》，《外语电化教学》2020 年第 2 期。

崔启亮：《MTI 翻译技术教学体系设计》，《中国翻译》2019 年第 5 期。

崔启亮：《翻译技术教学案例资源建设和应用研究》，《外语界》2021 年第 3 期。

戴桂玉、蔡祎：《认知图式理论关照下旅游文本的生态翻译研究——以广州旅游景点介绍的中译英为例》，《西安外国语大学学报》2018 年第 4 期。

戴建春：《基于 QQ 网络平台的交互式课外翻译教学模式的构建及应用》，《外语电化教学》2011 年第 2 期。

戴炜栋、徐海铭：《汉英交替传译过程中译员笔记特征实证研究——以职业受训译员和非职业译员为例》，《外语教学与研究》2007 年第 2 期。

邓国民、李辉、罗敏：《TPACK 英文研究文献知识图谱：起源和发展脉络》，《中国远程教育》2018 年第 2 期。

邓媛、朱健平：《口译认知加工焦虑与口译策略关系的实证研究》，《湖南大学学报（社会科学版）》2016 年第 6 期。

邓志辉：《译者选词决策过程的影响因素分析——一项认知心理学视角的翻译过程实证研究》，《外国语（上海外国语大学学报）》2011 年第 5 期。

杜晓新、冯震：《元认知与学习策略》，北京：人民教育出版社，1999 年。

段奡卉：《关联理论视角下汉诗英译的认知推理过程探析——以唐诗〈春望〉五种译文为例》，《外语教学》2010 年第 4 期。

范劲松、季佩英：《翻译教学中的师评、自评和互评研究——基于多层面 Rasch 模型的方法》，《外语界》2017 年第 4 期。

范兆兰：《动态评估的特征及其方法论意义》，《心理科学》2009 年第 6 期。

方红、王克非：《动态系统理论下翻译能力的构成及其发展模式研究》，《解放军外国语学院学报》2014 年第 5 期。

冯佳、王克非：《翻译方向和文本难度对注意分配的影响——基于英 / 汉翻译的实证证据》，《中国外语》2021 年第 4 期。

冯佳、王克非：《探悉翻译过程的新视窗：键盘记录和眼动追踪》，《中国翻译》2016 年第 1 期。

冯佳：《借助翻译进程图的译者注意资源分配研究》，《外语与外语教学》2019 年第 3 期。

冯佳：《眼动追踪和键盘记录在翻译教学中的应用——以提高策略能力为中心的 MTI 教学实验》，《中国大学教学》2016 年第 12 期。

冯佳：《译入 / 译出认知负荷比较研究——来自眼动追踪的证据》，《中国外语》2017

年第 4 期。

冯全功、崔启亮:《译后编辑研究:焦点透析与发展趋势》,《上海翻译》2016 年第 6 期。

冯志伟:《基于语料库的机器翻译系统》,《术语标准化与信息技术》2010 年第 1 期。

傅敬民、谢莎:《翻译技术的发展与翻译教学》,《外语电化教学》2015 年第 6 期。

高申春:《自我效能理论评述》,《心理发展与教育》2000 年第 1 期。

龚锐:《中译英意义重新建构的认知过程》,《上海翻译》2019 年第 3 期。

韩宝成:《动态评价理论、模式及其在外语教育中的应用》,《外语教学与研究》2009 年第 6 期。

韩淑芹:《MTI 翻译能力培养的"教学评"一体化体系——基于 PACTE 模型的探讨》,《上海翻译》2020 年第 2 期。

何刚强:《精艺谙道,循循善诱——翻译专业教师须具备三种功夫》,《外语界》2007 年第 3 期。

何佳佳:《动态系统理论视域下高校英语写作中心个性化写作辅导模式研究》,《外语电化教学》2018 年第 2 期。

胡庚申:《适应与选择:翻译过程新解》,《四川外语学院学报》2008 年第 4 期。

胡加圣、靳琰:《教育技术与外语课程融合的理论与实践研究》,《中国电化教育》2015 年第 4 期。

胡珍铭、王湘玲:《翻译能力本质的元认知研究》,《外语教学理论与实践》2018 年第 3 期(a)。

胡珍铭、王湘玲:《评教整合的翻译教学模式构建与实践——以培养文本分析能力为导向》,《外语界》2018 年第 6 期(b)。

皇甫倩:《美国新型教师 TPACK 测评工具的研究述评及启示》,《外国教育研究》2017 年第 8 期。

黄国文:《一个简单翻译过程模式的功能分析》,《外语研究》2009 年第 1 期(a)。

黄国文:《作为语码转换过程的翻译过程》,《外语教学》2009 年第 2 期(b)。

黄立波:《实证翻译研究的发展及趋势》,《外国语(上海外国语大学学报)》2018 年第 6 期。

黄友义:《"一带一路"和中国翻译——变革指向应用的方向》,《上海翻译》2017 年第 3 期。

贾莉、杨连瑞、张文忠:《动态评价对中国英语学习者自我效能感的影响》,《外语教学》2022 年第 1 期。

贾艳芳:《翻译项目管理平台融合生成式人工智能技术:人机对话翻译过程研究》,《外语教学与研究》2024 年第 6 期。

焦建利、钟洪蕊:《技术—教学法—内容知识(TPACK)研究议题及其进展》,《远程教育杂志》2010 年第 1 期。

金胜昔、林正军:《译者主体性建构的概念整合机制》,《外语与外语教学》2016 年第

1 期。

孔令然、崔启亮:《论信息技术对翻译工作的影响》,《北京第二外国语学院学报》
　　2018 年第 3 期。

况新华、孟乾:《论元认知对翻译活动的作用》,《江西社会科学》2009 年第 12 期。

郎玥、侯林平:《翻译认知过程研究范式的嬗变与融合》,《中国翻译》2022 年第 5 期。

雷晓峰、田建国:《语用顺应论框架下的隐喻翻译模式研究》,《外语教学》2014 年第
　　2 期。

李丹弟:《基于动态评价理论的英语语言学课程评价模式研究》,《外语界》2015 年第
　　6 期。

李德超:《TAPs 翻译研究的前景与局限》,《外语教学与研究》2004 年第 5 期。

李德凤:《翻译认知过程研究之沿革与方法述要》,《中国外语》2017 年第 4 期。

李梅:《机器翻译译后编辑过程中原文对译员影响研究》,《外语教学》2021 年第 4 期。

李颖卉、董燕萍:《焦虑对口译学员口译策略习得的影响研究》,《外语界》2020 年第
　　2 期。

梁茜:《教师信息技术应用能力国际比较及提升策略——基于 TALIS 2018 上海教师数
　　据》,《开放教育研究》2020 年第 1 期。

梁伟玲、穆雷:《"以学为中心"的翻译教师培训模式——基于日内瓦大学会议口译
　　师资培训项目的启示》,《中国翻译》2020 年第 6 期。

刘进、许庆美:《视译认知加工模式研究》,《中国翻译》2017 年第 2 期。

刘绍龙、仲伟合:《口译的神经心理语言学研究——连续传译"过程"模式的构建》,
　　《外国语（上海外国语大学学报）》2008 年第 4 期。

刘绍龙编著:《翻译心理学》,武汉：武汉大学出版社,2007 年（a）。

刘绍龙:《论双语翻译的认知心理研究——对"翻译过程模式"的反思和修正》,《中
　　国翻译》2007 年第 1 期（b）。

刘文仪:《笔译工作记忆初步研究》,《皖西学院学报》2015 年第 3 期。

刘新荣、闫文军:《自我效能在学业弱势群体英语自主学习中的作用——以某军校士
　　兵班大学英语学习为例》,《社科纵横》2011 年第 1 期。

刘艳春、胡显耀:《国外翻译过程研究 30 年——翻译过程研究的理论模型回顾与展
　　望》,《外语电化教学》2022 年第 1 期。

刘艳梅、陶李春:《认知过程视角下的译者水平与翻译策略使用研究》,《南京邮电大
　　学学报（社会科学版）》2021 年第 5 期。

刘熠、刘平:《学生视角下的 MTI 教师理想素质及现状研究》,《外语界》2019 年第
　　3 期。

刘熠、张洁:《MTI 教师的职业发展现状与需求探究》,《外语教育研究前沿》2020 年
　　第 1 期。

卢植、孙娟:《人工翻译和译后编辑中认知加工的眼动实验研究》,《外语教学与研究》
　　2018 年第 5 期。

卢植、郑有耀:《论翻译认知过程研究实验范式与情境范式的融合与整合》,《中国翻译》2022 年第 3 期。

卢植、郑有耀:《隐喻视译的认知加工模式——眼动追踪和译语分析的证据》,《外语教学与研究》2022 年第 1 期。

卢植:《认知科学视野中的翻译过程研究》,《东方翻译》2015 年第 3 期。

罗慧芳、鲍川运:《翻译专业师资培训路径与模式探索——以"全国高等院校翻译专业师资培训"为例》,《中国翻译》2018 年第 3 期。

马星城、李德超:《翻译教师和普通读者在译文在线评阅中的认知过程研究——基于眼动追踪数据的翻译质量评测》,《外语研究》2020 年第 4 期。

梅明玉:《基于 VR/AR 的商务翻译具身认知教学环境构建》,《上海翻译》2019 年第 6 期。

苗菊、王少爽:《从概念整合理论视角试析翻译准则》,《中国外语》2014 年第 1 期。

沐莘:《浅谈语义及其类型》,《外国语（上海外国语学院学报）》1985 年第 4 期。

穆雷、李希希:《中国翻译教育研究：现状与未来》,《外语界》2019 年第 2 期。

任英杰、徐晓东:《相互启发：学习共同体内认知机制的探究》,《远程教育杂志》2014 年第 4 期。

荣泰生:《AMOS 与研究方法》,重庆：重庆大学出版社,2009 年。

阮全友:《基于 QQ 平台的实践共同体对学生思辨能力的培养》,《外语电化教学》2014 年第 2 期。

申继亮、王凯荣:《论教师的教学能力》,《北京师范大学学报（人文社会科学版）》2000 年第 1 期。

申继亮:《从跨文化比较看我国创造性人才培养》,《中国人才》2004 年第 11 期。

施雨丹、汪小思:《TPACK 视角下教育硕士的知识结构：现状、来源与培养路径——以 H 大学为例》,《学位与研究生教育》2020 年第 10 期。

斯腾伯格、霍瓦斯等:《专家型教师教学的原型观》,《华东师范大学学报（教育科学版）》1997 年第 1 期。

苏雯超、李德凤:《翻译认知过程研究：现状、问题与方法——阿恩特·雅可布森教授访谈录》,《中国外语》2018 年第 5 期。

孙毅:《国外隐喻翻译研究 40 年嬗进寻迹（1976—2015）》,《外语教学理论与实践》2017 年第 3 期。

覃俐俐、王克非:《从译者到教师——翻译教师职业身份转化案例研究》,《上海翻译》2018 年第 4 期。

陶友兰:《中国翻译技术教学研究三十年（1990—2020）》,《上海翻译》2023 年第 2 期。

涂金堂:《量表编制与 SPSS》,台北：五南图书出版公司,2016 年。

汪玲、郭德俊、方平:《元认知要素的研究》,《心理发展与教育》2002 年第 1 期。

汪玲、郭德俊:《元认知的本质与要素》,《心理学报》2000 年第 4 期。

王保进：《多变量分析：统计软件与数据分析》，北京：北京大学出版社，2007 年。

王晨爽、文军：《MTI 翻译技术课程教学：现状与对策》，《外语电化教学》2016 年第 6 期。

王非、梅德明：《不同方向的口译过程信息加工与工作记忆的关系——兼议"非对称有限并行模型"》，《中国翻译》2017 年第 4 期。

王华树、李德凤、李丽青：《翻译专业硕士（MTI）翻译技术教学研究：问题与对策》，《外语电化教学》2018 年第 3 期。

王华树、李莹：《新时代我国翻译技术教学研究：问题与对策——基于〈翻译专业本科教学指南〉的思考》，《外语界》2021 年第 3 期。

王华树、刘世界：《人工智能时代翻译技术转向研究》，《外语教学》2021 年第 5 期。

王华树：《人工智能时代翻译教育技术研究：问题与对策》，《中国翻译》2021 年第 3 期。

王华树：《语言服务的协同创新与规范发展——2016 中国语言服务业大会暨中国译协年会综述》，《中国翻译》2017 年第 1 期。

王家义、李德凤、李丽青、何妍：《译员阅读加工的认知机制——基于眼动追踪技术的实证研究》，《外语电化教学》2018 年第 4 期。

王均松、钱家骏、郭亚玲：《翻译过程研究中的眼动实验效度：问题与对策》，《外国语（上海外国语大学学报）》2022 年第 2 期。

王克非：《翻译研究拓展的基本取向》，《外国语（上海外国语大学学报）》2021 年第 2 期。

王丽、戴建春：《基于微信的交互式翻译移动教学模式的构建与应用》，《外语电化教学》2015 年第 2 期。

王律、王湘玲：《人工智能时代的翻译教学研究：概念界定、逻辑框架与实践路径》，《外语界》2024 年第 6 期。

王律、王湘玲、邢聪聪：《问题解决视角下的控制加工与译文质量研究》，《外国语（上海外国语大学学报）》2019 年第 6 期。

王少爽、李春姬：《技术赋能时代翻译教师能力结构模型构建与提升策略探究》，《外语界》2021 年第 1 期。

王少爽：《职业化时代译者信息素养研究：需求分析、概念阐释与模型构建》，《外语界》2017 年第 1 期。

王树槐、徐敏：《翻译过程策略的实证研究》，《外语与外语教学》2012 年第 3 期。

王湘玲、陈罗霞：《翻译认知过程视角下译者控制加工与自动化加工研究》，《湖南大学学报（社会科学版）》2013 年第 1 期。

王湘玲、胡珍铭、申丽文：《学生译者与职业译者翻译元认知监控的因子分析》，《外语教学与研究》2016 年第 1 期。

王湘玲、胡珍铭：《口译认知过程中信息处理模型的图式诠释》，《湖南大学学报（社会科学版）》2011 年第 5 期。

王湘玲、贾艳芳：《21 世纪国外机器翻译译后编辑实证研究》，《湖南大学学报（社会科学版）》2018 年第 2 期。

王湘玲、赖思、贾艳芳：《人工翻译与神经网络机器翻译译后编辑比较研究——基于对隐喻翻译的眼动追踪和键盘记录数据》，《外语教学理论与实践》2021 年第 4 期。

王湘玲、沙璐：《基于动态评价理论的翻译技术教学评价模式构建》，《外语界》2021 年第 5 期。

王湘玲、王律、陈艳杰：《基于"翻译实验室"模式的学生译者 ICT 能力培养研究》，《外语电化教学》2014 年第 3 期。

王湘玲、王律、尹慧：《基于社交 APP 的翻译移动学习共同体模式构建与实验研究》，《外语电化教学》2017 年第 4 期。

王湘玲、王律、郑冰寒：《翻译方向对信息加工过程及质量的影响——基于眼动和屏幕记录等数据的多元互证》，《外语教学与研究》2022 年第 1 期。

王一方、郑冰寒：《英译汉过程中译者的认知资源分配模式——基于眼动、键击和反省法的实证研究》，《中国外语》2020 年第 4 期。

王一方：《翻译过程研究中眼动数据的收集、呈现与分析》，《外语研究》2017 年第 6 期。

王一方：《汉译英过程中的平行处理——基于眼动和键击的实证研究》，《外语教学》2019 年第 4 期（a）。

王一方：《语言隐喻对平行处理的影响——基于眼动和击键的汉－英笔译过程研究》，《解放军外国语学院学报》2019 年第 4 期（b）。

王一方：《两种翻译方向下语言隐喻对源语理解过程的影响》，《外语学刊》2018 年第 2 期。

王寅：《翻译的隐转喻学——以英语电影名汉译为例》，《上海翻译》2019 年第 3 期。

王寅：《概念整合理论的修补与翻译的体认过程研究》，《外语教学与研究》2020 年第 5 期。

王寅：《认知语言学的"体验性概念化"对翻译主客观性的解释力——一项基于古诗〈枫桥夜泊〉40 篇英语译文的研究》，《外语教学与研究》2008 年第 3 期。

文军、孙三军：《论使用出声思维研究翻译过程》，《外语学刊》2006 年第 3 期。

文旭、刘瑾、肖开容：《认知翻译学新发展研究》，北京：清华大学出版社，2021 年。

文旭、张钺奇：《认知翻译学研究新进展》，《上海翻译》2023 年第 1 期。

文旭：《认知翻译学：翻译研究的新范式》，《英语研究》2018 年第 2 期。

文旭：《未来外语教育中的机器人教师：机遇与挑战》，《中国外语》2025 年第 1 期。

翁羽、郑冰寒：《翻译过程文本输出与停顿的认知资源分配差异——基于眼动追踪与键盘记录的实证研究》，《外语教学与研究》2023 年第 5 期。

吴明隆：《问卷统计分析实务：SPSS 操作与应用》，重庆：重庆大学出版社，2010 年。

吴淑琼、杨永霞：《概念整合理论视域下的翻译过程研究——基于〈红楼梦〉中量度反义复合词的英译》，《外语研究》2021 年第 3 期。

吴玉玲、邱思莲、李沐阳：《英语师范生学科素养测量研究》，《外语教学》2018 年第

5 期。

武光军、王瑞阳：《基于眼动技术的英译汉过程中隐喻翻译的认知努力研究——以经济文本中的婚姻隐喻翻译为例》，《中国外语》2019 年第 4 期。

项霞、郑冰寒：《背景信息与隐喻视译质量——基于英译汉视译结果的研究》，《外语与外语教学》2015 年第 1 期。

肖维青、钱家骏：《翻译技术教学研究进展与趋势（2000—2020）——基于国内外核心期刊论文的对比分析》，《外语界》2021 年第 1 期。

肖维青、赵璧、冯庆华：《推动构建中国特色翻译本科专业人才培养体系——〈翻译教学指南〉的研制与思考》，《中国翻译》2021 年第 2 期。

徐彬、李书仓：《翻译过程视频资源在翻译教学中的应用》，《外语电化教学》2018 年第 5 期。

徐歌：《中国英语学习者翻译方向性的影响因素探究——基于回归分析的实证研究》，《西安外国语大学学报》2020 年第 3 期。

徐莉娜：《认知与翻译单位》，《中国翻译》2004 年第 6 期。

徐鹏、刘艳华、王以宁、张海：《整合技术的学科教学知识（TPACK）测量方法国外研究现状及启示》，《电化教育研究》2013 年第 12 期。

闫国利、白学军编著：《眼动研究心理学导论》，北京：科学出版社，2012 年。

闫国利、熊建萍、臧传丽、余莉莉、崔磊、白学军：《阅读研究中的主要眼动指标评述》，《心理科学进展》2013 年第 4 期。

闫怡恂、成晓光：《译者选择的场景框架认知模式分析》，《东北大学学报（社会科学版）》2018 年第 6 期。

闫志明、付加留、朱友良、段元美：《整合人工智能技术的学科教学知识（AI-TPACK）：内涵、教学实践与未来议题》，《远程教育杂志》2020 年第 5 期。

颜林海：《翻译认知心理学》，北京：科学出版社，2008 年。

杨榕：《科技与文学语篇英译汉翻译单位实证研究》，《外语研究》2009 年第 6 期。

杨艳霞、王湘玲：《中外机译应用研究的可视化分析（1998—2018）》，《上海翻译》2019 年第 5 期。

杨艳霞、魏向清：《基于认知范畴观的机器翻译译后编辑能力解构与培养研究》，《外语教学》2023 年第 1 期。

俞敬松、杨超、李静雅：《基于眼动追踪的语块翻译教学研究》，《外语电化教学》2020 年第 3 期。

袁辉、徐剑：《基于键盘记录的翻译单位和语言单位与译者水平关系的研究》，《外语研究》2021 年第 2 期。

袁圆、屠国元：《朱自清散文意象翻译的认知诗学探究》，《外语研究》2021 年第 2 期。

岳中生：《国内翻译技术教学研究的问题分析与反思》，《现代教育技术》2020 年第 6 期。

詹艺、任友群：《培养数学专业师范生 TPACK 的实验研究》，《中国电化教育》2011

年第 10 期。

张剑、吴际、周明:《机器翻译评测的新进展》,《中文信息学报》2003 年第 6 期。

张静:《翻译技术教师的知识结构构建》,《上海翻译》2020 年第 1 期。

张培:《建构主义视角下的混合方法与三角测量》,《外语与外语教学》2015 年第 5 期。

张培:《应用语言学研究中的混合法》,《中国外语》2014 年第 2 期。

张瑞娥、陈德用:《中国翻译师资基本状况变化分析》,《外语研究》2012 年第 2 期。

张威:《中国口译学习者语料库建设与研究:理论与实践的若干思考》,《中国翻译》2017 年第 1 期。

张文霞、王晓琳:《中国英语能力等级量表在大学英语写作课堂学生自评中的应用研究——动态评价理论视角》,《中国外语》2022 年第 1 期。

张艳红:《大学英语网络写作教学的动态评估模式研究》,《外语界》2008 年第 4 期。

赵璧、冯庆华:《〈翻译专业本科教学指南〉中的翻译技术:内涵、历程与落地》,《外语界》2019 年第 5 期。

赵朝永、冯庆华:《〈翻译专业本科教学指南〉中的翻译能力:内涵、要素与培养建议》,《外语界》2020 年第 3 期。

赵护林:《基于 NLPIR 语义分析的语篇翻译构念效度验证——以 TEM8 为例看英语专业与翻译专业翻译能力构念之不同》,《外语测试与教学》2020 年第 4 期。

赵雪琴、徐晗宇、陈莹:《视译过程中认知负荷与译文质量相关性研究——以汉语逻辑连词英译为例》,《外语研究》2019 年第 4 期。

郑冰寒、谭慧敏:《英译汉过程中翻译单位的实证研究》,《外语教学与研究》2007 年第 2 期。

郑冰寒:《翻译过程的三元数据分析模式》,《上海翻译》2008 年第 3 期。

郑剑委、彭石玉:《过程化认知翻译语境模型的构建》,《西南交通大学学报（社会科学版）》2018 年第 5 期。

郑悦、郑朝红:《对外文化传播中 MTI 教师的角色定位》,《河北大学学报（哲学社会科学版）》2014 年第 2 期。

周晶、何元建:《归化作为一种翻译策略的运用及其认知基础》,《中国翻译》2010 年第 6 期。

朱玉彬:《翻译技术类课程的教学反思——兼评根茨勒教授的〈翻译、全球化与技术〉课程》,《中国翻译》2018 年第 1 期。

宗成庆、高庆狮:《中国语言技术进展》,《中国计算机学会通信》2008 年第 8 期。

附录 1

关于用户对机器翻译译后编辑可用性看法的调查问卷

第一部分：人口统计信息

性别：

年龄：

学习英语的年限：　　　　专八得分：

我曾担任过职业译者或自由译者（由客户或公司付款）：

是 / 否

是否接受过职业的机器翻译译后编辑培训：

是 / 否

第二部分：机器翻译译后编辑的感知有用性

1. 在我的翻译任务中使用机器翻译译后编辑将使我能够更快完成任务。

2. 使用机器翻译译后编辑会提高我的翻译质量。

3. 在我的翻译任务中使用机器翻译译后编辑会提高我的生产力。

4. 使用机器翻译译后编辑会提高我在翻译任务上的效率。

5. 使用机器翻译译后编辑将使我的翻译任务更容易完成。

6. 我认为机器翻译译后编辑在我的翻译任务中很有用。

第三部分：对机器翻译译后编辑易用性的感受

7. 学习操作机器翻译译后编辑对我来说是很容易的。

8. 我觉得让机器翻译译后编辑做我想做的事很容易。

9. 我与机器翻译译后编辑的互动是清晰和可理解的。

10. 我认为机器翻译译后编辑的互动性很强。

11. 对我来说，熟练使用机器翻译译后编辑是很容易的。

12. 我认为机器翻译译后编辑很容易使用。

附录 2

技术接受 / 翻译学习动机调查问卷

1. 个人背景资料调查问卷

性别： 年龄：

使用机器翻译的经验：

（1）我的电脑技能足够完成操作和搜索工作。

（2）我使用机器翻译系统（例如谷歌、必应、百度和有道等）来帮助我完成翻译工作。

（3）我知道如何对机器翻译产出进行译后编辑以满足译文要求的准确性和流畅度。

2. 技术接受调查问卷

（1）我发现很容易使用机器翻译系统。（PEU1）

（2）我发现我很容易记住机器翻译使用步骤。（PEU2）

（3）只要连接互联网，我可以随时随地使用机器翻译。（PEU3）

（4）使用机器翻译可以帮助我提高翻译效率。（PU1）

（5）使用机器翻译可以帮助我提高翻译质量。（PU2）

（6）使用机器翻译可以帮助提高我的翻译能力。（PU3）

（7）我觉得机器翻译对我的翻译练习有帮助。（BI1）

（8）我对使用机器翻译非常感兴趣。（BI2）

（9）我想要使用机器翻译帮助完成翻译任务。（BI3）

3. 翻译学习动机调查问卷

（1）我喜欢让我能学习新知识的翻译任务。（M1）

（2）我喜欢可激起我兴趣的翻译练习，如机器翻译辅助练习。（M2）

（3）即使我没有取得好成绩，我依然选择具有挑战性、锻炼我翻译能力的翻译任务。（M3）

（4）我最满意的事情是准确流畅地完成我的翻译任务。（M4）

（5）我希望我的翻译能力比班上大多数的学生都强。（M5）

（6）翻译能力非常重要，我想向他人展示我的翻译能力。（M6）

（7）在翻译课上取得好成绩是我最满意的事。（M7）

附录 3

学生感知调查问卷

请评估你在多大程度上同意或不同意以下陈述。

1. 我认为这些讨论给了我所需要的信息。 [ ]非常不同意 [ ]不同意 [ ]不确定 [ ]同意 [ ]非常同意
2. 我认为在线讨论比面对面讨论更有效。 [ ]非常不同意 [ ]不同意 [ ]不确定 [ ]同意 [ ]非常同意
3. 我感觉自己对讨论的贡献程度没有达到期望的程度。 [ ]非常不同意 [ ]不同意 [ ]不确定 [ ]同意 [ ]非常同意
4. 我发现在虚拟实践共同体中很难有效地学习。 [ ]非常不同意 [ ]不同意 [ ]不确定 [ ]同意 [ ]非常同意
5. 这种学习方式的学习效果比我想象的要好。 [ ]非常不同意 [ ]不同意 [ ]不确定 [ ]同意 [ ]非常同意
6. 这是开设译后编辑课程的一种好方法。 [ ]非常不同意 [ ]不同意 [ ]不确定 [ ]同意 [ ]非常同意
7. 这门课是我上过的最有趣的课程之一。 [ ]非常不同意 [ ]不同意 [ ]不确定 [ ]同意 [ ]非常同意
8. 老师在学习小组中比其他人更有影响力。 [ ]非常不同意 [ ]不同意 [ ]不确定 [ ]同意 [ ]非常同意
9. 老师促进项目的方式是有效的。 [ ]非常不同意 [ ]不同意 [ ]不确定 [ ]同意 [ ]非常同意
10. 老师应该更有指导性。 [ ]非常不同意 [ ]不同意 [ ]不确定 [ ]同意 [ ]非常同意

图书在版编目（CIP）数据

翻译认知与人机交互：理论、方法与实证 / 王湘玲，
王律著. -- 北京：商务印书馆，2025. -- ISBN 978-7
-100-24391-9

I. H059；TP18

中国国家版本馆 CIP 数据核字第 2024YQ7719 号

翻译认知与人机交互：理论、方法与实证

王湘玲　王律　著

商　务　印　书　馆　出　版
（北京王府井大街 36 号　邮政编码 100710）
商　务　印　书　馆　发　行
北京顶佳世纪印刷有限公司印刷
ISBN 978 - 7 - 100 - 24391 - 9

2025 年 3 月第 1 版　　　开本 787 × 1092　1/16
2025 年 3 月北京第 1 次印刷　印张 24

定价：108.00 元